"十二五"国家重点图书

36

财政政治学译丛

刘守刚　主编

上海财经大学
公共经济与管理学院

America's Fiscal Constitution
It's Triumph and Collapse

美国财政宪法
一部兴衰史

[美] 比尔·怀特（Bill White）　著

马忠玲　张　华　译

上海财经大学出版社
SHANGHAI UNIVERSITY OF FINANCE & ECONOMICS PRESS

上海学术·经济学出版中心

图书在版编目(CIP)数据

美国财政宪法:一部兴衰史/(美)比尔·怀特(Bill White)著;马忠玲,张华译. —上海:上海财经大学出版社,2024.5
(财政政治学译丛)
书名原文:America's Fiscal Constitution:It's Triumph and Collapse
ISBN 978-7-5642-4232-9/F·4232

Ⅰ.①美… Ⅱ.①比… ②马… ③张… Ⅲ.①债务-经济史-美国 Ⅳ.①F831.9

中国国家版本馆 CIP 数据核字(2023)第 204285 号

图字:09-2023-0172 号
America's Fiscal Constitution
It's Triumph and Collapse
Bill White

Copyright © 2014 by Bill White

This edition published by arrangement with Public Affairs, an imprint of Perseus Books, LLC, a subsidiary of Hachette Book Group, Inc., New York, New York, USA. All rights reserved.

No part of this book may be reproduced in any manner whatsoever without written permission except in the case of brief quotations embodied in critical articles and reviews.

CHINESE SIMPLIFIED language edition published by SHANGHAI UNIVERSITY OF FINANCE AND ECONOMICS PRESS, Copyright © 2024.

2024 年中文版专有出版权属上海财经大学出版社
版权所有 翻版必究

□ 责任编辑 石兴凤
□ 封面设计 张克瑶

美国财政宪法
——一部兴衰史

[美] 比尔·怀特 著
(Bill White)
马忠玲 张 华 译

上海财经大学出版社出版发行
(上海市中山北一路 369 号 邮编 200083)
网 址:http://www.sufep.com
电子邮箱:webmaster@sufep.com
全国新华书店经销
上海华业装璜印刷厂有限公司印刷装订
2024 年 5 月第 1 版 2024 年 5 月第 1 次印刷

710mm×1000mm 1/16 26.5 印张(插页:2) 406 千字
定价:138.00 元

献给父母和他们的同代人！

他们在第二次世界大战后的几十年里限制了联邦债务，为子孙后代创造了更美好的未来。

总　序

"财政是国家治理的基础和重要支柱",自古以来财政就是治国理政的重要工具,中国也因此诞生了丰富的古典财政思想。不过,近代以来的财政学发展主要借鉴了来自西方世界的经济学分析框架,侧重于财政的效率功能。不仅如此,在此过程中,引进并译介图书,总体上也是中国人开化风气、发展学术的不二法门。本系列"财政政治学译丛",正是想接续近代以来前辈们"无问西东、择取精华"的这一事业。

在中国学术界,"财政政治学"仍未成为一个广泛使用的名称。不过,这个名称的起源其实并不晚,甚至可以说它与现代财政学科同时诞生。至少在19世纪80年代意大利学者那里,就已经把"财政政治学"作为正式名称使用,并与"财政经济学""财政法学"并列为财政学之下的三大分支学科之一。但随着20世纪经济学成为社会科学皇冠上的明珠,财政经济学的发展也在财政学中一枝独大,而财政政治学及其异名而同质的财政社会学,一度处于沉寂状态。直到20世纪70年代,美国学者奥康纳在他的名著《国家的财政危机》中倡导"财政政治学"后,以财政政治学/财政社会学为旗帜的研究才陆续出现,不断集聚,进而成为推动财政学科发展、影响政治社会运行的积极力量。

当前以财政政治学为旗帜的研究,大致可分为两类:一类是从财政出发,探讨财政制度构建与现实运行对于政治制度发展、国家转型的意义;另一类是从政治制度出发,探索不同政治制度对于财政运行与预算绩效的影响。在"财政政治学译丛"的译著中,《发展中国家的税收与国家构建》是前一类著作的典型,而《财政政治学》则属于后一类著作的典型。除了这两类著作外,举凡有利于财政政治学发展的相关著作,如探讨财政本质与财政学的性质、研究财政制度的政治特征、探索财政发展的历史智慧、揭示财政国家的阶段性等作品,都在这套译丛关注与引进的范围内。

自 2015 年起，在上海财经大学公共政策与治理研究院、公共经济与管理学院支持下，"财政政治学译丛"已经出版了 30 本，引起了学界的广泛关注。自 2023 年 7 月起，我们公共经济与管理学院将独立承担起支持译丛出版工作的任务。

上海财经大学公共经济与管理学院是一个既富有历史积淀，又充满新生活力的多科性学院。其前身财政系始建于 1952 年，是新中国成立后高校中第一批以财政学为专业方向的教学科研单位。经过 70 多年的变迁和发展，财政学科不断壮大，已成为教育部和财政部重点学科，为公共经济学的学科发展和人才培养做出了重要贡献。2001 年，在财政系基础上，整合投资系与设立公共管理系，组建了公共经济与管理学院，从而形成了以应用经济学和公共管理的"双支柱"基本架构，近年来，学院在服务国家重大战略、顶天立地的科学研究和卓越的人才培养等方面均取得了不错的成绩。

我们深信，"财政政治学译丛"的出版，能够成为促进财政学科发展、培养精英管理人才、服务国家现代化的有益力量。

范子英

2023 年 7 月 7 日

对《美国财政宪法——一部兴衰史》的评价

"这是一本了不起的书……一本关于我国经济史的引人入胜的书……《美国财政宪法》梳理了美国自建国以来如何处理债务的历史,并有力地为建设更加负责的财政体系指明了未来的方向。"

——比尔·克林顿(Bill Clinton)总统

"如果经济上没有强大的实力,那么我们的国家就不可能拥有有利的军事、外交或政治;如果不处理好巨大的债务,那么经济上保持实力也无从谈起……对于认同我们应该把经济事务处理好的人来说,这是一本必读书。"

——前财政部长和国务卿詹姆斯·A. 贝克三世
(James A. Baker, III)

"要理解我们的财政困境,关键是要了解美国在过去的岁月里是如何谨慎处理债务问题的。比尔·怀特把这个故事演绎得很精彩。"

——畅销书作家、美国有线电视新闻网(CNN)前首席执行官、《时代》杂志主编沃尔特·艾萨克森(Walter Isaacson)

"清晰而富有开创性……呈现了一套令人信服和富有启发性的经济增长和财政紧缩方案。"

——普利策奖获得者、历史学家、威廉姆斯学院荣誉教授
詹姆斯·麦格雷戈·伯恩斯(James Macgregor Burns)

"没有几个美国人能比比尔·怀特更值得我信任。以历史为向导,怀特开拓了探究华盛顿特区官僚丛林的道路,揭示了以确凿事实为依据的真相。"

——莱斯大学教授、CBS新闻历史学家
道格拉斯·布林克利(Douglas Brinkley)

"本书讲述了我国传统财政的原则,面面俱到,引人深思。每个人都可以从本书对现实的深刻见解中获益。"

——罗斯·佩罗(Ross Perot)

"比尔·怀特对财政和政府的透彻理解,使他能够追溯美国走向财政不负责任边缘的历史。"

——财政责任委员会副主席埃斯金·鲍尔斯(Erskine Bowles)

"有力、深刻、富有启发……是我们财政史上的一次巡礼。对有关我们财政未来的激烈辩论,做出了及时而重要的贡献。"

——美国参议院预算委员会前主席肯特·康拉德(Kent Conrad)

(民主党)

"我们的联邦法定债务额现在超过了整个美国经济,这无法持续。每个人都需要读读这本书……就在现在。"

——前美国参议院预算委员会主席皮特·多梅尼奇(Pete Domenici)

(共和党)

目　录

作者按/001

1　美国的财政传统/001

第一部　新国家和民主党限制的联邦债务：1789—1853年

2　债务催生新国家和新政党/019
3　杰斐逊党界定债务限额/046
4　复兴的民主党还清债务/070

第二部　由传统来支撑成长中的国家和共和党：1854—1900年

5　共和党人拥抱财政传统/095
6　为恢复联邦而举债、征税/104
7　债务萎缩和政党飘忽/122

第三部　进步主义改革派接受传统：1901—1940年

8　改革派重新定义党和政府/141
9　资助世界大战和偿还债务/158
10　大萧条时期的债务/181

第四部 控制第二次世界大战债务负担，同时增加义务：1941—1976年

11 战争和税收 /203

12 控制债务，同时对国防、养老金、公路建设投资 /222

13 医疗需求、战争、经济衰退 /244

第五部 侵蚀、复兴和传统的瓦解：1977—2013年

14 结构性赤字：减税的压力和冷战的复苏 /269

15 支柱被侵蚀，但传统幸存 /288

16 传统派的反击 /303

17 传统瓦解 /325

18 经济大萧条和预算僵局 /341

第六部 传统的恢复

19 复兴传统预算的做法 /363

20 平衡国家安全预算 /373

21 承担医疗费用 /380

22 增长、税收和美联储 /389

23 改革政党制度 /398

致谢 /404

参考文献 /406

附录 /406

译丛主编后记 /407

作者按

美国成文宪法的设计者詹姆斯·麦迪逊(James Madison)曾经希望联邦政府领导人以"普通政客肉眼可见"的原则来限制债务。在几乎两个世纪的时间里,普通美国政客一直按照清楚界定的原则——一部不成文的财政宪法——来做预算决定,现在看起来似乎有些不可思议。他们只为四个明确的目的借债。到现在,随着联邦政府跌跌撞撞地经历了一个又一个预算危机,这部不成文宪法曾经取得的成就在每年都更加引人注目。

21世纪初,当美国传统的债务上限崩溃时,联邦借款的规模和性质都发生了变化。在过去,联邦政府从未在不加税的情况下发动过重大战争,从未如此严重地依赖外国债权人,也从来没有一个总统和国会完全靠债务来为一个永久性的国内新计划筹资;在过去,从来没有一个进步派曾经接受过,更不用说会坚持用联邦债务来代替工薪税以支持社会保障的信托基金;在过去,从未有如此多的保守派组织起来反对平衡预算的宪法修正案的要求,也从未有如此之多的主要政党领导人认为,平衡预算——即使是在国民收入处于历史高位的情况下——会损害可持续的经济增长。2000年之后,联邦政府除了为战争和为刺激经济摆脱衰退而举债之外,还不断地为日常运营开支而增加借款。

传统的预算习惯悄然瓦解,却并非来自公众舆论或思想意识的显著转变。美国人并不是在某天早上醒来,就突然决定拿他们孩子的未来做抵押。无授权的借款(no mandate to borrow)从2000年势均力敌的大选之后开始。此后,不管是在哪一种组合(依次是共和党总统与共和党国会、共和党总统与民

001

主党众议院、民主党总统与民主党国会、民主党总统与共和党众议院)下,联邦政府都举借了大笔的款项。

在21世纪发生的借款狂潮,不能简单地归咎于当选的联邦官员某些性格上的缺陷。二十年来,我了解我们几任总统和两党的许多国会领导人。他们和那些愿意忍受选举考验的人,至少跟那些在场外旁观的人一样关心自己国家的未来。20世纪90年代,作为联邦内阁部门的首席运营官(chief operating officer),我发现两党领导人都尊敬那些为平衡预算而做出真诚努力的人。

不过,比起那些怀疑联邦政府能否再次平衡预算的人来说,我的态度要更乐观一些。在过去十年的大部分时间里,我担任休斯顿市长一职。休斯顿是美国第四大城市,人口比许多州都多。与其他大多数州和基层政府一样,休斯顿不能用举债来支付日常的运营费用。几乎每一天,我都要向公民解释不同水平的税收与支出之间的权衡关系。这些人拥有不同的背景和信仰,过去可以,现在也能够认识到,有必要去平衡政府责任和税收收入。

如果想知道近些年来联邦债务出了什么问题,我们就有必要了解一下曾经的正确做法。我们可以从美国的非凡历史中学到很多东西,这一历史常被当作一种世俗的圣经。在独立战争、内战、长达16年的大萧条以及第二次世界大战后,美国的民选官员在面对更加困难的预算抉择时成功地限制住债务规模。托马斯·杰斐逊(Thomas Jefferson)希望,财政纪律将成为"常规",未来的选民可以用"不同时代"的财政记录来对官员问责。本书对联邦债务在历史上的限制所做的描述——美国的财政传统——是以杰斐逊心中的愿景(vision)来书写的。

1 美国的财政传统

来自12个州的55名公民（citizens）会聚一堂，商议如何支付自独立战争以来产生的逾期账单。他们的决议是，建立一个新的国家来解决此问题，美利坚合众国由此诞生。

乔治·华盛顿（George Washington）担心，公共债务会"如滚雪球般"[①]越滚越大。他在卸任总统时告诫国人要避免"把应该由我们自己承受的负担扔给子孙后代"。[②] 第一代美国公民可不会把"后代"当作抽象概念。他们绝大部分人开荒拓土，历经千辛万苦，只是为了给他们的千秋万代创造一个更美好的未来。那些农场主和商人都意识到，当公共债务吸收更多信贷资金时，私人投资就会遭殃。即使没有接受过正规教育的美国人也明白，政府用分期付款的支出方式，最终只会增加成本。早期的美国人珍视自由，不想依附于外国债权人。他们的牺牲，使得世界上第一个现代民主国家成了第一个无债务的大国。

美国宪法规定，每一项债务必须经过国会的批准，但没有规定如何使用借款获得的资金。于是早期的联邦领导人通过创建一个非正式的宪法来补充书面的宪法，从而弥补了规定的不明确和其他一些问题。英国也有一部不成文的宪法，其中一项原则就是，只有在某个纳税人机构同意的情况下才能征税，

[①] "From George Washington to Samuel Washington, 12 July, 1797", Founders Online, National Archives, http://founders.archives.gov/documents/Washington/06-01-02-0209, ver. 2013-06-26. Source: *The Papers of George Washington, Retirement Series*, vol. 1, 4 March, 1797—30 December, 1797, ed. W. W. Abbot (Charlottesville: University Press of Virginia, 1998), 247—249.

[②] George Washington quoted in Hormats, *The Price of Liberty*, xvi—xvii.

而这催生了美国革命。

到 1820 年,美国不成文的财政宪法包含了限制债务的原则。本书将这样的债务限制称为"美国的财政传统"。既然允许联邦领导人出于某些特殊目的而借款,那么这一传统就绝非只是简单地信仰平衡预算。

开国元勋们确立的预算惯例,帮助几代联邦领导人抵御了过度借贷的诱惑。这些惯例包括:清晰的会计核算,"现收现付"的预算计划,将指定支出的信托基金的使用控制在特殊目的税的收入水平上。国会明确规定了要举借的每笔债务的数额和用途。

限制债务,对民主本身也起到了加强的作用。"现收现付"的预算,帮助选民在联邦每一项新的财政投入带来的收益与以税收形式支付的显而易见的代价之间做出权衡。

随着时间的推移,政治党派的作用也逐渐地渗入这个国家的不成文财政宪法中。初兴的民主党和共和党,将传统的预算原则纳入他们早期的政纲之中。两党都试图让选民相信,自己才是最值得信赖的公共钱包管理人。平衡预算的竞争压力,也迫使政党领导人设法解决自己选民在不同优先事项之间的冲突。

华盛顿政府在执政的第一年,两位开国元勋就考虑过如何防止政府官员利用债务而非现有税收来提供耗资更昂贵的公共服务。托马斯·杰斐逊(Thomas Jefferson)担心,政府官员可能会尝试利用债务来隐藏政府的实际成本。他要求詹姆斯·麦迪逊起草一份限制债务的宪法修正案,以便尽量减少这种风险,但是麦迪逊认为基于经验原则——而非抽象哲学——约束效果会更有效。[1]

就预算方面来说,美国前几十年的经验仅帮助确定了 4 种可让人接受的债务用途。

第一种是为维持联合状态而借债,其经验是它承担了独立战争时期各州的债务,以及内战后为将各州重新纳入联邦而承担各州的债务。

第二种是为扩张和连接国家边界而借债,经验是国家通过借钱购买路易

---

[1] 詹姆斯·麦迪逊(James Madison)致托马斯·杰斐逊(Thomas Jefferson)的信,1790 年 2 月 4 日,在麦迪逊的《书信和其他著作》中,第 1 卷,第 506 页。

斯安那州。后来,美国又利用不多的借款,将其疆域扩展到南部和西部,同时将其领土与跨洲铁路和巴拿马运河更好地连接起来。

第三种是美国为打仗而借钱,它开始于1812年的战争。在1812年战争、内战、第一次世界大战和第二次世界大战中,联邦政府负债累累,在战后不得不采用范围广泛的新税制来帮助偿还债务。联邦政府还通过举债来资助与墨西哥、西班牙、朝鲜和越南的战争。只有在21世纪美国财政传统瓦解后,美国才完全依靠债务来为旷日持久的战争融资。

第四种是联邦政府在严重的经济衰退期间举债,它始于1819年的大恐慌。在三次大萧条和严重的衰退期间,美国也背负了很多债务。联邦债务因此填补了预期收入大幅下降而带来的预算缺口,并帮助支付了一些与经济衰退直接相关的支出。

在每次临时使用债务后,联邦政府都迅速地平衡了预算。直到冷战之前,联邦政府领导人一直利用预算盈余来稳定地偿还为紧急使用而举借的债务。在估计错误而致收入低于预期时,他们偶尔也会举债。但是,近两个世纪以来,总统和国会从未打算仅仅为了减税或支付日常年度开支而举债。

几代美国人都认为,美国财政宪法是理所当然的。在1962年《我们决定登月》的演讲中,约翰·F.肯尼迪(John F. Kennedy)总统没有说明细节,便向年轻的美国人提出挑战,要求他们让国家的财政传统适应现代经济的要求。在那次演讲之后几周内,有一项民意调查显示,3/4的美国人表示,宁愿在冷战期间被课以重税,也不愿让美国背负债务。20世纪晚期,最有权势的众议院议员威尔伯·米尔斯(Wilbur Mills)曾告诉肯尼迪说,选民们坚持"他们从小就有的老观念:如果你要减税……你最好削减开支"①。

在2001年,美国的财政传统瓦解。此后,联邦政府常规性地举借开支的1/3或更多的债务。哪怕在战争和经济严重衰退期间,也只有部分债务资金用在这两个传统用途上。到2014年,联邦债务已飙升至每个美国劳动者近

---

① Reeves, *President Kennedy*, 622—623.

12万美元。①

债务给现在的美国经济蒙上了一层阴影。在2008年以后,欠债是可用来偿还债务的收入的9倍,高于1801年托马斯·杰斐逊成为总统之前的任何多年期的水平。②银行家们通常使用类似"资产负债比率"来评估债务人的信誉度。企业通常会在债务增至年收入的9倍之前考虑破产,也很少有人会放心地用相当于现有年收入9倍的抵押贷款来购买房屋资产。

许多美国人和外国政府领导人怀疑美国目前的政治体制是否有能力恢复财政纪律。随着利率上升以及联邦政府开始为婴儿潮一代支付医疗保险(Medicare)账单,美国不断借款。国家之前发生过五次债务高峰(即独立战争、1812年战争、内战、一战和二战),不过一旦紧急情况结束,国家借款就完全停止。可如今,即使国民收入达到了历史的最高水平,联邦政府的大部分日常开支也仍由借款来维持。

在1950年和2003年这两个预算史上的关键年份发生的事件,代表了美国财政传统的兴与衰。在1950年,不成文的财政宪法要求联邦政府领导人为了保障全球安全、为了给美国老年人提供最低养老金,必须权衡支出和税收。在2003年,减税、重建外国、大规模扩张联邦医疗服务的成本,被债务掩盖。每一个具有里程碑意义的预算年度的战斗,都始于一位经常被其政治对手低估的总统所发表的国情咨文。

1950年:美国财政传统的力量

1950年1月,美国总统哈里·杜鲁门(Harry Truman)在国会联席会议上发表讲话时抱怨说,3年前"欠考虑的减税"导致收入短缺,以至于难以支付"各种必要的开支"。来自共和党国会议员的不满声,让杜鲁门在说下一句话时磕磕巴巴,他重复说:"为了应对这种情况,我建议将联邦开支控制在符合国

---

① 比较白宫管理和预算办公室的历史数据"表7.1—年底联邦债务:1940—2018"(http://www.whitehouse.gov/omb/budget/historicals)与美国劳工统计局的"当前就业数据"表B-1a, http://www.bls.gov/web/empsit/ceseeb 1a.htm。

② 请参阅附录B。

际要求和经济增长的基本需要以及我国人民福祉的最低水平。"[①]当时,无论是民主党总统还是两党任何一位国会领导人,都没有人提议用债务为日常开支提供资金。

杜鲁门向国会发表讲话的时期,是一个党派激烈竞争的时代。1950年2月,在一位参议员声称有证据表明共产党叛徒已经渗透杜鲁门政府之时,有许多共和党人拍手称快。1948年,杜鲁门发表的竞选演说是所有在任总统中发表的最具党派色彩的演说。在许多竞选演说中,他都攻击俄亥俄州的参议员罗伯特·塔夫脱(Robert Taft),塔夫脱曾经制定了共和党的华盛顿议程。自第二次世界大战结束后,塔夫脱和杜鲁门一直在为正常联邦预算的规模和范围而争吵不休。

杜鲁门和塔夫脱形成了鲜明的对比。杜鲁门从未上过大学,塔夫脱则以全班最好的成绩从耶鲁大学和哈佛大学法学院毕业;杜鲁门在密苏里州小镇的一个普通家庭中长大,而塔夫脱在他父亲担任总统期间住过白宫;直到1945年富兰克林·罗斯福总统去世后,杜鲁门才被认为是一个重要的总统候选人,而塔夫脱在他1938年第一次当选参议员后的几个月内,就被认为是总统候选人中的佼佼者。

不过,这两个人都很果断,言语朴实,而且随时准备在原则问题上发起斗争。总统坚信,"现收现付"是"我所知道的最合理的融资原则"。对此作为参议员的塔夫脱毫无异议。为了捍卫这一原则,杜鲁门和塔夫脱在想方设法把第二次世界大战期间的联邦债务峰值降下来时,不得不做出艰难的抉择。

塔夫脱要求大幅削减开支,以降低联邦所得税税率。虽然共和党活动家们对共产主义反感,但对于在欧洲部署军队以对抗苏联军队,塔夫脱却反对给予资助。马歇尔计划是协助盟国抵制内部共产主义威胁的,塔夫脱却试图加以削减,并坦率地解释说:"为什么不呢?我可不想增加税收。"[②]

杜鲁门及其在国会内的两党联盟阻止了塔夫脱削减军事开支、关闭海外

[①] Harry S. Truman quoted in Donovan, *Tumultuous Years*, 132.
[②] Robert Taft quoted in Patterson, *Mr. Republican*, 435.

基地、阻止美国加入北大西洋公约组织的尝试。不过总统也反对五角大楼动用超预期的联邦收入。"现收现付"的预算和军事领导人增加开支的要求之间的紧张关系，最终殃及杜鲁门的下属。1949年，美国第一任国防部长詹姆斯·福雷斯塔尔（James Forrestal）陷入抑郁并最终自杀，而另一位支持限制开支的人德怀特·艾森豪威尔（Dwight Eisenhower）将军则延长了病假。

1950年夏天，尽管存在激烈的党派之争，杜鲁门、塔夫脱和几乎每一位国会议员都批准了两项重要的联邦义务以及为此支付的税收。这些决定——与联邦管理的美国老年人养老金和全球安全保护伞有关——将影响未来所有的联邦预算。

众议院筹款委员会主席罗伯特·李·杜顿（Robert Lee Doughton）——他来自北卡罗来纳州农村选区，被称为"莫利鲍勃"或干脆直呼"莫利"——一直没有登过新闻头条，却跨越了党派界限，为二战筹资和战后还债创建了一套税收制度。这一新的税收制度体现在1942年的《岁入法案》中，至少在之后的70年里，它都是联邦收入的主要来源。战后，杜顿致力于就养老金计划的未来达成共识。许多人在提到这个计划时都使用了他在1935年提出的一项法案的标题——《社会保障法》。自那以后，社会保障系统中的养老金制度开始萎缩。由于大萧条和战时的通货膨胀的影响，大多数上了年纪的美国人失去了大部分积蓄，生活在贫困之中。在那时，每月35美元的最低养老金福利由2%的工薪税支撑，从未增加过，在二战后也不够生活之用。因此，国会——几乎没有反对意见——每年都批准向各州提供更多的资金，用于公共援助或"福利"，为超过1/5的65岁以上的老人（没有其他生活来源）提供帮助。

两党的联邦领导人都担心这些补助的金额会继续上升，但没有人想恢复早先的做法，即把贫困的美国老年人送到当地的救济院。在一个流动性大为增强的社会里，工人们经常远离那些长寿的老亲属；女性——传统的养儿育女者——以创纪录的数量涌入有偿劳动力大军。因此，如果没有额外岁入的话，再用一般岁入支持公共援助，只会使预算问题变得越来越糟糕。个人所得税和企业所得税的税率已经处于极高的水平，需要用这一资金来支付战时债务利息、供应武装部队以及提供已承诺给1 000多万退伍军人的福利。

杜顿发现，用增加的税收来扩大养老金体系的方案得到了广泛的支持。

那些曾经反对最初《社会保障法》的团体（包括保险公司、许多雇主和工会），后来纷纷改变了他们的观点。在企业养老金规划中，可转移的最低联邦养老金可以发挥有益的作用。在农业地区的公民领袖曾经坚持要求，非工业部门的雇员不必参与养老金制度，但现在他们希望能让美国的老年人以某种方式来支持不断增长的福利费用。

杜顿提出的《社会保障法》修正案，将养老金覆盖范围扩大到大多数美国工人，将最低福利提高了70%（略高于最低生活保障），并提高了工资税，以支持老年人和遗属信托基金。众议员威尔伯·米尔斯向他的同事们保证，一个可行的、由劳工税收筹资建立的养老金体系，可以减轻日益增长的"福利"负担，效果也比"光发钱"[①]要好。1949年，该法案以333票对14票在众议院获得通过。

众议院通过的法案采用逐步提高工薪税税率的方法来为养老信托基金筹资，并维持保险精算的平衡，从而避免了像20世纪30年代关于养老金储备金规模那样激烈的辩论再次上演。富兰克林·罗斯福总统——前保险业执行官——认为，只要受托人（trustees）保持由精算师确定的收益和缴款水平，养老金制度就符合传统的债务上限。随着人口老龄化，这种私人保险公司的标准做法就需要大量的储备金。罗斯福说，"让1980年的美国国会去弥补累积的赤字是不诚实的"[②]。

与罗斯福一样，共和党人也不愿将债务强加给下一代，但他们担心若因此建立庞大的养老金储备会放大这种风险。在此问题上，共和党领导人、密歇根州参议员阿瑟·范登堡（Arthur Vandenberg）认为，未来的领导人可能会受到诱惑，将正常的联邦预算——现在称为联邦基金预算——与具有大量储备金的社会保障体系相结合，从而掩盖正常预算产生的债务。保守的范登堡倾向于支持那种只需少量储备金的"现收现付"型养老金制度，为此他否决了将养老金储备投资于公司证券而非联邦债务的替代方案，并将这种想法称为"社会

[①] Zelizer, *Taxing America: Wilbur D. Mills, Congress, & the State, 1945—1975* (Cambridge: Cambridge University Press, 1998), 75.

[②] Schlesinger, *The Coming of the New Deal*, 309.

主义"。①

杜顿的法案包含塔夫脱提出的共和党人版医疗护理计划的一部分,后一计划是由联邦向各个州拨款以补助低收入美国人的医疗费,这是现代医疗补助计划的前身。1950年6月,这项法案在参议院以81票对2票通过。从那一天起,一个由工薪税维持、不会产生债务的养老金福利制度让大多数美国人都能够有尊严地退休。

1950年的《社会保障法修正案》(Social Security Act Amendments)颁布5天后,朝鲜战争爆发。于是美国两党内部及两党之间领导人对国际军事承诺长达4年的党派争论就此结束。在朝鲜战争前几个月,杜鲁门政府曾在众议院阻止了共和党领导有关削减对韩军事援助的企图。

与此同时,为了平衡预算,杜鲁门拒绝批准美国国家安全委员会的建议,即提高税收并将军费开支增加到原来的3倍。在朝鲜战争爆发后,杜鲁门签署了该建议,并要求国会暂停考虑任何新的国内支出。接下来国会在18个月内三次提高税收,税收也达到了历史最高水平,即使扣除朝鲜战争的直接成本,军费开支也大幅增加。在战争的第一年,联邦预算出现盈余。

联邦所得税征收额从1951年的357亿美元上升到1953年的510亿美元,而1953年是朝鲜战争的最后一年。在那一年,联邦基金税收——那些并不专门用于支持特定信托基金的税款——占据了国民收入的16.6%,仅次于第二次世界大战最后一年创纪录的18.8%,也远高于2001—2010年期间10.3%的平均水平。②

在1950年,美国的财政传统曾迫使联邦政府平衡其在养老金和国际安全方面的责任和资源。在此之前,美国曾为战争举债,但在1950年联邦领导人开始意识到,联邦债务总额已经过高。总统和国会的选择很艰难,因为他们想避免因借款而额外依赖未来的税收收入。

共和党人1953年掌管国会和白宫之后,有关全球义务和平衡养老金信托基金的新共识得以延续。德怀特·艾森豪威尔总统认为,平衡预算可以保护

---

① Quoted in Altermeyer, *Formative Years of Social Security*, 89.
② OMB,历史表格,"表2.1—收入来源:1934—2018",参见附录C。

国内儿童的未来,即蓬勃发展的婴儿潮一代。与杜鲁门一样,艾森豪威尔努力将军费维持在远低于军队所要求的水平,尽管高于塔夫脱要求的数额。面对五角大楼对削减预算的抗议,他打趣道,国家安全委员会应该评估一下"这个国家是会先遭遇破产呢还是先毁灭呢"。①

与杜鲁门一样,艾森豪威尔也支持在正常的联邦预算之外用专门的税收来全额支持养老金制度。参议院以口头表决(voice vote)的方式全票通过了艾森豪威尔关于扩大社会保障制度的提案。艾森豪威尔对他的兄弟说,完全由基础广泛的税收资助的最低养老金制度,只有"得克萨斯的石油百万富翁和个别政客或商人"才会反对,而这些人的数量"可以忽略不计,而且他们……很愚蠢"。②

2003 年:美国财政传统的崩塌

在白宫总统办公室,新当选的美国总统乔治·W. 布什展示了一幅艾森豪威尔的肖像。在第一次国情咨文中,布什重复了艾森豪威尔和杜鲁门最喜欢说的主题。布什承诺,他将把联邦债务削减 2 万亿美元,并保留 1 万亿美元。他提醒公众说:"为了我们的子孙后代,我们现在就得采取行动。"③

在当时,布什削减债务的目标看起来是可以实现的。自 1950 年杜鲁门发表国情咨文以来,经通胀调整后的人均收入已增加了两倍。比尔·克林顿总统和国会中共和党人曾经实施了一项多年的计划以平衡预算并产生盈余,而该计划的一部分是小布什的父亲老布什总统在 1990 年争取到的年度支出上限和程序规则的延续。此外,乔治·W. 布什是自艾森豪威尔以来首位有望让共和党在参众两院都占多数席位的共和党总统。在布什 2001 年就职前 6 年,除了 1 名共和党国会议员和一些民主党议员外,所有人都投票赞成一项宪法修正案,以便在 2002 年之前平衡预算。

---

① Pachand Richardson, *The Presidency of Dwight D. Eisenhower*, 77.
② Dwight D. Eisenhower quoted in Mayer, *The Eisenhower Years*, 191.
③ George W. Bush quoted in Kotlikoff and Burns, *The Coming Generational Storm*, 55.

布什要达到削减2万亿美元联邦债务的目标,就需要国会在联邦基金预算——除信托基金之外的联邦支出和收入——方面保持大量盈余。要实现这一目标,就需要执行严格的纪律,因为在布什上任之前的那个财年中,联邦基金只有少量盈余。经济增长已经开始放缓。然而,在布什发表预算演说后的几个月里,总统和国会都没有试图将支出控制在现有的收入范围内。

在布什第一次发表国情咨文后的24个月内,联邦政府以每年5 000亿美元的速度借款——平均下来,每个美国家庭是每年约5 000美元。联邦基金的支出每年猛增2 000亿美元,而联邦基金的税收收入每年锐减3 000多亿美元。[1] 在支出增长中,只有很小一部分与2001年9月11日恐怖袭击后的军事行动有关。

在2003年的国情咨文讲话中,乔治·W. 布什总统没有提到他之前的债务削减目标,反而要求国会再次削减税收——超过2万亿美元——并呼吁扩大自1972年以来最昂贵的医疗保险计划。随后,白宫向国会提交了一份预算,其中,国内和国防开支大幅增加[2],而阿富汗战争的开支只占新增资金的一小部分。

为掩饰总债务的规模,联邦预算用社会保障信托基金的盈余做了部分抵消,这种精妙的操纵模式正是范登堡等传统财政保守派曾经担心的。布什的前任比尔·克林顿曾在其最后一年的预算中把信托基金的收入分开,以避免隐藏任何赤字。

2003年3月,美国入侵伊拉克。在以前的重大战争中,国会提高税收是为了减少借款需求,也是为了彰显来自民间的支持。得克萨斯州的多数党领导人汤姆·迪雷(Tom DeLay)是当时众议院最有影响的议员,他坚持认为,"在战争面前,没有什么比减税更重要"。[3] 但人气高涨的共和党参议员约翰·麦凯恩(John McCain)反对在战争期间减税,但国会中只有另外两名共和党人和他一起投票反对2003年春季颁布的大规模减税政策。国会预算专

---

[1] OMB,历史表格,"表1—4 收入、支出、盈余或赤字(—)按基金组:1934—2018"。
[2] *Budget*,*Fiscal Year 2003*,101.
[3] 汤姆·迪雷(Tom Delay)引用苏洛维奇(Surowiecki)的话说,"削减过头了"。

家估计,2003年的减税计划将在十年内使联邦债务增加2.7万亿美元,平均下来,相当于每个美国工薪人士增加约2万美元的债务。① 在2010年减税计划到期后,随着7 500万婴儿潮的第一代人开始享有医疗保险资格,预计联邦借款将飙升。如果延长这些减税措施,预计债务则会更大。

杜鲁门总统曾多次支持联邦医疗保险,尽管他从未将其列入预算中。他拒绝制订超出国会征税水平的国内支出计划。可2003年摆脱了传统预算做法的限制——"现收现付"的预算计划、使用专门税收给新项目供应信托基金、国会为特定目的授权举债——国会靠举债为扩大医疗保险提供资金,并暂停了6年前克林顿总统和共和党国会领导人制定的限制医疗保险年度费用的制度。

扩大医疗保险计划以使其涵盖处方药,这样的想法并不是什么新鲜事,但它的成本一直是个问题。联邦医疗保险的最初设计者威尔伯·米尔斯曾将医院外使用的处方药排除出保险范围,因为他担心这样会让成本超过可获得的联邦收入。1988年,里根总统和国会曾试图对高收入的医疗保险受益人征税,以便部分地弥补昂贵的处方药,但由于遭到强烈的反对,国会很快就撤销了这一计划。

2003年,布什总统要求马萨诸塞州的参议员泰德·肯尼迪帮助他实现覆盖处方药的保险范围。自38年前医疗保险和医疗补助制度创立以来,肯尼迪参与了每一项有关医疗服务的重要立法倡议。在肯尼迪的帮助下,扩大医疗保险的法案在参议院以一面倒的优势获得通过。虽然许多民主党人反对同年5月通过的一项大规模的债务融资计划以弥补减税,但很少有人投票反对以债务融资的方式扩大医疗保险。

以前对通过新的支出计划表示不满的众议院共和党人提出,需要用确保新的债务融资弥补减税的措施来获取他们的支持。当参议院拒绝了减税措施时,众议院共和党人反而为私人管理的医疗保险计划获得了新的以债务融资的联邦补贴。在处方药新项目实施后,其预估成本急剧上升。

在历史上,《医疗保险处方药改进和现代化法案》(The Medicare

---

① 美国国会预算办公室对2003年减税的估计。参见劳工统计局,"劳工统计局失业统计概览"。

Prescription Drug Improvement and Modernization Act)是白宫和国会第一次从开始就计划几乎全部通过债务来融资的重大国内新项目。共和党政策委员会主席、俄亥俄州国会议员约翰·博纳(John Boehner)向众议院共和党议员解释说,"美国人民不希望政府大幅削减开支",他们应该接受"多数票决策带来治理负担这样的现实"。①

分析师警告称,以债务融资的方式来扩大医疗保险存在着风险。这是因为,从1946—1964年出生的婴儿潮一代正值壮年,可当他们这一代的第一批人在2010年有资格享受医疗保险时,医疗保险费用就会开始飙升。从2000—2010年,45—64岁的美国人,即"婴儿潮一代"的人数增长相当于整个人口增长的3/4。

2003年的消费热潮并没有随着医疗保险的扩大而结束。9月,总统为伊拉克和阿富汗的军事行动以及重建这些国家申请拨款870亿美元。② 为了将公债资金用于战争,参议院企图推迟减税计划,但该企图被共和党人挫败。

在美国历史上,联邦领导人从来没有完全依靠债务来供应一场重大战争,联邦官员甚至未曾要求普通民众通过购买国债为战争筹款。1950年,当美国承诺为全球提供安全保护伞时,有数千万美国公民购买了储蓄债券,从而为联邦债务总额的1/5提供了资金。美国的保险公司和银行购买了剩下额度中的大部分。相比之下,从2001—2004年,除了出售给联邦信托基金或美联储的数额外,美国国债的全部增长几乎都来自国外债权人提供的资金。

有关联邦债务的神话

上面我对两个关键年份的预算史描画了一幅草图,说明了传统对联邦债务的限制,但没有解释具体发生了什么。联邦政府并没有正式宣布放弃传统

---

① John Boehner quoted in Greenspan, *The Age of Turbulence*, 243.
② Peterson, *Running on Empty*, 82.

的财政宪法。用党派主义或怀疑主义来解释已发生一切，产生了一些有影响的神话。常见的神话有："联邦政府几乎从不平衡预算""他们过去总能平衡预算"。事实上，180年来联邦政府从未打算用借款来支持日常开支，尽管有时它确实会为了前面提到的四个特殊目的而去借不少钱。

让我们一起来看看以下常见的有关预算的神话。

神话："这是一个古老的故事：自由派总是花钱多，而保守派征税少。""保守派"曾经支持建立一个更强大的中央政府。在19世纪末，"自由派"指的是支持类似于格莱斯顿（Gladstone）领导的英国自由党政策——竞争性的市场和平衡的公共预算——的共和党人和民主党人。纵观美国绝大多数时候的历史，进步派政治家们都避免使用债务去融资，避免抵押未来，而保守派则强烈反对以举债融资为基础的减税政策。

神话："最终，联邦政府只是通过让美元膨胀来减轻债务负担。"联邦官员从未刻意以减轻债务负担为主要目的而滥发货币。从1812年战争到第二次世界大战，每一次债务高峰过后，联邦政府都会限制举债规模以抑制通货膨胀。

神话："凯恩斯经济学让联邦政府领导人相信平衡的预算会扼杀经济增长。"在起草税收或拨款法案时，国会议员很少听从经济学家的意见，尽管政治家们经常引用能支持自己行动的经济学家的观点。约翰·梅纳德·凯恩斯（John Maynard Keynes）认为，经济衰退期间产生的债务应该用未来的盈余来偿还。

神话："一切都始于新政。"富兰克林·罗斯福上任伊始就削减了"正常的"联邦开支，包括联邦文职人员和军人的工资以及退伍军人的福利。他创纪录地否决了665项法案，以尝试限制债务规模。

神话："一切都始于20世纪60年代的伟大社会计划。"在约翰逊政府时期，用于新的社会项目的支出只占联邦基金预算的一小部分。自1977年以来，扣除医疗服务之后，联邦基金的国内支出占国民收入的份额没有显著增长。

神话："一切都始于里根，他认为可以在不损失财政收入的前提下减税。"对于1981年的减税行动，里根总统和白宫高级经济顾问都不相信它能提高联邦收入在国民收入中的比重。他们只是明确地认定，在高通货膨胀率持续且将把美国人推入更高的税收等级的情况下,联邦财政收入将快速增长。

神话:"真正的问题是社会保障。"与联邦基金预算相比,社会保障信托基金的状况良好,而联邦基金预算是唯一会产生债务的预算。1983年实施的改革,为婴儿潮一代的养老金创造了大量的储备资金。未来福利或工薪税只要适度变化,社会保障的长期收入和支出就能平衡。

神话:"真正的问题是党派之争和政治僵局。"在美国内战结束后的几十年里,民主党和共和党的领导人互相指责对方,造成了美国大部分人口死亡。然而,他们仍共同努力偿还债务。2000年以后,联邦的民选官员经常在预算问题上达成妥协,通常是通过增加支出,削减收入,再增加债务的方式。从2001—2006年,以债务融资的拨款法案都以一面倒的多数票经国会两党顺利通过。

神话:"债务危机是反恐战争和大衰退的不幸结果。"在公债资金的传统用途——在大衰退期间打两场战争并填补预算缺口——上所花费金额,不足2001—2013年期间债务额的一半。

神话:"我们无法在不损害经济的情况下平衡预算。"长期的经济增长源自不断增长的生产性劳动力,而不是更多的债务。美国持续的经济增长主要发生在联邦政府偿还债务或借款相对于经济规模很小的时期。从2000—2007年,甚至在大衰退之前,尽管联邦政府大举借债,私营部门的就业增长仍远远落后于20世纪的平均水平。

———

依据事后的眼光,我们很容易描述当时的情况:2000年后,国会议员和两位总统做出的承诺导致支出与税收之间出现了巨大的差距。简而言之,他们的行为就像历史上许多国家的众多政府官员那样,在债务的斜坡上不断下滑——用华盛顿的话来说——"滚雪球般"。

用债务来为支出筹资具有强大的吸引力,它掩盖了实际的政府成本,经济学家称之为"财政幻觉"(fiscal illusion)。事实上,对于用举债来为支出筹资或用减税来刺激经济等观念来说,这一幻觉至关重要。如果在个人的信用卡余额上显示增加的联邦债务份额的话,则人们就不愿意增加消费或投资了。

传统的预算做法——清晰的会计核算;"现收现付"的预算计划;将指定支出的信托基金的使用控制在特殊目的税的收入水平上,以及由国会对每一笔新债务的金额和用途进行具体授权——在2001年税收和支出之间的联系彻底破裂之前,已经连年衰败。

乐观的预测、对信托基金的新会计核算、在战争和经济衰退期间的借钱传统,让选民(甚至民选官员)难以理解国家对债务的依赖程度。本杰明·富兰克林曾经指出,债务人拒绝偿还债务的困境是:"第二大恶习是说谎,第一大恶习是负债经营……而负债的人谎话多。"[①]

2000年之后的美国历史,并不是寻求解决当时债务危机最有希望的时候。而从美国前几代领导人的经验教训中寻求指导更为有效,因为他们将联邦政府的义务和掌握的资源匹配得更成功——并能成功获得连任。

在围绕选举和战争构建起来的具有戏剧性的历史叙事中,预算之争往往只具有次要情节的地位。有人说,政治家们以诗意竞选,用散文当政。然而,在通常情况下,数字比文字更能提供有关艰难决策的深刻见解。政治修辞可以掩盖理想与可能之间的差异。图书馆里有数百本描述美国内战中军事行动的书籍,但很少有著作能深刻地描述两个多世纪以来的预算之争。正如维和部队在历史上留下的足迹要比在战争中行进的士兵轻一样,预算英雄的遗产也会从人们的记忆中淡出。然而,预算英雄在限制债务方面的成功,保住了国家的未来和独立。

本书将讲述一段财政安全的考验之路。在此路途中,前几代人坚持不懈,克服了比今天大得多的党派、区域、种族障碍。他们建立了一个伟大的国家,但没有用未来作借款抵押。他们打开了机遇之门,造就了第一代有财力保障的美国老人,并确立了令世界许多国家羡慕不已的生活标准。他们抵御了当时世界上最强大的军事力量的入侵,确保了北美大部分地区的财产,还经历了一场内战,为两次世界大战提供了资金,并在三次严重的经济衰退期间为人们减轻了痛苦。

[①] Benjamin Franklin, *The Way to Wealth* (1774),13.

美国财政宪法

　　制定和尊重美国财政宪法的美国人的故事,会给人以启发和引导。这个故事从一个疲惫不堪的弗吉尼亚人开始,他骑马去过圣诞节,这是 8 年来第一次在家过节。他困扰不已,因为自己领导的士兵被欠薪,其中一些人把国会赶出了城,因为国会不能履行财政义务。

第一部

新国家和民主党限制的联邦债务：1789—1853 年

2 债务催生新国家和新政党

1789—1802年：赤字超过还本

付息的时间为0年

债务孕育的国家

1783年12月21日，200多名客人在马里兰州安纳波利斯的曼恩酒馆聚会，一起度过了一个伤感的夜晚。一些人长途跋涉，不畏坎坷前来表达对乔治·华盛顿将军的敬意，因为华盛顿率领临时组建的大陆军战胜了世界上最强大的军事力量。在将军从纽约到马里兰酒馆的16天行程中，心存感激的市民一直在欢迎他。华盛顿希望在返回弗农山的家之前，就放弃在安纳波利斯的指挥权。

在告别宴会上，宾客们举杯祝酒13次，每一次都被外面传来的炮声打断。当这位威严的将军起立祝酒时，人群安静了下来。他的祝酒词听起来更像是一种恳求而不是祝福，他希望各州能给予邦联国会（the Congress of the Confederation）"足够的权力"，以便能支付士兵的欠薪、偿还供应商的欠款，这些人在长期独立战争中已经牺牲巨大。①

在这次告别晚宴的9个月前，华盛顿曾提出一项付款计划。当时他还采取行动平息了欠薪士兵的叛乱，他们那时正在营地里等待与英国签订和平条约的消息。他谴责了军队中的叛乱煽动者，说他们"可怕地选择了抛弃我们的

---

① George Washington to Benjamin Harrison, January 18, 1784, *The Papers of George Washington*.

国家,或者用我们的武器反对它"。① 这些时常衣衫褴褛的退伍军人有充分的理由担心,大陆会议(the Continental Congress)是否会支付他们的欠薪。国会没有征税权,可英国已迫使各州作出保证,这些前殖民地将偿还对英国商人的欠款,但这个保证很快就失效了。

当时年仅29岁的亚历山大·汉密尔顿(Alexander Hamilton)和比他年长4岁的詹姆斯·麦迪逊(James Madison)一起,被国会任命领导一个委员会来回应华盛顿的一个要求,即他的士兵在退伍后可以领取3个月的军饷。麦迪逊和汉密尔顿对这一请求表示同情,但只能授权用价值不高的银行券来支付部分军饷。1783年6月,愤怒的退伍军人将国会赶出费城。华盛顿将军向所有的州长发出了徒劳的呼吁:"如果不努力用金钱去偿付荣誉和感激,哪里还会有人愿意牺牲自己的人身和财产安全,为他人抛头颅洒热血呢?"②

在告别晚宴后的第二天早上,华盛顿在他的朋友托马斯·杰斐逊精心安排的仪式上正式辞去了军事职务。杰斐逊和其他人都认为,虽然华盛顿自愿归隐,但他将成为民主公共服务的象征。英国统治者、殖民地前君主乔治三世也指出,华盛顿心甘情愿地离开了官场,让他成为"这个时代最伟大的人物"。③

然而,没有人赞扬破产的邦联国会伟大。仅仅是为了结清曼恩酒馆的告别晚宴账单,就花去了4个月的时间。在那之后的5年里,邦联国会没有"足够的权力"来偿还独立战争遗留下来的债务的本金或利息。④

纽约的汉密尔顿和弗吉尼亚的麦迪逊建议,国会应该对进口商品征税以偿还债务,但没有成功,因为《邦联条例》规定征税必须得到所有州的同意。1785年,纽约州反对征收进口税,就像罗得岛州和弗吉尼亚州两年前反对过那样。与此同时,债务的复利也在不断地累积。

有些州在印刷纸币,并发出威胁强制债权人接受以纸币偿还债务,但一个州的纸币不能让其他州或其他国家的债权人接受。那些借钱来为独立战争支

---

① Washington,"Speech to Officers at Newburgh",March 15,1783,in *Rediscovering George Washington*.
② Higginbotham,*George Washington*,121.
③ George III quoted in Brookhiser,*Founding Father*,103.
④ Weintraub,*General Washington's Christmas Farewell*,157.

付费用的债权人,原本以为债务会以某种铸币形式(currency)偿还,其用美元衡量的价值对应于英国、法国或西班牙金属货币的价值。

对各州要想独立于英国经济来说,荷兰银行家的贷款仍然至关重要,但此时这些银行家开始变得不耐烦了。① 28岁的国会议员詹姆斯·门罗(James Monroe)是一位革命老兵,也是汉密尔顿和麦迪逊的密友。他听说一些北方州的公民正在考虑退出邦联,这将使剩下的州要承担大陆会议举借的全部战争债务。

如果没有征税权的话,邦联国会就只能实行"征用(requisition)"或乞求各州,以承担各自应分担的债务。1786年,邦联国会向各州开出了总计380万美元的账单,并反复警告各州,如果不付款,则将"违背公众信仰和正义原则"。现有的记录显示,这些州最多只支付了663美元。② 一些州的代表甚至试图通过避免参加国会会议来逃避税收问题。

1786年8月,华盛顿称所谓的征用"比开玩笑好不了多少"。他闷闷不乐地说:"在组建我们的邦联时,我们对人性的评价可能太高了。"③然而,汉密尔顿和麦迪逊并没有完全放弃希望。在华盛顿表达了他的不满情绪几周后,俩人来到了3年前纪念这位将军退役的那家酒馆,他们将再次尝试解决债务危机。

来自其他3个州的10名代表加入了他俩在曼恩酒馆的会议,其最初的目的是要解决各州之间关于水域边界、海上贸易、联合征收州进口税等多方面的争端。麦迪逊和汉密尔顿身高都只有5英尺左右,但他们心中的目标高远。麦迪逊在11岁时读完父亲的大量藏书,后来用所掌握的正式英语写道,他们"毫不犹豫地拒绝了被分配到的有限任务"。④ 麦迪逊和汉密尔顿说服了其他代表,来年春天在费城再召开一次会议,讨论沿海贸易以外的问题。他们希望争取各州最有影响力的公民参加,这样费城会议就有"足够的权力"来决定如

---

① 在17世纪,荷兰的城市开创了现代形式的公共债务。欧洲皇室此前曾以财产抵押(包括租赁权的转让)为战争提供资金。富有创新精神的荷兰城市创造了以未来的税收收入为抵押的票据。到18世纪80年代,荷兰共和国因过度使用公共债务而陷入瘫痪。

② Johnson, *Righteous Anger*, 1.

③ Ibid., 85.

④ Madison, *Writings*, vol. 2, 398.

何履行邦联国会未清偿的财政债务。①

在汉密尔顿的书面邀请中,即将召开的费城会议的宏伟目标被淡化了,它只是暗示,商业问题的解决可能需要"对联邦制度的其他部分进行相应的调整"。② 麦迪逊和汉密尔顿对密友们则更为直率地发出警告:邦联国会已没有办法偿还债务了。为了打破债务僵局,汉密尔顿和麦迪逊需要更大的权力,而这不是他们或任何一个州所能给予的。他们认为,要完成这项任务需要华盛顿将军独有的威望。

麦迪逊和弗吉尼亚州州长埃德蒙·伦道夫(Edmund Randolph)说服弗吉尼亚州的立法机构,迅速选出派往费城的代表团成员。他们任命华盛顿为代表团团长,即便这位最杰出的公民尚未被说服参加会议。麦迪逊向这位退役将军解释了为什么他的参与会显示出"这一场合的重要性",但华盛顿找借口推辞了。毕竟他才以退出公众生活为由,拒绝参加在费城举行的退伍军官年度聚会。③ 尽管他不愿意,弗吉尼亚人还是公开了华盛顿将率领他们的代表团这一消息。

宾夕法尼亚州也迅速选出了自己的代表团,其中包括该州的两位主要公民:著名的发明家、作家、商人本杰明·富兰克林,以及13个州中最著名的商人罗伯特·莫里斯(Robert Morris)。富兰克林和莫里斯都为独立战争筹集了很多资金;富兰克林从法国获得了补助金和贷款,而莫里斯则向美国商人和大种植园主大量地借款。华盛顿、富兰克林、莫里斯出席会议的消息,打动了其他州的领导人。最终,除了罗得岛州,其他所有州都派代表前往费城。

做事细致的麦迪逊,为这次会议做了充足准备。他研究了历史上各个国家是如何收税、如何管理商业、如何组织国防、如何解决争端的。与此同时,汉密尔顿还估计了全国税收的可能收入。

到1787年2月,邦联国会一直未能找到一个单一认购人来承购50万美元的贷款,而这个数额只占其未偿债务的1%左右。几周后,华盛顿同意参加

---

① Madison, *Notes of Debates*, 10.
② Berkin, *A Brilliant Solution*, 25.
③ Madison to Washington, November 8, 1786, in Madison, *Letters and Other Writings*, vol. 1, 255.

费城会议。他给朋友写信说,无能的邦联就像"一座着火的房子"要"化为灰烬",而人们却在争论用"最常规的方式"来灭火。①

在代表们动身前往费城之前的几个月里,紧张局势进一步加剧。他们听到的报告说,马萨诸塞州西部的武装农民拒绝支付旨在偿还该州战争债务的财产税。马萨诸塞州的塞缪尔·亚当斯(Samuel Adams)是最初的茶党组织者,但他支持征税,并认为应该以叛国罪绞死那些鼓动抗税叛乱的人。在独立战争期间华盛顿的得力骑兵指挥官亨利·李(Henry Lee)警告说,反税叛乱可能会蔓延到其他州。

到1787年5月费城会议召开时,麦迪逊指出,"显而易见,因举债而神圣的公债,却仍然没有任何偿还的资金。"②约翰·马歇尔(John Marshall),一位来自弗吉尼亚州的精明年轻律师,同时也是独立战争的老兵,用更直白的语言描述了当时的情况:"公共债权人已经对旧政府失去了信心。"③

聚集在费城的代表们,一致推选华盛顿主持会议。1787年5月30日,在达到法定人数的第四天,他们通过了一项决议,该决议反映了麦迪逊计划的实质,那就是要建立一个"由最高的立法、行政、司法机构组成的全国政府"④。在长达几个月的时间里,他们制订了这项计划,以便建立一个能够偿还现有债务或未来因紧急情况而产生的任何债务的新组织。参加集会代表称这样的国家为"美利坚合众国",并在宪法中阐明了它的权力。

当时本杰明·富兰克林已经81岁高龄,不得不被人抬着去参加会议,并且很少发言。他认真听取了长时间的辩论,内容有关是否应该允许参议员提出或修改影响支出或税收的立法的"财政法案"(money bills),而参议员预计比大多数众议院议员更富有。富兰克林支持最终的妥协方案,即只允许众议院提出法案,他重申了一句格言:"感觉得到好坏的人,才能做出最好的判断。"早在几十年前,当殖民地第一次要求从英国政府那里获得财政独立时,富兰克林就提出过一个相应的观点:如果纳税人可以指导用钱的方式,那么税收就更

---

① Caplan,*Constitutional Brinksmanship*,26. 在大多数州同意派出代表,在安纳波利斯会议呼吁采取行动几个月后,国会可悲地要求费城会议起草《邦联条例》的修正案,供该机构日后审议。
② Madison,*Writings*,vol. 2,404—405.
③ Beard,*An Economic Interpretation*,297.
④ Johnson,*Righteous Anger*,75.

容易被接受。因此,美国的开国元勋们从一开始就明白,将支出和税收相联系具有重要性。

在费城制宪会议上,富兰克林最后致闭幕词。在闭幕词中,他敦促所有代表,即使对宪法文本有任何个人保留意见,也要"真心实意地行动起来",以使宪法能获得批准。① 没有人比麦迪逊和汉密尔顿更重视富兰克林这个建议,他俩通过不懈的努力,克服了各自州内某些有影响的政客的反对。为此他们写了一些文章,现在被称为《联邦党人文集》(Federalist Papers),旨在说服纽约州人民政府批准宪法。这些文章强调了建立一个联邦权力机构的必要性,即该机构可以通过征税来偿还现有债务并支持国防。纽约州和马萨诸塞州的许多民众担心,如果联邦政府拥有通过其繁忙的港口征收进口税的专属权利,那么州政府的收入就会减少。康涅狄格州和新泽西州是最早批准宪法的两个州,因为这两个州都想限制纽约对经由其港口的进口商品和邻州公民购买的商品征税。

以著名演说家、州政府中的常青树帕特里克·亨利(Patrick Henry)为首的一些弗吉尼亚人,反对宪法赋予联邦政府新的征税权。麦迪逊回应说,如果没有可靠的收入来源来支持国家军队,各州就无法自卫。如果战争爆发,谁"能借钱给一个甚至连贷款的年息都要依靠十几个政府共同协商才能偿还的政府呢?"②

汉密尔顿则与自己所在州的州长提出的反对意见作斗争,他告诉麦迪逊说,除非弗吉尼亚州首先批准该文件,否则在纽约州获得批准的可能性"微乎其微"。1789年夏天,弗吉尼亚州和纽约州终于以微弱的优势批准了宪法,尽管当时已经有足够多的州通过了宪法,即使没有这两个州也能成立联邦。

有许多为批准宪法而召开的州代表大会提出,要批准宪法就需要答应采用多个修正案作为条件。作为公认的宪法权威,麦迪逊宣称,任何州都不能有条件地加入联邦。不过,他承诺,国会将在宪法被批准后仔细地考虑所建议的修正案。但这一论点未能说服北卡罗来纳州的政治领导人,也没能说服麦迪逊的同乡詹姆斯·门罗。他们认为只有在宪法中纳入权利法案后,他们的州

---

① Franklin,"Speech to the Federal Convention".
② DeRose, *Founding Rivals*, 237.

才会加入联邦。纽约州提出了一项宪法修正案,要求国会在批准新的联邦债务时必须以 2/3 的多数通过。

华盛顿当选总统已成定局。每个州都要选出选举人去投票选举国家的第一任行政长官,甚至那些反对宪法的选举人也把票投给这位带领他们脱离英国的最大功臣。麦迪逊要竞选众议院的一个席位,但因为一些弗吉尼亚人征召了麦迪逊的邻居门罗与他竞争,让选举的最终结果变得不明朗。1788 年的那个冬天,这两位候选人经常一起参加竞选活动;和现在一样,候选人为竞选活动付出了沉重的代价。一天晚上,在结束了在一个路德教会小教堂的辩论后,麦迪逊在回家的长途车上因鼻子冻伤而留下了永久的疤痕。

最终,麦迪逊以 300 票的优势获胜,而两项占主导地位的议题——税收和宗教——也成为后世美国政治中常见的争议议题。那次选举的结果无疑改变了美国的历史。门罗具有天生的领导才能,但他缺乏麦迪逊那种起草法律的能力,而这对于确保《权利法案》和各种各样的法律的通过至关重要。

像华盛顿和麦迪逊这样的联邦领导人深知,新一届联邦政府的每一项行动都可能开创先河。《联邦宪法》本身只是粗略地勾勒了联邦政府,只有基本的原则只能在后来补充操作程序。哪怕是华盛顿执政的最初几分钟,就建立了一个持久的传统,即总统在麦迪逊的帮助下起草的就职演说。

《联邦宪法》让邦联时期的债务"得到合众国的认可"。与当时只有 40 万户自由家庭组成的国民经济规模相比,这笔超过 5 400 万美元的债务规模巨大。这些家庭的主要财富来源是土地。① 对每个家庭来说,这笔债务相当于 100 多英亩优质土地的价值。这笔债务总额也远远地超过了作为货币流通的价值数百万美元的外国硬币。即使是像乔治·华盛顿这样因拥有大量土地而被视为富人的公民,也没有多少现金,因此他不得不以 6% 的利率借钱来支付他参加就职典礼的旅费。以占国民收入的份额来衡量,1800 年之前美国的债务负担超过了 1933 年大萧条时期国民收入跌入谷底前的任何时候。

1789 年 3 月,国会召开第一次会议。在汉密尔顿的帮助下,麦迪逊起草了一份税收法案,并迅速成为众议院的实际领导人。参加国会第一届会议的

---

① *Reports of the Secretary of the Treasury*,14,https://fraser.stlouisfed.org/docs/publications/?pid=194.

马萨诸塞州的代表费舍尔·埃姆斯（Fisher Ames）——后来成为麦迪逊这位弗吉尼亚州议员的反对者——对麦迪逊的描述是："他拥有健全的判断力，能清晰地感知到真理，并能在错综复杂的辩论中找到它……他是一个勤奋好学的人，致力于公共事业，对几乎所有可能出现的公共问题都了如指掌。"[①]

1789年7月4日，也就是《独立宣言》发表十三周年纪念日，国会通过立法，对进口商品按其价值的5%征税，并对通过美国船只运输的货物给予折扣；而各种各样的奢侈品，如花边、马车、扑克牌和酒类，都要交更高的税。[②]在早期，这些税收产生的收入足以支付年度利息，但不足以偿还未偿债务的本金。

尽管国会议员们持反对态度，担心这么做，权力可能集中在财政部部长身上。不过，麦迪逊还是设法通过了成立财政部的法案。华盛顿的密友罗伯特·莫里斯拒绝了这份工作，并建议总统将这个职位交给汉密尔顿，后者曾在独立战争期间担任将军的参谋长。麦迪逊也认为汉密尔顿最适合"该业务"。[③] 于是财政部部长汉密尔顿立即从一家银行借了5万美元来支付联邦政府的开支，其中包括总统和国会议员的工资。

此时，汉密尔顿面临着一项艰巨的任务。他必须计算债务总额，制定会计和税收制度，并估计计划征收的税收水平。除非有一个组织能够在船只停靠港口时收取新的进口税，否则联邦政府将难以支付自己的账单。

与此同时，麦迪逊履行了他对自己的选民和各州的承诺，带领国会通过了十二项宪法修正案，其中十项得到了各州的批准，这就是著名的《权利法案》。完成这项任务需要耐心，因为反对批准修正案的国会议员迫切要求实行更广泛的修订，而强烈支持批准宪法的人则认为没有必要去解决理论问题。在《权利法案》通过后，麦迪逊相信，自己已完成了宪法的语言和结构工作（至少在一段时间内）。这项工作开始于3年前，并在他的朋友托马斯·杰斐逊从巴黎寄来的书籍的帮助下。于是，麦迪逊准备好着手从事实际的治理工作。可当时

---

① Johnson, *Righteous Anger*, 41.

② 麦迪逊提出征收进口税的理由是借助杰斐逊准备的表格，这些表格显示了美国欠欧洲国家的债务数额和相关的偿债时间表。杰斐逊还听取了荷兰银行家的建议，即对进口价值征收5%的税，可以筹集到足够的资金来支付给外国债权人。

③ Chernow, *Washington*, 597.

仍然担任美国驻法国公使的杰斐逊却对美国宪法不满意,他催促麦迪逊考虑另一项宪法修正案,即对联邦债务施加限制。

在法国国民公会辩论一项处理国家巨额债务的计划时,杰斐逊开始集中关注公共债务问题。法国的一些债务是为了在财政上支持美国独立战争造成的。法国前财政部长安·罗伯特·雅克·杜尔哥(Anne Robert-Jacques Turgot)当时曾辩称,法国无力承担这一债务,但未能成功。

根据杰斐逊的说法,他所咨询的一些法国领导人认为,美国宪法"就像……圣经,可以解释,但不能质疑"。① 然而,杰斐逊却对这份文件缺乏明确的债务限制提出了疑问。法国的君主制政府已经积累了大量的债务,杰斐逊希望他的国家不会将类似的抵押贷款强加给后代。自成年后,杰斐逊一直反对制定法律让一代自由公民限制下一代自由公民,如英国的《限嗣继承法》(继承权仅限于特定类别的后代,如长男继承人)和永久营业权(将永久的、不可转让的土地权利授予教会或公司)。1776年,他曾帮助弗吉尼亚州废除了限嗣继承制度,并把从英国独立看作是新世界摆脱封建法律教条的机会。②

杰斐逊更喜欢写作,而不是发表演讲,因为他认为在纸上组织自己的思想更容易,而且他还想掩饰自己轻微的口齿不清。1789年9月,在写给同为弗吉尼亚种植园主的麦迪逊的一篇文章中,他表达了对联邦债务融资的担忧。杰斐逊承认,偿还现有的债务是一件光荣的事。"但对于未来的债务",他写道,"对于[一个]国家来说,在他们正在制定的宪法中宣布,无论是立法机构成员还是国民本身,都不能合法地举借超过自己的有生之年或在十九年期限内可以付清的债务,这难道不是明智和公正的做法吗?"杰斐逊举了一个假想的例子来说明他的观点:一位国王向外国银行家借款,数额相当于这个王国经济的年收入,然后他把借来的钱分配给他的臣民来拉近关系。如果国王允许5%的利息复利而不是每年从税收中支付,19年后,债务将是最初借款数额的2.541 4倍。他认为,把这样的负担加在下一代身上的行为是"一种暴力,而

---

① Jefferson to Madison, August 28, 1789, in Jefferson, *Memoirs*, 25.
② 杰斐逊认为,世袭权利的问题有助于界定独立战争本身。他对这一原则的看法是如此强烈,以至于1776年杰斐逊曾提议把英国早期撒克逊领导人的头像印在美国的国玺上,这反映了他认为封建主义已经损害了英国早期撒克逊统治者的原则。

不是权利"。①

杰斐逊还指出,限制债务可能有助于限制"战祸"。② 与苏格兰经济学家亚当·斯密(Adam Smith)一样,杰斐逊认为,用债务而不是税收为战争融资,可能会掩盖战争的实际费用。他在信的结尾要求麦迪逊考虑如何利用宪法对债务进行限制。

麦迪逊理解他朋友的目标何在,但对用修宪来实现这个目标表示怀疑。出于某些目的——如独立战争——举借债务还是有必要的,因为这可能有利于"子孙后代"。此外,他警告说,任何用于限制债务的原则都应该以实践经验为基础,而不是理论。麦迪逊非常相信历史经验的教训,并在《联邦党人文集》中解释说,"经验是真理的神谕"。③ 他同意"活着的一代"不应该"给他们的后继者施加不公平或不必要的负担"这一观点。他提出,为了"让普通的政客肉眼可见",基于"哲学"的真理需要有基于实践经验产生的原则。④

尽管如此,杰斐逊在共和国成立第一年所表达的有关债务风险的警告,继续影响着麦迪逊。几年后,在一篇文章中,麦迪逊得出结论说:每一代人都应该还"自己的债",政府应该用"更明显的"税收而不是更"不易察觉的"债务来筹资。麦迪逊的文章试图以苏格拉底式对话形式,通过与"共和派哲学家"的讨论来提炼出对债务的适当限制。针对可能出现的"战争的好处会传给后代,而负担也应该传给后代"的反对意见,麦迪逊的哲学家回应说,与其打开"把例外转化为一般规则"的大门,不如为了确立借贷规则而牺牲合理的例外。⑤

大陆会议成员、詹姆斯·门罗的叔叔约瑟夫·琼斯(Joseph Jones)在向麦迪逊咨询有关预算的恰当原则时,使用了更加直白的语言:"现收现付是最好的政策;次好的政策是尽可能快地结清并支付,以免利息逐渐吞噬资本金。"⑥

在杰斐逊从法国回国担任华盛顿的国务卿后不久,财政部长汉密尔顿向国会提交了一份有关国家信用的报告。这份报告包含了许多实际的细节,还

---

① Jefferson to Madison, September 6, 1789, in Jefferson, *Memoirs*, 30—31.
② Ibid., 32.
③ Miller, *The Business of May Next*, 19.
④ Madison to Jefferson, February 4, 1790, in Madison, *Letters and Other Writings*, vol. 1, 506.
⑤ Madison quoted in Sloan, *Principle & Interest*, 178.
⑥ Jones quoted in Sloan, *Principle & Interest*, 179.

包括汉密尔顿对避免"危险地滥用"债务这一原则的阐述。他认为,"在美国的公共信用体系中,应该有一条基本的准则,即债务的产生应始终伴随着消除债务和偿还本金的方式"。① 简而言之,汉密尔顿认为税收应该始终足够高,而支出应该足够低,以便让税收而不是额外的借贷来偿还债务的本息。对这个说法,杰斐逊和麦迪逊没有异议。然而,汉密尔顿提出的一项特别建议让他们感到震惊:创立全国银行。

为维持联邦增加债务

1790年初,汉密尔顿和麦迪逊在两个问题上陷入了僵局,杰斐逊称之为"有史以来最令人恼火的问题……为公债筹集资金,以及……确定一个更加居中的[联邦政府]驻地"。②

联邦政府要为各州政府在独立战争期间的债务筹集资金,引发了最大的争议。汉密尔顿初步估计,这些债务总计达到2 500万美元。③《联邦宪法》只要求国家承担大陆会议欠下的债务,可马萨诸塞州坚决要求联邦承担独立战争期间州欠下的债务。该州的代表们曾经只以微弱的优势批准了宪法。现在该州担心,在宪法取消了州向繁忙的波士顿港口征收进口税的权力后,它将无力承担债务。该州居民也已经在强烈抗议,反对用财产税来偿还州欠下的战争债务的企图。相比之下,其他州则担心,联邦政府承担州债务会迫使他们支付超出其应有份额的债款。

复杂的会计核算,加剧了人们的忧虑。④ 一些州主要通过向大陆会议提供资金来资助这场革命,而另一些则是通过借钱来直接支付民兵的费用。有

---

① Wright,One Nation Under Debt,134. 虽然汉密尔顿曾经评论说,国债可能是一种"福气",但从上下文来看,他实际上是在表达对偿还债务和有效的信用制度所产生的信用度的赞赏。

② Jefferson to James Monroe,June 20,1790,in Jefferson,*Works: Volume VI*,78—79.

③ Alexander Hamilton,"Report on the Public Credit", in *Reports of the Secretary of Treasury*,14—15,https://fraser.stlouisfed.org/docs/publications/treasar/AR_TREASURY_1790.pdf.

④ 1789—1790年期间,没有对革命带来的国家债务作出准确的估计。有时,关于州债务承担的争论与其说是哲学上的争论,不如说是恐惧和困惑的产物。例如,北卡罗来纳州推迟批准宪法,反对承担州债务,因为它担心国会会要求用稀缺的黄金或白银来交税,最终使该州成为其他州的净债权人。

几个州（包括弗吉尼亚州在内）已经偿还了自己欠下的战争债务；它们还与北卡罗来纳州一起，强烈抵制对拥有土地但没有多少现金的公民征收新的联邦税的想法。

麦迪逊放弃了他早先的想法，即"正义"需要对革命期间的州债务承担共同责任，这让汉密尔顿感到惊讶。① 麦迪逊忧虑的是，"增加联邦债务"会"延长债务本身的邪恶"。② 他还反对向以折价购买债券的投机者全额偿还债务，而这一想法并非空穴来风，因为麦迪逊了解到，纽约债券商的代理人詹姆斯·雷诺兹（James Reynolds）获得了财政部机密的老兵欠薪清单，并利用这一信息以极低的折扣购买了他们手中的债权。麦迪逊让汉密尔顿注意这一事实，于是汉密尔顿同意公开债权人的名单。

汉密尔顿相信，就像麦迪逊曾经相信的那样，每个州在独立战争期间欠下的债务都是为了共同利益，而根据购买债券的价格来调整对每个债券持有人的付款是不现实的。更重要的是，马萨诸塞州的一些领导人威胁说，如果联邦政府不承诺支付该州欠下的战争债务，则他们就阻止征收联邦进口税。甚至在制宪会议之前，麦迪逊就认识到，州拒绝联邦征税的行为——这个行动可能会导致联邦对该州采取军事行动——破坏了联邦的基本原则。③

1790年6月19日，汉密尔顿在总统办公室外的大街上遇到了杰斐逊，并向后者抱怨说州债务的僵局威胁到联邦。杰斐逊听了汉密尔顿"忧郁、憔悴和沮丧"的话之后，回应说他将邀请汉密尔顿在纽约梅登巷的家中与麦迪逊共进晚餐，与他"进行一次友好的交谈"，当时的纽约是一个大约有3万人口的城市。④ 杰斐逊深谙法国人在酒桌上进行谈判的习惯。

---

① 1783年，当汉密尔顿和麦迪逊在设法支付华盛顿士兵的工资时，麦迪逊提议由大陆会议承担各州的战争债务。麦迪逊在他当时的笔记中强调了他的前提："正义要求偿还债务。"但5年后，在为批准宪法而进行的艰苦斗争中，他不得不向维吉尼亚人保证，宪法没有规定联邦政府有义务偿还这些债务。甚至在1789年末，当汉密尔顿询问麦迪逊对偿还革命战争债务的看法时，麦迪逊说他还没有形成"任何确切的想法"。他确实告诉汉密尔顿，他赞成偿还债务，部分是为了避免债务"滑落到外国人手中"。

② Madison to Jefferson, March 8, 1790, in Madison, *Letters and Other Writings*, vol. 1, 511.

③ 马萨诸塞州国会议员西奥多·塞奇威克（Theodore Sedgwick）愤怒地表示在联邦不承担债务的情况下，任何在马萨诸塞州收税的企图都会导致暴力。在制宪会议前几个月，麦迪逊意识到会议的主要挑战之一是建立某种制度，允许法院对个人强制征税，而不是对拖欠税款的州使用军事力量。

④ Jefferson quoted in Winik, *The Great Upheaval*, 162.

杰斐逊的热情好客化解了两位客人之间的紧张关系，这两位客人都很尊重他们的主人。主人比他俩年长几岁，凭借着《独立宣言》和他的各种关于北美自然历史的著作，赢得了国际性的声誉。

在与朋友饮酒、用餐时，矜持的杰斐逊可以变得迷人、幽默、不拘一格、极富感染力。杰斐逊更喜欢交谈而不是辩论，因为他观察到，言语很少能改变已经形成的意见。几年后，作为总统的他，使习惯了严苛宫廷礼仪的欧洲外交使团感到丢脸，因为他既没有安排座次也没有正装出席。

杰斐逊很可能是以个人名义开始了这个夜晚。麦迪逊是一位亲密无间且值得信赖的朋友，主人一定向汉密尔顿打听过他妻子伊莱扎（Eliza）的情况。作为鳏夫的杰斐逊，在巴黎担任驻法公使的几年里爱上了伊莱扎的姐姐。

麦迪逊和汉密尔顿都意识到，要让对方在州债务问题上做出妥协有多么困难。作为国会议员的麦迪逊曾被前政治对手门罗提醒，自己曾向弗吉尼亚人保证，宪法没有规定任何偿还州债务的义务。另外，汉密尔顿必须向自己富有的岳父解释纽约失去临时首都地位的原因。他的岳父曾在那里筹集资金，为联邦政府在那儿的办公室提供经费。

对汉密尔顿来说，州债务的问题似乎比首都的位置重要得多。就在十天前，在曼哈顿南端一个大雾弥漫的早晨，汉密尔顿在与宾夕法尼亚州参议员罗伯特·莫里斯的会面中提出，只要莫里斯给出让联邦政府承担州债务所需的票数，就支持在莫里斯首选的费城建立临时首都。但莫里斯未能克服弗吉尼亚众议院代表团对承担州债务的反对。要能达到目的，可能需要杰斐逊对弗吉尼亚人——如詹姆斯·门罗（James Monroe）和有力量的李氏家族等——施加影响。

杰斐逊已经预料到，与弗吉尼亚人就首都问题达成协议可能会招致宾夕法尼亚人的反对。在与麦迪逊和汉密尔顿共进晚餐前不久，杰斐逊与莫里斯会晤，讨论在费城建立临时首都的想法。

麦迪逊本人也和汉密尔顿一样，认为必须解决州债务问题，以避免在马萨诸塞州征税一事受到阻碍。就在他与杰斐逊和汉密尔顿共进晚餐的前几天，麦迪逊曾写信给门罗,对债务州发出的"预言性的威胁"表示担忧。①

杰斐逊的晚宴达到了他的预期目的。他们三人决定将新的永久首都设在波托马克河上,靠近华盛顿的种植园,而将临时首都设在费城。杰斐逊将帮助支持联邦政府承担州债,而汉密尔顿将与莫里斯合作,使宾夕法尼亚州加入进来,并安抚失望的纽约人。晚宴结束后,杰斐逊给曾经担任过他的法律助理的门罗写信解释道:"为了联邦的利益,为了使我们免于最大的灾难,避免我们在欧洲信用全无,有必要暂时屈服于联邦某些地区债权人的呼声。"②

杰斐逊给他的姐夫写信说,如果不承担州债务,就可能会影响"公债筹资,这就等于解散政府"。③ 1790年7月,国会批准将新首都建立在波托马克河上,在此之前首都设在费城10年。华盛顿总统将把注重身份的莫里斯的家作为他的官邸。莫里斯本人在新首都范围内投机开发土地未果,在华盛顿政府的3年时间里,因欠债未还而被关押在附近的梅子街监狱里。

8月,国会通过了《筹资法》(the Funding Act),授权联邦承担州债务,并将联邦债务估算额提高到7 540万美元。④ 在摆脱债务之后,许多州都削减了财产税。这是各州第一次要求联邦政府承担各种财政责任,同时也是在抗议联邦权力对自己的侵扰。

在从邦联那里直接继承的5 200万美元债务中,有4 030万美元是欠美国公民的,总计2 730万美元的本金和1 300万美元的利息。其余的1 170万美元是欠外国人的,主要是欠荷兰、西班牙、法国的国民。为了维护国家的国际信用,《筹资法》要求优先支付欠国外债务的利息。它还规定,除了每年花60万美元用于一般行政管理(包括征税在内),利息支付优先于所有其他的联邦支出。⑤

随后,汉密尔顿打算以较低的平均利率实行再融资,以偿付所有内债的本金和应计利息。不过,汉密尔顿希望在可预见的将来先支付利息,暂不偿还

---

① Madison to Monrce, April 17, 1790, Founders Online, National Archives, http://founders. archives. gov/documents/Madison/01-13-02-0109.
② Jefferson quoted in Kaplan, *Thomas Jefferson*, 77—78.
③ Jefferson quoted in Sloan, *Principle & Interest*, 178.
④ Hamilton, "Report on the Public Credit", 14—15.
⑤ Ibid. , 14.

本金。

邦联的债务再加上州债务形成的总债务,给这个年轻的国家带来了沉重的负担。1790 年,这个国家在经济上生产了价值约为两亿美元的商品和服务,拥有 807 094 名自由白人男性和 800 万英亩耕地,每英亩土地的交易价格略高于两美元。① 此时,人口中有许多人还生活在商品经济之外。

1792 年 2 月,经过汉密尔顿的再融资,利率最高的国债以面值 1 美元的价格售出,较两年前的 45 美分/美元大幅上升。许多商人认为,这种升值是一种了不起的成就。无论是汉密尔顿的支持者还是批评者,都将美国债务与人们熟悉的英国主权债务基准进行了比较。即使是英国的标准债券,即所谓的"统一公债",有时每英镑的票面价值也不到 1 英镑。汉密尔顿的批评者们知道,英国的这些公债通常是由英国的地主乡绅购买的,他们将其视作由税收提供资金的永久年金。

联邦债务相对于金币的稳定定价,有助于保持流动性。要想理解联邦纸币"面值"的重要性,看看今天的十美元纸币就可以了,汉密尔顿的头像就在上面。债权人和供应商以十美元的价格接受它,而不需要协商其"实际价值"。汉密尔顿希望美国国债或储备有美国国债的银行发行的国债,能够作为国家价值的标准,从而促进新国家内部的贸易。

即使在美国开始流通自己的金属货币后,这些货币的数量也不能满足公众日常"手过手(hand-to-hand)"交易所需的货币和银行储备券。黄金和白银往往流向国外,因为美国进口商品的价值通常大于出口商品的价值。② 由联邦税收支持的联邦债券成为衡量商品价值的替代性标准。当然,这种价值取决于债权人是否相信联邦收入有能力偿还债务。在第二次世界大战后,由于其他发达国家的财政遭到了破坏,美国国债成为全球商业价值的标准——这正是汉密尔顿梦寐以求的事情。

---

① For GDP, see McCusker, "Estimating Early American Gross Domestic Product", and http://www.measuringworth.com/datasets/usgdp/result.php. For population, see Bureau of the Census, *First Census of the United States*. See also Blodgett, *Economica*, 60.

② 贸易收支历史见附录 F。在 1878 年之前的近 90 年里,美国一直是一个净进口国;在 1878 年之后 90 年的大部分时间里,它都是一个净出口国。

债务和政治反对

在 1790 年杰斐逊家晚宴上达成的合作精神并没有持续多久。第二年,在第一届国会第三次会议也是最后一次会议上,汉密尔顿推动通过了一项立法,批准建立一家全国性银行——合众国银行(Bank of the United States),其中,私人投资者提供了该银行 80% 的原始资金。新成立的合众国银行,负责处理美国政府的存款和支出。

学者们经常重新审视有关该银行的争议,以便弄清在这个国家竞争性政治信条的起源。然而,汉密尔顿对这个银行的辩护并非基于意识形态,而是基于他要帮助满足在遥远的港口收税和向分散的供应商、债权人支付款项的实际需要。超负荷工作的汉密尔顿没有多少能干的职员,只有一套粗糙的会计制度。

汉密尔顿也明白,就像此后几乎所有的财政部长一样,适当监管的银行可以支持联邦短期借贷的需要。在一个预算年度内,政府的现金流难免会出现波动,而新税制带来的收入尤其难以预测。银行信贷可以起到调节现金流,并在收入低于预期时发挥辅助作用。在美国建国初的十几年里,即使是那些少数最富有的公民也没有多少黄金可供借贷,因此,合众国银行提供了一个工具,将大量的投资者和储户的资金集中起来。此外,汉密尔顿相信,由广泛的投资者群体进行监督可能会降低政治影响银行信贷决策的风险。

杰斐逊和麦迪逊对银行的强烈反对,同样基于对垄断的实际反对。在英国的法律中,特许公司被视为拥有从事特定业务的独家或垄断的权利。① 事实上,直到 1837 年,最高法院才以微弱优势的多数决定,一个州可以合法地为了某一特定目的而特许一个以上的公司成立。杰斐逊和麦迪逊对银行的反

---

① 杰斐逊曾写信给麦迪逊,说明在《权利法案》中禁止垄断特许经营的必要性。英国法律旨在鼓励具有公共目的的私人投资项目,如桥梁、收费公路甚至航运公司,以换取隐含的垄断。这种垄断特权被接受者视为一种财产形式。由于公司章程被理解为创造了一种默示的、专有权的财产权,一个竞争性新公司的章程被认为是对政府没收财产权利的潜在侵犯或对合同权利的损害。因此,虽然杰斐逊和麦迪逊所代表的政党确实反对汉密尔顿对联邦权力的某些使用,但许多描写共和初期的人过于简单地将反对银行的行为简单地描述为反对联邦活动的范围。

对,也反映了他们反对将权力集中于一个由行政部门和一群私人投资者(包括三十多位国会成员在内)控制的金融机构。

对合众国银行的争论,引发了长达一个多世纪的全国性辩论,其焦点在于现在被称为"中央银行"的职责。联邦宪法赋予国会"铸造货币[和]调节货币价值"的权力,但没有明确规定由谁来最终决定货币和信贷的供应量,也没有规定在不发生通货膨胀的情况下,如何供应足够的货币来满足公众和商业信贷的合理需求。杰斐逊试图限制私人对这些决定的影响,而汉密尔顿则希望遏制民选官员在未来可能的干预,因为这些官员可能缺乏能力、纪律、诚信,也没有渠道获得有效管理全国银行和货币所需的私人资本。这场围绕央行业务的重要辩论,一直持续到1951年财政部和美联储达成协议。

到了1792年,杰斐逊和麦迪逊已经组织了志同道合的政治领导人,以反对合众国银行和汉密尔顿的一些其他倡议。他们开始把自己反汉密尔顿的联盟称为两个"政党"之一,并且把他们的对手像现代的党派一样定型为少数精英。在给麦迪逊的信中,杰斐逊对党派结盟做了如下描述:

> 站在一边的是:(1)费城、纽约、波士顿和查尔斯顿的时髦圈子(天生的贵族);(2)在英国首都做生意的商人;(3)金融家……站在另一边的是:(1)用自有资本从事贸易的商人;(2)爱尔兰商人;(3)商人、技工、农民以及可用其他方式来加以描述的我们的公民。①

麦迪逊就更不宽厚了。他把对方描述为"袒护富人""堕落到相信人类没有能力治理自己"。②

杰斐逊和麦迪逊称自己的团体为"共和党人"。这些志同道合的公民聚集在各个城市的"民主"俱乐部或社团,而他们的对手经常称其为反联邦主义者或雅各宾派。在接下来的40年里,该党一直是一个没有正式组织、政纲或名称的联盟。

虽然成文宪法并没有明确提到政党,但政党制度最终成为国家不成文宪法的一部分,并被人们接受为表达政治反对的手段。不过,华盛顿总统对这一

---

① Jefferson to Madison, May 12, 1793, in Jefferson, *Writings: 1792—1794*, 251.
② Madison quoted in Wood, *Empire of Liberty*, 161.

前景并不看好。华盛顿是一位杰出的政治家,而理由经常被人误解。华盛顿倾听民意,注意影响公众形象的细节。例如,他经常在纽约散步,以帮助设立他属于人民的形象。然而,他也知道如何让自己与众不同;他选择骑在马匹上,并用他特制的粉末增强马匹的白色。华盛顿认为,联邦民选官员的权力建立在与选民或挑选他们的选举人的直接关系之上。因此,他怀疑政党可能会削弱民选官员对选民的直接责任,而选民才是他们的最终权力来源。

尽管华盛顿对政党的观点最终并未占据上风,但他关于行政权力的重要决定确实为美国不成文的宪法创造了先例。华盛顿认为,联邦任命的人应该忠于总统和总统的政策。成文宪法没有说明总统是否可以解除经参议院确认的高级任命人员的职务,特别是由于在政策或政治方面发生分歧而不是欠缺执法能力。自相矛盾的是,华盛顿认为总统任命的人应该遵守一项行政程序,这一想法加速了党派之间的分化,而这些分化可能被用来识别有共同政策偏好的人。

预算问题——尤其是反对汉密尔顿对开支、税收、债务问题的态度——使杰斐逊的联盟充满活力。运用以国债额除以公共收入的方法,杰斐逊向麦迪逊展示了自己对美国和十个欧洲国家国债的计算结果。其中,英国的债务额是公共收入的 16 倍,英国是欧洲债务负担最重的国家。杰斐逊估计,美国的债务相当于"大约 20 年的收入,因此,虽然我们是世界上最年轻的国家,但我们也是负债最多的国家"[①]。杰斐逊将总债务额除以可获得的用于偿债的总税收收入并用来进行比较的方法,类似于现在所谓的"债务覆盖率"(debt coverage ratio),这是现代银行和投资者用来分析债务人信用价值的最重要工具之一。[②] 1792 年 9 月,杰斐逊向华盛顿抱怨说,"这恰恰表明汉密尔顿上校的观点与我的不同,我希望明天就偿还债务;他希望这笔钱永远不要还,可以一直用来腐化和操纵立法机关。"[③]

杰斐逊和麦迪逊不喜欢汉密尔顿的财政政策,但他们似乎无法提出一个

[①] Jefferson to Madison, June 21, 1792, in Jefferson, *Works*: Volume VII, 125.
[②] 附录 B 显示了整个国家历史上联邦债务负担的衡量标准,这是杰斐逊在国家的头 10 年担心的原因,也是 2010 年债务危机具有特殊性的原因。
[③] Jefferson quoted in Perkins, *American Public Finance*, 211.

具体的替代方案。这样的批评激怒了汉密尔顿和他的支持者。汉密尔顿向华盛顿抗议说,对杰斐逊而言,"债权人和敌人似乎是同义词。"①每个人都知道,这个国家用债务为独立斗争提供了资金,这是一个残酷的现实,汉密尔顿将其描述为"自由的代价"。除了汉密尔顿以外,没有人提出过偿付这一代价的计划,直到一位住在美国偏远边境山谷里的瑞士移民阿尔伯特·加勒廷(Albert Gallatin)提出了一个计划。

加勒廷制定的财政政策

加勒廷从他在宾夕法尼亚州西部的贸易站走出来,并成为反对威士忌生产税的公民代言人。1791年,麦迪逊和汉密尔顿说服国会征收威士忌生产税,以偿还联邦政府承担的国债。联邦领导人收到了来自西宾夕法尼亚州孤立山谷中的定居者的抗议请愿书,这份请愿书是用简洁的逻辑而不是那个时代典型的夸张修辞来写的。请愿书承认联邦收入是必要的,但反对对"一个国家的普通饮品征税,[它]不是按财产比例向公民征税,而是向最贫穷的阶层征收和富人一样重的税"②。请愿书还指出,由于威士忌蒸馏酒很容易被隐藏,征税便是鼓励欺诈。请愿书的结论是,由于许多酒商没有现金来缴纳税款,不是货币的威士忌经常成为该地区的货币。

联邦领导人看到这份简明扼要的反威士忌税摘要,是由阿尔伯特·加勒廷撰写的。加勒廷到底是谁?

当33岁的加勒廷于1793年以宾夕法尼亚州新参议员的身份出现在美国首都费城时,许多国会议员都提出了这个问题。在加入参议院几天后,这位操着浓重法国口音的边远地区的居民提出了一项决议,该决议获得一致通过。它要求汉密尔顿部长报告所有联邦债务的条件,说明所有已偿还的债务和外国债权人持有的债务,并逐项列出以前各年的收支类别。

从表面上看,这个决议是有道理的,但汉密尔顿愤怒地抱怨说,这将迫使他以850—900美元的费用雇用一个额外的职员。他声称已经在"竭尽全力地

---

① Hamilton quoted in Johnson,*Righteous Anger*,255.
② Gallatin,*Writings:Volume 1*.

工作,而这种工作强度损害了我的健康",他还反对"令人痛苦的、冗长而复杂的发言"。① 汉密尔顿的支持者,包括他的导师和加勒廷的同僚宾夕法尼亚州参议员罗伯特·莫里斯,要求这位新晋移民证明他已经成为公民九年,这是参议院选举的宪法要求。加勒廷在 1780 年抵达后,很快就短暂地加入了革命民兵,并用他微薄积蓄的一大部分购买了军事用品。他认为,他没有什么可证明的。参议院不同意,并迅速将加勒廷赶走,于是他回到了在宾夕法尼亚州西部的商店。虽然加勒廷寻根究底的问题很快就会重新出现,但汉密尔顿并没有理会之前的决议。

加勒廷的博学让他有别于他那些粗犷的苏格兰—爱尔兰邻居,但他们还是尊重他有原则的独立性。离开参议院后,朴实无华的加勒廷与附近山谷的居民一起在当地渡口开会。聚会的组织者打算组建一支民兵,以抵制联邦对威士忌酒商的征税。但加勒廷不同意他们的立场,反而提出一项议案,建议任命一个代表团前去谈判以达成一个令人满意的结果。有一位愤怒的公民在会上提出了一个问题,旨在诋毁加勒廷更具有和解性的做法:他是否也反对最近发生的那件事——烧毁一名傲慢且不受欢迎的联邦官员的谷仓?加勒廷若无其事地回答说:"如果你把他烧死在里面,可能会有些影响,但烧坏谷仓并没有带来什么损害。"②这个让人消气的答复似乎赢得了大多数人的支持,于是他们同意了加勒廷的建议。

征税被证明是困难的,汉密尔顿说服华盛顿总统采取积极的行动来惩戒西宾夕法尼亚人。1794 年 10 月,亨利·李——未来的叛军将军罗伯特·E.李(Robert E. Lee)的父亲——率领 1 300 名士兵前往西宾夕法尼亚州,将大约 20 名所谓的叛军用锁链带回费城。杰斐逊认为,宾夕法尼亚州的军事反应标志着汉密尔顿脱离了现实:"宣布了叛乱……并用武装力量去反对,却永远看不到实际效果。"③充其量这是皮洛士式的惨胜。一代西宾夕法尼亚人不会忘记,他们的抗议曾遭到暴力的对待,他们会把这一地区变成杰斐逊党的政治据点。1794 年,在参议院驱逐加勒廷不到 1 年,西宾夕法尼亚人选举他为众

---

① Walters, *Albert Gallatin*, 118.
② White, "Biographical Notice".
③ Chernow, *Washington*, 722.

议院议员。很快,大多数美国人对这位非凡的加勒廷先生有了更多的了解。

　　加勒廷具有独特的财政领导才能。他出生于日内瓦的一个精英商人家庭,以优异的成绩毕业于当时世界上最优秀的城邦学校与学院。在革命一代中许多人仰慕伟大的启蒙哲学家伏尔泰和卢梭,伏尔泰是加勒廷家族的密友,卢梭是他们社交圈中的一员。加勒廷年幼时就成了孤儿,尽管本杰明·富兰克林警告他殖民地有危险,但他还是在完成学业后移民到正处于叛乱中的殖民地。富兰克林应加勒廷显赫的亲戚的请求,为这位年轻人写了一封推荐信。他在哈佛大学教了一段时间法语,同时提高了英语水平。加勒廷说话沉稳而有礼貌,他那泰然自若、洞察一切的目光流露出一种威严。在加勒廷有一次为他那偏僻的山间商店采购物资的旅途中,弗吉尼亚最有才华的律师约翰·马歇尔(John Marshall)结识了他,并主动提出要为他辅导法律。加勒廷总是显得彬彬有礼,他机智、讽刺,但从不挖苦人。虽然他说话有口音,但他能用清晰有力的英语写作。他用数字的语言进行交流时,更胜人一筹。

　　加勒廷与杰斐逊和麦迪逊一样厌恶债务,不过他的态度是由不同的个人经历产生的。杰斐逊从未摆脱他从父亲和岳父那里继承来的债务,而加勒廷避免了个人的债务。在加勒廷的故乡日内瓦,无法偿还债务会导致债务人及其子女丧失行使公民权。

　　尽管偶尔会与杰斐逊、麦迪逊这两位弗吉尼亚的奴隶主意见相左,但加勒廷还是很尊重他俩。宾夕法尼亚人加入了一个倡导废除奴隶制的团体,也支持汉密尔顿的合众国银行,该银行是麦迪逊和杰斐逊所反对的机构。加勒廷对汉密尔顿的严厉批评,更多地停留在成本控制和草率的会计工作上,这些都不是什么本质上的哲学差异。1795年1月,汉密尔顿辞去了财政部长一职。不久之后,加勒廷重返国会。在离职之前,这位美国的第一任财政部长已经发布了未来三十年如何偿还联邦债务的预测。他呼吁提高税收,同时指出美国人强烈支持削减债务,但并不总是支持削减债务所需要征收的税收。汉密尔顿后来离开财政部去当律师,以维持家庭的生计,但他仍继续建议他的继任者和其他人联合反对杰斐逊和麦迪逊。

　　加勒廷怀疑汉密尔顿借的钱比许多人意识到的还要多,这一怀疑不无道理。汉密尔顿这样做主要是为了填补资金缺口,而这主要是由错误的估计而非深思熟虑的政策造成的。① 加勒廷在众议院开始他的第一个任期后几天,所提决议案就得到该机构的一致通过。该议案是成立一个委员会来审查联邦财政,并确定"是否有必要采取进一步措施"来平衡预算和偿还债务。② 几天后,众议院要求筹款委员会报告"公债、收入、支出"的情况。③ 这种性质的特设委员会间或存在,但在加勒廷的决议之后,它的职责变得更加正式。

第二年,杰斐逊要求加勒廷"减少预算中的这种混乱,直到有序的状态""向我们展示一个清晰的财政状况"。④ 这位国会议员亲自审阅了财政部的记录,并准备了一份 200 页的论文——《美国的财政概论》(Sketch of the Finances of the United States),其中包括详细的附录。

加勒廷于 1796 年出版了概论,从而为杰斐逊所在政党的预算政策奠定了基础。加勒廷认为,提高利息支付虽然重新分配了国家财富,但并没有增加财富。举借更多的债务,需要通过增加税收或减少其他有用的公共开支来付息。此外,联邦债务减少了国民储蓄,这样的储蓄本可用于投资于新国家的经济建设(包括所需制造业)。如果国家用进口税来偿还有息债务,那么剩余债务的利率就会下降,而可用于投资的储蓄就会增加。

在书中,他介绍了其他"被公债拖垮"的国家的教训,"西班牙……和……荷兰……仍然受他们在两个世纪前签订的债务合同的影响,他们目前的政治弱点标志着这一致命制度不可避免的后果……在法国,公债……终于让政府不堪重负……英国的税收,如果不被利息所拖累,就足以抵偿每年的开支,甚至可以抵偿现在所参加的战争的开支。"⑤

麦迪逊和杰斐逊为他们这位年轻同伴的理财天赋欢欣鼓舞。麦迪逊对杰斐逊描述说,加勒廷是"绝对的宝藏……他的原则是正确的,他的计算是准确

---

① 在 1843 年之前,联邦预算是以日历年为基础的。第一个财年包括 1789 年和 1791 年的部分年份。1792 年,联邦政府"支出"了一笔 200 万美元投资于美国银行的股票,该银行股票升值。扣减这一数额后,联邦政府在 1792 年、1794 年和 1795 年有少量预算赤字,总额为 425 万美元。在汉密尔顿担任财政部长的 4 年中,利息支出占联邦开支的一半。国家借给美国银行的贷款余额通过联邦政府放弃对该银行的投资而得到偿还,欠下的净额被银行的现金余额部分抵消。银行的董事们对美国的计划外贷款感到紧张,于是把交出联邦在银行的投资来偿还。

② Walters, *Albert Gallatin*, 89.

③ Ibid.

④ Ibid., 91.

⑤ Gallatin, *Writings*: *Volume 3*, 150.

的,他的研究是不知疲倦的"。① 他们终于找到了一位盟友,可以将他们只能用散文描述的想法转化为实际的预算数学。宾夕法尼亚州山地的乡下人向国会派出了这个人,这个人在近 20 年的时间里对预算案了如指掌,而且在 1801 年成为杰斐逊的财政部长。在这个职位上,他的任期比任何其他美国人都长。尽管加勒廷说的是"一门发音非常糟糕的外语",但他的影响力迅速上升,他自己归功于"艰苦的调查、卓越的分析习惯、对讨论主题透彻的了解,以及更广泛的一般信息,而这一切是因为接受了良好的早期教育"。②

虽然华盛顿认为杰斐逊对待汉密尔顿的财政部有失公平,但他对债务问题也有同样的担忧。这位第一任总统在告别演说中要求他的同胞们"清偿债务",而不是"把我们自己应该承担的负担无情地抛给子孙后代"。

在接下来的选举中,副总统约翰·亚当斯(John Adams)以微弱的优势击败了他的老朋友杰斐逊,接替华盛顿成为总统。这位美国第二任总统在就职演说中警告称,"其他国家公共债务的累积告诉我们,要警惕自己国家的公共债务增长。"亚当斯主张,联邦支出的数额只能由"当年的税收和尽可能少的贷款"来支持。这一决心很快就受到了考验,而考验来源于法国对美国自豪感的冒犯。

当亚当斯于 1797 年 3 月就职时,对欧洲各国采取什么样的政策,不仅欧洲而且美国都处于混乱之中。执政的法国督政府猛烈地打击国内外的敌人,它通过印刷货币来为政府提供资金,还通过掠夺其他国家来筹集必要的收入。法国宣布,自己可以自由地攻击与英国(美国的主要贸易伙伴)从事贸易的船只。当美国为了结束法国对其商船的攻击而派出代表团时,法国外交部长莫里斯·塔列朗(Maurice Talleyrand)索要贿赂以作为谈判的条件,要求美国向法国提供 1 000 万美元的贷款。③

美国人对这一索贿行为感到极为愤怒。筹款委员会成员罗伯特·古德

---

① Walters, *Albert Gallatin*, 90.
② Adams, *The Life of Albert Gallatin*, 156.
③ 塔列朗(Talleyrand)曾是天主教主教,在成为外交部长之前,他在美国流亡了 2 年,试图通过土地投机赚钱,但没有成功。塔列朗认为国务卿汉密尔顿辞职去做律师而不是简单地接受贿赂是很令人惊讶的。在加勒廷(Gallatin)儿时的朋友,住在巴黎的杰曼·德·斯塔尔(Madame Germaine de Stael)夫人的推荐下,塔列朗被带回了法国。

洛·哈珀（Robert Goodloe Harper）表达了对公众的态度："先生，我们有数百万美元用于国防，但没有一分钱用于进贡！"国会因此增加了军费开支，主要用于建造海军舰艇。加勒廷认为武装起来抵抗法国入侵是愚蠢的，他的理由是："如果将建造和维护护卫舰的费用用来偿付部分国债，那么这笔钱将使我们在外国眼中比我们能建造的所有护卫舰更值得尊敬。"与未来几代人一样，加勒廷不甘心自己反对军事集结的动机被质疑，但他保证，即使"被打上通常的绰号[：雅各宾派和外国势力的工具]"也要坚持下去。①

然而，一旦军费开支措施获得通过，加勒廷就率先主张使用更高的税收而不是债务来筹资。这样的情况不会是最后一次，即国会中的一些人更愿意投票增加军费开支，但是不愿意投票支持为这些开支所需的税收。亚当斯总统站在加勒廷一边。当时征收的一个不受欢迎的税种是"窗户税"（window tax），征税依据是房屋的大小部分取决于窗户的数量。

当代美国人如果想了解波士顿倾茶事件（由约翰·亚当斯的堂兄组织）的最初参与者的预算政策，那么他们只需看看亚当斯总统的观点就知道了。他认为，应该根据需要筹集税收以支持国会的拨款政策。

国会批准了500万美元的发债额，以资助海军舰艇的建造。然而国家的净债务并没有增加那么多，因为财政部在债券发行后不久就偿还了其他的债务。② 与法国在海上的敌对行动，主要是通过签约人——接受委托的"私掠船"——来进行，因此不能给未来的预算政策提供什么范例。在这场准战争期间，美国的政策从最好的角度说也是一团糟。副总统杰斐逊有时希望法国入侵英国，而国务卿提姆斯·皮克林（Timoth Pickering）则敦促美国与英国结成正式联盟，并对法国宣战。亚历山大·汉密尔顿则组织了一支军队来抵抗法国可能的入侵。亚当斯总统厌倦战争，因而对要求他集结军队持保留态度。

杰斐逊的批评者以他反对军事准备为由，给他贴上了叛徒的标签。然而杰斐逊相信，公众舆论会证明他的立场是正确的。他把战争热比作一种疾病，

---

① Adams, *The Life of Albert Gallatin*, 170, 189.
② 财政部，《国家贷款》（*National Loans*），43—44。这些海军债券以8%的利率出售。国会担心，如果等到宣战之后才为海军借款，利率会更高。为了对付海盗，已经建立了一支小型海军，汉密尔顿还用发给造船商的利息票据购买了一些船只。

认为"医生"是"披着收税人的外衣给人治病"。这位副总统预言,为军费"过度征税",很快就会"让每个人都变得理性和思考,尤其是在选举的时刻"。①

选举的胜利来得很快。在被称为"1800年革命"的选举中,杰斐逊、麦迪逊、加勒廷和他们的盟友赢得了总统职位和国会多数席位。汉密尔顿虽然经常与杰斐逊不和,但最终还是帮助他当选为总统。他认为杰斐逊虽然是个机会主义者,但值得尊敬,而另一方候选人,即亚当斯总统和亚伦·伯尔(Aaron Burr)参议员,在气质上不适合担任这个职务。汉密尔顿相信(结果证明他也是正确的),在加勒廷的帮助下,杰斐逊将保留他的全国银行,该银行的纸币可以作为一种非官方的货币使用。

限制债务额的支柱

虽然杰斐逊曾批评汉密尔顿行政手段强硬,但杰斐逊政府对国会的影响比华盛顿或亚当斯政府更大。毕竟,杰斐逊总统、国务卿詹姆斯·麦迪逊、财政部长阿尔伯特·加勒廷,也是公认的国会多数党的领导人。该政党组织最初的成立,是作为反对联邦政策的一种手段,现在却在白宫和国会之间提供了凝聚力。每周杰斐逊总统都会与共和党国会领导人共进两次晚餐。在国会开会期间,加勒廷邀请了国会中有关预算政策的主要盟友,包括众议院议长纳撒尼尔·梅肯(Nathanial Macon)和筹款委员会主席约翰·伦道夫(John Randolph),在他位于国会山的家中共进晚餐。多年来,这种密切合作带来了可以预见的预算过程。

财政部长加勒廷确立了几项常识性的预算惯例,这些惯例后来成为美国财政传统的结构性支柱。他和杰斐逊一样,致力于提出一份"像商人的账本一样清晰易懂的预算,使会的每一个成员和联邦中每一个有头脑的人都应能理解,同时可以调查滥用职权,从而控制预算"。② 杰斐逊认为,清晰的会计可以让公众对"不同时代的[预算]进行比较"并加以判断。③

---

① Jefferson, *Writings*: Volume IV, 259.
② Jefferson to Gallatin, April 1, 1802, in *Oxford Dictionary of American Quotations*, 206.
③ Jefferson to Gallatin in Gallatin, *Writings*: Volume 1.

加勒廷准备了每年预算开支的详细报告。① 他要求国会批准的资金用途，比华盛顿和亚当斯政府时期使用的四大类预算更为具体。为了提高透明度，加勒廷还终止了"偿债基金"委员会的秘密运作。该委员会由汉密尔顿创立，在公开市场上交易联邦债券。于是，明确的预算会计核算成为限制公债借款的第一个预算惯例。

加勒廷还启动了美国第一项透明的"现收现付"预算计划。他估计下一个财年的税收收入，减去所有要支付的债务利息，然后将剩余的金额分配到各种详细的支出类别中。这一预算实践，有助于将估算的税收和支出水平联系起来。1801年，加勒廷部长在第一份预算草案中将所有税收收入的2/3用于支付利息和削减债务，然后削减了所有其他的开支——主要是军费和海军开支——以适应剩下的1/3税收收入。② "现收现付"的预算计划，成为限制政府债务的另一个支柱。

1802年，国会取消了不受欢迎的威士忌税和盐税。不过，加勒廷说服国会提高了进口税，并将这些收入存入一个新的地中海基金（Mediterranean Fund），用于资助一项保护计划，帮助美国航运免受以的黎波里为基地的海盗的侵害。这种将税收用于特定目的的基金，加强了支出和税收之间的联系。事实上，最初威士忌税的收入就被指定用于偿还和削减债务这一特定目的。在20世纪这种做法被广泛使用，成为支持限制政府债务的第三支柱。

加勒廷的财政部也履行了中央银行的一些职能。他的债务清偿计划实质上扩大了国家的货币供应，而且未带来通货膨胀，这样的做法与后来美联储购买政府债券的效果相似。1801年，他将联邦存款中的5万美元转移到一家出现短暂流动资金问题的健康银行，以增强银行的信用，他成为第一个这样做的

---

① 1800年，在政府换届之前，加勒廷在国会的盟友规定，财政部长每年要向国会报告"财政问题，[包括]公共收入和公共支出的估计，以及不时改善和增加收入的计划，目的是向国会提供信息，以便采取筹集公共支出所需资金的方式"。

② 为了回应国会的反对，杰斐逊总统恢复了部分削减军事开支的计划。因此，加勒廷同意将财政收入的一半用于削减债务，并将其他所有支出限制在剩下的一半。随着收入的增长，加勒廷成功地将2/3的预算用于偿债，包括削减债务本金。杰斐逊第一任期后，加勒廷报告的总支出为4 960万美元，收入超过100万美元。债务利息总计1 620万美元，偿还本金总计192亿美元。如果使用现代预算核算，扣减额外借款的192亿美元的债务减少额将被视为预算盈余。

财政部长。①

美国人支持加勒廷减少债务这一目标。众议院筹款委员会的一份报告指出,削减债务的必要性"太明显了,不需要任何说明"。② 杰斐逊指出,除了在外交政策上有一些过去的分歧外,那时两党中的绝大多数人在基本原则上是相同的。③

加勒廷减少联邦债务的努力,受益于进口税收入的增加。在那时,大多数美国人生活在自给自足的农场,且有 1/6 被奴役,但国家的航运业蓬勃发展。在杰斐逊政府的头两年里,加勒廷把债务从 83 038 050 美元减少到 77 054 686 美元。④ 到 1803 年,政府债务还不到全国年产出的 1/6,该比例是 1790 年的一半。当欧洲人在拿破仑战争及与战争相关的巨额债务悬崖边上徘徊时,美国却以较低的利率对公债实施了再融资,而这里的联邦债务几乎都是为了资助独立战争和维持联邦而产生的。这个国家的联邦领导人很快就会决定,是否允许将债务用于另一个目的:确保边界安全和生长空间。

---

① 加勒廷甚至比汉密尔顿更了解财政部的中央银行职能。加勒廷认为,联邦债务超过 7 000 万美元,远远超过了债务作为货币的需求。加勒廷认为,短期票据很少或没有利息,可以自由流通,而持有利率为 1790 年设定的美国国债将用于投资,可能是在欧洲。加勒廷还认为,美国将为固定期限的债务支付较低的利率,而汉密尔顿则模仿英国的做法,发行没有固定期限的债务工具。

② Wright, *One Nation Under Debt*, 171.

③ Jefferson quoted in Hofstadter, *The Idea of a Party System*, 151.

④ 参见附录 A。

3　杰斐逊党界定债务限额

1803—1824年：赤字超过还本
付息的时间为4年
(1812—1815年期间发生1812年战争)

借贷求成长空间

1803年4月10日，法兰西第一执政拿破仑·波拿巴（Napoleon Bonaparte）在过完复活节后，开始准备战争。当时，这位实际的独裁者只有33岁，他正在考虑如何最好地利用法国在北美的领土来资助一场可能的对英战争。

此前法国已经获得了原来由西班牙占领的密西西比河以西和格兰德河以北的大片领土，但尚未驻军。此时，美国人还在为西班牙暂时限制他们在新奥尔良港储存货物感到愤怒。作为回应，美国驻法国的大使罗伯特·利文斯顿（Robert Livingston）通知法国官员，杰斐逊总统可能会向英国海军寻求帮助，以保证自由地进出该港口。

杰斐逊的威胁标志着前英国的殖民地和法国之间的关系跌入了新的低谷。就在20年前，在决定性的约克镇战役中，法军舰队曾迫使英军投降。杰斐逊从未忘记法国在独立战争期间给美国人提供的重要帮助，但他依然认为，任何拥有新奥尔良的国家都是美国"天然的和一贯的敌人"，因为"我们领土上3/8的农产品"必须经过该市的港口。① 在俄亥俄河和密西西比河至新奥尔良

---

① Thomas Jefferson quoted in Cerami, *Jefferson's Great Gamble*, 58.

的航线上,新成立的肯塔基州和田纳西州的美国人特别容易受到航运中断的影响。

拿破仑并不乐意与美国作战,他认为美国"人口众多、好战、节俭",是"令人畏惧的敌人"。① 1802年,在圣多明各殖民地(今海地)镇压奴隶起义时他失去6万多名法国士兵(包括他自己的姐夫),为此他耿耿于怀。在与英国开战时,法国也无法承受像这样将资源用作他处。

法国外交家皮埃尔·塞缪尔·杜邦·内穆尔(Pierre Samuel du Pont de Nemours)是波拿巴和杰斐逊两人的朋友,他出面制定了一个方案来解决困难。杜邦是法国早期知识分子团体(英国人称为"经济学家")中的一员。1802年,杜邦建议杰斐逊放弃军事威胁,转而提议买下新奥尔良。他建议杰斐逊计算一下战争的费用,然后拿出其中"一部分——比如说一半"来购买。杜邦敦促杰斐逊快点采取行动,因为如果法国士兵占领新奥尔良,那么价格可能就会上涨。杜邦还知道阿尔伯特·加勒廷原本计划在15年内偿还所有的联邦债务,在给杰斐逊的信中他指出,美国可以通过延长联邦债务"3年或4年"来购买新奥尔良,"从金钱的角度来看,这是非常划算的……"。②

在给杰斐逊的同一封信中杜邦提到,他刚刚在特拉华州建立了一家工厂,可以满足美国人对火药的需求,并风趣地恳请总统"不要对着法国烧"。杰斐逊授权杜邦与拿破仑探讨美国购买新奥尔良的想法,但也坚持让杜邦转达美国可能与英国结盟的威胁。

拿破仑仔细地听取了杜邦的话。在1802年新年夜,杰斐逊收到了杜邦的一封信,上面提议的价格约为600万美元。

杰斐逊从未公开提及杜邦的建议,但他确实在1803年1月要求国会推迟对法国的军事准备,并派詹姆斯·门罗前往法国就解决方案进行谈判。17年前,门罗曾带头反对一项拟议的邦联条约,该条约打算承认西班牙对密西西比河的控制,因此使他在西部定居者中赢得了信任。这些定居者要求做好军事准备,以确保他们能进入新奥尔良港。在法国,门罗也受到了尊重。1794年,他曾经以美国公使的身份抵达法国,而当时的法国正处于法兰西大革命造成

---

① DeConde, *This Affair of Louisiana*, 150.

② Malone, *Correspondence*, 60, 62.

的混乱中，许多其他国家因此撤回了他们的使团。

加勒廷要求国会拨出 200 万美元用于可能的货币化和解方案，而杰斐逊则秘密授权门罗为新奥尔良和莫比尔湾周围属于西班牙的佛罗里达地区支付高达 5 000 万利弗尔，即 900 万美元的费用。① 鉴于杰斐逊政府的节俭政策，门罗将自己的银器卖给国务卿麦迪逊，以自行承担法国之行的费用。

到了 1803 年的复活节，在门罗随时都可能到达巴黎的情况下，拿破仑明白他必须迅速做出决定，以便最好地利用他在新世界的辽阔领土。由于英国不愿意像拿破仑最后通牒中要求的那样放弃马耳他，于是这位年轻的法国统治者将注意力转向了战争。法国没有英国那样能够迅速增加军事开支的国内债券市场。若征收过高的税收则会导致抗议，法国大革命就是这么引发的。在过去，波拿巴通过从征服地掠夺战利品来资助军事行动，以避免征税过高引发动乱。

新奥尔良港此时仍然对美国的出口产品关闭，拿破仑意识到美国国会已经对通过外交途径解决问题失去了耐心。他没有把解决这个问题的任务交给外交部长塔列朗，因为 6 年前塔列朗的索贿行为加速了与美国的准战争行动。② 拿破仑转而求助于他的财政部长和海军部长。财政部长弗朗索瓦·巴贝·马博伊斯(Francois Barbe-Marbois)支持快速地出售新奥尔良。他是美国总统杰斐逊的朋友，还娶了一名美国女子为妻。然而，海军部长丹尼斯·德克雷斯(Denis Decres)希望保留新奥尔良，因为他相信，如果能修建一条穿越巴拿马地峡的运河，新奥尔良将成为世上一个重要的港口。

现在到了该由拿破仑做出决定的时候了。

塔列朗认为"言语是人为掩饰自己的思想而产生的"。但在 1803 年 4 月 11 日，拿破仑向巴贝·马博伊斯毫不含糊地宣布了他的决定："我割让的不仅仅是新奥尔良，而是整个殖民地，毫无保留。我知道我放弃的代价……我带着最大的遗憾放弃它。如果顽固地试图保留它，那将是愚蠢的……今天就和利

---

① DeConde, *This Affair of Louisiana*, 136

② 美国外交官不知道英国在 1803 年贿赂了塔列朗，以维持法国和美国之间的紧张关系。利文斯顿大使也曾向塔列朗行贿，这是国务卿麦迪逊授权的行动，是一种尽管令人不快但标准的接待方式。

文斯顿先生(Mr. Livingston)面谈吧。"①

利文斯顿大使是一个骄傲的、几乎失聪的纽约人,他主持了华盛顿总统的第一次就职宣誓仪式。他对法国的提议表示感兴趣,并解释说,他接到的指示只涉及新奥尔良,也许还涉及莫比尔湾附近的佛罗里达部分。虽然法国人出价1亿法郎,但利文斯顿说国家可能只接受支付2 000万法郎或400万美元以内。② 塔列朗干预了谈判,拒绝了这个低价,利文斯顿回应说他将把法国人的建议提交给刚到巴黎的门罗。

利文斯顿对门罗在谈判中所扮演的角色感到不满,但还是慷慨地邀请这位弗吉尼亚人和他的随从到他在巴黎的家中吃饭。在吃甜点的时候,他们发现有人从餐厅的窗户里看着他们。利文斯顿认出那人是法国财政部长,于是请他进来。心急如焚的巴贝·马博伊斯对美国人说,拿破仑做决定"像闪电一样快",并警告他们尽快完成交易。

当巴贝·马博伊斯说美国无法承担1亿法郎的价格时,拿破仑确实采取了果断的行动。拿破仑把5亿英亩法国领土的价格降到5 000万法郎,而且是用现金支付。③ 塔列朗评论说,这是历史上房地产价值最大的一次下跌。

4月24日,巴贝·马博伊斯拜会了因长途航行而腰酸背痛失去行动能力的门罗,并向他提交了一份由拿破仑亲自起草的协议。短暂的谈判后,他们就价格达成了一致:以6 000万法郎的票据换取法国在北美的全部领土,另外再加2 000万法郎的现金,专门赔给一些有影响力的商人,他们的货物因为被法国私掠者抢走而向法国政府索赔。④ 我们可以发现在这笔交易中藏着杜邦的"无形之手",拿破仑"凭空说出"的5 000万法郎和杰斐逊之前批准的金额是一样的。这也是银行家们为美国在15年内偿付6 000万法郎的票据所提供的金额。

拿破仑打算将法国从西班牙获得的全部领土权利都转让给美国,但他拒绝了美国人提出的对所售领土进行更详细描述的要求。通过1800年的秘密

---

① Kukla, *Wilderness So Immense*, 268—269.
② DeConde, *This Affair of Louisiana*, 164.
③ Adams, *The First Administration*, 322—323, and Kukla, *Wilderness So Immense*, 274—275.
④ Kukla, *Wilderness So Immense*, 278—280.

条约，法国获得了这块土地。在条约中拿破仑许下了他并未遵守的承诺。西班牙可以说是把相当于现在的得克萨斯这整个地区的控制权都让给了法国，而这个地区是西班牙公民居住的地方，由此转让领土一事变得复杂起来。后来加勒廷劝阻杰斐逊不要试图占领这部分领土——"圣达菲和圣安东尼奥悲伤之地"。① 拿破仑意识到，西班牙可能仍会对路易斯安那的部分领土提出所有权要求，因此坚持要求签订律师所说的放弃诉权契约（quitclaim deed），即一种表达持有人的任何权利但不保证这些权利具有法律效力的法律文书。

在与美国签订协议后的几周内，拿破仑对英国宣战。

路易斯安那购买案是以 11 250 000 美元的债券（当时称为"股票"）支付的，年利率为 6%②，最后本金在 15 年后付清，这与所有其他联邦债务的预计到期日期一致。美国还承担了私人对法国的索赔，价值 375 万美元，这对利文斯顿和他在纽约的商人朋友来说，似乎远比对法国或杰斐逊政府重要。③ 加勒廷可用现金账户的余额来付这笔钱。

拿破仑急需现金，于是法国将美国开出的债券卖给了一家荷兰银行及其英国合作伙伴巴林兄弟（Baring Brothers）。他们为每 1 美元国债的本金支付了 78.5 美分。加勒廷觉得这笔交易有点奇怪，因为美国 6% 利息的票据在欧洲市场的交易折扣都比这个小。事实上，荷兰的银行家们将这些债券以较小的面额重新包装，并按面值出售，获得了一大笔利润。历史并没有记录银行家和法国官员之间交易的所有细节，但人们可以从这样一个事实得出结论：腐败的塔列朗派投资银行家以低于市场价值的价格购买了这些债务。巴贝·马博伊斯以收取拿破仑定下的佣金形式从这笔交易中获得了一大笔现金。

如果不借助长期债券的话，美国就无法支付购买路易斯安那州的费用。1802 年，美国的全部年度预算（已扣除要支付的利息）仅为 400 万美元。④ 购买路易斯安那州使美国的领土面积增加了 1 倍，保证了国家边界的安全，并为未来的发展创造了条件，而所有这些都只花费了每英亩几便士的价格。然而

---

① Gallatin, *Writings*: Volume 1, 256. 杰斐逊和后来的门罗在与西班牙讨价还价，试图购买佛罗里达州的部分土地时，就利用了这种对得克萨斯地位的模糊性。
② Adams, *The Life of Albert Gallatin*, 318.
③ Walters, *Albert Gallatin*, 154.
④ Bureau of the Census, *Historical Statistics*, 1789—1945, Series B at 99—108 and 301.

交易的另一个方面仍困扰着杰斐逊总统。他和麦迪逊都曾反对汉密尔顿擅用宪法中没有明确授予的权力,而宪法对购买大片新领土的问题只字未提。于是杰斐逊很快就起草了宪法修正案,授权购买领土。

在参议院批准该条约和国会批准债务之前,银行家不愿意向法国提供资金。加勒廷和利文斯顿警告说,继续拖延的话可能会导致西班牙对买卖的合法性提出疑问。于是,杰斐逊放弃了修宪的想法,将路易斯安那购买案定性为对宪法中授予的缔结条约和保卫国家权力的含蓄使用。

然而,杰斐逊确实阐述了一个原则来证明这种使用联邦债务的合理性,即通过举债来获得领土以使下一代直接受益。正如杰斐逊在1803年8月所解释的那样:"这是一个监护人的例子,他把被监护人的钱用来购买临近的重要领土;并在他成年后对他说,我是为你好才这么做的。……我认为为你冒险是我的责任。"①

大多数美国人对购买路易斯安那的消息欢欣鼓舞,不过杰斐逊政府的批评者们说,新领土的保护存在着大量潜在的成本。多年后,历史学家亨利·亚当斯(Henry Adams)描述了公众的反应:"1803年7月4日的联邦党人[反对当局]演说家们,在当时世界所知最幸福的社会发出的欢呼声和祝贺声中,开始了他们一年一度预言社会将毁灭的工作。"②亚当斯的祖父约翰·昆西·亚当斯(John Quincy Adams)是新英格兰唯一投票赞成购买路易斯安那的联邦党人,尽管他无法成功地解决新领土上民众的权利和未来的治理问题。住在西部的美国人,庆祝的呼声显得最响亮。一听到购买路易斯安那州的消息,一位年轻的田纳西州政治家安德鲁·杰克逊(Andrew Jackson)就写信给杰斐逊说,他所见到的每一个人都为这件事感到高兴。即使是维吉尼亚州的约翰·泰勒(John Taylor),这位最教条的有限政府哲学家,也为路易斯安那州购买案辩护,认为它为摆脱城市而获得健康发展提供了一条出路。

杰斐逊的政党在1804年的选举中击败了反对党。在第二个总统任期内,杰斐逊政府利用预算盈余稳步地偿还债务。加勒廷早在几年前就警告杰斐逊,如果联邦政府不能从土地销售和进口税中获得足够的财政收入,就必须削

---

① Jefferson to John C. Breckinridge, August 12, 1803, in Jefferson, *Memoirs*, 521.
② Adams, *The First Administration*, 83.

减开支,阻止削减不受欢迎的威士忌税的计划,或者推迟计划中的年度债务削减行为。不过,他极力反对推迟削减债务,因为这将把债务推给"后代"。①

幸运的是,在拿破仑战争初期,繁荣的贸易带来的进口税收一直超出估计数。交战的国家之间断绝了相互的贸易,于是美国的商人和船只经常填补这一缺口。这个新生的民主国家,就此成为海上贸易的世界领导者之一。从1801—1811年,每年的进口税平均为1 220万美元,与1797年的750万美元的最高纪录相比大幅上升。未偿债务数额从1803年的8 640万美元下降到1811年的4 520万美元。②

财政部长加勒廷明白,美国需要保留信贷能力,以备紧急情况使用。因此,与更近的历史做法不同,加勒廷使用了期限较长的债券——尽管这意味着要支付更高的利率。长期联邦债务使美国在应对未知情况时有更大的灵活性。

1806年,在总统得知联邦预算盈余超出最初的预期后,他敦促国会开始考虑为"公共教育、道路、河流和运河等伟大目标"进行投资。③杰斐逊问加勒廷,国家能否资助一所国立大学?但加勒廷有自己的联邦投资梦想,他的首选是公路和运河。在宾夕法尼亚州的商店,位于波多马克河和俄亥俄河源头的交汇处,他认为有必要修一条公路,把阿巴拉契亚山脉东西部的市场连接起来。

杰斐逊和加勒廷只要认为公众不愿用更高的税收来支付某些项目的费用,他们就不会推动这些自己喜欢的项目。然而,他们赞同各种长期目标,比如为高等教育和道路建设提供资金,但在财政部偿还掉更多的债务之前,他们并不急于实施这些项目以揽功。于是加勒廷开始将联邦年预算的一半用于补充偿债基金或储备金,以确保持续地减少债务。而且,用这些资金归还债务,可以减少年利息支出,并保留国家的信贷能力,以应对可能的严重威胁。

严重的威胁还是出现了。由于法国和英国加强了对彼此的贸易禁运,他

---

① Adams, *The Life of Albert Gallatin*, 270.
② Perkins, *American Public Finance*, 263.
③ Jefferson quoted in Kimmel, *Federal Budget and Fiscal Policy*, 16.

们加大了对美国船只的攻击。① 面对美国的抗议,拿破仑似乎退缩了,但英国海军没有。1807 年,杰斐逊不顾加勒廷的建议,说服国会禁运英国贸易以回应这些攻击。这一次贸易禁运说明,非预期后果法则如何折磨那些被崇高理想困扰的人们,因为禁运对美国经济的伤害远比英国海军袭击的后果更严重。禁运使港口城市陷入瘫痪,并导致维持联邦预算的进口税收锐减。加勒廷用财政部的现金储备来弥补亏空。在杰斐逊总统任期的最后一天,国会废除了禁运。

在杰斐逊第二个任期内的海军预算,提供了一个宝贵的教训,即国防开支与军事任务的实际所需相分离是危险的。当时每个人都认识到,美国没有能力发展一支可对抗庞大的英国海军、充分保护其商业的海军队伍。可是杰斐逊不顾加勒廷的建议,屈从于国会要求建设海军的压力,支持建造一支小型沿海炮舰舰队,这是一支美国负担得起的远洋舰队的替代品。然而事实证明,这些炮艇毫无用处,因为英国战舰一炮就能将它们击沉。

在总统任期即将结束时,杰斐逊向加勒廷表示,他对他们能将其他政策目标——包括他们高度重视的目标——服从于减债目标感到自豪。他希望未来的联邦领导人能以他们为榜样,并且毫不怀疑他的朋友、美国下一任总统詹姆斯·麦迪逊也会这么做。麦迪逊于 1809 年 3 月 4 日宣誓就职,此时距他和杰斐逊讨论限制联邦债务负担的必要性已经过去了近 20 年。杰斐逊向美国第四任总统提出了有关预算的建议:"消灭我们的公债[将]为我们开启有史以来所有国家中最崇高的岁入使用方式。"②

继续担任财政部长的加勒廷也建议麦迪逊,应该在参与军事战斗之前偿还更多的债务。1811 年初,加勒廷就海军开支问题与国务卿罗伯特·史密斯(Robert Smith)和他的兄弟、马里兰州参议员塞缪尔·史密斯(Samuel Smith)展开了激烈的争论。史密斯家族控制着马里兰州的选票,他们敦促增加海军支出,以支持对袭击美国航运的行为作出更有力的回应,并促进该州造

---

① 1806 年 11 月 21 日,在中欧取得胜利后,拿破仑颁布了《柏林法令》(Berlin Decree),禁止英国货物进口到欧洲盟国的港口。1 年后,英国外交大臣乔治·坎宁(George Canning)争取到禁止与法国及其盟国进行贸易的枢密令,并指示皇家海军封锁法国港口。

② Jefferson quoted in Sloan, *Principle & Interest*, 203.

船厂的就业。加勒廷厌倦了与史密斯的抗争,提出辞职。然而,加勒廷在预算方面的稳定领导能力已经变得无可替代。总统要求詹姆斯·门罗取代罗伯特·史密斯担任国务卿。门罗曾是麦迪逊第一次竞选国会议员时的对手,最近两人还竞争该由谁接替杰斐逊成为入主白宫的人。

门罗确信美国应该报复对本国航运的攻击行为。不过,前总统杰斐逊仍然持怀疑态度。1811年4月,他向杜邦表达了他的"希望,如果战争得以避免,麦迪逊先生将能够在任期内完成债务的偿还"。杰斐逊也和杜邦分享了他在未来联邦财政方面的愿景:"我们现在更能接受进口税了,因为它只落在富人身上……一旦清偿完公共债务,我们的财政收入就得到了解放,预算盈余将可用于运河、道路、学校……农民将会看到他的政府得到收入的支持,他的孩子将得到教育,而他的国家将仅靠富人的税收就成为天堂。……我们现在所走的道路正直接通向这个目的。"①

1812年战争

1810年,选民让众议院半数以上寻求连任的现任议员遭到失败。选举结束后,肯塔基州的亨利·克莱(Henry Clay)和南卡罗来纳的约翰·C.卡尔霍恩(John C. Calhoun)等年轻的"战争鹰派",在众议院占据了多数席位。国会仍然不愿意通过增税来建立一支海军,以保护美国船只免受英国袭击。众议院筹款委员会主席、马萨诸塞州的伊齐基尔·培根(Ezekiel Bacon)说:"如果人民不愿承担必要的税收,那就不能恰当地说他们会接受深思熟虑的战争,这一点我们越早知道越好。"

杰斐逊的朋友让·巴蒂斯特·萨伊(Jean-Baptiste Say),是19世纪初最具影响力的经济学家。在1803年的《论政治经济学》(*Treatise on Political Economy*)中,他写道:"政府的全部技巧……在于对即将作出的牺牲与社会的预期利益进行持续而审慎的比较。"②1812年的战争迫使联邦领导人仔细地权

---

① Jefferson to Pierre Samuel Du Pont de Nemours, April 15, 1811, Founders Online, National Archives, http://founders.archives.gov/documents/Jefferson/03-03-02-0432.

② Jean-Baptiste Say quoted in Forsythe, *Taxation and Political Change*, 380.

衡债务和税收的组合,以支付战争费用。在21世纪之前,联邦政府绝不会考虑发动一场旷日持久的战争,除非以提高税收的形式寻求公众的支持。

1812年2月,当众议院最终投票决定加税时,麦迪逊总统写信给杰斐逊说,接受"税收这一剂药"的决心,表明人民"不会在与英国的较量中退缩"。① 3月,国会为准备战斗批准了1 100万美元的债务,利率为6%,不过参议院推迟了增税的行动。

在现代人看来,1812年战争的表面原因很奇怪。新英格兰的商人和船运人坚决反对用保护他们的航运不受海上攻击为官方理由而宣战。比起潜在的英国贸易禁运,他们更愿意忍受偶尔的损失。与此同时,遭受海上袭击最少的南部和西部各州的政客们却嚷嚷着要开战。实际上,在这些州有许多居民认为,战争既是捍卫国家荣誉的手段,也是占领加拿大、从被他们视为英国盟友的美洲原住民手中夺取领土的借口。1812年6月1日,麦迪逊总统向国会传递了一条消息,详细说明了美国对英国的不满,其中包括他们对美国贸易的掠夺、绑架("征用")美国水兵到英国船只上服役,以及所谓的支持印第安人攻击西部定居者。

在议长亨利·克莱的领导下,众议院迅速投票支持战争;参议院在最初的僵局和长时间的辩论之后,以19票对13票的优势通过了宣战。从一开始,评论家们就把这场冲突称为"麦迪逊先生的战争",并预测会失败。美国海军有5艘老旧的护卫舰,不存在构成英国皇家海军骨干的大型战舰。美国陆军只有6 000名士兵,其中大多数人的日薪是1美元,各州还有一些民兵。相比之下,英国有25万职业军人,还拥有一支有着千余艘战舰的海军队伍。此外,英国军队正在欧洲与拿破仑作战,因此英国对此时美国入侵加拿大的企图表示愤怒。

在政治上,这场引起国内分歧的战争伤害了麦迪逊。1812年,他勉强连任,当时美国大多数商人都支持美国商业中心纽约市的市长德威特·克林顿(DeWitt Clinton)。如果没有之前在宾夕法尼亚州西部那些加勒廷的原选民的支持,麦迪逊则可能会失败。

---

① Madison to Jefferson, March 6, 1812, Founders Online, National Archives, http://founders. archives. gov/documents/Madison/03-04-02-0238.

美国财政宪法

在1812年之前,这个新国家增加了大量的债务,目的只有两个:一是通过承担1790年美国独立战争时期发生的州债来巩固联邦;二是在1803年扩大和巩固国家边界而举借债务。在18世纪90年代国会就批准了海军建设债,但当时这场准战争带来的政治混乱使人们很难将此行动视为一个持久的先例。然而,为1812年战争提供资金,确实为债务的第三种用途开创了先例:为战争筹资。

债权人不愿意贷出国会想借的那么多钱。在1812年3月国会授权的1 100万美元的债券中,加勒廷想方设法只卖出了620万美元,其中1/3卖给了个人,其余的卖给了银行。① 在新英格兰地区的许多银行(其中一些是美国最大的银行),拒绝购买财政部发行的债券,因为这些债券是为一场他们强烈反对的战争融资的。1812年6月,国会授权财政部发行500万美元的国库券(notes)。

到了1813年,在加勒廷用尽银行信贷后,他向美国最富有的三位商人寻求帮助。航运巨头史蒂芬·吉拉德(Stephen Girard)、毛皮贸易商约翰·雅各布·阿斯特(John Jacob Astor)、国际金融家大卫·帕里什(David Parish),都是移民到美国的,并在此前十年通过贸易发了财。他们三人用自己的账户购买了一批债券,然后将其中一些转售给他人。1814年3月24日,国会批准了一笔新的贷款,总额为2 500万美元。这笔贷款引发了公众的激烈辩论,他们怀疑美国是否有能力承受如此规模的债务。② 反对者质疑美国是否有能力偿还这笔贷款,而支持者则认为,美国的经济提供了足够的潜在税基,包括25.67亿美元的房地产和预计为2.37亿美元的年国民收入。③ 为了促进商业的发展,支持贷款的人估计该国需要的货币(以某种银行券形式)总额不超过4 700万美元,可贷款留下了约5 300万美元以银行券形式存在的货币。④

现代政客们经常夸大其词地说:"美国面临着巨大的挑战,也许是有史以来最大的挑战。"在这样做时,他们应该考虑麦迪逊总统在1814年秋天所面临

---

① Perkins, *American Public Finance*, 17.
② Department of the Treasury, *National Loans*, 52—53.
③ Kearny, *Sketch of American Finances*, 92.
④ Ibid.

的情况。到 1814 年 10 月,财政部长乔治·坎贝尔(George Campbell)报告说,联邦政府筹集到的资金只达到当年所需收入的一半,离目标经费还差 5 000 万美元。① 更糟糕的是,联邦政府找不到任何人可以借更多的钱,而且很快就会无力支付现有债务的利息。商人们只能以大幅折扣接受国库券,政府的黄金供应也被耗尽。财政部长坎贝尔在上任仅 8 个月后就辞职了,为这一令人沮丧的报告画上了句号。海军部长威廉·琼斯(William Jones)向麦迪逊提名的新财政部长亚历山大·达拉斯(Alexander Dallas)建议说,"必须尽快做点什么,否则我们就得在没有钱的情况下维持陆军和海军,还得进行一场激烈的战争。"②

就在几周前,英国士兵烧毁了首都华盛顿的大部分官邸,包括白宫和国会大厦。门罗部长在接近午夜时分从前线骑马回来通风报信说英国人来了,麦迪逊总统才勉强逃过一劫。第二天早上,总统带着决斗手枪,骑着借来的一匹马离开了首都(因为他自己的座骑瘸了)。

在首都被占领后,麦迪逊恳求国会提高税收。他认为,"美国人都已经献出鲜血了,没有什么可保留的了。"③于是国会提高了所有税收,并开始对马车、金银表、家具等奢侈品征收新的或更高的税收。9 月,兼任国务卿和战争部长的门罗,以自己的签名和信用,代表政府借了 500 万美元,为安德鲁·杰克逊(Andrew Jackson)将军率领的部队提供补给。④

1814 年那个阴冷的秋天,和平的前景似乎很渺茫。加勒廷在上一年就前往欧洲展开和平条约的谈判,但并没有取得进展。当英国官员最终同意与他会面时,他和其他美国谈判代表,包括约翰·昆西·亚当斯(John Quincy Adams)在内,都几无讨价还价的能力。美国入侵加拿大的企图失败了,英国军队占领了马萨诸塞的部分地区。麦迪逊总统指示美国代表团,可以在不解决引发战争的那些问题前提下寻求和平。

在时间上,无力偿债的美国并没有优势。几天后,麦迪逊收到消息说,英

---

① Adams, *Administrations of James Madison*, 1077.
② Borneman, 1812, 251.
③ Madison, "*Sixth Annual Message*".
④ Ammon, *James Monroe*, 340.

国谈判代表要求以缅因州的一部分、五大湖的控制权和大片领土来换取他们的部落盟友的和平。这位疲惫但坚定的总统担心国内反战争的人,因为他们威胁要解散联邦。起草了《宪法》大部分内容的古弗尼尔·莫里斯(Gouverneur Morris)敦促"商业[北方]州的联盟自主管理,把战争、战争的费用和债务留给麦迪逊"。① 1814 年 10 月 17 日,马萨诸塞州召集新英格兰各州开会讨论怎么结束战争,不管现行联邦政府是否同意。同一天,干练的新财政部长亚历山大·达拉斯告诉国会,若不增加税收,美国则可能要举借更多的债务。

与其前任汉密尔顿和加勒廷一样,达拉斯也在年轻时就移民到美国。达拉斯在苏格兰的爱丁堡接受了良好的教育,和加勒廷在彼此事业的早期就已经相互欣赏,还是加勒廷和他妻子的牵线人。达拉斯部长发现,战前税收体系的基础(即进口税)在 1814 年就已经缩减到 1 300 万美元,不到 1807 年水平的 1/10。② 1814 年末,达拉斯通知债权人,美国可能会出现债务违约——这是美国历史上第一个也是最后一个关于潜在违约或到期不能付息的通知。达拉斯建议的平衡预算,由 2 100 万美元的税收和支出组成。③

联邦债务的有效利率此时已经飙升到两位数的水平。债券只能以票面价值的 88%出售,即便如此,联邦政府也不得不接受商人们以票面价值 80%左右估价给出的票据。数年后,国会的调查表明,面值为 8 000 万美元的国债在战争期间只获得了 3 400 万黄金美元(gold dollars)。④

达拉斯部长要求成立一个新的全国银行。杰斐逊不同意,他认为财政部应该继续发行有息票据。麦迪逊总统站在达拉斯的一边,向杰斐逊解释说,一家由私人资本承担风险的银行可以比由白宫控制的财政部实行更严格的纪律。然而,在 1814 年 12 月,麦迪逊否决了建立全国银行的法案,因为该法案禁止银行贷款给政府。

由于得不到大西洋彼岸谈判进展的及时消息,麦迪逊不得不猜测和平谈判的状况。直到后来他才知道,他最信任的谈判代表加勒廷经历了联邦向外

---

① Gouverneur Morris quoted in Ketcham, *James Madison*, 592.
② Rothbard, *The Panic of 1819*, 2—3.
③ Dallas, *Alexander James Dallas*, 235—237.
④ Dewey, *Financial History*, 134.

3 杰斐逊党界定债务限额

国债权人借钱而固有的危险。多年来，银行家和国会议员亚历山大·巴林（Alexander Baring）一直是美国政府向欧洲债权人偿付资金的代理人。在为购买路易斯安那州而发行的债券的一笔款项于1815年1月到期之前，巴林问加勒廷，他怎么能"为一个正与我们交战的政府支付款项？"①

然而，在1814年秋天，当形势对美国来说显得最糟糕的时候，英国自身的过度债务也削弱了这个国家继续战争的意愿。在先后与拿破仑和美国进行了10年的战争之后，英国的债务已接近8亿英镑，即近40亿美元，这是英国年度国民收入的两倍。② 曾经在世界上信用度最高的英国债券，售价已经降为面值的55%。英国国会对美战争的辩论，现在集中在战争成本和相关税收上。

首相、利物浦伯爵罗伯特·班克斯·詹金森（Robert Banks Jenkinson）寻求结束冲突。1814年10月，英国内阁要求全国杰出的军事英雄威灵顿公爵阿瑟·韦尔斯利（Arthur Wellesley）考虑接手负责美国事务的职位，以决定性的胜利或谈判的方式来结束冲突。不过威灵顿公爵拒绝了这个职位，他解释说"除非我们认真努力地争取和平，否则我不会接受这个命令"③。威灵顿私下里叮嘱加勒廷要保持耐心。然而，公爵知道，在他舅兄爱德华·帕肯汉姆（Edward Pakenham）将军的指挥下，一些参加过西班牙战役的老兵已经出航去占领新奥尔良。

首相利物浦勋爵通知他的外交大臣卡斯尔雷勋爵（Lord Castlereagh），应该"结束美国战争"，这样可以讨好亲美的俄国沙皇，并在议会中"严肃考虑我们的财政状况，以及我们在财产税方面将遇到的困难"。④

1814年12月24日，英国和美国的代表团在根特签署了一项和平条约，消息在几周后传遍了大西洋。同一天，加勒廷指出，巴林兄弟同意给荷兰债券持有人偿付他们在路易斯安那购买案中的债券投资。

无论对美国还是对英国来说，1812年战争都是一场财政灾难。两个国家都不得不支付过高的债券利率，税收也已经达到了公众可接受的上限。这一

---

① Walters, *Albert Gallatin*, 286.
② Macdonald, *A Free Nation Deep in Debt*, 349—350.
③ Mahon, "The Negotiations at Ghent in 1814".
④ Lord Liverpool quoted in Adams, *The Life of Albert Gallatin*, 539.

美国财政宪法

财政现实铭刻在新一代美国领导人的记忆中,为此他们寻求为国家安全找到一种更可持续的筹资体系。

大多数美国人更愿意记住的是新奥尔良战役,而不是国家战时的财政危机。在和约签署前10天,8 000多名英国士兵乘坐60艘船进入距离新奥尔良12英里的博格内湖(Lake Borgne)。甚至在签署条约之后,利物浦勋爵还私下向威灵顿表示,他希望"美国战争应该以我们的辉煌胜利而结束"。在美国独立战争中被俘且受到英国士兵虐待的安德鲁·杰克逊(Andrew Jackson)将军,他的想法可不同。

杰克逊将军的正规军由700名士兵组成,另外他还招募了新奥尔良地区包括自由黑人和海盗在内的各种居民组成民兵。田纳西州和肯塔基州的志愿者也络绎不绝地加入进来。杰克逊将军的临时部队为战斗做好了准备,他们沿着一条干涸的运河河岸筑起一道土墙,与英国人通往新奥尔良的通道交叉。为了突破美军防线,帕肯汉姆(Pakenham)将军策划了一次正面进攻,这使得志愿的民兵队伍惊慌失措。

1815年1月8日,杰克逊于凌晨1点起床,并命令下属准备战斗。在美军大炮轰击和前沿士兵(他们的枪法是在狩猎中练出来的)轮番射击下,英军身着红衣的军人不断地倒下。800名苏格兰高地人组成的皇家军团,他们的风笛和纪律曾让拿破仑的老牌军队心生恐惧,在战斗中尽管损失惨重,但仍向美军防线稳步推进。就在帕肯汉姆将军和他的参谋向高地士兵敬礼时,美军的炮火击中了他们,随后高地士兵撤退。当硝烟散去,杰克逊的军队伤亡了71人,而英军则损失了2 000多人。

新奥尔良取得惊人胜利的消息与和平条约的消息同时到达东海岸。刹那间,"麦迪逊先生的战争"成了每个人的胜利。用加勒廷的话说,战争的最终结果,让美国公民感到"更像美国人"。杰克逊在向获胜的军队发表临别赠言时,总结了这种新的民族主义精神:"来自不同州的居民,第一次在这个阵营里一起行动;习惯不同,语言不同,在这种情况下,没有看到不信任和分裂的萌芽……反而收获了光荣的联合的果实。"[1]杰克逊在这场短暂但决定性的战斗中

---

[1] Andrew Jackson quoted in Goodwin, *Andrew Jackson*, 158.

赢得的声誉,让他成为自华盛顿以来美国最重要的英雄。

在 1815 年,财政部长达拉斯发现售卖债券变得更容易了。① 他以票面价值的 95% 或者 100% 出售债券,筹集了 930 万美元,利率为 7%②,国债额最高达到 1.273 亿美元。随着进口税和其他税收的激增,财政部迅速偿还了战争期间发行的债券。③

麦迪逊和门罗——以及包括亨利·克莱、约翰·C.卡尔霍恩和威廉·克劳福特(William Crawford)在内的年轻一代国会战争领导人——从战争中脱颖而出,他们的地位得到了提高,对联邦税收和责任有了新的认识。他们决心巩固联邦税收制度,加强国家的陆军和海军力量。

更多的联邦义务和更多的税收

战争使人们对联邦政府的责任达成了新的共识。战时英国贸易禁运造成的匮乏,促使人们支持联邦在经济发展中发挥更大作用。宾夕法尼亚州的作家和经济学家马修·凯里(Mathew Carey)在卖出了 1 万多份的小册子后——在当时这是一个巨大的数字——呼吁,杰斐逊的政党应该建立一支更专业的和平时期的军队,同时要改善交通、健全货币、设立中央银行、建立鼓励国内制造业发展的税收制度。

在 1814 年的"制造业报告"(Report on Manufacturing)中,美国财政部也得出了类似的结论。该报告的作者是坦奇·柯克斯(Tench Coxe),他曾经参加过决定性的那场 1786 年曼恩酒馆集会,正是那次集会催生了制宪会议。后来,他在财政部为亚历山大·汉密尔顿工作,帮助撰写了汉密尔顿著名的 1791 年的"工业品报告"(Report on Manufactures)。柯克斯欣赏汉密尔顿的

---

① 1815 年 1 月 1 日,有 2 799 220 美元的国债到期但未支付。达拉斯仍不得不接受收到的银行票据,以金币的美元价值折价出售,认购联邦债务。在得到和约消息的前一个月,众议院筹款委员会主席、杰斐逊的女婿约翰·埃普斯(John Eppes)问联邦党的一位主要国会议员、北卡罗来纳州的威廉·加斯顿(William Gaston),"如果我们把政府交给他们,联邦党人是否会接受政府?"加斯顿说,他们会拒绝这份礼物。

② Department of the Treasury, *National Loans*, 58; Studenski and Krooss, *Financial History*, 79.

③ 参见附录 A。

才智,但他最终离开了财政部去支持加勒廷倡导的财政政策。在 1816 年的报告中,柯克斯描述了机械化织布机如何能让人口不到纽约或费城一半的美国大城市生产出足够 800 万美国居民使用的纺织品。"在我们国家,如果忽视对这种优势的适当利用,就是缺乏常识。"①现代机器可以帮助"每一个农民和村庄"参与到商业的"羊毛部门的利润"中来。国内酿酒厂同样可以生产足够的威士忌,以减少对进口的需求。与马修·凯里一样,柯克斯也主张投资公路和运河,将原材料运往大西洋海岸,将制成品运往美国内陆。

麦迪逊在 1815 年 12 月向国会发表的年度演讲中,提出了与凯里和柯克斯思路一致的联邦计划。麦迪逊的民族主义信息呼应了汉密尔顿的一些主题,尽管国家现在可以在不增加债务的情况下负担常备军和公共基础设施的费用。

1816 年 4 月 27 日,国会将大多数商品的进口税提高到 20%,将棉花和羊毛纺织品的进口税提高到 25%。国会议员约翰·C. 卡尔霍恩在众议院极力为提高这些税收辩护,认为强大的国内制造业甚至对像他自己所在的南卡罗来纳州这样的农业中心也有好处:"农夫将为他的剩余产品找到一个现成的市场……并且……为他的所有需求提供确定而廉价的供应。"②卡尔霍恩是一位富有感染力的发言人,他解释说,若没有国内生产和国内运输,国家就可能再次成为外国禁运政策的受害者。和大多数国会议员一样,卡尔霍恩也投票支持成立一家新的合众国银行。

在战后麦迪逊执政期间,债务的利息和本金支出至少占了税收收入的一半。在麦迪逊担任总统的最后一个完整的财年里,财政部收取了 3 600 万美元的进口税——比预算多了大约 1 500 万美元——然后将其中的 2 000 万美元盈余用于削减债务。③

战后,财政部长达拉斯熟练地为债务实行再融资。英国纺织厂的需求导致棉花价格和产量飙升,美国财政部的黄金储备因此上升。在麦迪逊政府任期结束前几天,达拉斯恢复了战前的规定,即国库资金只能存放在那些按要求

---

① Coxe, *A Statement*, liv.
② John C. Calhoun quoted in Niven, *John C. Calhoun*, 54.
③ Bureau of the Census, *Historical Statistics*, 1789—1945, Series P 89—98 at 298.

向储户支付黄金的银行。到此时为止，国家的信贷和货币已经从1814年的崩溃中恢复了过来。

在1817年结束总统任期时，麦迪逊悄悄地否决了由卡尔霍恩提出的一项法案，该法案要求设立一个新的信托基金，为道路和运河提供资金。尽管麦迪逊以宪法为由否决了这项议案，但他还是签署了早些时候为公路拨款的法案。因此，他否决卡尔霍恩法案的最好解释就是总统试图为支出划定一个界限。直到19世纪晚期，总统们在否决时给出的信息都是援引宪法来回避下面的问题：总统是否应该仅仅因为与国会中的民选多数人存在政策分歧而否决立法？

在通过《宪法》而达到个人顶峰后近30年，詹姆斯·麦迪逊一直在为清偿独立战争的债务而工作，最后终于离开了白宫。他和杰斐逊曾仔细论证每一次联邦债务的特殊新用途。尽管在知识上的冷静让麦迪逊有时似乎不适合担任战时领导人，但他从1812年战争中脱颖而出，以坚忍不拔的精神和承受批评的能力而闻名——这些特点可能正是人们对美国宪法第一修正案作者的期望。1817年，约翰·亚当斯谨慎地对杰斐逊说，历史将会认定麦迪逊政府比所有前几届政府都要伟大。在1812年战争中麦迪逊成功地捍卫了国家荣誉，而这实际上结束了像联邦党那种形式存在的有组织的反对。

相反，在麦迪逊离任前不久，公众对国会的评价很低。当众议院议员们将他们的工资从会议期间的每天6美元改为每年1 500美元津贴时，那些接受了提高税收以减少债务和增加国防费用的选民们感到愤怒。① 在1816年的选举中，这次加薪的反作用力使70%的在职众议员下了台。

英国从拿破仑战争中崛起时背负着巨额的国债、高额的利息与税率，以及以低于其官方价值（以金银币衡量）交易的纸币。美国政界、商界、学术界的领导人，一直关注着当时在英国激烈的预算辩论中出现的问题，包括在拿破仑战争期间通过买卖英国国债而发财的议员大卫·李嘉图（David Ricardo）的观点。1817年，李嘉图发表了颇具影响力的讨论经济学和财政的著作《政治经济学与赋税原理》(*On the Principles of Political Economy and Taxation*)，运用数学的严谨性证明了杰斐逊、麦迪逊、加勒廷以及大多数商界人士所熟悉

---

① Adams, *Administrations of James Madison*, 1264—1275. See also Morris, "The First Congress".

的一个观点：偿还高额债务所需的高额税收会抑制投资和经济增长。李嘉图断言，使用债务而不是税收来为公共开支提供资金，会促使公民节省更多的钱，以应对预期随后将出现的更高税收。不过，他后来澄清了这一概念，指出人们很可能不会多存钱，因为他们倾向于认为债务费用"只与我们当前被要求为债务费用缴纳的税收成正比，而不反映这种税收可能的持续时间"。[1]

英国议会否决了李嘉图提出的下列计划：用来自对所有国民财富一次性征收的巨额税款，以公债券的市场价值——比面值打了近50%的折扣——通过购买公债券来偿还债务。在19世纪上半叶，债务还本付息额耗掉英国预算的一半，这提醒人们公共债务过高的风险。

衰退时期的借款

国会党团出人意料地以微弱多数支持詹姆斯·门罗作为麦迪逊的接班人。门罗拥有被认为属于开国元勋的那种权威光环。尽管如此，许多国会议员反而更支持财政部长威廉·克劳福德，因为他们对弗吉尼亚人垄断总统职位已感到厌倦。

由于标志着杰斐逊和汉密尔顿之间紧张关系的那些争论已经结束，门罗认为，美国已经不需要政党了。他试图通过任命杰斐逊联盟的前支持者和反对者同时担任联邦职务来实现团结。他要求竞争对手克劳福德继续担任财政部长，而这是一个最终让门罗总统后悔的决定。

克劳福德试图填补杰斐逊党在组织中的领导真空。这位英俊潇洒、平易近人的政治家利用自己强大的职权，在家乡佐治亚州之外建立了全国性的政治基础。通过赞扬有限政府的优点，克劳福德讨好包括托马斯·杰斐逊在内的老一辈政治中间人。与此同时，他还赞同为边疆防御工事增加开支、加强海军、扩大邮政服务，并为退伍军人提供新的养老金。

在门罗政府的早期，进口税收入的增加帮助克劳福德部长在增加开支和限制政府两个矛盾的承诺之间实现平衡。新成立的合众国银行的各个分支机

---

[1] Ricardo, Works, 539.

构提供了便利的信贷,特别是可为购买联邦土地服务。直到1819年,合众国银行的官方账簿上显示其资产净值相当可观。但是,与2008年一样,该行的流动准备金相对于其负债来说数额很低。只有当它的贷款得到偿还,并且没有任何东西促使存户和票据持有者要求立即用黄金和白银支付时,它才会发达起来。①

宽松的银行信贷推动了联邦土地销售的巨大繁荣。买家们排着队站在美国财政部的众多土地办公室的门外,"土地局生意"(land office business)这个词后来成了繁荣的代名词。一些购地者计划种植棉花用于出口,而另一些人则试图转售他们的新土地以获取利润。在杰斐逊的第一个任期内,总统和加勒廷规定了每英亩两美元的最低价格,并允许分4年支付。② 这一政策一直延续到门罗的第一个任期结束,那时买家可以通过向财政部提供银行本票来付款。因购买土地而欠联邦政府的债务,从1815年的300万美元飙升到1819年的2 300万美元。③ 然而,1819年的土地销售的现金收入还不到400万美元。④

从1816—1818年,联邦政府出售了数千万英亩土地,主要分布在阿拉巴马州、密西西比州、路易斯安那州、阿肯色州、密苏里州、伊利诺伊州、印第安纳州。美国人大量迁移至这些地方,导致在1815年后的连续6年中,每年都有一个新州加入联邦。在这些新成立的州,政府规定将投票权扩大到白人男性——无论他是否拥有土地或财富——这一项行动很快使国家政治变得大众化。

在某些方面,1816—1818年的土地热类似于2008年大衰退前的房地产泡沫。在这两个时期,公民们基于价值不断上升的假设,借入大笔钱来购买房地产,而政治家们则放宽信贷以支持更多的住房自有。于是当1819年土地价格下跌时,联邦政府和美国银行留下了一大笔无法收回的贷款。

克劳福德的朋友威廉·琼斯经营着合众国第二银行。琼斯喜欢喝烈性

---

① 1818年初,该行的资产为4 100万美元的未偿还贷款和250万美元的金银储备,抵偿负债为1 300万美元的存款和1 000万美元的未偿还纸币。
② McCraw, *The Founders and Finance*, 251.
③ Rohrbough, *The Land Office Business*, 141.
④ Bureau of the Census, *Historical Statistics*, 1789—1945, Series P 89—98 at 298.

酒，不拘小节。他不理解财政部和合众国银行为什么要管理信贷以防止货币过度扩张。

1818年12月，联邦政府要从银行存款中提取200万美元的黄金，作为偿付为购买路易斯安那而发行债券的最后一笔款项。① 琼斯在银行的金库里找不到足够的资金，只好向欧洲银行借黄金。在琼斯辞职后，审计人员发现了更多的问题。这家银行的巴尔的摩分行的储备金已经消失。它的出纳詹姆斯·W. 麦卡洛克（James W. McCulloch）曾贷款给西部土地投机商、银行官员、他自己、银行赞助人，还有加勒廷的对手、时任众议院筹款委员会主席的塞缪尔·史密斯（Samuel Smith）名下的一家企业。麦卡洛克也创造了历史，他拒绝为联邦银行票据缴纳州税。他的拒绝导致最高法院作出了"麦卡洛克诉马里兰案"的裁决，该案确立了联邦法律的至高无上地位，以及联邦政府需要采取必要和适当的行动来履行职责。

当克劳福德部长和银行的新管理层在1819年姗姗来迟地收紧信贷时，州银行倒闭了，商品和服务的价格也下跌了。由于英国经济急剧下滑，导致棉花产量增加而需求量却下降。于是作为美国主要出口产品的棉花价格急剧下降。

在1819年大恐慌期间，作为联邦预算命脉的进口税收从1817年的2 600万美元下降到1820年的1 500万美元。② 当国会要求克劳福德做一份关于货币政策的报告时，他面临着艰难的选择。来自有着众多无力还债者的边境州的国会议员们向他施压，要求发行纸币来对抗通货紧缩和填补联邦预算缺口；而那些来自东海岸商业中心的人，则坚决反对任何可能带来未来通货膨胀风险的政策。克劳福德的魅力并不足以化解所有重要的银行家在信贷紧缩期间面临的困境。财政部的报告承认，有限的纸币流通可能会抵消通货紧缩，但建议不要开创一个可能允许未来联邦领导人用联邦印钞机释放通货膨胀的先例。

1820年，前总统麦迪逊发表了自己的意见。他声称，"纸币的数量若被严

---

① Dangerfield, *The Era of Good Feelings*, 183.

② Rohrbough, *The Land Office Business*, 141. 虽然过度扩张的银行资产负债表加剧了1819年的恐慌，但大多数关于恐慌的历史写作往往忽略了欧洲经济衰退和美国贸易赤字的不可避免的影响。当棉花和烟草的出口需求急剧下降时，美国公民和商人不得不减少进口，以避免黄金储备的全部损失。出口从1818年的9 300万美元下降到1821年的5 400万美元。同期进口额从1.22亿美元下降到5 400万美元，消除了贸易逆差。

格限制在绝对必要的范围内,可以使其价值等同于甚至高于金属货币[即金或银]。但是经验不赞成依赖这样的实验。只要纸币还没有兑换成金属货币,而其数量又取决于政府的政策时,不适当的增加或对它的担心才会产生贬值[即因为通货膨胀而丧失购买力]。"①在 1820 年对严重信贷紧缩期间扩大货币供应量以刺激经济的辩论,是这个国家在接下来的两个世纪中的第一次。

在 1819 年恐慌期间,为了抵消财政收入的急剧下降,联邦政府举借了适度债务,这也预示着后来经济衰退时期联邦借债的一个典型特征:联邦财政收入的下降幅度,几乎总是超过预期。繁荣的市场和错误的预测,往往会出现在严重的衰退之前。由于经济周期与联邦财年不一致,因而预算计划难以制订。实际上在大萧条之前,联邦政府几乎没有编制过什么"实时"的经济信息,这使得预测更加不确定。简而言之,美国财政传统最后的改进——允许联邦在经济低迷时期借款——部分地反映了任何意料之外的财政收入下降所带来的不可避免的后果。

财政部长克劳福德未能及时向门罗总统和国会报告迫在眉睫的预算赤字。在 1820 年国会批准了一笔 300 万美元的银行贷款,1821 年又批准了一笔 500 万美元的贷款。②获得批准的债务数额远远超过了 170 万美元的联邦赤字,占这两年联邦总支出的 5%。③此外,在 1820 年和 1821 年,联邦政府在还本付息方面的支出远远超过了其赤字数额,进一步借贷主要是为了给一些到期的战争债务的本息进行再融资。1820—1821 年经济衰退期间的借债政策,与 2000 年后在大额"正常"赤字的基础上增加与经济衰退有关的举债做法,相似之处甚少。

1820 年,托马斯·杰斐逊指责国会的预算赤字。甚至在经济下滑之前,他就给自己的朋友出版商托马斯·里奇(Thomas Ritchie)写信说,国会似乎"无所适从,不知道如何摆脱财政部所谓的无底洞资金需求"。他还进一步说,"人民自己也被出卖了,陷入了同样的狂热之中",并表示希望"所产生的赤字,

---

① Madison, *Letters and Other Writings*, vol. 3, 166.
② Ammon, *James Monroe*, 469.
③ Bureau of the Census, *Historical Statistics*, 1789—1945, Series P 89—98 at 298.

以及为弥补赤字而征收的重税"能够"使他们清醒地认识到这一点"①。

1820年,詹姆斯·门罗成为最后一位在没多少反对的情况下成功连任的总统,也是唯一一位在上任后发生严重衰退仍能在衰退期间连任的总统。在他的就职演说中门罗警告说,如果联邦收入继续低于支出,就有必要提高税收。经过1821年一场激烈的辩论,国会大幅削减了军队和边境防御工事的开支。对削减军费开支持批评态度的人,如战争部长约翰·C. 卡尔霍恩,对这些"节约措施"抱怨不已。

1819年的大恐慌标志着联邦政府第一次,但不是最后一次,通过举债来弥补经济低迷时期财政收入的损失。由于那时只有6%的人口居住在城市,而且那个时代的农场基本上是自给自足的,所以人们认为联邦政府不需要采取任何措施来防止饥饿。

然而,通过限制取消抵押品赎回权,联邦政府确实提供了一个社会保障网。1821年的《救济法案》(The Relief Act)降低了数十万公民因购买联邦土地而欠下的债务。② 在当时,土地是实现自给自足和获得机会的主要途径,就像后来的教育和专业技能在国家历史上的地位一样。由于贷款豁免不需要现金支出,因此如果只考察预算的话,就会低估这一联邦权力在19世纪的影响。

1824年,国会提高了进口税,与其说这是为了支持新支出,不如说是为了应对英国在强大的羊毛业和钢铁业方面的竞争威胁。这一税收法案遭到南方棉花种植园主的反对,但仍获得通过,并得到了纽约州、宾夕法尼亚州、俄亥俄州这些羊毛生产州的支持,它们能够决定选举人团中总统投票的结果。

门罗在1825年3月离任时已成为美国历史转型的象征。这位美国独立战争时期的前上尉、华盛顿的朋友,让人想起了更早时代的传统。他穿的是已过时的殖民时期的及膝长裤。他带领国家从制宪会议时的债务危机深渊走出来,以至于在他最后一次给国会的年度致辞中表示,"有充分理由希望"在1834年还清最后一笔到期的未偿国债。他认为,如果没有债务负担,国家则

---

① Lipscomb, *The Writings of Thomas Jefferson*, vol. 15, 296—297.
② 联邦政府在限制新的土地贷款的同时,降低了土地价格。它为那些无力支付旧的每英亩2美元最低购买价格的人制定了一项贷款豁免方案。

可以将税收用于"可能最有利于公共安全和福利的目标"。①

门罗是来自弗吉尼亚州的三位总统中的最后一位,在19世纪的前25年里他们三人领导了这个国家。对三人中每一个来说,债务的危险可不仅仅是理论上的。1819年经济恐慌之后,杰斐逊、麦迪逊、门罗都被迫考虑出售农场来偿还个人的债务。

自华盛顿总统就职以来,联邦政府增加债务的目的只有四个:维持联邦(1790年);保卫和扩大国家边界(1803年);从事战争(1812—1815年);在经济衰退期间弥补赤字(1820—1821年)。美国人很明白这些债务的原因。在1821年之后,联邦政府不再借贷,直到18年后国家第一次出现全面大萧条。

上述这些以及其他在共和国最初几十年建立的先例,很快就变成了具有非正式宪法权威的传统。除了这些有关使用公债的传统外,其他此类传统还包括总统受两届任期限制、使用总统权力罢免被任命者、由职业军官领导常备军、在国会中设立委员会组织。

杰斐逊曾经向他的朋友杜邦阐述过开创预算先例的重要性:"我希望我们能够逐步引入合理的原则,并使之成为习惯。切实可行的东西往往控制着纯粹的理论,而被统治者的习惯在很大程度上决定了什么是可实践的。"②到1824年,有限债务的原则已经发展到依赖于习惯性的预算实践——明确的会计;"现收现付"的预算规划;利用信托基金将新的支出和税收相联系;任何新债务的数额和用途都由国会批准。这些做法是美国财政传统的支柱,即为有限的目的而借款。

在1825年门罗的总统任期结束后,美国人开始发展出不成文宪法的另一个重要特征,那就是,他们的国家很快接受了一种更加正式的和有组织的政党制度。

---

① Monroe,"*Eighth Annual Message*".
② Malone,*Correspondence*,40.

4　复兴的民主党还清债务

1825—1853年：赤字超过还本
付息额的时间为9年
(1838—1843年，1837年经济恐慌后的萧条；
1846—1848年，墨西哥战争)

总统权威的危机

1825年12月6日，约翰·昆西·亚当斯总统在给国会年度致辞中提出了一个惊人的要求。他要求国会议员通过他雄心勃勃的开支计划，而不要被"选民的意志所瘫痪(palsied)"。① 具有政治头脑的参议员马丁·范布伦(Martin Van Buren)觉得，总统的态度实在令人难以置信。国会议员应该无视选民的意愿吗？托马斯·杰斐逊的追随者范布伦指出，即使是亚历山大·汉密尔顿也尊重代表们"基于选民意愿的原则来指导政府"的必要性。②

由于范布伦本人帮助阻止了亚当斯的支出计划，他知道总统沮丧的根源。亚当斯曾为修建公路、运河、灯塔、大学甚至"天空的灯塔"(国家天文台)列出了雄心勃勃的计划。③ 公民很容易明白公共工程项目具有的好处，但却厌恶高税收带来的负担。"现收现付"的预算计划，将联邦支出限制为不超过选民愿意支付的税额。这种限制是一个高度原则性的问题，而不像亚当斯所建议

---

① Dangerfield, *The Era of Good Feelings*, 349.
② Van Buren, *Autobiography*, 195.
③ Adams, "First Annual Message".

的那样是一种麻痹或瘫痪的形式。

虽然前几任总统都曾试图说服公众相信某个既定计划的可取性,但他们从未向国会说需要花费的资金超过了公众愿意接受的税收水平。很少有国会议员(如果有的话)听说过,他们的选民愿意以较高的税率来建造"天空的灯塔"。

范布伦觉得美国总统的选拔制度出了问题,让亚当斯这种人入主白宫。这位来自纽约的老牌政客擅长先于别人利用政治机会,因此获得了"小魔术师"和"红狐狸"的绰号。1824年大选后,他迅速改变了总统选举程序,建立了美国第一个现代国家政治组织——一个以传统财政原则为纲领的政党。

亚当斯曾在1825年以31%的普选票入主白宫,比退休将军安德鲁·杰克逊的票数还少。这是因为在声称忠于杰斐逊理想的4位候选人中,没有一个人在选举人团中获得多数票,所以众议院按宪法规定从前3名候选人中选择下一任总统。在第四名候选人、权势滔天的众议院议长亨利·克莱的帮助下,亚当斯赢得了总统职位。当克莱成为亚当斯的国务卿时,杰克逊的追随者称他们的政治联盟是一场"腐败交易"。

参加1787年制宪会议的代表们发现,很难设计一种令人满意的总统继位办法。在当时,除乔治·华盛顿和少数革命领导人之外,似乎没有人能够名气足够大到在这样一个地理分散的国家里赢得选举人团的多数席位。在会议即将结束时,疲惫不堪的代表们投票决定,如果没有候选人在选举人团中赢得多数票,则由众议院每个州投一票来挑选总统。这种挑选新总统的方式,不可避免地会带来缺乏广泛民主授权权威而只靠妥协产生候选人的问题。

由于一开始是由数位开国元勋担任总统,上述不利的结果被推迟了几十年。华盛顿、杰斐逊、麦迪逊、门罗等几位弗吉尼亚州烟草种植者,在国家最初的36年中领导了国家32年。与约翰·亚当斯一起,他们中的每一个人都记着邦联在独立战争的沉重债务下崩溃的情景。

在门罗总统的第二个任期,即1821—1825年期间,选择新总统的过程缺陷暴露无遗,在当时政府分裂成分别支持敌对候选人的派别。门罗是开国元勋中最后一位可以担任总统的人,他甚至拒绝了党内非正式的领导角色。1822年,在给麦迪逊的信中他写道:"如果没有党派的存在,我们的政府肯定可以持续且繁荣。"①然而,由于缺乏一个较为成熟的政党制度,导致国家缺乏缩小总统提名人范围的手段。

在全国范围内选区的变化,加大了精英候任国家行政长官的难度。自华盛顿总统就职以来,在超常出生率的推动下,美国的人口增加了3倍。移民们潮涌入新的州,而这些州将选举权扩大到所有自由的、纳税的白人男性,不管他们是否拥有财产。

地理上的这种扩张导致对联邦资源更激烈的竞争,特别是在改善交通方面。英国用南方各州奴隶劳动生产的棉花,取代了从印度进口的原棉。反过来,兴旺的棉花农场和不断发展的沿海城市,也成为美国内陆地区生产的玉米、小麦、猪肉的潜在市场。农民寻求更有效的方式将产品运往遥远的市场。许多州都羡慕伊利运河取得的成功,它加强了纽约市作为全国最重要的商业中心的地位。

19世纪20年代初,地区间有关进口税问题的冲突也愈演愈烈。宾夕法尼亚州实力最强大的钢铁生产商欢迎征收关税来保护自己,以免受到英国使用更高效技术的企业所生产的钢铁的冲击。新英格兰的纺织厂则担心来自现代英国纺织机的竞争。然而,南方的棉花生产商反对提高进口关税,因为这提高了铁制农具和奴隶穿的英国粗羊毛衣物的价格。

马丁·范布伦已经学会了如何利用政治组织来化解不断恶化的冲突。他在纽约州北部的一个小农场长大。该地区由荷兰裔美国贵族精英统治,这些人拥有由佃农开垦的大量地产,和纽约市的商人阶级一起掌控着州政府的大部分权力。范布伦组建了一个由纽约州北部的小农和商人以及纽约市的中产阶级市民组成的纪律严明的联盟,以此来对抗前述精英阶层。随着纽约将选举权扩大到不拥有土地的纳税白人男性,范布伦将他们也纳入了自己的组织。

像今天的许多利益集团一样,范布伦的联盟以提供集团性选票的能力增强了自己的力量。在通过谈判解决自己成员之间的冲突后,该组织期望单个的成员能团结起来,以支持组织的最后决定。范布伦的重要副手赛拉斯·赖特(Silas Wright)描述道,一旦该党对某一问题选定了立场,就对其成员发出

---

① James Monroe qucted in Hofstadter, *The Idea of a Party System*, 200.

要求:"我们看到谁第一个退到后面,就打倒他……他们不能动摇,否则就是自取灭亡。"① 到了1822年,范布伦的联盟被称为"奥尔巴尼摄政团"(the Albany Regency),他们已不再是一群权力外的人。该联盟拥有立法机构的控制权,并在已经成为全国人口最多的州和最主要的商业中心填补了大多数政治职位的空缺。

范布伦认为,通过解决内部分歧来建立一个庞大的、强有力的投票集团的做法,可以用来提名全国性的总统候选人。②

一个新的民主党

亚当斯曾是一名教授和外交官,缺乏人际交往的技巧和政治组织的能力,无法将国会团结在其政府的背后。然而,对于范布伦和他的盟友来说,在国家和平与繁荣的时刻,要想战胜一位在任总统,仍是一件令人生畏的事情。若要在1828年的选举中战胜亚当斯,范布伦就需要做到以下三样:找到一个有市场影响的候选人;制定一个统一的竞选纲领;化解在摇摆州可能给对手提供机会的种种问题,直至在选举人团取得至关重要的胜利。这三步战略在今天看来几乎没有什么新意,但在19世纪20年代,当许多美国人仍然认为政党组织是不必要甚至具有破坏性的时候,这样的想法真是大胆的举措。

范布伦与潜在的盟友分享了他的愿景,首先从副总统卡尔霍恩开始,范布伦的组织将支持他竞选副总统。③ 他还争取到杰斐逊的纪律严明的弗吉尼亚组织领导人、出版商约翰·里奇(John Ritchie)的支持。1827年1月,范布伦

---

① Hofstadter, The Idea of a Party System, 244.
② 1824年,范布伦试图在旧的总统选举制度下工作,但失败了,这给了他一些宝贵的教训。他曾支持早期的领先者,美国财政部长威廉·克劳福德(William Crawford),希望他在奥尔巴尼(Albany)的摄政和弗吉尼亚州占主导地位的"里士满军团"(Richmond Junto)能为克劳福德在非正式的国会党团会议中创造动力。即使在选举前还有14个月,克劳福德因中风而变得又盲又哑,范布伦还是为他争取到国会核心小组的提名。尽管如此,大多数国会议员拒绝出席一个标志着这一进程终结的活动,许多批评者曾嘲笑这一进程为"国王核心小组"。范布伦确实设法为克劳福德提供了足够的纽约选举人票,使其排名第三,并排名第四的亨利·克莱失去了被众议院考虑担任总统的资格。
③ 1806年宪法第十二修正案通过后,选民必须投1票给总统,投1票给副总统(在第十二修正案之前,总统要投两票,副总统则由得票数第二高的人担任)。然而,由于没有政党提名程序,还没有形成"选票"的正式程序。

向里奇描述了杰克逊如何凭借军事服务履历而非共享的原则当选"是一个方面。另一个大不相同的方面是,他的当选是一个政党联合一致努力的结果,其中最主要的是坚持某些信条而反对某些普遍原则"。范布伦敦促里奇帮助在南方的种植园主和北方的"普通"公民之间建立联盟,在政治上"大体同意某些原则"①,从此他们开始称自己为民主共和党人。

范布伦、卡尔霍恩、里奇青睐的候选人安德鲁·杰克逊遇上了困难。受人尊敬的杰斐逊认为,杰克逊是他所能想到的"最不适合当总统的人之一"。②1821年,杰克逊曾对记者说:"他们认为我是一个傻到自以为适合当美国总统的人吗?不,先生;我知道我适合做什么。我可以粗暴地指挥一群人,但我不适合当总统。"③

然而,没有任何一个美国人——除了前总统——能与杰克逊的名气相匹敌。尽管杰克逊生活在一个由奴隶劳动维持的种植园里,但许多经济条件一般的选民都认同这位拓荒者,他从一文不名的独立战争时期的小兵成长为击败欧洲最优秀军队的将军。④ 相比之下,范布伦和他的盟友却将亚当斯描绘成一个养尊处优的精英,尽管总统过着斯巴达式的俭朴生活,比如他早晨一场轻快的散步后还会赤身裸体游过波托马克河寒冷的水域。

在整个1828年,范布伦一直在为推选杰克逊而努力,尽管直到选举后他才与其会面。但是,他确实知道,杰克逊会奖励支持者、惩罚对手。以此形成的这种忠诚,对于维持一个全国性党组织的纪律来说是必不可少的。

能作为范布伦向里奇描述的"共同信条"——用现代的话说就是党纲——的政策很少。在范布伦的广泛联盟中有不同的派别,除需要平衡预算和偿还国债之外,几乎没有其他的共识。因此,该党攻击亚当斯提出的奢侈性联邦支出,即建立国立大学、建设海军学院,以及为管理联邦土地而设新部门,当然还要建设天文台。

---

① Martin Van Buren quoted in Remini, *Life of Andrew Jackson*, 161.
② Thomas Jefferson quoted in Brands, *Andrew Jackson*, 97.
③ Parton, *Andrew Jackson*, vol. 2, 354.
④ 在他死后出版的回忆录中,范布伦解释说,"通过增加将军个人的声望来增强"杰斐逊所属的老党派的力量,他希望战胜享受经济繁荣的现任政府的权力和支持。至于杰克逊的政治观点,范布伦说,他只能指望"好运",杰克逊18世纪90年代的杰斐逊原则能够延续到19世纪20年代。

虽然范布伦既有候选人又有统一的预算原则,但他仍然要设法解决引起广泛分歧的进口税问题。领导亚当斯竞选连任的亨利·克莱曾试图利用这个问题,获取关键的选举票。大多数美国人支持至少对制成品征收一些进口税,以此作为支付联邦账单的手段。对进口原材料征税带来了更大的政治挑战:制造商试图尽可能地以低价获得原材料,而牧羊者则寻求保护措施,以避免进口原料毛。纽约州北部、宾夕法尼亚州西部、俄亥俄州东部山区的牧羊人和农民,最终培育出能产纤细羊毛的羊群。但与此同时,他们寻求增加从苏格兰进口羊毛的关税水平,这样可以获得更大的成本优势。

21世纪的记者会报道,此次总统竞选活动向宾夕法尼亚州和俄亥俄州选民发出了针对性的呼吁,因为这两个州的代表经常在选举人团中摇摆不定。为争取选民,1828年范布伦和克莱在这两个州展开了激烈的斗争。为了获胜,范布伦必须在宾夕法尼亚州西部、俄亥俄州东部和他自己所在的纽约州北部说服足够多的选民,让他们相信杰克逊的当选不会威胁到钢铁和粗羊毛的进口税。他必须完成这项艰难的任务,既要传达这一信息,又不能疏远杰克逊在南方的核心支持者(这些人反对这样的税收)。其结果是,1828年马基雅维利式关税很快就被人称为"厌恶关税法"(Tariff of Abominations)。

范布伦的朋友兼政治盟友、纽约州的国会议员塞勒斯·赖特(Silas Wright)向众议院提出了一项立法草案,要求提高进口钢铁、纺织品、羊毛、糖蜜、绳索等原材料进口税的议案。新英格兰的酿酒师使用糖蜜,马萨诸塞州的造船工人使用绳索。在纽约州、宾夕法尼亚州、俄亥俄州的大型代表团的支持下,众议院多数人通过了赖特的法案。南方各州和新英格兰州在参议院中占多数,于是范布伦向杰克逊的南方支持者保证只要保留对新英格兰商人所需材料征收高额关税,他们就可以在参议院击败赖特的法案。这样,"杰克逊派"(Jackson men)——包括那些反对提高进口税的人——投票反对所有的修正案,以减少对新英格兰地区所需原材料征收苛刻关税。

然后范布伦设下了一个陷阱。一些新英格兰的纺织厂为了避免原料羊毛的高税率对经济产生的影响,就支持对机织羊毛品征收更高的税。出乎意料的是,范布伦参议员和另一位杰克逊的忠实拥护者投票支持新英格兰和亚当斯的人。卡尔霍恩和其他反对征收高额进口税的人事后才意识到,在最后一刻提出对羊毛纺织品成品征收高额进口税，赢得了马萨诸塞州参议员丹尼尔·韦伯斯特（Daniel Webster）和其他足够多的新英格兰人的选票，从而确保赖特的法案获得通过。

范布伦化解进口税问题的计划成功了。范布伦和赖特现在可以让宾夕法尼亚、俄亥俄和纽约州的高进口税支持者放心，他们不用再担心杰克逊当不上总统了。亚当斯总统因为将议案签署为法律而遭到南方国会议员的攻击，而杰克逊本人对这一问题保持沉默。弗吉尼亚州的国会老兵约翰·伦道夫（John Randolph）认为，一项被吹嘘为保护国内制造业的法案，实际上"主要是为了制造出……一位总统"。①

范布伦已经完成了他计划的三步，将不同区域的选民融合成一个全国性组织。他支持一位受欢迎的候选人，强调偿还债务和抑制奢侈支出为统一目标，又使亚当斯在进口税这一经济议题上失分（这一议题本可以让他在摇摆州获得支持）。

比起"亚当斯派"（Adams men）（又称"国家共和党人"），"民主共和党人"组织得更好。1828年，杰克逊轻松地赢得了选举团和一大批新获得选举权的选民的支持。选民参与率比4年前增加了两倍。美国也有了新的总统提名制度，4年后范布伦又用一次会议（a convention）的方式加以完善。在十多年的时间里，正式的政党制度很快就成为美国不成文宪法的一个基本特征。在接下来的一个半世纪里，政党将成为执行美国财政传统对债务限制的最有力手段。

付清债务

安德鲁·杰克逊观点的形成来自个人经验而非学术研究，这也解释了他对债务的特殊敌意。1795年，在杰克逊还是一名年轻的国会议员时，他从田纳西州第一次来到国都，试图通过出售家乡荒野中的土地来发财。虽然买家寥寥无几，但他最终成功地卖掉了5万亩地，换回了1张1万美元的票据。②杰克逊立即将那张票据背书转给了一位商人，作为杰克逊在田纳西州杂货店

---

① John Randolph quoted in Graham, Free, *Sovereign and Independent States*, 207.
② Brands, *Andrew Jackson*, 70.

的贷款。由于该票据的制造者未能支付款项,被关进了监狱,而杰克逊作为背书人要对到期的款项负责。杰克逊工作了十多年才还清债务,所以到后来他把摆脱债务看作是独立的基本要素。在1829年杰克逊的第一次就职演说中,他承诺要致力于"消除国债,这种不必要的国债延续与真正的独立是不相容的"①。

杰克逊的财政部长提出了一种平民主义(populist)的付清债务的理由,他说:"利息是付给资本家的,来自劳动者的收益;付清债务,不仅会把劳动从这种负担中解脱出来,而且资本也将因此摆脱非生产性的使用,而去寻求生产性活动;这种做法进而给企业提供新的动力……利息将比以前更低。"②美国的偿债政策与英国形成了鲜明的对比。在拿破仑战争之后的几十年里,英国在偿还包括1812年战争在内的战争债务时消耗了所有税收的一半以上。

与杰斐逊的政府一样,杰克逊政府也让所有其他目标都服从于清偿联邦债务。出于这个原因,总统没有迅速废除不受欢迎的"厌恶关税法"。他的立场让副总统卡尔霍恩和南方种植园贵族感到惊讶和失望。高额的进口税总体上起到了限制进口增长的作用,但棉花出口旺盛的需求也增强了商人的能力,让他们即使面对这样的关税负担也能支付更多的进口额。在杰克逊担任总统期间,进口税收入稳步上升,这使得政府能够偿还债务,同时以创纪录的水平资助民众改善公共交通。③

通过对政治盟友的任命奖励和对反对者的报复,杰克逊和国务卿范布伦努力巩固党的纪律。曾在1825年阻挠杰克逊当选总统的亨利·克莱被单独挑出来,受到了排挤。1830年,杰克逊否决了克莱支持的项目,并因此建立起一个强大和持久的预算先例。当国会投票决定资助连接克莱的家乡肯塔基州和国道俄亥俄州路段的梅斯维尔公路时,这一事件并没有引起多大轰动。范布伦后来向一位朋友吹嘘说,他努力向大家隐瞒总统对公路法案的看法,以增强杰克逊否决的影响。詹姆斯·麦迪逊曾努力淡化自己在1817年否决一项公共

---

① Jackson, "First Inaugural Address".
② "Report on the Finances: December 1829," in *Reports of the Secretary of the Treasury*, vol. 3, 17.
③ Larson, *Internal Improvement*, 191. 19世纪的联邦预算通常将公共工程项目列入陆军部的拨款中,陆军部通过工兵团监督建设。历史学家审查这些预算,而不是政治演说,以确定公共工程的开支规模。

工程法案的影响，但杰克逊在1830年的否决却措辞激烈，并被广泛地宣传。

否决权是政治大招。杰克逊和1817年的麦迪逊一样，实施否决的部分理由是基于宪法对公共工程的反对。但是杰克逊基于宪法的反对显然是一个诡计。麦迪逊反对设立一个用于公共设施的开放式基金，但杰克逊否决了一个与其他许多已经存在的项目类似的项目。对总统利用意料之外的否决权来指责他们的浪费性开支，国会议员们感到失望。与此同时，选民们对总统作为税款的守护者表示赞赏。

后世的总统否决支出法案常会激怒国会，却赢得纳税人的尊重。在杰克逊担任总统一个世纪后，富兰克林·罗斯福——一个熟读历史的人——要求其工作人员积极寻找他可以否决的支出法案，以显示他的财政管理能力。在21世纪传统的债务限制崩溃后，总统们就很少再否决支出法案。

杰克逊使用总统否决权和攻击合众国银行独立性的行为，加速了政治反对派组织的形成。这个反对派围绕着杰克逊的对手组成的州组织而形成。他们开始称自己为"辉格党"——一个英国贵族党派使用的名字，曾为限制国王的权力，特别是限制开支和税收而斗争。虽然辉格党领导人亨利·克莱和丹尼尔·韦伯斯特（Daniel Webster）试图制定一个政治纲领，但促成这个反杰克逊联盟的原因，往往根植于各州内各不相同的政治状况。

副总统卡尔霍恩并没有自称是辉格党人，但他号召南卡罗来纳州团结起来反对1828年的"厌恶关税法"，他声称州有权废除或无视它认为违宪的联邦法律。杰克逊认为，这种想法是一种叛国行为。"在任何地方都找不到留给各州的宣布法律无效或脱离这个联盟的权利……"，在1832年的一封信中他申明，"这是我的信条"。[①] 这位直言不讳的总统警告一位来自南卡罗来纳州的国会议员说，如果有人阻止联邦法律的实施，杰克逊则亲自"把我能抓到的第一个有叛国行为的人吊死在我可以触及的第一棵树上"。[②] 在南卡罗来纳州，主张废除联邦法令的人不得不做出让步。

副总统卡尔霍恩也与参议员亨利·克莱、丹尼·韦伯斯特一起，尝试阻止确认范布伦担任美国驻英国大使一职。在1832年举行的党内第一次全国提

---

① Andrew Jackson quoted in Brands, *Andrew Jackson*, 478.
② Remini, *Life of Ardrew Jackson*, 197.

名大会上,范布伦取代卡尔霍恩成为副总统候选人,以示对此事的报复。那时,人们称杰克逊和范布伦所在的党派为民主党。尽管他们在南方的支持率已经下降,杰克逊—范布伦集团还是以一边倒的优势赢得了1832年的大选。

杰克逊8年任期的高峰发生在1835年1月8日,在那天200多名国家领导人出现在华盛顿布朗酒店举行的庆典上。他们既庆祝新奥尔良战役的周年纪念日,也庆祝国债的最后一笔付款。范布伦代表总统宣读了祝酒词:"偿还公共债务:让我们把它作为一个能给我们国家增强力量的事件来纪念。"密苏里州的参议员托马斯·哈特·本顿(Thomas Hart Benton)——他的兄弟在22年前的一次斗殴中向杰克逊开了两枪——引领了近百次其他祝酒。本顿说:"在共和国成立的第58年,安德鲁·杰克逊总统还清了国债,世上出现了从未有过的特异景象,一个没有国债的伟大国家出现了!"[①]

宴会结束5天后,有人试图在美国国会大厦外枪杀总统。杰克逊虽然年事已高,但身经百战的他仅用一根手杖就将袭击者打倒在地。

虽然美国人都为国家有能力偿还债务而感到自豪,但他们却在如何处理预算盈余问题上争论不休。从1829年到1836年杰克逊任期结束,联邦政府筹集了2.5亿美元的财政收入(包括出售公共土地的额外款项),也花费了1.53亿美元。[②] 财政部若因预算盈余而囤积金银币,就剥夺了国家大量的流通货币。[③] 参议员卡尔霍恩和克莱邀集了国会多数人,通过法案要求向各州分配数千万联邦盈余资金。杰克逊否决了该法案,但最终在1836年大选之前还是允许将这个受欢迎的想法的新版本转变为法律。不过,正当国会制订计划花费预算盈余时,盈余就开始消失,在美国历史上这是少数几次——包括1857年和2001年在内——此类事件中的第一次,但不是最后一次。

1836年和1837年初分配给各州的联邦资金,由各州政府投资于银行、运河、铁路。许多州政府另外再用州债资金(主要从外国债权人那里获得)来补

---

① Thomas Hart Benton quoted in Remini, *Andrew Jackson: Lessons*, 180.
② 参见附录B。
③ 杰克逊将剩余资金无息存入各受青睐的州立银行。由于杰克逊的财政部要求存款必须存入有黄金储备的银行,因此纽约的银行——要求大量黄金储备的国际商业中心——获得了1/3的资金。具有讽刺意味的是,平民主义者杰克逊加速了华尔街的崛起。

充这些投资。①

1837年恐慌

在1836年的竞选活动中,马丁·范布伦试图塑造出一个更加平民的形象。民主党人使用了"为OK投票"的口号,这个口号是基于范布伦位于哈德逊河的老肯德胡克农场(Old Kinderhook)的首字母。这些首字母最终会成为美国英语的一部分,表示没有热情的同意。

一些民主党人试图通过提名一位乡土气息浓厚的副总统候选人——肯塔基州的理德·M. 约翰逊(Richard M. Johnson)来吸引边远地区的选民。约翰逊的名声部分地来自他声称在1812年的战争中杀死了印第安人首领特库姆塞(Tecumseh),他的个人生活本身就反映了边远地区独特的偏见和个人主义的混合。他娶了一个名叫茱莉亚·秦(Julia Chinn)的奴隶,并负责抚养他们的两个孩子。妻子去世后,副总统约翰逊和另一个奴隶生活在一起,在不主持参议院工作时,他就充当酒保。

范布伦在选举中取得了胜利,不过与杰克逊的两次胜利相比,优势较小。如果竞选推迟一年左右的话,辉格党可能会获胜。范布伦是第一位以美国公民身份出生的总统,也是第一位在经济萧条时期就职的总统。

与2008年的大衰退一样,被称为"1837年恐慌"的多年低迷,发生原因也是宽松信贷推动地产业出现泡沫。在此之前两年,联邦和各州特许银行向联邦土地的购买者提供了大量的贷款,于是一场主要发生在密西西比河和五大湖周边地区的抢地热潮开始了。当英国中央银行开始积累黄金并以不断上升的利率将英国推入衰退时,美国地产业的泡沫破裂了。② 随着英国对棉花的需求下降,美国的农业收入也下降了。当美国的多家银行倒闭时,信贷也随之收缩。许多银行票据变得一文不值,银行储户经常失去存款。到1840年,30

---

① 各州把分配的盈余当作拨款。为了避免任何宪法上的挑战,联邦政府将剩余款项视为无息贷款或无任何规定期限的贷款处理。这种分配方式类似于长期以来用于支持商业银行系统的无息存款。

② 与此同时,英国的预算危机引发了一套被称为"自由主义"的财政政策。这些政策包括削减开支和食品进口税,以及提高所得税。

种基本商品的价格比1837年的水平下降了25%。从1837—1840年,作为主要货币的银行票据的金额从1.49亿美元下降到1.06亿美元。①

在1837年的恐慌中,财产税收入下降,有8个州政府拖欠外国债权人的债务。范布伦政府拒绝了州政府对联邦拨款援助的请求。在随后的几十年里,绝大多数州政府都对自己的举债能力采取了宪法限制。在新成立的州的宪法中,也通常会加入对债务的限制条款。除了少数几个州外,其他州至今仍然保留这些限制条款。

范布伦和许多民主党人将1837年的恐慌归咎于银行,而辉格党则指责杰克逊政府的政策,尤其是杰克逊发动了对尼古拉斯·比德尔(Nicholas Biddle)的合众国银行的"战争"。然而,现代经济历史学家彼得·特明(Peter Temin)令人信服地将1837年的经济衰退归因于一些国际事件,如英国的衰退和墨西哥白银出口转向所引发的美国货币供应收缩。合众国银行曾经从墨西哥进口白银以增加储备,但到19世纪30年代末,中国吸收了墨西哥白银作为自己进口所用的资金。以房地产泡沫为先导,又因欧债危机和中国贸易政策而延长的第一次全国大萧条提供了宝贵的经验,但这些经验在2000年之后又被许多政治领导人遗忘了。

1837年的经济大萧条使联邦财政收入大打折扣。联邦土地销售从1834年的480万美元飙升到1835年的1 470万美元,再到1836年创纪录的2 480万美元。随后,土地销售额降至1837年的670万美元,此后又降到更低的水平。②进口税收也大幅下降。当棉花出口价值下降时,国家有支付能力的进口量减少,进口税的征收于是从1836年的2 340万美元下降到1837年的1 110万美元。③

结果,1837年的联邦政府在和平时期出现了前所未有的1 230万美元的赤字,约占联邦支出的1/3。④ 1835年,杰克逊还债后积累的预算盈余现金余

---

① Bureau of the Census, *Historical Statistics*, 1789—1945, Series L 1—14 (Prices) and Series N 19—26 at 263 (Bank Note Circulation).
② 同上, Series P 89—98 at 297.
③ Shultz and Caine, *Financial Development*, 216 and 232. See also *Annual Reports of the Secretary of Treasury*.
④ 参见附录C。

额,本可以在不借款的情况下弥补这一不足,但国会已经根据1836年通过的立法向各州分配了2 800万美元。范布伦政府和国会不得不削减开支,其中主要是军费。在1837—1840年之间,他们将联邦支出削减了1/3,但仍不足以抵消进口税和土地出售收入的减少。① 除了在1839年因欧洲干旱而短暂刺激了对农产品的需求之外,联邦赤字一直持续到1843年底。

不断有呼声要求联邦用支出来刺激经济,范布伦对此予以抵制。在1837年9月4日给国会的致辞中,他谴责"所有的群体都倾向于向政府寻求过多的帮助……特别是在突发性的困局和危难时期"②。

对于把反对公债作为意识形态基础的民主党来说,为预算缺口筹资是一大挑战。范布伦政府拒绝向银行系统借钱,并指责银行系统是经济衰退的原因。多年未与范布伦交谈的卡尔霍恩参议员与政府讲和,并提议以向银行出售长期债券的替代办法来帮助政府。他还建议财政部通过发行短期票据来履行自己的责任,而短期票据的利息很少甚至没有。对卡尔霍恩来说,"真正的和稳定的货币的要素"包括"一部分金银,一部分纸币(这种纸币并非依靠银行信用和威望而依靠政府本身)"③。在1837年恐慌中发行的低利息或无利息的纸币,具有"纸币"的一些特征,尽管它们不是法定货币(即法律要求债权人必须按面值接受的、用来支付债务的货币)。然而,这些票据可用于履行联邦税收义务。④

卡尔霍恩本能地明白,如何用货币扩张对抗通货紧缩。在信贷紧缩期间,美国可以用短期票据为赤字融资,并设法避免通货膨胀,因为这些票据的供应满足了流通货币和流动银行储备的需要。

通过扩张货币来弥补赤字的思想并不新鲜。几千年来,政府都利用官方铸币厂使用金属铸造钱币花费的成本与铸币厂出产的钱币面值之间的差额获

---

① 参见附录C。
② Van Buren,"Special Session Message."
③ John C. Calhoun quoted in Timberlake, *Monetary Policy*, 73.
④ 财政部部长利维·伍德伯里(Levi Woodbury)向国会报告说,在1837—1839年,财政部发行了11.79美元的低息或少息票据和744万美元的有息票据。尽管短期票据使政府能够否认它增加了对银行的长期债务,但当这些票据回到财政部交税时,财政部被迫继续流通这些票据。然而,到1840年1月1日,这些债务中的大部分都被偿还或赎回。经过两年的削减开支,财政部报告称,只有150万美元的长期债务和108万美元的票据尚未偿还。

得收入。这种收入来源被称为铸币税,可一旦这种硬币的购买力大大降低,这种收入来源形式就被滥用了。有时,君主们会从所有未发行的硬币中剪下一部分来作为税收。当今天的美联储用现金购买长期国债以换取或发行可转换为现金的美联储信贷时,就出现了现代铸币税或者债务货币化。

纵观美国历史,联邦领导人一直在使用低利率的短期债券,以实现利息费用最小化,或者尽力消除跟高额长期债务相伴的污名。在内战初期和越南战争期间的前六年,他们都是这样做的。2001 年,当联邦政府领导人开始大举借债时,财政部通过缩短期限降低了利息成本。2011 年,美联储将债务货币化,抵消了当年所有的联邦借款。

短期票据的发行,可能有助于抑制通货紧缩,但范布伦政府通过囤积税收和土地出售收入所得的钱币又抵消了这种影响。范布伦忽视了前财政部长阿尔伯特·加勒廷的警告,即财政部积累的金属货币会耗尽对外贸易所需的银行储备。范布伦这么做,是试图安抚党内的货币保守主义者,他们坚持使用金银币而不是商业银行券进行交易。

为衰退、战争、分期还款而举借公债

没有一位美国总统——除了门罗——在年国民收入低于自己当年就任时水平还能再次当选。1840 年,范布伦成为这一政治现实的第一个牺牲品。在失去总统职位、退居纽约之前,美国第一个现代政党的设计师范布伦曾警告过运用长期债券借款的内在危险。他说长期债券有一种倾向,即让"财富最终集中于持有债券的外国人的金库中"。①

现代的反对派政治家在经济低迷时会承诺,若自己当选就能带来繁荣,辉格党的领导人也一样,但他们并没有做好准备应对选举胜利后持续的经济危机。该党本来就是一个异质协会,其中包括:旧的新英格兰联邦主义者,如丹尼尔·韦伯斯特;南方的州权倡导者,如约翰·泰勒;主张用较高的进口税来资助国家运输系统发展的人,如亨利·克莱。

---

① Kimmel, *Federal Budget and Fiscal Policy*, 22.

1840 年,辉格党总统候选人是威廉·亨利·哈里森(William Henry Harrison),他曾在杰斐逊执政期间担任俄亥俄州州长。在当选为总统时,他正在当地法院担任书记。辉格党发起了一场充满象征意义的运动,强调哈里森的"小木屋"价值观和对边疆地区廉价饮料硬苹果酒的喜爱。他们把范布伦塑造成一个娇生惯养的东方贵族,就像十几年前杰克逊的支持者对约翰·昆西·亚当斯的描述一样,他们用"马丁·范毁灭"(Martin Van Ruin)的名称来谴责经济大萧条。

在一场寒冷彻骨的暴风雪中,68 岁的哈里森发表了历史上最长的就职演说,一个月后因肺炎去世。哈里森的副总统约翰·泰勒接手,并因此需要应对预算危机。尽管泰勒不喜欢税收,可他也憎恶赤字,于是很不情愿地签署了一项阻止削减已安排好的进口税的法案。

泰勒的财政部长俄亥俄州的汤姆·尤因(Tom Ewing),试图让泰勒政府与范布伦远离短期票据。他尝试出售 1 200 万美元的债券,可这个数额超过了脆弱的银行系统的能力。尤因撰写了一部特许合众国财政银行的法案,并由国会通过。不过,泰勒否决了这项法案,认为它侵犯了州立银行的权利,尤因试图通过创建合众国财政公司的新法案来回避这个问题,赋予这家公司的唯一职能就是接受存款和购买联邦债务。在卡尔霍恩的敦促下,泰勒也否决了该法案。财政部长尤因随后辞职,受挫的辉格党将总统开除出该党。

虽然在萧条期间联邦领导人曾就如何借债的问题争论不休,但在 1843 年经济复苏时,国家在偿清债务方面的良好记录还是有很好作用的。因此,财政部能够以 4.82% 的适度有效收益率推销自己发行的长期债券。

1844 年,范布伦的政党准备东山再起,并在那一年正式采用了"民主党"这一名称。范布伦本人也稳定地获得了竞选下一届总统的提名支持。他对自己有能力在党内找到共同的基础充满信心。这一基础在 1844 年经历了震荡,到后来它的根基和国家统一都被摧毁。政党政治最终因奴隶制问题上的意见分歧而分化。

范布伦试图阻止对奴隶制这一敏感话题的讨论。然而,无论是他还是其他任何人,都不能让约翰·昆西·亚当斯闭嘴。1830 年,亚当斯曾作为众议院的独立议员回到华盛顿。从那时起,他用政治上不可取的声音——该声音

4 复兴的民主党还清债务

曾经敦促国会议员不要被选民的意志"瘫痪"——一再地提醒公民们,奴隶制违背了基督教道德和民主平等的理想。对禁止就奴隶制问题进行立法辩论的国会规则,他做了长期的斗争,并最终获得成功,这使民主党和辉格党领导人都感到沮丧。亚当斯的言论每年都会引起共鸣,尤其是在北方虔诚的基督教徒中,这个群体的人数在那个"宗教大觉醒"(Great Awakening)时代有所增长。在美国政治中,对广泛认同的道德价值观的呼吁,如果没遭到其他深刻的信念反驳,往往就会占据上风。这一事实解释了在历史上人们为什么厌恶让后代背负债务。1844年,卡尔霍恩感到不得不为奴隶制辩护,他写了一篇关于有关种族主义的文章,声称奴役是将非洲人及其后代纳入美国社会的唯一"道德"方式。

道德问题不容妥协。亚当斯和卡尔霍恩把关于是否吞并得克萨斯州的辩论变成了关于奴隶制扩张问题的全民公投。在1844年总统候选人提名中领先的民主党人范布伦和辉格党人亨利·克莱,试图通过接受领土扩张的概念而将得克萨斯问题和奴隶制问题分离开,与此同时,他们反对吞并得克萨斯,理由是这将挑起与墨西哥的战争。有许多得克萨斯人请求与美国合并,因为他们的共和国已经无法平衡预算或偿还自己的债务。

杰克逊强烈支持吞并得克萨斯。在民主党提名大会之前的日子里他的支持削弱了范布伦的地位。"小魔术师"范布伦在试图取消一项大会规则——他曾经赞同过的——即只有2/3多数票才能提名总统候选人,但未获成功,然后便没了招数。经过多次投票,疲惫不堪的党员代表们在会议陷入僵局时放弃了范布伦,提名了第一位"黑马"总统候选人——田纳西州的詹姆斯·诺克斯·波尔克(James Knox Polk)。

波尔克接着从势均力敌的总统大选中获胜,然后便任命与众不同的罗伯特·沃克(Robert Walker)为财政部长,他曾在党代表大会上带头维护2/3规则。沃克身材矮小、头脑敏捷、机智尖刻,既有东海岸的精英资历,又有边疆情怀。他曾在宾夕法尼亚大学接受教育,娶了本杰明·富兰克林的孙女,然后搬到密西西比州寻求财富。作为来自密西西比州的参议员,他成为倡导吞并得克萨斯最有力的发言人。

波尔克和沃克对吞并得克萨斯的不懈追求,导致美国与墨西哥的战争,这场战争由沃克用发行债务和对墨西哥商业征税予以资助。凭借强劲的经济增长和良好的信用记录，联邦政府能够靠出售债券以换取完全用金银币支付的金额。为了支付战争费用，波尔克政府发行了 4 900 万美元长期国债和短期国库券的净债额。① 财政部在发行 1 800 万美元的国债券时，共收到了总额为 5 770 万美元的竞买标书。波尔克总统还鼓励国会节约与冲突无关的开支，声称"这是一项崇高的职责，在战争时期变得更加迫切"。②

1848 年墨西哥割让的领土以及从英国获得的西北地区的领土，将美国国家的边界扩展到太平洋。波尔克政府获得了 120 万平方英里的新领土，甚至超过了路易斯安那购买案的规模。1850 年，美国承担了得克萨斯共和国 1 000 万美元的债务——此前以 10% 的价格交易——以换取得克萨斯的大部分领土，包括今天新墨西哥州的大部分地区和北部其他州的部分地区。1852 年，得克萨斯收到 500 万美元，另外 500 万美元付给了债券持有人，包括在华盛顿的政界和金融界的一些知名人士。③

沃克部长还发起了美国历史上第一次全面的联邦税制改革。1846 年的沃克关税（Walker Tariff）试图根据以下原则制定进口税率：简化税率；将其固定为"能产生最大收入的最低税率"。④ 它规定了 3 种不同的税率，适用于 3 个基本类别的商品，其中，威士忌和雪茄等奢侈品的税率最高。

沃克对进口税的改革是联邦历史上为数不多的未牺牲财政收入的"税制改革"之一。辉格党人抱怨进口税降低，但国家的钢铁和纺织业未受影响，继续蓬勃发展。

经济从 1837 年的恐慌中复苏之后，在 1844—1856 年间实现了 13 年惊人的增长。新居民从 1845 年的 114 371 名稳步上升到 1854 年的 427 833 名，这一移民潮帮助推动了上述经济增长。在那些年里，有近 290 万移民来到美国，这相当于 1840 年全国人口的 1/6。1854 年到达的德国人，比 1820—1832 年

---

① Dewey, *Financial History*, 255.
② Polk, "Second Annual Message".
③ Secretary of the Treasury, *National Loans*, 73—74.
④ Miller, *Great Debates*, vol. 12, 77.

4 复兴的民主党还清债务

期间来自所有其他国家的移民总数还要多。① 仅 1851 年抵达的爱尔兰移民人数,就超过了佛罗里达州、特拉华州、罗得岛州或爱荷华州的总人口。

农业产出也在飙升。从 1844 年开始的 10 年间,小麦、玉米、牛肉的产值翻番,棉花出口的产值也是如此。俄亥俄州、印第安纳州、伊利诺伊州的铁路建设呈爆炸式增长。铁路将这些旧西北地区的各州融入了东北地区的经济中。在这一时期,无烟煤的使用也大大提高了钢铁的产量。

黄金的发现,增加了这个世界上最珍贵商品的国内产量。到 19 世纪 50 年代中期,加州每年可出口价值超过 4 500 万美元的黄金,人口因此增长了 20 倍,这就产生了新的交通和通信需求,以便连接这个新州和全国其他地区。② 美国黄金的产量使其第一次可以依靠本国货币,而不是从西班牙和墨西哥进口。随着银行不断积累黄金储备,信贷规模随之扩大。

联邦财政收入和预算盈余也迅速增长。到 19 世纪 50 年代中期,公共土地的销售额飙升到每年 900 万美元。③ 从 1844—1854 年,出口额从 1.05 亿美元增长到 2.37 亿美元,而进口额从 1.04 亿美元增长到 3.09 亿美元。④ 进口税收入从 1843 年的 1 700 万美元稳步攀升到 1854 年的 6 400 万美元的高位,这使得政府能够偿还 1837 年经济恐慌和美西战争期间产生的不少债务。⑤ 1854 年有 4 200 万美元的联邦债务,这个数字并不比 1812 年战争之前高,因为那时国家的经济规模要小得多。⑥ 由于联邦政府若要回购额外债券的话,则必须以大大高于票面价值的价格来进行,因此干脆将现金余额积聚在财政部。国会提高了对西海岸邮政服务的补贴,并部署军队对抗流离失所、充满敌意的美洲原住民。

这一段经济显著扩张的时期,只是美国历史上许多类似时期中的一个。在当时没有人认真去考虑,联邦政府是否需要用借来的钱推动经济增长。

到 19 世纪 50 年代,全国的政治辩论聚焦于社会问题而不是经济问题。外

---

① North, *Economic Growth*, Table 7 at 98 compared to census data.
② 同上,Table H-IX at 255.
③ 同上,Series P 89—98 at 297.
④ 同上,Series I at 233.
⑤ 同上,Series P 89—98 at 297.
⑥ 参见附录 A。

国移民的大规模涌入激起了本土主义者的强烈反对。最重要的是,西部地区不断增长的人口迫使美国面对下面的问题:未来是否在南方以外建立奴隶制?

小魔术师和萨蒙·蔡斯

马丁·范布伦并不满足于冷眼旁观,他让波尔克、沃克和卡尔霍恩管理他费尽心机建立起来的政党。在1844年失去民主党提名后的几年内,范布伦成为一个反对将奴隶制在美国扩张的新政党的催化剂。他们自称是自由土地派,最终新党的许多成员成为第一批共和党人。

在1844年之后的一段时间里,范布伦满足且自豪地看着他忠诚的副手塞勒斯·赖特在全国范围内发展了一批追随者。作为纽约州州长,赖特帮助打破了旧世界的财产法,该法律能让哈德逊河畔的贵族长期存在。在1844年全国代表大会上当南方转而反对范布伦时,波尔克和党的其他领导人把副总统的提名给了受欢迎的赖特。赖特在从巴尔的摩民主党大会发往华盛顿特区的电报中——通过全国第一条主电报线路——简短地拒绝了提名。赖特不会抛弃范布伦,也不会在允许奴隶制的州政府中任职。

范布伦的政治才能赢得了人们的尊敬,赖特的直率原则也赢得了人们的爱戴。1847年赖特在农场工作时去世,北方民主党人悲痛不已。次年年初,约翰·昆西·亚当斯逝世则更令人忧伤。自从1826年亚当斯的父亲和托马斯·杰斐逊在《独立宣言》50周年纪念日去世后,没有一个公众人物的死亡对北方公民的影响如此之大。这位脾气暴躁的前总统曾敦促国会议员们,不要被选民的意志所左右;在奴隶制问题上,他更是坚定了许多美国人的意志。

在他的老对手被安葬后,范布伦又回到了政治战场。他在纽约民主党内召集形成一个阵营,以反对扩大奴隶制。人们称这个组织的成员为"谷仓焚烧者"(Barn burners),因为他们秉承了一个固执的荷兰农民的精神,据说这个农夫为了杀死一只讨厌的老鼠,烧毁了自己的谷仓。

约翰·范布伦,这位前总统的儿子,一位强有力的演说家,为1848年"谷仓焚烧者"大会提出了一个令人兴奋的口号——该口号部分地被一场新的政治运动所采用——"自由贸易、自由劳动、自由土地、自由言论、自由的人"。马丁·范布伦亲自撰写了一篇广为流传的"谷仓焚烧者宣言",宣称"自由劳动和奴隶劳动……不能在同一法律下繁荣"。①

俄亥俄州的反奴隶制活动家萨蒙·蔡斯兴奋地写信给他的朋友查尔斯·萨姆纳(Charles Sumner)说,"谷仓焚烧者们"在奴隶制问题上的立场代表了"在这个国家中政党史"的一个转折点。②"谷仓焚烧者们"请求蔡斯帮助组织一个新的全国性政党,为此任务蔡斯花费了一生的时间。

在父亲去世后,蔡斯成了新罕布什尔州8个赤贫的孩子之一。在由俄亥俄州边境的一个牧师亲戚抚养长大后,蔡斯跟随威廉·沃特(William Wirt)学习法律,在门罗和亚当斯政府期间创纪录地担任了长达12年的司法部长。然后,他在辛辛那提的新兴城市从事法律工作,这里是全国屠宰业的中心,也是西部最活跃的基督教废奴主义者的家乡。

1834年,年轻的学者蔡斯在那里编写了第一本关于俄亥俄州法律的标准文本。在这一文本中,他认为1787年的《西北条例》(the Northwest Ordinance)表明,开国元勋们的意图是禁止在联邦领土上建立的州实行奴隶制。蔡斯还认为,联邦有关逃亡奴隶的法律侵犯了各州在其边界内禁止奴隶制的宪法权利。他在为一个名叫玛蒂尔达的逃亡奴隶代言时,对这一论点进行了论证。当玛蒂尔达的白人父亲和"主人"带她从肯塔基州渡河时,她逃到了辛辛那提。她在辛辛那提一个反对奴隶制的出版商詹姆斯·伯尼(James Birney)家中找到了避难所。虽然蔡斯在审判中败诉,玛蒂尔达最终还是奴隶身份,但这位年轻律师在全国反奴隶制运动中的地位越来越高。

随后,蔡斯努力提高由玛蒂尔达的保护人詹姆斯·伯尼创立的微不足道的自由党的知名度。他怀抱希望,努力为北方民主党人寻找办法,以便在奴隶制问题上摆脱民主党全国性组织的约束。其结果是,蔡斯将自己的观点与民主党人反对债务和银行券相结合。他把自己对奴隶制的反对说成是对"奴隶势力"的平民主义的攻击,而"奴隶势力"在形式上是南方的种植园主,他们常常控制着所在地区的政治。蔡斯多年来不懈努力,却未能争取到哪怕一位现

---

① Van Buren quoted in Wilentz, *The Rise of American Democracy*, 615.
② Salmon Chase quoted in Wilentz, *The Rise of American Democracy*, 610.

成的北方民主党领导人的支持,以至于到了1848年,他想要建立一个新的反奴隶制政党的梦想仍显得异想天开。

当"谷仓焚烧者"向蔡斯寻求帮助时,他在政治上的孤立状态终于结束。蔡斯帮助撰写了一份自由土地党的政纲,声明"荣辱与爱国的义务要求尽早偿还国债",支持进口税只是为了平衡预算,并建议"削减联邦政府的开支和赞助费用"。除了这些传统的杰斐逊式的目标外,"自由土地纲领"还赞成一项新法律,使"实际定居者"有权免费获得公共土地。① 自由土地党围绕着"自由的土地,自由的人"这一口号聚集在一起,在几年内该口号成为新的共和党的旗帜。

1848年,参加自由土地大会的代表提名马丁·范布伦为总统,约翰·昆西·亚当斯的儿子查尔斯·弗朗西斯·亚当斯(Charles Francis Adams)为副总统。本次会议也是他们第一次在全国性的政治会议上欢迎非裔美国人参与。②

自由土地党人——主要是反对奴隶制的民主党人——对1848年的选举产生了重大影响。在三方角逐中,多数选民选出了拥有奴隶的辉格党总统候选人扎卡里·泰勒(Zachary Taylor)将军,他在选举前拒绝对联邦问题发表评论。马萨诸塞州、佛蒙特州、纽约州、俄亥俄州的选民选出了大量的自由土地党人进入州议会,当时由州议会选举美国参议员(直到1913年通过的宪法修正案要求州直接选举参议员)。1848年,俄亥俄州立法机构的民主党人和自由土地党人联合推选萨蒙·蔡斯,并以一票的优势进入参议院。查尔斯·萨姆纳(Charles Sumner)也加入了蔡斯的行列,在马萨诸塞州萨姆纳也以一票优势当选参议员。蔡斯和萨姆纳都自称是"独立民主党人",不过参议院民主党党团很快就因为他们对奴隶制的看法而将他们开除。

当纽约的许多"谷仓焚烧者"重新回到民主党时,自由土地党就失去了势头。到1852年,辉格党也因两位创始人亨利·克莱和丹尼尔·韦伯斯特的去世而解体。这一年,民主党领导人通过在南北两地开展不同的运动,巧妙地掩饰了这些地区的奴隶制议题。他们推选的谦虚而默默无闻的候选人富兰克

---

① Frederick,"Buffalo Platform",20.
② 1848年夏天,纽约州北部举行了另一场著名的大会,这次会议由妇女组织。塞内卡瀑布大会(The Seneca Falls Convention)通过了一项呼吁女性选举权的《感伤宣言》(Declaration of Sentiments)。

林·皮尔斯(Franklin Pierce),在少言寡语中配合着这一策略。辉格党引以为傲的候选人温菲尔德·斯科特(Winfield Scott)将军却无法保持沉默。于是,在选举人团中皮尔斯赢得了除四个州外所有其他州的选票。

1853年,蔡斯在辛辛那提——全国通往俄亥俄河的主要移民通道——举行的市政选举,既是北方政治的缩影,也是北方政治变化的支点。该市的辉格党人几乎都消失了,历史上占多数的民主党人势力也在消退。二者都被围绕单一问题建立起来的地方党派取代,这些问题包括反对天主教移民的影响、援助天主教学校、公开售酒等。全国各地的反移民团体凝聚成一个新的政治组织——本土美国人党(Native American Party),因其策略诡秘,更被称为"一无所知党"(Know-Nothing Party)。

当人们对杰斐逊和杰克逊的记忆开始淡化为传说时,伊利诺伊州的参议员斯蒂芬·A. 道格拉斯(Stephen A. Douglas)试图用一条连接东西海岸的铁路和开放内陆地区定居的愿景来实现民主党的现代化。这种类型的进步需要有某种形式的政府,它能够在西部地区实施财产法。1853年1月4日,道格拉斯提出了一项创建堪萨斯—内布拉斯加地带(Kansas-Nebraska Territory)的法案。为了争取国会中南方辉格党对该法案的支持,道格拉斯和皮尔斯总统同意修改该法案,宣布1820年《密苏里妥协案》(the Missouri Compromise)中所规定的"线北的领土上禁止奴隶制"的条款作废。

北方对修正案的反对像野火一样蔓延开来。萨蒙·蔡斯用一份全国公开的"国会中独立民主党人向美国人民发出呼吁"的声明来煽风点火。[①] 蔡斯和他的同事查尔斯·萨姆纳呼吁,所有反对奴隶制扩张的公民一起来反对《堪萨斯—内布拉斯加法案》(Kansas-Nebraska Act)。

国会中一半的北方民主党员不顾选民的意见,与南方民主党员和辉格党员一起投票支持通过该法案。国会中北方民主党员的行为让北方民主党人感到,自己在国会中的代表背叛了,而北方辉格党人则与投票支持该法案的南方辉格党人疏远了。

---

① Chase,"An Appeal".

《堪萨斯—内布拉斯加法案》使蔡斯对阴谋性奴隶势力的反复警告显得有先见之明。1854年,北方新一代的公民领导人准备与现任者竞选。这些"反内布拉斯加"的人将要组建美国第二大持久的政党,并将美国的财政传统作为该集团的统一经济纲领。

·第二部·

由传统来支撑成长中的国家和共和党:1854—1900年

5 共和党人拥抱财政传统

1854—1860年：当年赤字超过还本
付息额的时间为3年
（1858—1860年处于1857年恐慌后的衰退中）

流入共和之河的支流

追溯早期共和党的起源，就像绘制一条支流众多的河流的源头。1854年，北方人选出了一个新的众议院多数派，他们或者反对奴隶制，或者反对开放移民，或者既反对奴隶制又反对开放移民。这些获胜的候选人使用了各种各样的党派名称：辉格党、民主党、反内布拉斯加党、人民党、自由土地党、融合党、独立民主党、本土美国人党或一无所知党、共和党。只有在俄亥俄州的选民于1855年选举萨蒙·波特兰·蔡斯为州长，1856年众议院议员选出议长后，反对扩大奴隶制的各个团体才同意使用一个共同的名字："共和党"。

1855年和1856年，俄亥俄州的众议院议员约翰·谢尔曼（John Sherman）和佛蒙特州的贾斯廷·莫里尔（Justin Morrill）等反内布拉斯加派，几乎没有时间考虑经济或预算纲领。然而在几年之后，他们与萨蒙·蔡斯、缅因州的威廉·费森登（William Fessenden）、宾夕法尼亚州的撒迪厄斯·史蒂文斯（Thaddeus Stevens）一起，制定出在内战期间为保护国家而征税及开支的政策。谢尔曼和莫里尔将在此后的几十年里管理联邦预算。他们的故事可用来解释共和党是如何接受了美国的财政传统的。

约翰·谢尔曼很小的时候就明白了金钱的价值。1819年，他的父亲在俄亥俄州边境去世时，他只有6岁，是11个孩子中的1个。当地的律师汤姆·尤因（Tom Ewing）抚养了他的哥哥威廉——绰号是"康普"，玛丽·谢尔曼

(Mary Sherman)认为他是"最聪明的孩子"。玛丽把约翰送到另一个边疆律师的家里。康普去了美国西点军校,而他的弟弟约翰14岁时就去了俄亥俄河和加勒廷的坎伯兰路之间的运河上修筑闸坝。俄亥俄州的民主党州长把约翰的职位给了自己的一个政治支持者,这让谢尔曼苦笑着回忆说,他"是一个16岁的辉格党人",觉得"遭受迫害是光荣的"。① 谢尔曼后来学习了法律,在全国发展最快的州里这是很有前途的领域。

这位年轻的律师是数百名俄亥俄州人中的一员,他响应了蔡斯1854年的反内布拉斯加"呼吁书"(Anti-Nebraska "Appeal"),参加了一次全州范围的反对奴隶制扩张的公民会议。他们通过了一项决议,宣布这不仅仅是"一个单纯的旧时代废奴大会……我们在这里不是为了构建一个自由土地,一个辉格党或民主党的纲领。我们的责任是更高级、更高尚的"②。他们自称是"反内布拉斯加派"或"人民党",组织起来支持一批候选人进入众议院,其中包括33岁的约翰·谢尔曼。他们经常在教堂里举行集会,所推举的候选人名单在1854年俄亥俄州国会选举中大获全胜。

在那一年,佛蒙特州选民还选举了一位政治新人贾斯汀·莫里尔(Justin Morrill)进入众议院。与蔡斯和谢尔曼一样,他的父母也有很多孩子,但贾斯汀的兄弟姐妹大多早逝。铁匠父亲没钱给勤奋好学的莫里尔交大学学费,于是小莫里尔在一家百货商店工作,学会了商人的会计技能,并为那些只有在收获后才能全额付款的客户管理信贷。渐渐地,莫里尔买下了佛蒙特州的几家百货商店。他的数学才能、百科全书般的记忆力和公平的声誉,帮助他成长为本票交易商。本票是一种非官方纸币,流通于第一种官方纸币(由约翰·谢尔曼和萨蒙·蔡斯于1862年帮助创造)之前。

与佛蒙特州的绝大多数人一样,莫里尔也憎恶奴隶制。蔡斯的自由党曾在该州蓬勃发展,该党在佛蒙特州的分部曾通过了含有反奴隶制文字的决议,可由于这些决议是如此激进,以至于党的中央组织因害怕被报复而拒绝公布。

佛蒙特州的选民也强烈支持征收进口关税来扶植美国的企业。由于这里的经济严重依赖羊群,因此该州居民强烈地支持对羊毛征收高额进口关税。

---

① Sherman, *Recollections of Forty Years*, 45.
② Smith, *History of the Republican Party*, 22.

5 共和党人拥抱财政传统

1848年莫里尔转让掉自己的生意后,进一步关注政治。他也把更多的时间花在自己珍爱的图书馆里,并把阅读转向了历史和经济。1854年,44岁的他以反内布拉斯加的辉格党身份竞选国会议员,不过他没有效仿缅因州的威廉·费森登(William Fessenden)将辉格党与自由土地民主党结合起来形成"融合"的多数派。在与民主党和自由土地党候选人的竞争中,莫里尔以微弱优势获胜。1854年的竞选是莫里尔40年来最后一次势均力敌的选举,也是他作为辉格党人的最后一次竞选。

经验丰富的政客们想知道,推动"反内布拉斯加"和"一无所知"运动的浪潮是否已在1854年的选举中达到了顶峰。他们打算在全国第三大州俄亥俄州找出答案,该州要在1855年10月选出州长和其他州官员。

俄亥俄州政坛的一些资深人士预计,这些"反内布拉斯加派"要么重振该州的辉格党,要么试图组建一个新的北方民主党。保守的辉格党领导人汤姆·尤因是泰勒的前财政部长和导师,也是威廉·康普·谢尔曼的养父,他敦促"反内布拉斯加派"辉格党远离可能冒犯"明智而保守的南方人"的争议性问题。① 与此相反,独立民主党人萨蒙·蔡斯认为"必须有……一个民主党和一个以某种名义存在的保守党",他希望招募反内布拉斯加派加入到他接管民主党的努力中。②

1855年7月,俄亥俄州的反内布拉斯加的民主党人、辉格党、"一无所知"党和自由土地党等各派代表,在哥伦布召开会议,以对他们的下一步行动做出抉择。他们选择了年轻的当选国会议员约翰·谢尔曼主持会议,另一位律师威廉·博伊德·艾利森(William Boyd Allison)担任秘书。与莫里尔一起,谢尔曼在接下来的美国内战和世纪之交的大部分时间里都主持参议院财政委员会的税收制定工作。艾利森在同一个时代的大部分时间里担任参议院拨款委员会主席。他们在预算方面的做法帮助确定了诞生于1855年的新政党的财政原则。

在刚主持哥伦布大会时,谢尔曼根本没有考虑预算问题。他的工作是说服在经济和移民问题上持不同观点的派别,使他们团结在一起。大会最终批

---

① Tom Ewing quoted in Gienapp, *The Origins of the Republican Party*, 91.
② Salmon Chase quoted in Gienapp, *The Origins of the Republican Party*, 114.

准了一组候选人,其中独立民主党人萨蒙·蔡斯为州长候选人、"一无所知"党的支持者为其他各州官员候选人。大会责成委员会与其他州志同道合的团体联系,希望为新的共和党组织一次全国大会。萨蒙·蔡斯同意自称共和党人,并在当年10月以微弱优势胜出,成为第一个共和党人的大州州长。

1856年初,国会议员约翰·谢尔曼和其他反内布拉斯加派一起,以微弱的多数选举了一位支持"一无所知"党的反内布拉斯加民主党人担任新议长。谢尔曼向他的同僚们解释说,他愿意"与所有党派和不同观点的人一道行动,他们将坚定地帮助我们为自由劳动力保护西部的领土"[1]。谢尔曼后来写道,"辉格党消失了……当时的共和党代表了这个时代的进步趋势。"[2]

在1856年费城召开的第一次共和党全国大会上,与会代表只能就基本的纲领达成一致:他们反对在特定地区实行奴隶制;支持修建一条通往太平洋的铁路。他们提名的总统候选人,加利福尼亚州的约翰·弗里蒙特(John Fremont),是一位著名的地图绘制者,他的制图技能可以帮助绘制一条横贯大陆的铁路路线。不过,他作为总统候选人的能力则稍逊一筹。俄亥俄州出席全国"一无所知"党会议的代表团,带领许多其他北方人从他们的党派中脱身,加入了共和党。

在竞选期间,弗里蒙特时好时坏的军事记录成为不利因素,而他本人似乎对竞选也没有什么兴趣。在1856年的选举人团选举中,他输给了一位有几十年经验的民主党政治家詹姆斯·布坎南(James Buchanan)。与弗里蒙特曾成功操作了大多数北方州选举的事实相比,这一失败让人有些惊讶。

共和党人希望能在1860年的选举人团选举中获胜,方法是保住弗里蒙特曾赢得的那些州的选票,并增加他失去的至少两个州的选票——宾夕法尼亚州和伊利诺伊州或印第安纳州。为了展示治理国家的能力,共和党人需要有一个更好的总统候选人和一个更完整的经济纲领。

---

[1] Sherman, *Recollections*, 111—112.
[2] Ibid., 110.

共和党人维护财政传统

在1857年的就职演说中,布坎南总统吹嘘联邦政府的财政实力是"史无前例的。从来没有一个国家会因国库盈余过大而不安"[①]。他呼吁降低进口税,稳定地偿还联邦债务,并组建一支更大规模的海军。在布坎南讲话后不久,这种盈余就消失了,因为美国进入了被称为1857年恐慌的严重衰退。

衰退的部分原因是在欧洲发生的事件——英国和法国的中央银行提高了利率,以补充在代价高昂的克里米亚战争中耗尽的黄金供应。英国利率的上升,中断了支持美国铁路建设的资金流入。如果没有资金流入来抵消美国的贸易逆差,美国仍然以棉花为主的出口价值就会下降。1857年,俄亥俄州一家金融企业的纽约分行倒闭,由此引发了一连串的银行倒闭事件。纽约的银行存款下降了1/3,许多银行暂停支付黄金或白银储蓄存款。美国的信贷紧缩,又反过来加速了它的主要贸易伙伴——英国的衰退。

财政部长豪厄尔·科布(Howell Cobb)警告说,有必要借款2 000万美元,而这一数字几乎是前一年支出的40%。[②] 在前十年的繁荣时期,联邦开支的增长速度几乎与联邦收入的增长速度一样快。其中,有越来越多的补贴用于为分散在西海岸的公民提供邮政服务。[③] 在一段时间内,财政部使用累积的现金余额和短期票据来抵消收入的减少。

1858年5月,国会议员谢尔曼要求采取行动,缩小支出和税收之间的差距。他谴责了如今被称为"专项拨款"的地方项目开支,并指责众议院筹款委员会不愿增税。在1858年5月,他的朋友贾斯汀·莫里尔被任命为众议院筹款委员会成员。在这一年的剩余时间里,莫里尔一直不断地研究历史上各个政府的税收和债务政策。

严重的派别分裂,使民主党失去了提出连贯的预算计划的能力。共和党

[①] Buchanan, "Inaugural Address".

[②] Huston, *The Panic of 1857*, 114—117.

[③] 到1857财年,邮政支出几乎占联邦支出的1/6。内战后,美国将1亿多英亩的联邦土地批给铁路公司,以换取较低的邮政运输费率,"预算内"(on budget)的邮政开支被"预算外"(off budget)的高价削减了。自1974年以来,邮政服务的资金来自自身收入的专项信托基金。

人在北方各州的成功,让南方民主党人在他们的党内获得了国会的多数席位。他们利用这一新的权力来反对提高进口税。然而,在一个半世纪后的人很熟悉的模式中,一些抗税的南方人,如密西西比州参议员杰弗逊·戴维斯(Jefferson Davis),同时也反对削减一大类联邦支出,即军官的工资支出。

布坎南总统在进口关税问题上总是小心翼翼。他的政党在南方基地所反对的进口税,却受到布坎南在西宾夕法尼亚州的据点(羊毛和钢铁工业)的热烈欢迎。自1800年以来,布坎南在许多全国性选举中获得胜利的关键都在这个地区。当布坎南提出增加进口税收入时,财政部长科布(乔治亚人)驳斥了总统的观点,认为它与"政府"的政策不一致。①

与后来2011年夏天有关债务上限的边缘政策正好相反,一些北方的民主党议员发誓要阻止用额外举借的联邦债务来资助持续的开支,只同意国会用增加的税收来资助这样的开支。1859年3月,在常规会期的最后一刻,国会以微弱的多数批准了举借2 000万美元的新债。②

当沮丧的谢尔曼竞选众议院议长时,南方国会议员攻击他,因为他赞同一本经济学书籍的观点,即把南方白人工人的低工资归咎于奴隶制。谢尔曼在议长竞选中只以1票之差落选,但共和党支持的新议长任命谢尔曼为筹款委员会主席。谢尔曼责成莫里尔编制了共和党的第一个预算计划。

共和党人很难制定财政政策,因为在这个新党中对于历史上旨在限制外国竞争的进口关税,既有支持者也有反对者。用一位学者的话说,"1857年的恐慌,暴露了共和党人除了奴隶制问题外,在所有其他问题上都混乱"。③ 然而,严重的预算危机并没有给谢尔曼和莫里尔足够的时间来等他们的政党制定出经济纲领。相反,他们依靠美国财政传统这一"现收现付"古老支柱的权威找到了共同点。在解释他的计划时,莫里尔采用了与詹姆斯·门罗的叔叔约瑟夫·琼斯向詹姆斯·麦迪逊解释他理想的财政政策概念时使用的相同词语——"现收现付"。

莫里尔建议联邦政府用长期贷款或发行债券而不是用短期票据来为赤字

---

① Huston, *The Panic of 1857*, 183—184.
② 同上, 193。
③ 同上, 43。

融资,以便减少开支("撤回我们奢侈的步伐"),并增加进口关税。① 严肃的莫里尔告诉他的众议院成员,他们的国家不应该"每当一周的进口量不足时,就得'没晚饭吃而睡觉'"。②

要起草一项全面的税收法案,至少需要对所有类型的进口货物的贸易规模有一定的了解。几个月的学习和多年的商业经验使莫里尔有能力完成这项任务。他的法案设定的税率旨在提高税收,而不是完全阻止某些类别商品的进口。他给共和党提供的是一个商人的观点,类似于加勒廷传授给早期民主党人的观点。莫里尔关税法几乎获得了众议院共和党成员的一致支持,其中包括前民主党人、辉格党和"一无所知"党人。该法案在众议院获得通过,但处于僵局中的参议院拒绝将其提交大会表决。

早期的共和党人甚至把他们的"自由人、自由土地"的政治理念,贯穿到他们的新财政政策结构中。他们认为,经济独立的"自由人"应该支持税收,以抑制来自外国廉价劳动力生产的商品的竞争。在1860年的总统大选中,共和党人将这一论点用于宾夕法尼亚州西部的产业工人和羊毛生产商。

在这一时期,众多共和党人也将自由与公共教育联系在一起。与杰斐逊和加勒廷一样,莫里尔认为,普及教育对国家的未来至关重要。这位佛蒙特州商人曾经经历过自己的家庭负担不起他上大学,因此提出了一项法案,将大片联邦土地授予每个州以资助公立大学。在1860年大选前的立法僵局中,该法案是参众两院通过的少数几个有争议的法案之一。莫里尔向他的同事们介绍了普鲁士的公立大学系统如何支撑工业和农业创新,还解释了大学如何成为取得竞争优势的关键。布坎南以联邦政府需要发挥的作用非常有限为由,否决了该法案。几年后,林肯总统签署了《莫里尔法案》(the Morrill Act),促进了州立大学的发展。

到了1860年,奴隶制和联邦预算的僵局促使外国贷款者不断地从美国收回贷款。谢尔曼估计,到那年夏天财政部的现金余额将下降到不足200万美元,这一数字相当于布坎南执政初期可用储备的1/10。③ 财政部甚至不能按

---

① Cross, *Justin Smith Morrill*, 46.
② 同上。
③ Sherman, *Recollections*.

时给国会发工资。在1860年末的一次竞争性招标中,财政部试图举借500万美元,却只收到了183.1万美元的竞标,且利率高达12%。[1] 联邦政府接受了所有的投标,一家纽约银行以12%的利息为余额提供资金,这是1812年战争以来的最高利率。1861年1月,布坎南政府绝望而又徒劳地恳求各州归还他们在1836年获得的联邦盈余的分配。

与1857年恐慌相关的经济衰退,使英国政治陷入瘫痪,其影响波及整个大西洋两岸。1859年,赞成更有效的公共开支、更广泛的税基以及公共教育的英国政治家们组成了一个新的自由党联盟。与许多积极参加反对扩大奴隶制运动的美国人一样,英国自由党人倾向于通过基督教道德观来看待公共政策问题。

共和党人找到候选人

与18世纪90年代初杰斐逊的联盟一样,共和党也起源于反对派运动。19世纪50年代末致力于平衡预算的共和党人,并没有回避自己要擎起杰斐逊式财政管理的火炬。

这个新的政党想在伊利诺伊州和印第安纳州寻找一位有竞争力的总统候选人,这是因为在这两个州,辉格党与自由土地民主党的结合一直很缓慢。缅因州参议员威廉·费森登是党内众多领导人的典型代表,他希望总统提名人"没有特别的追随者,虽然是坚定的共和党人,但他不会被党内任何一个派别所讨厌——如果能找到这样一个人的话"。[2]

共和党人冒险地提名亚伯拉罕·林肯(Abraham Lincoln),这位伊利诺伊州的铁路律师在前两次选举中都失败了。他们期望林肯的木屋童年和在边疆民兵中服役的经历能够吸引西部选民。林肯最著名的是他独特的演讲风格,他将幽默、逻辑和情感结合在一起,不过此前还没有人凭借演讲能力当选总统。

1860年,林肯在选举中赢得了绝对多数。在他就职几天后,参议院终于通过了《莫里尔关税法案》(Morrill Tariff Act)。两周后,叛军士兵就炮击了

---

[1] Flaherty,"Incidental Protection," 112.

[2] William Fessenden quoted in Foner, *Free Soil , Free Labor , Free Men* ,213.

位于查尔斯顿湾的萨姆特堡。

在7年前,北方民主党领导人斯蒂芬·A. 道格拉斯组建了一个联盟,以便通过《堪萨斯—内布拉斯加法案》,也促使许多美国人放弃了老的政党组织。1861年3月,道格拉斯参议员向他的共和党同僚,也就是新成立的多数派,讲授与奴隶州达成妥协的必要性。道格拉斯认为,南方各州的分离是叛国罪;然而,他却宣布北方人将不得不以某种方式找到替代战争的方案。他解释说,提高进口税根本不可能每年产生超过1亿美元的收入,而这还不到维持一支能够镇压南方叛乱的军队所需金额的1/3。① 第一代共和党人奋起迎接道格拉斯的挑战。

---

① Fessenden, *Life and Public Services*, 128—129.

6　为恢复联邦而举债、征税

1861—1879 年：当年赤字超过还本
付息额的时间为 5 年
（1861—1865 年，内战）

早期的否认

1861 年是美国内战的第一年，美利坚合众国和美利坚邦联国都依赖银行贷款和短期票据。在战争后期，合众国征收了更高的税收，并向公众和新的银行系统出售债券。在战争的最后一枪打响之前，邦联国就已经输掉了这场财政战争。高税收和全国银行违反了南部邦联的主流思想意识，最后邦联的经济淹没在纸币的洪流之中。21 世纪的政治家们主张完全用债务而不是更高的税收来为战争买单，因此与林肯的共和党人相比，他们与南部邦联的领导人有更多的共同点。

在 1861 年初，很少有人预料到内战的漫长和激烈。不过，威廉·T."康普"谢尔曼是少见的有预见的一个。他的弟弟填补了俄亥俄州参议院在萨蒙·蔡斯后空出的席位，蔡斯辞职是为了前去担任林肯的财政部长。1861 年 3 月，谢尔曼参议员安排康普向总统汇报南方的军事准备情况。令谢尔曼兄弟俩失望的是，林肯用一句俏皮话回应了他们的担忧。直到后来，在压力下总统表现的这种随意举止才被认为是一种力量的源泉。

几个月后，当时已是联邦将军的康普·谢尔曼警告战争部长西蒙·卡梅隆（Simon Cameron）说，北方将需要一支由 20 万训练有素的职业兵组成的军队进军南方并结束战争。① 卡梅隆部长无法想象为一支如此规模的军队支付费用,他对记者说,压力已经让这位将军"疯"了。② 最终谢尔曼得到了他所需要的资源,成功入侵南方,切断了李将军军队的补给,从而结束了这场战争。谢尔曼将军在穿过乔治亚州"向海洋进军"时,路过布坎南的前财政部长豪厄尔·科布的种植园。他记起在战争前几年科布是如何通过赤字开支耗尽了国库。谢尔曼将军把科布的家放火烧为平地。

科布也为邦联财政制造了问题。他曾主持邦联制宪会议,在宪法中限制新政府的征税能力。在战争的前12个月里,南部邦联花费了3.47亿美元,而收到的税收只有1 400万美元,通过银行贷款和债券获得3 800万美元。③

纸币与税收:1861—1862年

曾被林肯任命为财政部长的萨蒙·蔡斯,从科布那里接手了一份混乱不堪的联邦预算。在截至1861年6月30日的财年中,美国借了2 500万美元,以便为6 600万美元的支出提供资金。④

林肯总统要求国会批准一项预算,以"使这场南北战争成为一场短暂而具有决定性的战争"。蔡斯部长要求下一个财年的预算为3.2亿美元。⑤ 他要求国会提高税收来供应其中的1/4,并授权举债来供应其余的款项。在战争开始时,美国的全部货币供应包含4.14亿美元的金币和可流通银行券。⑥ 蔡斯部长希望联邦显示的决心将带来迅速的统一。乔治·麦克莱伦(George McClellan)将军集结了一支大军,希望以此迫使南部邦联首都里士满投降。

1861年7月,国会批准了2.5亿美元的债务,并对国内销售征收新税,还

---

① Sherman:*Memoirs*,221.

② 同上。1862年4月,在田纳西州的夏伊洛,谢尔曼在一波又一波的进攻中坚守阵地,证明了他的坚韧。有4匹马在他身下被射杀。

③ Davis,*Confederate Government*,vol. 1,416.

④ Bureau of the Census,*Historical Statistics*,1789—1945,Series P 89—98 at 297 Series P99—108 at 300.

⑤ Lincoln,"July 4th Message".

⑥ Bureau of the Census,*Historical Statistics*,1789—1945,Series N 152—165 at 276.

增加了一些进口关税。① 正如参议员斯蒂芬·A. 道格拉斯所预言的那样,这些进口税收入无法支付战争的大部分成本。国会议员贾斯汀·莫里尔总结说,需要一种新的所得税来为战争筹资。宾夕法尼亚州的众议院议员撒迪厄斯·史蒂文斯(Thaddeus Stevens)帮助把莫里尔的所得税法案快速地在众议院获得通过,而参议员约翰·谢尔曼和威廉·费森登则引导该法案在参议院获得通过。由于蔡斯的财政部缺乏征收联邦所得税所需的组织能力,因此征收工作被推迟到1862年夏天。

到1861年12月,蔡斯将战争第一年的预计费用提高到5.43亿美元,并将税收收入的预测值从8 000万美元降低到3 500万美元。② 蔡斯在纽约会见了美国主要的银行家们,这些银行家同意在1861年底连续提供3笔5 000万美元的贷款。③ 蔡斯坚持要求银行用黄金而不是银行券的形式全额贷款,这一要求相当于把当时作为银行储备的所有黄金都转移给财政部。前财政部长阿尔伯特·加勒廷的儿子、纽约银行家的发言人詹姆斯·加勒廷恭敬地拒绝了蔡斯的请求。蔡斯质疑那些银行家的爱国主义,银行家认为失去所有的黄金储备会削弱他们为国际贸易融资的能力。他们的分歧与二十多年前阿尔伯特·加勒廷和范布伦政府之间的纠纷类似,当时范布伦通过建立财政部金库削弱了商业银行业务。这两个事件提供了具有当代意义的教训:除非伴随着信贷的全面扩张,否则大规模的联邦借贷会减少商业活动所需的资金。

到1861年底,商业银行和财政部不得不暂停黄金支付。蔡斯对金本位制理想的杰克逊式的忠诚,不得不屈服于战时财政的特别现实。联邦政府甚至无法借到国会批准的2.5亿美元,这样美国财政部就没有钱了。谢尔曼参议员概括了两难的局面:"1862年初,我们身体强壮,但财务状况不佳……国家有巨大的财富,但如何能迅速运用这些财富呢?"④

林肯将战时预算委托给了蔡斯,尽管这位部长更愿意花时间与内阁和国会商讨更广泛的战时战略问题。参议员约翰·谢尔曼、威廉·费森登、众议员

---

① Studenski and Krooss, *Financial History*, 140—141.
② 同上,142—143。
③ 同上,141—142。
④ Sherman, *Recollections*, 281.

贾斯汀·莫里尔和撒迪厄斯·史蒂文斯这些强大的国会领导人填补了预算领导者的真空。尽管他们通常作为一个有效的团队一起工作，但在1861年至1862年冬天，在蔡斯的财政部耗尽了货币储备和银行信贷后，他们就如何继续下去产生了分歧。

谢尔曼和史蒂文斯认为，除了发行一些具有法定货币地位的纸币之外，没有其他选择。财政部已经发行了不带息即期票据（demand notes），但在美国历史上，迄今为止，只有金属货币可以作为法定货币——这种地位要求人们按面值接受货币，以支付所欠的款项。今天，人们仍然可以在美国纸币上看到这样的字样："这张纸币是法定货币，可偿付所有公共和私人债务。"谢尔曼和史蒂文斯担心的是"公共债务"。谢尔曼认为，战时囤积金属货币的行为，人为地限制了现金的供应。他还援引了杰斐逊的权威，杰斐逊曾敦促麦迪逊总统在1812年战争期间发行由未来税收支持的国库券，为赤字融资。

用纸币付账的概念与人们根深蒂固的理念背道而驰。民主党人将纸币与银行票据在经济衰退期间变得一文不值时经历的那种艰难联系起来，而包括费森登和莫里尔在内的许多前辉格党人则认为，印刷的法定货币为通货膨胀打开了大门。谢尔曼敦促他们在全国范围内作出承诺，在战争结束后会用黄金赎回纸币，以将这些风险降到最低。史蒂文斯和谢尔曼在这个问题上占了上风，因为没有任何可行的替代办法来支付1862年堆积如山的军费账单。1862年初，国会批准了1.5亿美元的绿纸币，即"绿钞"。到1863年3月，国会已把经批准发行的纸币总额提高到4.5亿美元。①

在内战期间，财政部长蔡斯乐于接受纸币，甚至把自己的头像印在钞票上。战后，蔡斯回到了他的杰克逊式反对纸币的立场，他作为美国首席大法官宣布：要求纸币作为法定货币是违宪的。

在1862年和1863年初，"绿钞"暂时帮助缩小了收入和支出之间的差距，最终资助了联邦战争总开支的15%。虽然新货币确实使物价出现了两位数的大幅上涨，但联邦政府避免了南部邦联由于严重依赖现金（金属货币）和短期票据而遭遇的毁灭性物价通胀。"绿钞"的使用为联邦政府开发新的债券融

---

① Sherman, Recollections, 279.

资体系赢得了时间。

1862年初,蔡斯雇用了当时31岁的金融家杰伊·库克(Jay Cooke)来开发联邦债券的新市场。① 库克的哥哥哈里是俄亥俄州主要的共和党报纸出版商,也是蔡斯最忠实的政治支持者之一。弟弟库克变成了营销天才。他雇用了2 500多名销售人员,创建了世界上最大的零售经纪公司,并利用爱国主义的号召力卖出了价值5亿美元带有6％利息的债券。新的联邦纸币和债券的数量之多,使私人印刷厂不堪重负,这促使国会成立印刷和雕刻局,从而将印刷职能联邦化。

美国国务卿蔡斯在战后吹嘘说,他避免了美国对外国债权人的依赖,尽管实际上是他别无选择。战争一开始,他就向罗斯柴尔德家族银行的首席代表奥古斯都·贝尔蒙特(Augustus Belmont)询问过国外借款的前景,但贝尔蒙特的回答是"不可能"。②

南部邦联的财政领导人无法在理念上说服各州放弃对税收的抵制,这种抵制税收的情绪本来就被一些人用来为叛乱辩护。南部邦联副总统亚历山大·斯蒂芬斯(Alexander Stephens)认为,共和党反对南方脱离联邦更多的是出于财政利益,而不是出于对奴隶制的道德反对。斯蒂芬斯问道,如果北方领导人反对奴隶制在美国领土上的扩张,那么他们为什么要反对蓄奴州离开联邦呢?为什么许多北方人反对将得克萨斯作为一个蓄奴州并吞,然后又反对它脱离联邦?斯蒂芬斯总结说,共和党人只寻求"一个目标,那就是征收由奴隶劳动筹集的税收,以扩大必要的资金,从而满足他们的巨额拨款计划"③。斯蒂芬斯主张使用贷款而不是税收来资助南部邦联的军队。

杰斐逊·戴维斯(Jefferson Davis)总统和财政部长克里斯托弗·梅明格(Christopher Memminger)等沮丧的邦联领导人都明白,最终将需要税收收入来显示偿还贷款的能力。④ 在战争早期,"棉花证(Cotton Certificates)"被

---

① Niven,*Salmon P. Chase*,262.
② 同上,269。
③ Cleveland,*Alexander H. Stephens*,727.
④ 1861年邦联国会确实颁布了进口税(类似于1846年沃克关税中的进口税),甚至还有一些出口税。由于美国对来自邦联的贸易实行禁运,而走私者又不愿意交税,邦联各州征收的进口税不到400万美元,还不够几周的军费开支。

用来从英国购买货物,但在北方联邦海军禁运棉花出口后价值受限。能够成功避开进出口禁运的走私者,又很少遵守税法。南部邦联为筹措战争资金而进行的斗争表明,当一个国家的开支远远超过了它现有的税收收入时,它就会陷入困境。为了供应战争的需要,"保守"的邦联政府开始用没收的农产品来换取纸质票据。

新税和银行,1863—1865 年

在整个战争期间,国会都在提高税收,有一些人因此开玩笑说"除了棺材,什么都征税"。一位国会议员警告说,不要向莫里尔重复这句话,他可能会反应过来去加收棺材税。进口商品的平均税率为其总价值的 47%。① 国会还对国内制成品、原材料、铁路服务、股息、合法交易、职业和许可证的销售征税。

1861 年 7 月,莫里尔提议对个人收入征收 3% 的税,而个人收入的免税标准是 800 美元,这大约是美国家庭的平均收入。② 在针对这个国家第一个所得税法案的辩论中,他问同事:"收入丰厚的人……与那些靠自己或家人的有限劳动收入生活的人相比,难道不应该按比例缴纳更多的税吗?"③到战争结束时,国会将纳税比例提高到:600—5 000 美元收入,缴纳 5%;5 000 美元以上收入,缴纳 10%。④ 由于大多数高收入的纳税人都居住在少数的商业中心,因此仅纽约、马萨诸塞和宾夕法尼亚这三个州的居民,在内战期间因所得税而获得的联邦收入中,每一美元就缴纳了约 60 美分。⑤ 1865 年,所得税产生的收入超过了进口关税,在战争期间产生了联邦总收入的 1/4。

战时国内收入(不含进口关税的收入),在截至 1866 年 6 月 30 日这一财年达到 3.09 亿美元。这一数额是战前整个联邦预算的 5 倍,超过了整个战争期间邦联获取的所有税收总额。⑥ 在 1812 年战争的最后一年,税收收入也曾

---

① Taussig, *Tariff History*, 167.
② Cross, *Justin Smith Morrill*, 61—62.
③ Seligman, *The Income Tax*, 436.
④ Dewey, *Financial History*, 305.
⑤ Seligman, *The Income Tax*, 472.
⑥ Bureau of the Census, *Historical Statistics*, 1789—1945, Series P 89—98 at 297.

达到顶峰,在后来第一次世界大战、第二次世界大战、朝鲜战争的最后几年也再次达到顶峰。内战最后一年的税收约占其总开支的 40%,几乎与一战和二战最后几年的比例相同。

到 1862 年底,杰伊·库克已经无力再向现有的企业和银行出售债券,他需要一个更加广阔的联邦债券市场。财政部长蔡斯曾是国家银行的反对者,他要求国会建立一个新的联邦银行体系,以购买更多的债券。由于这些银行可以通过吸引存款和股票投资来把更多的国家财富积聚起来,因此它们对联邦债券的投资也吸收了一定的购买力,从而缓和了战时的通货膨胀。

1863 年初,由于内战融资的迫切需要,华盛顿政府在早期就开始争论的全国银行问题终于得以解决。一些州特许银行继续游说反对新的竞争者出现,北方民主党人也没有忘记杰克逊与全国银行的传奇之战。杰克逊的门生、波克的财政部长罗伯特·沃克(Robert Walker)最终实施了"国库支库"(subtreasury)制度,作为民主党用来替代国家银行的选项。因此,林肯政府欢迎沃克的帮助,以克服民主党对新的国家银行体系的反对。[①] 沃克警告北方民主党人说,在战争期间联邦债务将继续以每年至少 5 亿美元的速度增长。他认为除了特许监管良好的银行发行票据以换取可作为储备形式持有的联邦债务外,没有其他选择。

1863 年初,谢尔曼向他的妻子透露,在通过《国民银行法》(National Bank Act)之前,他"几乎无法入睡",他形容该法案"对于创造我们的债券需求是不可或缺的"。[②] 那年 3 月,谢尔曼只用了一个星期就通过了这项法案。《国民银行法》创造了一个持久的新银行体系,最初有"全国"、地区和纽约市银行三级结构。国家和地区银行可以用纽约市银行的存款来满足准备金要求,从而提升华尔街作为国家金融中心的地位。

库克将大部分国债卖给了新获特许的全国银行。州立银行继续存在,尽管到 1866 年,联邦政府已经对它们发行的银行券征税。战后国家信用体系的

[①] 林肯总统还在其他方面利用了沃克。他派这位前密西西比州参议员去英国,任务是关闭邦联的融资,维持美国的贸易信用。沃克向英国银行家保证,美国将在战后尽快用可兑换成黄金的货币偿还债务。他还提醒他们,他自己的密西西比州,即邦联总统杰斐逊·戴维斯的家乡,从 19 世纪 30 年代开始就拒绝偿还债务。沃克还将在美国历史上扮演一个重要角色,他游说俄国安排出售阿拉斯加。

[②] Burton, *John Sherman*, 14.

命运取决于联邦政府维持银行储备价值的能力,也就是说以大致等值的美元偿还债务。

1865年4月,罗伯特·E.李将军率领北弗吉尼亚军队投降,战争随之结束。战争造成的人员和经济损失,持续了很长一段时间。在短短4个财年中(1861年7月至1865年6月),联邦政府在军事上的支出超过33亿美元,几乎是自华盛顿总统就职以来联邦总支出的两倍。[1] 大约20亿美元的资金来自未偿付的有息债券或票据。[2]

战争结束时,除一张反对票外,国会决定"在近期叛乱期间产生的公共债务是以国家的信仰和荣誉为基础签订的;它是神圣和不可侵犯的,必须而且应该支付本金和利息"[3]。林肯总统的最后一位财政部长,前印第安纳州银行家休·麦克洛克(Hugh McCulloch)在解释他偿还债务的决心时,援引了美国财政传统中最强大、最基本的价值:"就像所有人都希望给他们的继承人留下无负担的财产一样,美国人民的雄心壮志也应该是减轻他们后代要偿付的国家贷款。"麦克洛克预料到债务太高,无法在本代人的时间内还清,因此"应该要求后代人分担负担"。他说,"战争并没有结束,子孙后代还是要做足够的事情来处理应归属于他们的债务。"[4]

"自由的土地,自由的人",但并不自由的政府

共和党的兴起,标志着一个稳定的两党制的出现。这一制度也很快被写入国家不成文的宪法中,并被纳入初选管理、竞选筹资、州级立法部门组织等各种做法和法律中。内战本身中断了共和党有关联邦政府的适当规模和范围的共识的演变。然而,共和党领导人在战争期间就铁路补贴和联邦雇员的政治活动所做的两项决定,在20世纪20年代之前一直影响着该党对联邦活动范围的态度。

---

[1] Bureau of the Census, *Historical Statistics*, 1789—1945, Series P 99—108 at 300.
[2] Dewey, *Financial History*, 308.(债务净增减去无利息即期票据、公债券、小额货币、临时贷款和国库券。)
[3] Grant, *Mr. Speaker!*, 105.
[4] McCulloch, *Men and Measures*, 206.

在1856年和1860年的政纲中,共和党承诺为铁路建设提供联邦援助,以扩大经济机会。由于战争消耗了所有的税收收入,国会用独家许可证和公共土地来资助那些承诺筹集私人资金修建铁路的公司。1862年的《太平洋铁路法案》(The Pacific Railway Act)也授权贷款建造跨洲联合太平洋铁路。铁路发起人在华盛顿的代理人向国会议员施压,要求获得更多的土地和贷款担保。在国会大厦的大厅和附近的酒店举行的会议上,这批"说客"向被他们称为"朋友"的国会议员提供现金、股票、竞选捐款。国会授予铁路公司超过1.3亿亩西部土地的权利,总面积约为俄亥俄州、伊利诺伊州、纽约州和密歇根州的总和。1869年完成的联合太平洋公司连接东海岸和西海岸的工程,为定居者打开了美国广阔的内陆。政客和铁路业主之间的亲密关系标志着新时代的开始,即企业资金将对联邦政治产生更大的影响力。

公共土地赠款也被用作战时国内其他计划的"表外(off balance sheet)"融资手段。最终,7 000万英亩土地被授给自耕农,而1 700万英亩土地被用来支持州立大学。[①] 虽然今天一些共和党人质疑联邦政府在教育或支持住房所有权方面的作用,但该党的创始人认为支持扩大机会符合他们"自由土地,自由的人"的价值观。

1864年,共和党竞选播下了另一颗种子,这颗种子后来开花结果,既带来了腐败又为更大规模的联邦政府提供了支持。在1864年9月威廉·谢尔曼将军攻占亚特兰大之前,总统选举的结果一直是不确定的。林肯以"全国联盟(National Union)"候选人而不是共和党人的身份参选,希望争取好战的民主党人的支持。他的竞选伙伴,田纳西州的安德鲁·约翰逊(Andrew Johnson),是一个老派的杰克逊派民主党人。林肯联合两党参与竞选,要求选票下方的共和党候选人尽快组建自己的州级组织,以便能够与民主党的现有组织结构相抗衡。

密歇根州的参议员扎迦利亚·钱德勒(Zachariah Chandler)是个粗暴的实用主义者,负责共和党的国会竞选。在接下来的十几年里,钱德勒在党内有效地划分了竞选任务。当时,共和党的大多数当地领导人作为士兵或平民为

---

① Cross,*Justin Smith Morrill*,85.

公职部门工作,许多人的工作是由他们在国会的庇护人任命的。钱德勒指示国会议员将筹款和动员投票的目标分配给联邦雇员。林肯去世后,国会剥夺了安德鲁·约翰逊总统的大部分行政权力,并对联邦雇员进行了更多的控制。当时在职的共和党领导人甚至开始把他们的政党与联邦政府看成一回事,因为联邦政府雇用了党组织中的大部分党员。

战后,退伍军人成为共和党政治中一股重要的新生力量,他们倾向于提名没有政治经验的前民主党人尤利西斯·格兰特(Ulysses Grant)将军为总统候选人。1868年,他以出人意料的微弱优势获胜。谢尔曼参议员天真地希望,"我们的候选人格兰特应该可以不受政党政治的影响,以保证国内的和平与安宁"。①

作为一名战地指挥官,格兰特能够迅速理解信息并下达明确命令,但这是一种不适合白宫的领导风格。1869年9月,国会领导人和格兰特内阁成员惊讶地得知,总统的私人秘书在有了现金和联邦炮艇后,谈判了一项吞并多米尼加共和国的条约。国会拒绝了这个计划。后来,格兰特给予一些关键参议员更多的联邦任命控制权,以换取他们与白宫在其他方面的合作。宾夕法尼亚州的参议员西蒙·卡梅伦(Simon Cameron)和纽约州的罗斯科·康克林(Roscoe Conkling)等人,利用这一制度建立了他们的强大政治机器。已故总统林肯的许多朋友和内阁部长都开始转向少数派自由共和党或民主党。

内战债务清偿计划

当一些共和党人致力于重建南部邦联各州时,约翰·谢尔曼和贾斯廷·莫里尔更关心的是重建岌岌可危的联邦财政。他们直接干脆地否定了约翰逊总统的观点,即巨额债务不能一下子全额支付,每年支付的利息应"用于减少本金,每半年分期支付一次"——实际上就是至少拖欠部分本金。② 出乎意料的是,《宪法》第十四条修正案宣布没有义务偿还南方邦联的债务。该修正案还试图向债权人保证,"公共债务的有效性……不应该被质疑。"

---

① John Sherman quoted in Gould, *Grand Old Party*, 54.
② Noyes, *Forty Years of American Finance*, 16—17.

每一个党派在国会的领导人还决心利用税收收入来减少债务,而不是像21世纪的做法那样,永远地将债务滚动下去。在1865年提交给国会的年度报告中,财政部长麦克洛克断言在纳税人清楚地记得为什么会产生债务的情况下偿还债务是有好处的:"美国人民从来不会像现在这样愿意为了减少债务而被征税……现在,大多数纳税人都把它看作一种……神圣的欠债。"[1]英国驻华盛顿大使馆的一名成员赞赏性地报告说:"大多数美国人似乎愿意忍受任何程度的牺牲,而不是将他们的一部分债务遗留给后代。"[2]

参议院财政委员会主席约翰·谢尔曼和众议院共和党党团会议(caucus)主席、筹款委员会主席贾斯汀·莫里尔一样,也持有同样的观点。他们也明白,减少债务需要在货币政策和财政政策之间取得谨慎的平衡。一般来说,货币政策涉及信贷市场和货币监管,而财政政策则是指支出和收入的水平和性质。(在20世纪40年代之前,"财政政策"一词很少用来指代联邦预算。)为了减少债务,谢尔曼、莫里尔及其盟友试图降低利率,以便腾出更多的税收用于减免本金,促进减债所依赖的长期经济增长。如果债权人认为财政部会使用保持了购买力的美元及时支付债款,那么他们就可能会以较低的利率对内战债务实行再融资。更高的利率和相应的未偿还债券价值的下降,对持有联邦债券作为主要储备的全国银行和信贷系统构成了威胁。

由于财政部缺乏大额黄金储备,因此立即恢复金本位是不切实际的。然而,最终回归金本位不仅仅是一种意识形态上的执着。从战争早期开始,人们就一直在努力应对商品的双重定价:1美元金币可以购买比1美元纸币更多的商品。此外,国际贸易需要信贷可以兑换成黄金且按众多货币之间的固定汇率进行。为回归金本位制设定一个明确的期限,可能会稳定价格。这个期限必须足够快,以安慰债券持有人,也必须足够晚,以使财政部能够积累黄金储备。

当财政部长休·麦克洛克试图迅速废除1862年和1863年发行的"绿钞"时,他无意中破坏了金本位制的有序恢复。1866年,国会授权财政部将新的有息国债换成纸币。谢尔曼争辩说,需要一定数量的纸币来维持商业活动和避免通货紧缩,并因此废除了这一措施。此外,不付息的货币对联邦税收的影

---

[1] McCulloch, *Men and Measures*, 208.
[2] Savage, *Balanced Budgets*, 127.

响比有息债券要小。

在1867—1869年,麦克洛克部长以较低的利率为内战债券实行再融资,并承诺用黄金支付。① 麦克洛克指出,美国需要通过提高生产率来降低贸易赤字,通过在30年内每年估计2亿美元的偿债额来稳步偿还债务。②

战后,一些腐败的华尔街投机者试图迫使财政部囤积大量黄金。金融家杰伊·古尔德(Jay Gould)、格兰特总统的姐夫亚伯·科本(Abel Corbin)和一名财政部高级官员是1869年试图垄断黄金市场的团体成员。格兰特一发现投机者的阴谋,就命令财政部出售黄金,以便榨干它们。

国会缓慢地取消了战时的国内税收,但仍保留了足够高的税收来偿还债务。③ 当威士忌的税收从每加仑两美元降到每加仑50美分时,税收收入在两年内从1 800万美元猛增到5 500万美元。这一事实十分明确地提醒人们,过度征税会导致偷税漏税。④

1870年,谢尔曼竭力争取保留个人所得税。他声称,个人所得税扩大了联邦税基,为偿还债务提供了收入来源。在这一年,当参议院投票允许所得税停征时,谢尔曼强行推动审议一项法案,即通过对食糖和企业总收入征税来弥补所得税收入的损失。作为回应,参议院改变了立场,同意将税率较低的所得税延长到1872年。大多数参议员并没有被谢尔曼早期的共和党理想主义动摇,这使他认为众议院应该"保留对在1 000美元以上的所有收入征收所得税……然后废除那些压迫穷人的消费税"。⑤

贾斯汀·莫里尔的进口关税制度在战后基本保持不变。著名的进口关税历史学家弗兰克·陶西格(Frank Taussig)指出,如果在战后立即"向任何一个公众人士提出这样的问题,即战争期间的关税制度是否要继续下去,答案肯

---

① 从1867—1869年,财政部退还了8亿多美元的内战债券,收益率在4.16%—5.87%之间。"还款承诺是用'金属货币'而不是黄金,这为本世纪最后几十年的白银争议打开了道路"(Homer and Sylla, *Interest Rates*, 408)。

② Stabile and Cantor, *Public Debt*, 59.

③ 在战争结束后的3年内,国会降低了对进口煤和低级铁的税收,以及对职业、交易和公司总收入的税收,保留了石油、天然气、威士忌和烟草的消费税。国会还取消了不受欢迎的茶和咖啡税,这带来了稳定的收入。

④ Studenski and Krooss, *Financial History*, 167n5.

⑤ John Sherman quoted in Seligman, *The Income Tax*, 464.

定是否定的,他们几乎都会说在适当的时候要降低进口关税"。尽管如此,战争时期的进口关税水平依然保持,因为"国家(已经)非常适应过去的关税水平了"。① 然而,国会并没有将高税率扩大到不断增长的新类别进口商品身上,这使得在战后的几十年里,即使经济规模和进口价值稳步上升,进口税收也保持在一个相当稳定的水平。纺织品和食糖作为联邦进口税收的两大主力军,在所有进口商品中的比重有所下降。

降低利率和稳定货币

许多美国人都将1873年恐慌后的长期衰退归咎于铁路股票和债券市值的瓦解。② 投资者曾炒作铁路的经济潜力,尽管铁路收入并没有跟上铁路投资的步伐,就像20世纪90年代末的互联网泡沫。1873年,北太平洋铁路公司(Northern Pacific Railroad)未能按期偿还债务,导致杰伊·库克的生意失败。库克将经济下滑归咎于联邦政府的紧缩货币政策,而许多美国人则将此归咎于库克和华尔街。银行倒闭,信贷萎缩——首先发生在美国,然后发生在欧洲。③

尽管支付利息的负担很重,联邦政府在整个经济低迷时期还是平衡了预算。以1874年为例,联邦政府征收了1.631亿美元的进口税、1.022亿美元的销售税以及3 940万美元的其他税收和公共土地销售收入。④ 政府用这些收入支付了1.07亿美元的债务利息、7 300万美元的军事开支、2 900万美元的军队养老金以及9 300万美元的其他开支。⑤ 2000年后债务危机的评论者常常把基于公式的"权利"支出视为最近的创新,但在内战后,正如国家历史上

---

① Taussig, *Tariff History*, 173.
② 1868—1873年,铁路建设和相关债务呈爆炸式增长。美国铁路公司的债券债务从1867年的4.16亿美元增加到1874年的22亿多美元,相当于联邦政府的有息债务。
③ 根据联邦经济统计局的数据,美国从1873—1879年经历了一场世界性的经济萧条,在英国尤为严重。这次衰退的持续时间可以被称为"大萧条",但本文之所以将其称为"衰退",是因为在此期间美国的产出实际上是增加的。更多相关信息,请参见 Wicker, *Banking Panics*, 3. 一位学者估计失业率为57万,这只是最严重的经济衰退时期相对失业率的一小部分,尤其是大萧条时期(Frels, "The Long Wave Depression", 72)。
④ Bureau of the Census, *Historical Statistics*, 1789—1945, Series P 89—98 at 297.
⑤ 同上, Series P 99—108 at 300.

的大部分时期,大多数联邦支出包括由合同固定的利息与军饷,还有法规规定的退伍军人的养老金。

　　一些美国人提出了创造性的方案来偿还巨额债务。当国会议员撒迪厄斯·史蒂文斯要求没收前联邦各州叛军拥有的所有大种植园时,他的选民来信表示"在支持没收土地方面,最受欢迎的论点是,出售土地的收益可用于减少公共债务,从而减少税收"。①

　　另一些人则希望,黄金的发现能减轻国家的债务负担。格兰特总统在他的首次就职演说中强调:"上天赐予我们一个坚固的盒子,里面装着贵金属,现在锁在遥远的西部贫瘠之地。"②他的许多同胞前往那些山区寻找黄金。这群人包括乔治·卡斯特(George Custer)上校,他放弃了在华盛顿被安排的职位,率领第七骑兵队进入南达科他州的黑山,这块土地被北方的苏族人认为是神圣的而不是贫瘠的。达科他地区的一份报纸头条宣称:"当卡斯特回来时,国债将被偿还。"③但是卡斯特再也没有回来,于是参议员谢尔曼制订了一个更常规的还债计划,而将军谢尔曼则派出部队去征服苏族人。

　　当选民们厌倦了经济衰退和腐败,在1874年选出了民主党的众议院多数时,共和党对联邦经济政策的控制受到了威胁。在选举结束但在新国会上任之前,跛脚鸭国会通过了谢尔曼的《恢复硬币支付法》(Specie Resumption Act)。该法案承诺联邦政府从1879年1月1日开始将根据接受人的要求用黄金支付。许多农民抗议说,流通中黄金的稀缺可能加速了棉花和小麦价格的下跌。

　　《恢复硬币支付法》给联邦政府4年的时间来积累黄金储备。它赋予财政部长广泛的自由裁量权,在银行逐步开放"黄金窗口"的过渡过程中发挥管理作用。1876年的选举将决定谁来担任这一职务。

　　1876年11月7日,在他的朋友拉瑟福德·海斯(Rutherford Hayes)位于俄亥俄州的家中,约翰·谢尔曼忧郁地关注选举结果。谢尔曼曾帮助虔诚的俄亥俄州州长海斯获得了共和党总统候选人提名。民主党提名成功的商人、

---

① Stampp, *The Era of Reconstruction*, 128.
② Grant, "First Inaugural Address".
③ Brands, *American Colossus*, 167.

改革家、公共知识分子和纽约州州长萨缪尔·蒂尔登(Samuel Tilden)。在减少债务和回归金本位制的必要性上,海斯和蒂尔登的意见分歧不大。蒂尔登指责的是,共和党挥霍无度的开支计划导致这些目标迟迟无法实现。

那天,海斯家收到的电报带来了蒂尔登胜利的消息。在1876年的选举中,有88%的符合条件的选民参加了投票,这是美国历史上的最高比例。这位来自纽约的民主党人获得的民众选票比海斯多出25万张,与以往任何一位候选人相比,多出70多万张。海斯在日记中坦言,他已经输掉了选举。

除了《纽约时报》以外,所有报纸都宣布蒂尔登获胜。大选当晚,《纽约时报》的共和党党籍编辑向仍被联邦重建部队占领的路易斯安那州、佛罗里达州和南卡罗来纳州等几个州的党魁发去了一封由共和党全国主席扎迦利亚·钱德勒签名的电报。钱德勒的电报和第二天早上的《纽约时报》都说,选举还没有结束。南卡罗来纳州的票数非常接近,尽管蒂尔登在路易斯安那州和佛罗里达州的普选中以显著优势获胜,但这两个州的共和党调查委员会(Republican canvassing boards)尚未核证投票。如果重新计票推翻他在这3个州的普选胜利,蒂尔登将只有184张选举人票,而选举所需的是185张。

俄亥俄州的约翰·谢尔曼和国会议员詹姆斯·加菲尔德(James Garfield)前往路易斯安那州,试图找出可能改变该州普选票数的违规行为。格兰特总统派遣威廉·T.谢尔曼将军和联邦军队前往佛罗里达州。钱德勒给每个有争议的州都寄去了大量的现金。共和党人不能计算那些被不正当地取消投票资格的非裔美国人的选票,但他们可以取消实际投票的资格。在美国大选历史上,佛罗里达州的重新计票使共和党候选人在选举团的计票中占了上风,这是第一次,但不是最后一次。在一个按党派划分的委员会进行调查后,蒂尔登礼貌地让步,而没有在内战结束后马上又制造另一场国家危机。

海斯为避开抗议悄悄地溜进华盛顿,在谢尔曼家里住了下来,然后在一个私人仪式上宣誓就职。他立即任命这位俄亥俄州参议员为他的财政部长。

谢尔曼部长长时间地工作,为1879年黄金窗口的开启做准备。用19世纪一位重要的经济史学家的话来说,谢尔曼"坚定不移地追求恢复黄金本位目标,但在所采用的手段上务实、坚决、巧妙".① 他发行新的债券来换取黄金,把从进口税中收集的黄金储存起来,并让纽约的银行与外国银行进行竞争,以便以更好的条件为联邦债务再融资。公债的平均利率从1874年的6.26%降至1879年的5.74%,甚至延长了到期日。② 谢尔曼领导的财政部加入了纽约清算所协会(New York Bank Clearing House Association),这是一个私人组织,旨在维持美国金融中心那些银行之间的流动性。这一成员资格使财政部能够更直接地动用美国那些最大银行的储备,并开始合作,为未来的纽约联邦储备银行(Federal Reserve Bank of New York)奠定基础。

一些国会议员试图破坏谢尔曼的经济计划。众议院通过了一项法案,该法案由从林肯共和党人转为民主党人、谢尔曼兄弟的导师的儿子小汤姆·尤因(Tom Ewing Jr.)提出,目的在于废除《恢复硬币支付法》。谢尔曼部长在参议院的盟友阻止了该法案的通过,但无法阻止通过旨在增加银币的立法。

墨西哥的银币曾经是美国的流通货币,但在1873年以前已经基本上消失。在欧洲,1美元的银币往往比1美元更值钱。③ 然而,在1873年,德国转向金本位制,并开始清算其白银储备,此时内华达州开始大规模地开采新银矿。当白银的价值低于黄金的价值时,包括大多数来自采矿业和农业州的国会议员要求财政部增加对白银的购买量。矿商乐于接受他们的产品有了新的出路,而农民则希望货币贬值能提高农产品价格。参议员威廉·艾利森(William Allison)发起一项法案,要求政府购买白银,并用1美元白银(按市场价值)支持的银币券形式发行更多货币。海斯总统否决了该法案,但该项否决被国会推翻。于是,谢尔曼表示愿意发行银币券,只要财政部能用黄金征收进口税,并允许联邦债权人要求用黄金还债。

---

① Noyes, *Forty Years of American Finance*, 29.
② 该利率的计算方法是:将每个财政年度支付的债务利息总额除以未偿还的有息债务的期初和期末余额。关于利息总额,见财政部《统计附录》(1970年),8—5。关于有息债务,见附录A和注3。
③ 1873年,国会授权只铸造金币,因为银币已经消失。白银价格下跌后,银币的拥护者声称,这一决定是黄金阴谋的结果。

1879 年：转折点

威廉·特库姆塞·谢尔曼（William Tecumseh Sherman）曾以一次著名的海上行军截断了李将军的补给，帮助结束了内战。他的兄弟约翰为恢复联邦财政而进行的斗争，花费了更长的时间。自1866年以来，联邦政府已经支付了超过10亿美元的利息，但却未能偿还到期的本金。在距离黄金窗口开启只有1年时间的情况下，有许多人怀疑，若不让货币贬值，那么减轻债务负担的计划是否可行？

到1878年底，部长谢尔曼在国库的金库中储备了价值1.14亿美元的黄金，但这些储备只占潜在需赎回的未兑现纸币的一小部分。[①] 和许多其他美国人一样，他担心人们是否会急于将"绿钞"兑换成黄金。

1879年1月2日，当联邦政府允许将纸币兑换成黄金时，这一事件达到了高潮。令公众和金融市场松了一口气的是，只有少数人出现在这里，将纸质货币兑换成黄金。出乎意料的是，当天公众存入的黄金比兑换来的"绿钞"还要多。谢尔曼后来把这个日期比作从一场长期疾病中恢复的最后一天。债权人不再担心收到用贬值货币支付的款项。

黄金窗口的开启，恰逢美国经济连续3年迅猛增长的时期，同时美国也崛起为全球经济超级大国。按实物单位量计算，工业生产增加了52%，比内战初期增加了3倍。[②] 自1860年以来人口增加了近1 900万，已超过5 000万。1882年，移民达到近80万人。[③] 美国也成为一个净出口国。在最初的90年里，美国对进口钢铁以及糖、盐、茶等消费必需品的需求，导致长期的贸易赤字，使国际信贷难以稳定。当1879年贸易差额转为正值时，美国的出口产品比之前几十年棉花为王的时候更加多样化。农民大量出口小麦和玉米，工厂则出口钢铁。一个庞大的新铁路系统连接了沿海港口和内陆，第一条石油管道到达大西洋。

---

① Noyes, *Forty Years of American Finance*, 45.
② Davis, "U. S. Industrial Production Index."
③ Bureau of the Census, *Historical Statistics*, 1789—1945, Series B 304—330 at 33.

仅在 1880 年，美国就偿还了 2 亿多美元的债务，是南北战争前联邦预算总额的 4 倍，也超过了 1861 年蔡斯部长从银行贷款的总额。① 减债，而不是由债务资助提供刺激措施，降低了利率，释放了储蓄用于私人投资。② 财政部由于偿还联邦债务，信用不断得以提升。随着更大规模地使用银行汇票或支票来取代内战前所依赖的不稳定的银行券，银行系统也变得更加高效。③ 1881 年，美国公债的利率下降到与英国公债相同的水平，而英国公债在 19 世纪的大部分时间里是世界上利率最低的。

并不是所有的美国人都从经济增长中受益。由于农产品产量飙升压低了农产品价格，农业收入受到影响。背负个人债务的农民发起抗争，因此对公共债务更加反感，也激起了强烈的不满。然而，国家的工业繁荣和对削减债务的自豪感，确实有助于共和党在 1880 年大选前夕重整旗鼓。谢尔曼等人对减债的坚定承诺，已经深深扎根于这个年轻政党的政治基因中。

减少内战债务不仅仅是一个党派的成就。1876 年的民主党总统候选人在竞选时也主张更迅速地削减债务，为此赢得了大多数民众的选票。让学者看来可能奇怪的是，由终身君主统治的欧洲大国在偿还债务方面遇到的困难，远远大于没有为长期预算计划设立制度化进程且不稳定的民主国家。

事实上，内战后人们对减债的态度显示了以基本的和共同的价值观为基础的财政宪法的力量。无数美国人为了一个更完美的联邦牺牲了自己的生命。经历过战争的人，通过努力保护国家的未来来纪念亡者。一代人已经承受了战争的创伤，为减少国家的债务做出了必要的牺牲。海斯总统本人也曾四次遭遇枪击。这种对美国财政传统的道德责任与开国元勋们早期承担的责任相似，他们认为偿还债务是美国革命和 1812 年战争的高潮。

---

① 参见附录 A。
② 减债加上对消费品征收的高进口税降低了资本货物和金融投资的相对价格（Williamson, "Watersheds and Turning Points"）。内战后，经济产出加速，资本货物的生产更加广泛，制造业雇用的工人比例增加（Gallman, "Commodity Output"）。
③ 在最大的城市中心银行协会发展成为成熟的"票证交换所"。原本每周五核对的银行间余额开始每日清算。按照《国家银行法》（National Bank Act）的设想，纽约银行成为地区银行的"最后贷款人"。到 1880 年，纽约银行支持了美国急剧增长的国际贸易，并成为世界金融体系的主要枢纽。

7 债务萎缩和政党飘忽

1880—1900 年：当年赤字超过还本
付息额的时间为 3 年
(1894—1895 年，1893 年恐慌后的萧条；
1899 年，美西战争)

共和党分裂，民主党联合

19 世纪 80 年代的联邦预算之争，焦点是大量盈余而非赤字。两党内部的进步主义改革者都谴责联邦政府开支中的吃空饷(padded payrolls)问题。到了 1912 年，包括"有效"的支出和基于支付能力的税收的改革精神，主导了美国的政治主流。

1880 年，改革的胜利看起来似乎是一个遥远的梦想。约翰·谢尔曼在共和党改革者和包括纽约的操纵政党活动的政客罗斯科·康克林在内的更强大的"中坚力量"中孤立无援。财政部长谢尔曼曾支持海斯总统，以尝试打破康克林对纽约海关数千个工作岗位的控制，这是联邦收入的最大单一来源。海斯提名改革派商人西奥多·罗斯福(Theodore Roosevelt)接替康克林的手下切斯特·亚瑟(Chester Arthur)担任这一职务，不过康克林成功地予以阻止。

在 1880 年共和党全国大会上，康克林进行了报复。海斯总统因 1876 年当选中的污点而感到惭愧，拒绝再次参选，并支持谢尔曼作为他的继任者。俄亥俄州的众议院拨款委员会主席詹姆斯·加菲尔德(James Garfield)发表了一次令人难忘的提名演讲。在描述了谢尔曼为偿还战争债务和恢复货币而进行的成功斗争之后，加菲尔德敦促代表们根据"共和国的命运"而不是政治算计来投票。在 30 次僵持投票后,康克林仍未能让前总统格兰特获得提名,于是精疲力竭的代表们提名加菲尔德为总统,切斯特·亚瑟(Chester Arthur)为副总统。加菲尔德在白宫只工作了 200 天,就被 1 名寻求公职的刺客枪杀。这名刺客后来宣称:是他的行动使中坚力量切斯特·亚瑟当上了总统。

共和党改革者慢慢获得了政治力量,特别是在州人口占全国人口 15% 的纽约和马萨诸塞。在争取建立专业的公务员制度以取代当时联邦政府人员的恩惠制度的斗争中,改革者取得了胜利。然而,在呼吁更严格地控制内战退伍老兵的家庭养老金方面或更有效地监管杰伊·古尔德等铁路大亨的业务时,进展却甚微。

改革者在民主党内也获得了动力。在北方城市,他们与民主党内操纵政党活动者(Democratic machines)作斗争,这些人为潮水般涌入的移民提供社会服务,并由政府给竞选中的助选员发放工资。坦慕尼协会的领导人"党老大"特威德,是最腐败的操纵政党活动的政客。通过与特威德的斗争,纽约的萨缪尔·蒂尔登赢得了全国改革者的支持。此外,蒂尔登还为民主党提供一个延续了 20 年的财政纲领。

言辞温和的蒂尔登的公共服务记录几乎跨越了国家历史的一半,他本人代表着 19 世纪中期自由主义主流的典范。在 1837 年的恐慌之后,他阐述了一种基于竞争性市场、平衡预算、稳定货币的民主经济思想。1846 年,他起草了一项新颖的纽约州法律,允许企业在不需要立法行动或任何隐性垄断授权的情况下,将股东的资金集中在一个公司里。其他州也纷纷效仿,从而形成了现代公司,现代公司也成为美国企业组织的独特形式。在 1848 年帮助萨蒙·蔡斯撰写自由土地党的纲领后,蒂尔登成立了修建铁路的公司,然后召集大多数纽约民主党人支持林肯政府的战争。

1874 年在当选纽约州长后,蒂尔登以贿赂罪起诉"党老大"特威德。蒂尔登州长削减了州政府支付的空饷,这让他在削减州政府财产税的同时还能平衡预算。蒂尔登在 1876 年发动的"紧缩和改革",意味着要以较低的税收和更有效的支出建立诚实的政府,这一主题被未来的民主党纲领所采纳。[①]

[①] Kelley, *The Transatlantic Persuasion*, 287.

美国财政宪法

  蒂尔登赢得了英国自由党人的尊重,后者和他一样相信有效支出和平衡预算。内战结束后,英国自由党领导人格莱斯顿(Gladstone)称赞美国领导人"勇敢地承担了巨大的税收负担",因为他们相信"他们未来强大的真正秘密在于稳步而迅速地减少债务"。[①] 格莱斯顿和蒂尔登认为,普及公共教育和减少债务是提高向上的流动性和为下一代创造机会的手段。[②]

  在1876年的总统选举中,蒂尔登在民众投票中大获全胜,这表明民主党人可以通过一个能够赢得南方、纽约、新泽西和至少一个其他北方州的候选人赢得白宫。年迈的蒂尔登不会再参加竞选,民主党人也渴望有一个像他那样的改革者。

  于是,格罗弗·克利夫兰(Grover Cleveland)来了!

  克利夫兰,一个体重300磅、44岁的单身汉,常在纽约州布法罗市众多酒馆中的一家吃晚饭——通常是香肠和啤酒。1881年10月的一个周六晚上,当他在比利·德兰格酒吧(Billy Dranger's bar)用餐时,另外3名顾客邀请他加入共进晚餐,并分享他们的烦恼。这3人试图招募民主党市长候选人,被屡次遭到拒绝。布法罗毕竟是个共和党人的城市。那为什么不提名格罗弗·克利夫兰?于是在那次会面的几周内,布法罗的选民就选举克利夫兰为他们的市长。

  克利夫兰通过仔细阅读布法罗市议会审议的每一项措施,来弥补自己缺乏政治经验的不足。布法罗的政客们经常会给各种小型的公民组织拨款。克利夫兰否决了这些拨款,还否决了一项他认为价格过高的街道清洁合同。这些否决震惊了市政厅内部人士,但给选民留下了深刻印象。该州党的领导人出版人丹尼尔·曼宁(Daniel Manning)是蒂尔登的朋友,他开始考虑这位被许多人称为"否决市长"的新人的未来。

  在克利夫兰当选9个月后,纽约民主党人在提名州长候选人的投票中陷入了僵局。曼宁和其他以改革为导向的政党领导人提名克利夫兰赌一把。在

---

  ① William Gladstone quoted in McCulloch, *Men and Measures*, 220.
  ② 共和党领导人詹姆斯·布赖恩阐述了其政党对蒂尔登的紧缩政策的回应。这位令人印象深刻的演说家为提高军人养老金和遗属福利的联邦开支,以及用于支付这些开支的进口税进行了辩护。布赖恩和其他国会领导人试图将自己与腐败的赞助机器和支持蒂尔登及其前任纽约州州长、自由派共和党人卡尔·舒尔茨的改革者分开。

大选中,这位"否决市长"也得到了共和党人的支持,因为他们厌恶本党提名的候选人与参议员康克林、铁路大亨杰伊·古尔德的关系。包括年轻的小西奥多·罗斯福(Theodore Roosevelt Jr.)在内的一些共和党改革者也被选入州议会。

在上任的头 3 个月里,克利夫兰州长否决了立法机构通过的 8 项法案。这些否决不仅仅包括那些浪费性的开支。民主党和共和党的改革者还成功地通过了一项受欢迎的法案,将纽约市一条公交线路的收费从 10 美分降至 5 美分。这条运输线路的所有者是杰伊·古尔德,在州长竞选中他曾为克利夫兰在共和党的对手伊尔德慷慨捐赠。没有人愿意支付更高的车票价格。在否决该法案时,克利夫兰解释说,他看不出有任何一致的原则证明可用州的权力推翻有效的市政合同。即使在否决一项热门法案时赢得了全国的关注,克利夫兰也坚持原则。在否决后的第二天,小西奥多·罗斯福公开为出于政治目的而支持该法案道歉,并对克利夫兰州长的勇气表示赞赏。①

否决总统

在克利夫兰走进比利·德兰格(Billy Dranger)的酒吧后仅 3 年,美国人就选举他为美国内战以来的第一位民主党总统。在 1884 年激烈的总统竞选中,"老大党"(共和党)工作人员指责虔诚的克利夫兰是个酒鬼,养了很多年轻女子。纽约州的共和党改革者再次跨越党派界线,让克利夫兰赢得了选举。

在 1885 年克利夫兰上任前的 6 年里,联邦政府偿还了内战时期 20 亿美元有息债务中的一半以上。② 剩下的只有将在 1891 年到期的 2.5 亿美元、收益率为 4.5% 的债券,还有将于 1907 年到期的 7.37 亿美元、收益率为 4% 的债券。③ 联邦债券以 10%—24% 的溢价出售,反映出美国的信贷和货币实

---

① 克利夫兰后来与罗斯福一起制定了一项法案,以保护纽约市手工制作雪茄的受剥削工人的权利。雪茄工会的年轻组织者塞缪尔·龚帕斯(Samuel Gompers)将继续塑造美国劳工运动。龚帕斯为工人争取到医疗福利后,他的组织工作蓬勃发展。
② 参见附录 A。
③ Dewey, *Financial History*, 432.

力。① 1883年后,联邦政府拒绝通过购买来偿还已有市场溢价的债券,由此未用掉的预算盈余导致财政部的现金余额上升。②

自内战结束以来,尽管联邦政府的工资总额有所增长,并且增加了退伍军人及其家属的养老金支出,联邦政府仍有盈余。与欧洲国家相比,这个国家在陆军和海军上的花费很少。较低的债务和利率,也降低了每年的联邦利息支出。

作为总统,克利夫兰认真阅读国会通过的每一项法案,并否决了数百项意在讨好特定选区的开支法案。他否决了一项立法,该法案将慷慨的退伍军人福利扩大到所有至少服役90天的士兵(不管他们是否参加过战斗或患有残疾)。总统称"争夺养老金"是对"假装无能"和"不诚实"的激励。③ 在否决"得克萨斯种子法案"(the Texas Seed Bill)(该法案批准拨款1万美元帮助受干旱打击的农民)时,克利夫兰批评将联邦税收用于"纾缓个人痛苦"。他的否决作为信号实际上表示:"虽然个人支持政府,但政府不应该支持个人"。④

总统还倡导有效地利用公共资金和公共资产。他取消了印刷局以及雕刻局一半的工作。当审计结果显示铁路公司在没有遵守合同期限的情况下仍然获得了政府的赠与地时,克利夫兰政府强迫他们放弃了8 000万英亩土地。⑤

克利夫兰的减税之战

长期以来,持续的联邦盈余鼓励了克利夫兰坚决反对的那种类型的开支。财政部长丹尼尔·曼宁不断向总统建议说,用盈余产生的收入来回购其市场价值比票面价值高的联邦债券是一种浪费。因此,克利夫兰不得不另找方法来消解盈余。

---

① 同上,430。
② 从1879年黄金窗口开放到第一次世界大战爆发,多位财政部长都以金银券作为银行信贷扩张的补充,以换取私人的贵金属存款。财政部将这些证书列为计算出的"债务总额"的一部分,尽管它们不赚取利息,实质上是另一种形式的货币。附录A区分了有息债务和无息债务。时至今日,在财政部网站上找到的"官方"历史统计数字将所有的纸币都包括在内,夸大了债务的数量。
③ Quoted in Kelley, *The Transatlantic Persuasion*, 325.
④ Jeffers, *An Honest President*, 194.
⑤ Kelley, *The Transatlantic Persuasion*, 326.

7 债务萎缩和政党飘忽

1887年秋天,克利夫兰在他的橡树景(Oak View)农场与民主党主要领导人讨论这个问题,该农场现在位于华盛顿特区高档的克利夫兰公园(Cleveland Park)附近。此后,总统与民间和政治领导人在全国各地参加了一系列类似的"橡树景会议"。他观察着这个处于快速变化中的国家。

在这个国家,铁路运输缩短了辽阔疆域的距离。移民利用这些铁路线在内陆的联邦土地上定居。达科他州、堪萨斯州、内布拉斯加州的人口在19世纪70年代增加了3倍并在19世纪80年代翻了一番。到1890年,这些州的人口接近300万,是纽约市的两倍。① 铁路公司举借大量的债务为其扩张提供资金,到19世纪80年代末,它们已经发行了超过50亿美元的债券,这一数额远远超过了联邦债务的数额。②

铁路线既催生了增长,也催生了不满。农民们辛勤劳作,产量增加,但更多的收成带来的却是更低的价格和更少的农业收入。从1886—1889年,小麦的平均价格比1870—1873年的平均价格下降了1/3。③ 同期,棉花和牛的价格下降了近一半。农民们借钱购买机械化设备,然后当小麦产量超过国内需求后价格就下跌,他们便难以偿还债务。小麦和棉花一样,都是经济作物;玉米生产商的情况要好一些,因为他们多余的玉米可以用来喂养牲畜和家禽。但在小麦和棉花种植的发源地,农民们的失望情绪却难以抑制。

铁路运输的成本减少了农民种植作物的净收入。铁路线路的资金支持来自拨入的公共土地。由于强大的实业家和联邦邮递服务在其铁路费率上获得了批量折扣,农民要求联邦、州、地方官员为农产品争取较低的铁路费率。

美国农民既渴望自己作为企业主的独立性,又渴望勤劳的雇员能获得有保障的收入。联邦进口税已经在几代人中存在,以保护纺织品和其他商品生产商的利益。现在,农民要求得到类似的帮助,并进而对货币政策产生了浓厚的兴趣。

流通的绿钞的数量,仍然保持在约翰·谢尔曼和国会在1878年设定的水平上。直到19世纪90年代末新的金矿被发现后,黄金供应才增加。从1870

---

① McMath, *American Populism*, 26.
② White, *Railroaded*, 68.
③ Veblen, "The Price of Wheat," Tables of Prices of Wheat and Other Articles at 156.

一1890年,包括银行信贷和联邦银币券在内的货币供应总量,几乎与经济增长同步上升。然而,困苦的农民要求通过银元或绿钞形式获得更多的货币。由于白银价格相对于黄金要下降得慢,当用白银而非黄金来表示市场价格时,农产品价格下跌的幅度较小。在农业地区,许多选民认为增加银币数量会导致价格上涨。

早在1887年克利夫兰全国巡回演讲之前,农民们就已经组织起来开始重新调整民主党和共和党的选区。现在看来,得克萨斯州的牧场主们孕育了一场被认为是20世纪自由主义先驱的平民主义运动,这似乎令人有些惊讶。1876年,几个牧场主在约翰·R. 艾伦(John R. Allen)的牧场聚会,自称欢乐谷第一农场主联盟,他们的目标并不高:找回失踪的牲畜;阻止对土地权属提出异议。农民联盟很快就遍布整个得克萨斯州的农村,并开始抗议铁路运费和铁丝网托拉斯(Barbed Wire Trust)等垄断企业索取的价格。联盟像野火一样蔓延到种植棉花的南方各州。1880年,芝加哥的出版商米尔顿·乔治创立了北方农民联盟。6年后,一位得克萨斯的部长开始组建有色人种农民联盟。

不断增长的工业经济还带来了其他挑战。苏必利尔湖附近的煤炭和铁矿石储量,推动了钢铁生产和相关就业的快速增长。芝加哥和明尼阿波利斯的人口在19世纪80年代翻了一番,而克利夫兰、底特律和密尔沃基的人口增长超过了50%。[①] 然而,劳动者的工资并没有像主导某些行业所有权的权贵们的财富增长那么快。安德鲁·卡内基(Andrew Carnegie)整合了钢铁厂,改进了生产技术,并将成本降到最低。约翰·D. 洛克菲勒(John D. Rockefeller)以同样的方式建立了美国最具影响力的石油公司。

伍德罗·威尔逊(Woodrow Wilson)和西奥多·罗斯福等年轻作家将早期共和国的政治生活美德理想化。而乌托邦作家则提供了一个基于现代工业效率经验的未来愿景。在克利夫兰1887年全国巡回后,爱德华·贝拉米(Edward Bellamy)的小说《回首往事》(*Looking Backward*)很快成为畅销书。贝拉米把2000年的美国描绘成一个技术先进的国家:普及公共教育,男女平

[①] Hofstadter, *The Age of Reform*, 174.

等,老年人有养老金,医疗服务增加,工作时间缩短,信用卡和折扣店普及,送货上门服务也产生了,甚至还有音乐和信息传递系统通过"有线电话"连接到家庭。在《回首往事》中,有能力的管理者而不是腐败的政客引导着公共部门。贝拉米的理想激励了数百万美国人加入致力于加强合作和经济正义的民族主义俱乐部。

草原平民主义者和城市改革者,赞扬克利夫兰为减少浪费性开支所做的努力,但总统没有解决他们对日益增长的工业垄断和农业收入下降的担忧。总统不相信他能提高农产品的价格,也不相信他能禁止把一家企业卖给另一家企业,但他感觉到他必须做点什么。

1887年12月,克利夫兰向国会发表了一份不同寻常的讲话,这标志着他寻求一份新的民主党纲领的努力达到了高潮。总统的年度讲话涵盖了广泛的联邦政策,但克利夫兰决定把全部精力放在一个具有变革意义的问题上。这位民主党总统打算煽动一场抗税运动。

他从一个简单的事实开始说起:"通过现行法律的实施,每年从人民的工业和生活必需品中征收的资金数额,大大超过了满足政府开支所需的数额。"随后,总统将超额的税收收入污名为"敲诈勒索与对美国公平和正义的背叛"。[①] 他认为,进口税给消费者增加的成本超过了财政收入的所得。克利夫兰要求国会削减进口税。

克利夫兰指出,在美国17 392 099名劳动力总数中,只有2 623 089人受雇于"声称因高关税而受益"的制造业。联邦政府仍将需要一些进口税收入来支付联邦开支,包括偿还所有债务,因此总统否认他的减税提议只是在呼吁"所谓的自由贸易"。[②]

21世纪的观察家们可能很难理解,在19世纪美国依赖进口税、蔑视"所谓的自由贸易"。美国官员对使用贸易壁垒的看法,与第二次世界大战后日本和韩国等发展中国家领导人的看法相同。他们认为,新兴的国内产业需要帮助,以克服领先的外国竞争对手的初始优势。

实际上,到19世纪80年代前,联邦政府对不断下降的总进口份额征收了

---

① Cleveland,"Third Annual Message"。
② 同上。

高额进口税。糖、糖蜜、羊毛制品、丝绸的进口税产生了大部分收入。由于美国没有国内产业需要保护,丝绸被作为奢侈品来征税。进口关税方面最大的经济压力来自路易斯安那州的糖业种植园主、精炼糖业信托和羊毛种植者。然而,进口税,即"关税",已成为联邦对工业发展承诺的有力象征。[1]

19世纪80年代,共和党在税收问题上的领导权已从参议员贾斯汀·莫里尔转移到他的年轻同事、罗得岛州的参议员纳尔逊·奥尔德里奇(Nelson Aldrich)手中。奥尔德里奇似乎知道,对4 000多类商品中的每一类商品征收进口税的目的和效果。他利用这些知识建立了联盟。更重要的是,奥尔德里奇明白进口税是重要的对国内工业增长的象征性承诺。

1887年,参议院阻止了克利夫兰减少进口税的尝试。民主党需要在1888年的选举中获得强有力的公众授权,才能克服奥尔德里奇对参议院的控制。起初,克利夫兰要与共和党的老兵约翰·谢尔曼一起竞逐。俄亥俄州的实业家和政治战术家马克·汉纳(Mark Hanna),代表这位年迈的政治家发起了一场充满活力的全国竞选活动。纽约的政治机器再次阻挠了谢尔曼的提名,共和党代表也像1876年和1880年一样,转而提名了另一位"黑马"——前内战将军、印第安纳州的参议员本杰明·哈里森(Benjamin Harrison)。

在秋季竞选中,奥尔德里奇的工业盟友为共和党候选人花费了前所未有的资金,尤其是在宾夕法尼亚和纽约这些摇摆州。尽管高傲而固执的克利夫兰认为参加竞选有损现任总统的尊严,但他还是在民众的投票中获胜。不过,克利夫兰在坦慕尼协会的民主党敌手帮助哈里森在纽约州险胜,让哈里森在选举人团中获得了多数。

在离开白宫之前,克利夫兰表达了改革者的沮丧:"结合了财富和资本的共产主义……危险性不亚于由被压迫的穷人和劳苦者组成的共产主义。"[2]

---

[1] 尽管进口税在国民总收入和联邦总收入中所占的比例越来越小,其规模和重要性也越来越小,但关于进口税的政治斗争却越来越激烈。1866年,联邦海关税收为1.79亿美元,并在随后的34年上升到2.33亿美元,1878年降至1.3亿美元的最低点——当时正值经济衰退的尾声——在1882年跃升至2.2亿美元的高点后趋于平稳。与进口税收入相反,销售税收入,主要是烟酒税,随着国民收入的增加而稳步上升。

[2] Cleveland, "Fourth Annual Message".

原共和党人的底牌

1889—1890年多事之秋的国会会议催生了一个绰号:"十亿美元国会"(the Billion Dollar Congress)。与2001年一样,共和党多年来首次掌握了白宫和国会两院,并利用这一权力增加联邦开支。1889—1890年的国会开会,标志着领导权的火炬从谢尔曼那一代内战时期的共和党人手中,最终传递到像奥尔德里奇这样以商业为导向的实用主义者手中。

奥尔德里奇认为政治是各种经济利益之间的竞争形式。虽然草原平民主义者(prairie populists)用基督教美德的语言来表达他们的政治议程,但奥尔德里奇把他们看作是一个利益集团,试图通过推高通货膨胀提高收入、人为压低铁路费率、推动联邦税收从进口税转向所得税。奥尔德里奇和他的盟友支持工业增长,这是未来发展的主要动力。奥尔德里奇的思想和领导力很适合有着许多百万富翁的参议院,加利福尼亚州参议员乔治·赫斯特(George Hearst)认为这一事实证明参议员是"适者生存"。奥尔德里奇信守诺言,在必要时愿意做出让步,并与另一位精明而强大的领导人——来自缅因州的众议院议长托马斯·里德(Thomas Reed)密切合作。

在一个问题上,谢尔曼不愿向奥尔德里奇让步。这位年迈的俄亥俄州人在1855年不顾奴隶主的反对而进入国会,他认为他的同事应该挑战那些正在巩固对美国工业控制权的垄断者。参议院最好的律师质疑,众议院是否可以制定一部保护竞争的法律。他们问,国会如何才能禁止股票所有者向出价最高的人出售股票,或如何才能避免惩罚通过提高效率而获得收益。

尽管存在这些问题,谢尔曼还是在1889年提出一项法案,质疑托拉斯组合的合法性。前南部邦联政府内阁成员、得克萨斯州参议员约翰·里根(John Reagan)等平民主义民主党人对谢尔曼的勇气表示赞赏。[①] 在被另外两位内战前的共和党人,马萨诸塞州的乔治·霍尔(George Hoar)和佛蒙特州的乔

---

① 谢尔曼还可以依靠一些来自西部"银色共和党人"("Silver Republicans")的支持,这是一个试图不激怒强大的农民联盟的派系。1889—1890年间,6个新的西部州,即爱达荷州、蒙大拿州、华盛顿州、怀俄明州和两个达科他州,加入了联邦,增加了该地区在参议院和选举团中的权力。

治·埃德蒙德(George Edmunds)修改后,《谢尔曼反托拉斯法》(the Sherman Antitrust Act)于1890年在国会获得通过。迄今为止,它仍然是维护竞争的联邦法律的基础。谢尔曼、霍尔、埃德蒙德都曾试图通过联邦立法来保护非裔美国人的投票权,但都以失败告终。众议院通过了一项投票权法案,但在参议院被否决。直到70多年后,下一个投票权法案才提交给参议院审议。

在"十亿美元国会"中,支持提高联邦支出和税收的共和党人比民主党人更多。为了减少财政盈余,共和党增加了对退伍军人及其遗属的养老金支出——尽管仍在世的内战退伍军人人数有所下降。到了1890年,这些养老金占到联邦预算的整整1/3。"十亿美元国会"还通过了一项税收法案,即麦金莱关税(the McKinley Tariff)。该法案提高了一些制成品的税收,同时取消了不受欢迎的蔗糖税,该税种此前为联邦带来了可观的收入。直到20世纪20年代,共和党才开始被广泛认为是一个小联邦政府的倡导者。

"十亿美元国会"激怒了草原平民主义者。1890年,各种农民联盟和劳工骑士团聚集在佛罗里达州的奥卡拉召开全国大会,会上制定了一个纲领,即"奥卡拉呼声"(the Ocala Demands)。该纲领赞同征收累进所得税,增加货币供应量,对从事公共通信和运输的公司进行"严格和公正"的管制,以及直接选举美国参议员。① 奥卡拉纲领被许多人认为是20世纪自由主义议程的先驱,要求减少税收,只为"政府节约且诚实地管理"而花必要的钱。② 这些祖传的自由派,绝不会支持用债务来资助联邦的日常开支。

在1890年的选举中,农民联盟的成员赢得了至少6个州的立法机构的控制权。两年后,全国首次以无记名投票方式举行大选,结果令政界人士震惊。格罗弗·克利夫兰在普选和选举人团投票中都击败了哈里森总统,而民主党赢得了众议院3/4的席位。每12名选民中就有1名把票投给了新平民主义政党的候选人。民主党在爱荷华州赢得了选举,该州被认为是新英格兰以外支持共和党比率最高的州。和蔼可亲的众议院筹款委员会主席威廉·麦金莱(William McKinley)在俄亥俄州的共和党选区被击败。在一些共和党人创造了"老大党"(Grand Old Party)这个外号16年后,这个看起来很老的党并不

---

① McMath, *American Populism*, 141.
② Adams, *Johnson's Universal Cyclopaedia*, 521.

那么伟大。

1893 年的萧条

民主党人没有多少时间来品味他们的胜利。就在克利夫兰总统就职的 10 天前,全美最大的铁路公司之一费城铁路和雷丁铁路申请破产。银行倒闭,1893 年整个产出下降,这标志着全国第二次严重萧条的开始。1893 年的恐慌是自 1837 年以来最严重的经济衰退,几乎持续了克利夫兰的整个第二任期。

虽然大多数政治家都在为 1893 年的恐慌寻找国内的解释,但事实上,美国经济受到的是全球趋势的冲击。英国在此之前已经经历了一场银行危机。当欧洲黄金需求上升时,一些美国商业银行暂停向储户支付黄金。

当财政部的黄金储备遭遇挤兑时,克利夫兰总统请求国会授权通过借债来购买黄金储备。国会拒绝了这一做法。财政部有大量的白银储备,大多数民主党人和许多共和党人都认为,联邦政府应该发行银币券来将任何债务货币化。这一有关借债权的僵局,与其说是财政政策(支出和税收水平)的问题,不如说是货币政策(新货币或黄金的使用)的问题。总是由国会规定新债务的用途、数额、条件,这种做法长期以来一直是美国财政传统的支柱之一。

1895 年初,当财政部的黄金储备降至 5 000 万美元时,克利夫兰绕过国会,依靠几十年前通过的法律用新债券换取摩根财团收集的黄金。[①] 在经济低迷时期利用债务来填补预算漏洞的做法符合美国财政传统,但国会——包括总统所在党派的成员——对总统公然无视由国会对新债务实行具体授权的传统做法感到恐惧。克利夫兰指示内阁拒绝向反对他的货币政策的国会议员提供政治赞助,这加深了隔阂。谢尔曼预测,如果总统不能与民主党国会领导人妥协,他将"毁掉自己的党"。[②] 这个预言在下次选举中实现了。

在 19 世纪经济萧条时期,人们对使用债务的态度与 20 世纪不同。在 1837 年和 1893 年的恐慌中,在是否使用短期票据或货币将债务货币化的问

---

① Studenski and Krooss, *Financial History*, 228—229, and Jeffers, An Honest President, 281—283.
② John Sherman quoted in Sundquist, *Dynamics of the Party System*, 147.

题上,联邦领导人的意愿存在分歧。相比之下,在1933年,也就是大萧条的低谷时期,美联储积极地将债务货币化,用美元购买国债。19世纪的联邦领导人也拒绝利用债务投资公共工程以促进就业。在1893年的大恐慌中,俄亥俄州的成功商人约翰·科克西(John Coxey)提议国会发放5亿美元无息债券用于修建公路,而给工人的日薪仅仅为1.5美元。[①] 科克西率领一支由失业工人组成的"大军"来到华盛顿,敦促国会采取行动。然而,他的建议却与美国财政传统中一个根深蒂固的价值观背道而驰:希望通过尽量减少债务以保护国家的未来。直到1929年胡佛政府加速推进公共工程,国家才在经济衰退时期举债来提供临时就业。

19世纪90年代初的政治动荡,使内战中形成的党派纽带出现了松动。这种转变为新一代民主党和共和党领导人创造了机会,其中包括两名搬到内布拉斯加州新兴城市奥马哈的年轻律师。威廉·詹宁斯·布赖恩(William Jennings Bryan)和查尔斯·道斯(Charles Dawes)住在同一个街区,在同一栋小楼的律师事务所工作,甚至起诉了同一条铁路线。他们的父亲都曾活跃在中西部政坛上。民主党人布赖恩通过竞选国会议员,摆脱了小镇律师事务所的日常工作。作为共和党人的道斯觉得默默无闻地工作更舒服,在1893年搬到芝加哥后,才成为改革运动的积极参与者。布赖恩和道斯在1896年各自党派的全国代表大会上出名,并在后来帮助重塑了各自党派的经济政策。

1894年,个人所得税的支持者选择布赖恩在国会长期辩论结束后作结案陈词,随即他开始在全国政治舞台上崭露头角。国会试图创造更多的收入来减少与经济衰退有关的预算赤字,并降低某些进口税。由于大部分要被征税的美国富人都住在纽约、马萨诸塞和几个相邻的州,因此国会对所得税的支持主要是按地区划线的。

33岁的布赖恩声音铿锵有力,在麦克风还没有出现的时代,他的声音是一大法宝。他在演讲中加入了基督教和爱国主义的想象。在回应向高收入公民征税破坏了其他美国人对公民参与的道德诉求的论点时,布赖恩回答说:"哦,先生们,难道背叛穷人的理由还不够——必须用一个吻来完成吗?"一位

---

① Brands, *American Colossus*, 474.

著名的商界领导人认为,所得税可能会迫使富裕的公民将居住地迁往国外。对此,布赖恩大吼道:"如果我们有人如此不重视自由政府,以至于他们宁愿生活在没有所得税的君主制体制下,也不愿生活在星条旗下缴纳2%的税,那么我们宁愿失去他们和他们的财富,而不是冒着承受他们的存在将带来污染的风险。"①众议院向布赖恩起立鼓掌,并以一面倒的优势通过了新的所得税。

最高法院宣布新税种的主要特征违宪,其意见被现代学者认为是思想意识而非法律的表达。最高法院的一位法官同意大多数人的意见,认为个人所得税是"阶级立法(class legislation)"的一种形式。② 财政部长约翰·卡莱尔(John Carlisle)把1895财年的预算赤字归咎于最高法院对所得税的不当判决。

在经济萧条、党派分裂的情况下,民主党在1894年遭遇了与两年前的共和党溃败一样的严重选举灾难。民主党在众议院失去了130个席位,这是美国历史上最大的动荡之一。

共和党建立新的联盟并资助战争

1888年,马克·汉纳成功地让约翰·谢尔曼成为共和党的领跑者,尽管这位候选人很严厉,被一些人称之为"俄亥俄冰柱"(Ohio Icicle)。1893年,汉纳找到了一位更有魅力的候选人:威廉·麦金莱,一位前国会议员和内战老兵。为了规避州操纵政治者(political machines)的控制,汉纳发起了一场改变全国政治的草根总统竞选运动。

汉纳需要润色一下麦金莱的简历。1890年,麦金莱筹款委员会制定了一份冗长的关税法案,其中包含一项对进口锡盘(一种非美国制造的产品)征收高得令人望而却步的关税。麦金莱为一家初创的锡盘制造商的债务提供担保,后来该制造商倒闭,无法偿还债务。为了防止麦金莱破产,汉纳悄悄安排富有的实业家偿还这些债务,并在1894年成功地为他完成了俄亥俄州的州长竞选活动。随后,汉纳以现代商业企业的效率组织了一场全国性的总统竞选活动。

---

① Bryan quoted in Witte, *Federal Income Tax*, 73.
② *Pollock v. Farmers Loan & Trust Co.*, 15 S. Ct. 673, 695 (1895) (Justice Field, dissenting).

汉纳敦促有权势的州领导人尽早支持一个潜在的赢家,并威胁要建立州级组织,与任何反对的人竞争。查尔斯·道斯组建了麦金莱团队,与伊利诺伊州现有的党派领导人进行了斗争。随着汉纳的代表人数增加,反对派开始倒戈。

和汉纳一样,威廉·詹宁斯·布赖恩发起了一次非常规的竞选活动,成为今后局外候选人参与竞选的典范。布赖恩绕过传统的权力掮客,直接招揽代表。他计划到了提名大会上对纲领找碴,并对妻子预言说他将在那里发表一次具有历史意义的演讲。经过最初的僵局,代表们提名 36 岁的布赖恩为总统。两党制已深深植根于这个国家的不成文宪法中,而民主党基本上吸收了平民主义政党。其他强大的第三党除了在 1912 年、1968 年、1992 年强势表现外,之后要么萎缩,要么被两大党之一吸收。

布赖恩接受了民主党的传统财政政策,如削减浪费性开支、平衡预算、降低进口税。汉纳为麦金莱的竞选活动量身定做了一个更加工业化的国家的目标。对于从萧条中挣扎着恢复的选民,他提供了一个明确而简单的信息:共和党人将恢复繁荣。虽然有些历史学家把这次选举视为对布赖恩倡议的支持银币的公投,但麦金莱通过支持在无国际货币条约约束的条件下更多地使用白银这一方案,基本上回避了这个问题。通过对农民的赞扬和对城市的抨击,布赖恩使麦金莱赢得了农村选民的青睐,但却疏远了许多城市选民。

麦金莱在 1896 年的胜利与其说是思想意识的转变,不如说是严重衰退来临后历史变革模式的延续。麦金莱当选后,几乎是顺势而为,经济立即开始了一段长时间的强劲增长。由于更有效的采矿技术以及在育空、澳大利亚、南非发现矿场,黄金供应增加。伴随着通货紧缩得到遏制,扩大银币的运动逐渐消失。在迅速增长的城市人口对粮食需求增加的情况下,农产品价格开始了长达 20 年的反弹。

19 世纪 80 年代中期开始的大规模移民潮,使美国人口在 1900 年增加到 7 600 多万,比英国和法国的人口总和还要多。[①] 当时联邦债务已减至约 10 亿美元,财政部持有大量的现金盈余。[②] 1900 年,联邦政府只支付了 4 000 万

---

① Hobbs and Stoops, *Census 2000 Special Reports*, 11.
② 参见附录 A。

美元的债务利息,还不到 30 年前年度金额的 1/3。①

　　麦金莱总统不情愿地屈服于平民主义者的压力,为支持西班牙殖民地的古巴叛军而进行干预。麦金莱和大多数商界领导人与汉纳结盟,奥尔德里奇则认为被新闻垄断集团煽动起来的战争狂热是一种昂贵的消遣。1898 年 2 月 15 日,"缅因号"军舰在哈瓦那港爆炸沉没后,无论白宫是否批准,国会似乎都将宣战。西班牙已经满足了美国外交官提出的所有条件,而约翰·谢尔曼则对宣战感到非常失望,他辞去了国务卿的职务,从而结束了自己的公职生涯。

　　大多数美国人为自己在短暂的美西战争中轻松获胜而自豪,这场战争只持续到 1898 年 8 月。美国的人口几乎是西班牙的 4 倍,海军也更多一些。国家用国库中多余的现金轻松地资助了早期的战争准备工作。一次发行的利率为 3% 的债券,被超额认购。②

　　白宫和国会延续了传统的做法,提高税收以限制与战争有关的债务。平民派民主党人和各党派的改革者再次呼吁对收入和遗产征税,而不是提高进口税。奥尔德里奇与他们达成了妥协,同意对超过 1 万美元的遗产征收新税,并对大型石油商和糖商的收入征收 1% 的税收。③ 国会还提高了烟草、啤酒、威士忌、银行、经纪人、保龄球馆、专利药和洗浴用品的税收。这些税收的收入促进了战后债务的迅速减少。

　　在 1900 年的总统选举中,预算问题只发挥了很小的作用。在这次选举中,每个政党的平民主义者和改革者都发挥了他们的力量。大多数民主党高级领导人认为,布赖恩关于增加白银支持的货币的呼吁已经失去了吸引力。然而,控制了大多数代表的布赖恩却坚持在党纲中认可一项不诚实的计划,即由财政部铸造银元,且每枚银元中只有大约 70 美分的银子。

　　1900 年,担任全国共和党主席的马克·汉纳也失去了对一些大会代表的控制。由于大会再次提名麦金莱总统已是定局,在现任总统去世后,代表们就把重点放在了副总统候选人的提名上。麦金莱更喜欢谢尔曼的老朋友参议员威廉·艾利森(William Allison),但艾利森无意辞去参议院拨款委员会主席

---

① Bureau of the Census, *Historical Statistics*, *1789—1945*, Series P 99—108 at 299.
② Taus, *Central Banking Functions*, 96.
③ Faulkner, *Politics*, *Reform*, *and Expansion*, 266.

一职。纽约党魁汤姆·普拉特(Tom Platt)参议员意识到除掉政敌的机会,开始为自己的州长小西奥多·罗斯福排忧解难。罗斯福在美西战争中指挥了杰出的"狂野骑士"(Rough Riders),并拥有改革的资历,这使他成为民族英雄。

罗斯福真心不想要这项工作,因为这项工作对汉纳更合适。汉纳试图结束普拉特的计划,他召开了新闻发布会,宣布罗斯福拒绝考虑担任副总统。代表们的反应让汉纳和罗斯福都感到震惊。西部代表们似乎决定提名"狂野骑士",而不顾麦金莱、政党领导人甚至罗斯福本人的意见。

查尔斯·道斯是麦金莱的亲密顾问,他要求总统阻止党内在这个问题上的分歧。道斯说,罗斯福将会增加平民主义在西部各州的选票,给代表们带来一个新的庆祝对象。在麦金莱让汉纳邀请罗斯福作为候选人后,汉纳抱怨说为了保护他们的政党不受"那个牛仔"的伤害,总统必须服满任期。[1]这个牛仔很快就会定义公众对现代总统职位的期望,并开创美国在国际事务中新的、代价高昂的角色。

---

[1] Mark Hanna quoted in Samuels and Samuels, *Teddy Roosevelt at San Juan*, 21.

第三部

进步主义改革派接受传统：1901—1940 年

8　改革派重新定义党和政府

1901—1915年:当年赤字超过还本
付息额的时间为3年
(1904年和1909年,巴拿马运河;1915年,
第一次世界大战造成的短暂衰退)

1902年:西奥多·罗斯福和联邦政府角色

在1901年麦金莱总统去世后,小西奥多·罗斯福入主白宫。虽然在前任总统去世后成为总统的其他副总统影响力不大,但没人认为罗斯福会保持沉默,因为他从来都不是这样。

42岁的罗斯福因其非同寻常的经历而举国闻名。他是政治改革家、战争英雄、牛仔、作家,也是一位天生的竞选者。格罗弗·克利夫兰评价罗斯福是"迄今为止在总统职位上最有条件、最有效的政治家"。[①] 然而,许多人怀疑,对于由马克·汉纳主导的共和党和由参议员纳尔逊·奥尔德里奇以及伊利诺伊州众议院议长乔·坎农(Joe Cannon)主导的国会"守旧派",一个不折不扣的改革者如何能够有效地加以领导。

1902年,也就是在上任的第一个完整年份,罗斯福果断地回答了这个问题。他当年提出的几项行动——关于巴拿马运河、反托拉斯问题、劳工关系、外交政策等——就像定制的拳击手套一样,符合20世纪初美国人的情绪。

在罗斯福的帮助下,汉纳参议员获得国会批准由美国修建一条穿越巴拿

---

① Parker,*Recollections*,250.

马的运河。汉纳理解运河对商业的意义,而罗斯福则赞赏运河对海军的潜在好处。汉纳对自己所在的全国性政党的领导和对广受欢迎的麦金莱的支持,赋予了这位身材矮胖、抽着雪茄的俄亥俄州参议员独特的权威。他通常会让奥尔德里奇和艾利森等参议员同事带头起草立法。因此,当汉纳发表他的第一次也是唯一一次重要的参议院演讲时,两党成员都很关注。1902年的那次演讲描述了修建一条运河穿过哥伦比亚巴拿马省的好处,并说服国会放弃其先前对尼加拉瓜路线的偏好。国会通过了《斯普纳法案》(the Spooner Act),让总统负责管理该项目。罗斯福利用美国海军为哥伦比亚的巴拿马领土上的叛军壮胆,承认巴拿马为独立政府,并花钱获得了修建运河的权利。

巴拿马运河为东西海岸之间的贸易和美国海军船只的过境提供了便利。国会为该项目授权3.75亿美元。这是一个巨大的数字,超过了以往联邦预算年度支出的一半。在1904财年,财政部利用现金余额为第一笔大额付款提供资金,总额达5 000万美元。当1907年的经济恐慌耗尽了联邦政府的盈余时,联邦政府发行了总计1.366亿美元的债券,专门用于修建运河。这笔债务最终为迄今为止最大的公共项目总成本提供了1/3以上的资金。[①] 用来完成运河的债务,与购买路易斯安那以及修建联合太平洋铁路所产生的债务一样,有助于连接并确保国家的边界。

虽然罗斯福在巴拿马运河问题上与汉纳成为有效的合作伙伴,但他对该党的一些最大捐款者却提出了反托拉斯诉讼,这表明他不受共和党领导人的影响。1902年2月,汉纳和该党的其他国会领导人得知,总统授权司法部起诉银行家J. P. 摩根和北方托拉斯公司(北太平洋铁路和大北方铁路的联合体)时大吃一惊。联邦政府指责他们违反了《谢尔曼反托拉斯法》(the Sherman Antitrust Act),该法自1890年通过以来,基本没有使用过。

在听闻诉讼后,摩根和其他金融家乘坐私人轨道车前往华盛顿商议应对措施。晚上10点,当火车到达白宫时,罗斯福邀请他们在白宫共饮,安抚了激动的大亨们。第二天早上,罗斯福会见了摩根。摩根想确定对他的利益——特别是钢铁托拉斯——的其他攻击是否会接踵而来。罗斯福向他保证,法律

---

① Davis, *Financial History*, 486—487.

诉讼不是针对个人的,钢铁托拉斯无需担心,除非它"做了我们认为是错误的事情"。① 摩根和他的同事们意识到,虽然他们可以与新总统坦诚交谈但他却不服从任何人。美国人赞赏他们的总统对本国那些最有权势的商人采取行动的勇气。

在1902年,罗斯福也开创了劳资关系的新局面。前几届政府都曾部署联邦执法官,带着联邦法院发布的禁令来对付罢工的工人。1902年秋天,在一场严重而暴力的煤矿工人罢工期间,罗斯福邀请煤矿经营者和工会领导人与他会面,寻求共识。许多国会议员呼吁联邦政府接管这些煤矿,以避免冬季煤炭短缺。罗斯福却建议由中立的一方进行仲裁,比如前民主党总统格罗弗·克利夫兰。在煤炭公司拒绝了罗斯福的提议后,J. P. 摩根向总统展示了他的权术。他的合伙人控制了许多矿主中的最大客户,摩根让矿主们同意参加谈判。

罗斯福的反托拉斯和劳工倡议是大胆的,但并不费钱。他更强大的海军和更强硬的外交政策愿景,却需要花费更高的代价。总统在1902年预演了他的新外交政策,当时世界上两个最强大的海军强国英国和德国向委内瑞拉派遣军舰,以收回7 000万美元的逾期债务。他向委内瑞拉派遣了一支美国海军舰队,通知德国驻美国大使占领该国将导致战争,然后提出亲自仲裁争端。大使礼貌地解释说,德皇威廉已经考虑并拒绝了这一选项。总统认为,德国统治者是一个不可靠的恶霸,他简短地回应说,将给德国一个遵守美国"提议"的期限。

惊慌失措的德国大使打电话给一个共同的朋友,询问这位没有经验的美国领导人是否可能因委内瑞拉而宣战。他得到了肯定的答复,并了解到罗斯福是一个新型的美国总统。在罗斯福所定最后期限的前一天晚上,德国国会召开特别会议,推翻了德皇的立场,同意仲裁。德国人撤退后,罗斯福立即欢迎一个高级别的德国代表团来到华盛顿,并通过背诵德国文学作品中的整段文字给代表团成员留下深刻印象。罗斯福开始为美国定义一个新的、全球性的角色,一个由更强大的军事力量支持的角色。

---

① Theodore Roosevelt quoted in Chace,1912,99.

泰迪的海军

罗斯福在年仅 24 岁时就写了《1812 年的海战》(*The Naval War of 1812*)一书,批评阿尔伯特·加勒廷对海军发展的限制。在最近的 1879 年,当美国考虑影响秘鲁和智利之间的战争结果时,有人想知道智利的海军是否比美国的强大。在罗斯福担任麦金莱的海军部副部长时,他开始了海军的建设。1897 年的总军费支出为 8 400 万美元,与 20 年前的水平大致相当。1908 年,即罗斯福执政的最后一个整年,海军的开支猛增到 1.15 亿美元,陆军的开支也达到 1.56 亿美元。[1]

1902 年 12 月,在给国会的电文中罗斯福要求增加战舰数量。委内瑞拉危机和罗斯福的声望促使国会为 5 艘新战舰提供资金,这是一个大幅增长。1905 年 3 月,罗斯福设法为一支由 28 艘战舰组成的舰队获得了资金,他说这将使国家"得以休息,只需更换那些破旧的船只"。[2] 然而,没过多久,总统就开始追求一支更强大的海军。1906 年,他要求国会资助新的战舰,使其能够与英国设计的更高级的、涡轮驱动的战舰相抗衡。罗斯福还指示持怀疑态度的战争部(War Department)购买几架最近发明的飞机,以测试其军事潜力。

1907 年,一支由 16 艘现代美国战舰组成的舰队从切萨皮克湾驶出。[3] 罗斯福指示这些战舰——由于它们刚涂上白色油漆而被称为"大白舰队"——在美国主要港口城市升起国旗后到海外展示实力。国会没有批准为这次航行提供资金,但罗斯福料想它将被迫支付舰队返回的费用。考虑到美国财政传统的持久力量,没有任何一位联邦领导人考虑借钱来支付舰队或日常的运营费用。在"大白舰队"巡航的 38 年里,美国海军将主宰世界海洋,并以巨大代价延续至现在。

由于罗斯福的声望,许多国会领导人都纵容他的海军和外交政策。他削弱了布赖恩对平民主义者的控制,提升了进步派改革者在共和党内部的影响力。

---

[1] Bureau of the Census, *Historical Statistics*, 1789—1945, Series P 99—108 at 300.
[2] Roosevelt to General Leonard Wood, March 9, 1905, in Bishop, *Theodore Roosevelt*, 366.
[3] Dalton, *Theodore Roosevelt*, 334.

总统精心挑选了威廉·霍华德·塔夫脱（William Howard Taft）作为 1908 年共和党总统候选人，后者曾是总统忠实的副手，但此前从未竞选过公职。

进口税的作用变化和 1907 年的恐慌

几十年来，进口税数额相对于进口总值和美国经济规模来说一直在稳步下降。自从美国成为净出口国以来，商界领导人们认识到降低国际贸易壁垒的好处。在罗斯福入主白宫前不久，向共和党施压以改变它对进口税的传统看法的行动就已经开始了。1901 年，爱荷华州的共和党领导人曾一致赞同，通过与其他国家签订互惠贸易协定来降低进口税。麦金莱总统在遇刺前一天发表的演讲中指出，"排外的时期已经过去。现在的问题……是我们的贸易扩张和商业发展。"[①]

由于进口税收占联邦收入的 40%，要降低这些税收就需要新的联邦收入来弥补。[②] 谁来缴纳以及缴纳多少的税收，往往是所有党派预算政策的核心。共和党领导人发现，要从他们一贯对进口税的辩护立场转变过来是很困难的。如果不减少为联邦内战老兵家庭提供养老金的计划——共和党象征——的金额，就很难削减进口税。到 1902 年，这些养老金花费了 1.38 亿美元，比陆军和海军的支出还要多。[③]

参议院的共和党守旧派担心，减少进口税将为征收所得税打开大门，而所得税是民主党平民主义者和越来越多的共和党改革派所青睐的。共和党的国会领导人试图与罗斯福就税收政策达成谅解。他们不能向受人爱戴的总统发号施令，而且在 1902 年中期选举之前，他们需要总统在西部给予帮助，特别是为了弥补预料中共和党将在民主党占多数的城市地区的失利。为了通过立法，罗斯福也寻求与本党参议院领导层的合作。

1902 年 9 月 16 日，总统与奥尔德里奇、艾利森、汉纳举行了会议。此次

[①] William McKinley's speech in Buffalo, New York, on September 5, 1901, in Peck, *Twenty Years of the Republic*, 654.
[②] Bureau of the Census, *Historical Statistics*, 1789—1945, Series P 89—98 at 296.
[③] Ibid., Series P 99—108 at 300.

会议没有人做记录，但罗斯福在会后的竞选巡回演讲中描述了他们在税收政策上的妥协。他说，联邦政府应该"把关税作为一个商业建议来对待，而不是从任何政党的立场出发……但是，无论是我们的国家还是其他国家，都无法忍受在短时间内调整贸易以适应关税的急剧变化这样的破坏性政策"。① 在白宫的 8 年中，罗斯福并没有提出任何重大的税收法案。不过无论如何，通过提高进口税来增加收入的日子已经一去不复返了。

在 1904 年取得压倒性的选举胜利后，罗斯福概述了他对税收制度的设想，其中包括"对所有财富征收累进税"。② 两年后，他赞同"征收渐进式遗产税，如果可能的话，征收渐进式所得税"。③ 这位美国历史上迄今为止最受欢迎的共和党总统说，"拥有巨大财富的人有特殊的义务……因为他们仅仅从政府的存在中就获得了特殊的好处。"④

直到罗斯福卸任，奥尔德里奇才把严肃的税收立法提交给参议院。出乎奥尔德里奇预料的是，当时公众对税收问题的看法已经戏剧性地转向了罗斯福。奥尔德里奇之所以提出这一税收法案，是为了抵消联邦收入在 1907 年恐慌期间短暂的经济衰退中所遭遇的损失。

1893 年经济恐慌时发生了第一次重要衰退，同时也表明全国货币和预算制度现代化的必要性。这次衰退始于铜价的下跌，而铜价下跌严重影响了一些拉美经济体、它们的欧洲债权人和铜股票投资者。这些投资者包括尼克伯克信托公司（Knickerbocker Trust Company）的总裁。该公司是众多大型信托（托拉斯）公司之一，它们构成了一个平行的、不受监管的银行体系，类似于在 2008 年大衰退中发挥主导作用但基本上不受监管的金融机构。1907 年，位于纽约的全国性银行资产为 18 亿美元，而信托公司的资产为 14 亿美元。⑤ 有关尼克伯克总裁炒铜的消息，引起了人们从该公司挤兑存款。

存款人排队从纽约的其他信托公司和银行提取资金。金融恐慌的消息，传到了在弗吉尼亚州教堂静修的 J. P. 摩根和在路易斯安那州猎熊的罗斯

---

① Roosevelt's speech in Minneapolis, on April 4, 1903, in Roosevelt, *Compilation*, 255.
② Roosevelt quoted in Morris, *Theodore Roosevelt*, 444.
③ Weisman, *The Great Tax Wars*, 202.
④ Roosevelt, "Sixth Annual Message".
⑤ Bruner and Carr, *The Panic of* 1907, 67.

福。罗斯福继续打猎,而 70 岁的摩根则回到了纽约。摩根召集了全国主要的银行家,给他们分配了审计各银行实力等的任务。出席摩根纽约会议的财政部长乔治·科特尔尤(George Cortelyou)用国库存款来加强特定银行的流动性。摩根的行动则如同旋风一般,为经纪人筹集了超过 2 500 万美元的贷款,维持了纽约市政府的偿付能力,并号召纽约神职人员敦促储户保持冷静。

上述这些迅速的行动,促进了经济从衰退中快速复苏,但在此之前,经济衰退降低了联邦收入,并造成了多年来首次联邦预算赤字。联邦政府利用自己的现金储备来避免负债。1907 年的恐慌推动了税收、货币和预算系统的改革,这将为未来的联邦领导人提供至关重要的政策工具。

1909 年 3 月塔夫脱就职后,总统立即与参议员奥尔德里奇和众议院议长坎农会面,讨论终止预算赤字的必要性。当月,国会通过了一项决议,指示"财政部长向国会建议如何……在对公众服务造成最小伤害的情况下减少预计的拨款,或……在必要时征收新的税收以弥补赤字"。①

即使他的政党占有参议院 92 个席位中的 60 个,但在关于提高进口税的法案辩论中,奥尔德里奇却失去了控制权。一群共和党参议员——以威斯康星州的罗伯特·拉福莱特(Robert La Follette)参议员和艾利森的继任者爱荷华州的阿尔伯特·卡明斯(Albert Cummins)为首——寻求在奥尔德里奇的法案中增加所得税条款,他们从两党都获得了支持。奥尔德里奇征求了塔夫脱总统的意见。在 1908 年竞选期间,塔夫脱和他的民主党总统竞选对手威廉·詹宁斯·布赖恩都支持征收联邦个人所得税和降低进口税。

奥尔德里奇同意塔夫脱的建议,即增加征收新的企业所得税和允许征收个人所得税的宪法修正案,并送交各州批准。几天内,参议院以 59 票对 11 票通过了企业所得税法案。奥尔德里奇提出的修宪决议允许征收个人所得税,在参议院获得一致通过。

对塔夫脱拒绝领导他们争取征收所得税的斗争,进步派领导人感到不满。不过,总统在代表另一个进步主义的事业的斗争中要有力得多:建立一个现代和透明的联邦预算程序。这一倡议始于 1909 年,当时国会要求行政部门提交

---

① Willoughby,*The Problem of a National Budget*,137.

一份关于如何平衡下一个预算的报告。自阿尔伯特·加勒廷以来,财政部长们每年都会报告上一年的开支和收入情况,而各行政部门则直接向国会委员会提供关于未来需求估计的信息。美国财政部长富兰克林·麦克维格(Franklin MacVeagh)建议采用正式的预算程序,其中包括年度总支出和总收入目标。他解释说,像汉密尔顿任职期间那样,仅仅基于行政部门和立法部门之间非正式协调而制定预算,"不可能持久,现在也不可能实行"。[1]

由国会授权、塔夫脱任命的经济与效率委员会(The Commission on Economy and Efficiency)敦促白宫,在每个年度年初编制年度预算提案并提交国会。由于担心行政部门失去权力,国会拒绝了这一建议。塔夫脱在1912年抱怨说,"美国是唯一一个没有预算政府还在运作的大国"。[2] 一个世纪后,许多公民可能会觉得奇怪,在有正式的总统预算报告、明确的国会预算、法定的联邦债务总额上限之前,联邦政府很少借贷。这就是美国财政传统的力量。

中央银行的必要性

1907年的经济恐慌也凸显了建立一个制度化的中央银行体系的必要性。自1790年以来,美国财政部、商业银行、偶尔还有国会的某种联盟,一直承担着控制货币供应的责任。19世纪的政客们倾向于将经济衰退归咎于银行系统的各个方面。

19世纪的古典经济学家认为,货币供应量在商业周期的形成中所起的作用相对较小。他们将市场波动归因于"动物精神(animal spirits)"的影响,尤其是贪婪和恐惧。然而,没有人能否认这样一个事实:银行倒闭导致信贷收缩,并延长了美国始于1837年和1893年的两次萧条。银行在本质上是杠杆化的。这样,在经济低迷时期,银行倒闭导致信贷收缩的原因,不仅仅只是银行股本的损失。

宪法赋予国会管理货币的责任。与国会批准债务的权力一样,宪法本身并没有就如何行使这一权力提供指导。在内战之前,大多数商业活动都是用

---

[1] Willoughby, *The Problem of a National Budget*, 138.
[2] Stewart, *Budget Reform Politics*, 184.

纸币和外国金属货币进行的。到19世纪末,商业交易依赖于银行账户内会计分录调整,而不是现金转移。借款人则依赖银行的信贷。由于银行可能提供比其作为储备金的存款价值高出许多倍的贷款,因此任何银行都有可能发生挤兑,从而危及存款的安全和信贷的可得性,除非银行最后可以求助于某些可以贷款给他们的人。

长期以来,联邦政府一直使用其现金余额来支撑商业银行系统的储备。财政部长加勒廷在1801年上任的第一年,就为一家脆弱的银行增加了储备金。由范布伦和卡尔霍恩提出、财政部长沃克在波尔克政府时期实施的国库支库制度,将财政部在履行中央银行部分职能的作用制度化。约翰·谢尔曼利用这一权力,通过用黄金交换银行持有的联邦债券来有意识地增强银行的流动储备。整个19世纪末和20世纪初,财政部将其存款转移到农业地区,以支持银行在收成后发放贷款的能力。罗斯福时期的财政部长莱斯利·M.肖(Leslie M. Shaw)和乔治·科特尔(George Cortelyou)积极地利用财政部对联邦存款的控制权来加强储备,以支持银行信贷。事实上,一些改革者将新的中央银行视为分散财政部长对整个银行系统的巨大权力的一种手段。

私人银行家自身也履行了中央银行的职能。区域性银行清算所促进了汇票或支票的日常清算,并为清算所的成员提供了提高短期流动性的手段。然而,目前还没有正式的机制来协调各区域清算所的货币行动。

自1790年以来,国家领导人一直难以平衡民选官员和私人银行家在管理货币和信贷供应方面的作用。将这一权力完全交给总统或其选定的财政部长,可能会导致政治滥用或选举周期中固有的不稳定性;可是将这一权力委托给私人银行家协会,可能会造成利益冲突,并在很大程度上导致一种不对民选官员负责的权力集中。国会本身是一个庞大的、部分时间工作的立法机构,缺乏管理中央银行的能力和专业知识。对1907年恐慌的临时反应显示了拥有一个"最后贷款人"的好处,它可以调用联邦政府的信贷和银行的大量资产。

1908年,继谢尔曼和莫里尔之后,在40年里参议院财政委员会的第三位主席、参议员奥尔德里奇决定在联邦政府和私人对中央银行的控制之间确立适度的平衡。对于这项任务,没有人比这位罗得岛的共和党人准备得更充分,塔夫脱钦佩他的"效率、直率和头脑清晰"。[①] 即使那些不同意奥尔德里奇的人，也尊重他的智慧和坦率。那些把大多数民选官员当成资金乞求者的强力商业大亨们，也将奥尔德里奇视为同侪。全国最有权势的两位商人 J. P. 摩根和约翰·洛克菲勒互相憎恶，但他们都钦佩奥尔德里奇。奥尔德里奇与摩根一起度假，并在1901年把女儿艾比嫁给了洛克菲勒的唯一继承人。

1908年的《奥尔德里奇—弗里兰法案》（Aldrich-Vreeland Act）允许银行集中特定的储备金来筹集资本，授予财政部额外的权力来发行纸币，并成立了全国货币委员会（National Monetary Commission）来提出改革建议。奥尔德里奇担任这个委员会的主席，并招募了一个杰出的顾问团队来协助他。他花了数月时间来研究银行业并会见欧洲的中央银行家们。

那个时代的其他金融领导人也一直在研究国家的银行体系。保罗·沃伯格（Paul Warburg）和弗兰克·范德利普（Frank Vanderlipp）是两位受人尊敬的纽约银行家，他们批评说美国缺乏一个有权在经济衰退时动用银行储备和公共信贷的中央银行。范德利普是纽约城市银行（City Bank of New York）的负责人，该银行曾为美西战争融资的债券发行提供担保，并为洛克菲勒提供银行服务。沃伯格从德国搬到纽约管理他岳父的库恩·勒布（Kuhn Loeb）投资银行。范德利普和沃伯格都意识到，长期以来在美国存在着针对中央银行的政治障碍。一个多世纪以来，许多民主党人一直抵制由私人领导中央银行；而20世纪初的共和党国会议员经常附和地方银行家的观点，他们担心中央银行会控制他们的业务。沃伯格提出了一个现代央行的临时替代方案，以绕过这些已被认识到的政治障碍。奥尔德里奇同意沃伯格对现有银行体系的批评，但拒绝接受他的建议，认为他太"胆小"了。奥尔德里奇直截了当地告诉他，"你说我们不能有中央银行，我说我们可以。"[②]

1920年，沃伯格、范德利普和其他银行家匿名秘密前往佐治亚州海岸外的杰基尔岛的一个偏远度假村，与奥尔德里奇会面。在那里，他们制订了一个国家储备协会（National Reserve Association）的计划，该协会将由地区性银行集团和一个有权指导国家利率的中央管理委员会组成。当主要银行家听到该

[①] Weisman, *The Great Tax Wars*, 216.
[②] Nelson Aldrich quoted in Chernow, *The Warburgs*, chap. 10, "Shy Warrior".

计划的细节时，他们反对赋予总统任命国家董事会主席的权力的建议。威廉·詹宁斯·布赖恩仍然是农村民主党人中一股不可忽视的力量，他批评该计划让银行家在管理委员会中的作用太大。比起在1910年任期结束时退出参议院的奥尔德里奇，也许沃伯格更能察觉到政治上的障碍。

改革派的胜利

在1912年的关键性选举中，选民让改革派掌管了联邦政府和两个主要政党。西奥多·罗斯福和伍德罗·威尔逊两位主要候选人都以进步主义改革者的身份竞选。他们和社会主义者尤金·德布斯（Eugene Debs）一起获得了77%的选票。

席卷那次选举的新主流政治潮流，塑造了新一代联邦领导人的观点。他们中的一些人，包括威廉·麦卡杜（William McAdoo）、卡尔文·柯立芝（Calvin Coolidge）、约翰·南斯·加纳（John Nance Garner）、罗伯特·道顿（Robert Doughton）、赫伯特·胡佛（Herbert Hoover）和富兰克林·罗斯福（Franklin Roosevelt），将主导几十年的预算政策。一个在进步时代成长起来的年轻群体，如罗伯特·塔夫脱、阿瑟·范登堡和哈里·杜鲁门，将确定预算的优先次序，直到20世纪50年代初。他们都相信美国财政传统中对债务使用的限制。除了1893年的大恐慌、美西战争和巴拿马运河期间的债务传统用途外，联邦政府在他们的有生之年没有借贷。1888年，年轻学者伍德罗·威尔逊表达了那个时代的主流态度："拨款却没有同时征税，和征税却没有代表权一样糟糕。"[①]

威廉·吉布斯·麦卡杜身上散发出一种商人的自信，他能克服挫折，坚持不懈，直到成功。1908年，他在纽约市修建了两条平行的地铁隧道，将纽约市与新泽西州连接起来，也因此成为纽约市的公众人物。其他地方铁路公司的老板们，常常和科尼利厄斯·范德比尔（Cornelius Vanderbil）的态度一样，后者以"该死的顾客（The customer be damned）"这句格言而闻名。然而，麦卡

---

① Kimmel, *Federal Budget and Fiscal Policy*, 85.

杜训练他的员工按照公司的座右铭"顾客为王"来对待。

不安分守己、雄心勃勃的麦卡杜，在帮助附近的普林斯顿大学校长、政治学家、历史学家伍德罗·威尔逊开创政治生涯时，接受了一种新的挑战。在1907年关于美国宪政的系列讲座中，威尔逊将总统的领导权描述为任何"他有足够的智慧或力量来做事"。[①] 威尔逊教授惊叹于罗斯福对这种权力的使用，不过他个人更倾向于前民主党总统格罗弗·克利夫兰所体现的旧式改革精神。威尔逊相信一个强有力的行政长官的价值，但到了1908年，包括格罗弗·克利夫兰在内的普林斯顿大学的董事会限制了威尔逊作为校长的权力。威尔逊和麦卡杜一样，渴望在更大的舞台上发挥作用。

麦卡杜和威尔逊有很多共同之处。他们都是南方人，都离开了小镇上的律师事务所，到东北部，即美国的金融和学术中心，去寻找出路。他们俩个子都很高，身材纤细，彬彬有礼，谈吐得体，纪律严明。尽管他们与这个国家富有的商业精英们来往密切，但比起巨大的财富，他们更尊重伟大的事业。他们都以使传统的价值观适应现代环境为荣。威尔逊在这所长期由私人俱乐部主导的大学里倡导了一种更加平等的文化，而麦卡杜则实施了同工同酬的新颖做法，付给女性与男性相同的工资。

威尔逊的普林斯顿所在的新泽西迅速发生了变化。在全国最大的移民潮中，该州人口从1890年的140万膨胀到1910年的250万。[②] 城市中的"党老大"们，与该州民主党和共和党内部的改革派展开了斗争。新泽西州的大多数选民在三次选举中都支持格罗弗·克利夫兰，但在威廉·莱宁斯·布赖恩的三次总统竞选中都反对他的平民主义。新泽西州的选举人票可能会改变势均力敌的总统选举的结果。

全国性杂志和新闻连锁集团常常是动员全国舆论的有效工具。麦卡杜的朋友、出版商乔治·哈维（George Harvey），利用《哈珀杂志》（*Harper's Magazine*）为伍德罗·威尔逊推动公共生涯事业的发展。新泽西州民主党人招募威尔逊竞选州长，威尔逊向朋友描述此举"仅仅是1912年提名［他］担任

[①] Wilson, *Constitutional Government*, xxx.

[②] US Censuses of Population and Housing, "Table 1. United States Resident Population by State: 1790—1850," http://lwd.dol.state.nj.us/labor/lpa/census/1990/poptrd1.htm.

总统的计划的初始阶段"。① 1910年,民主党获得的压倒性胜利,使民主党自1892年以来首次控制了众议院,并帮助威尔逊成为新泽西州州长。

甚至在1910年11月的中期选举之前,改革的浪潮就到达了国会山。那年春天,民主党人和进步的共和党人限制了议长约瑟夫·坎农的巨大权力。众议院筹款委员会被授予权力,负责指派众议院的各种委员会。这种权力,再加上该委员会对所有税收立法的管辖权,使该委员会的主席在20世纪的大部分时间里对联邦预算具有非凡的影响力。

塔夫脱入主白宫后,罗斯福的欧洲之行和非洲游猎造成了共和党的政治真空。塔夫脱试图在没有前任总统特有的横扫一切言辞能力的情况下实施罗斯福的议程。1910年6月,当罗斯福从国外回来时,他对塔夫脱的进程并不满意。1910年8月,罗斯福重返公众舞台,发表了热情洋溢的演讲,宣扬"新国家主义"。带头征收所得税的参议员们,组成了全国进步派共和党党团(National Progressive Republican Caucus)。

在1911年底,塔夫脱提起了反托拉斯诉讼,声称他的前任被骗批准了一项违背反托拉斯法的行动,此举激怒了罗斯福。作为业余拳击手的前总统,他宣布加入竞逐下一届共和党总统候选人的提名。在共和党支持现任总统塔夫脱继续获得候选人提名后,罗斯福脱离了共和党,成为新的进步党(Progressive Party)的领导人。

1912年在巴尔的摩举行的民主党全国代表大会上,代表们听到共和党分裂的消息后情绪高昂。然而,许多民主党领导人担心自己党派也发生内部分歧:一方是仍然钦佩布赖恩的平民主义者;另一方是以纽约坦慕尼协会(Tammany Hall)等组织为代表的城市选民。曾试图与布赖恩保持距离的众议院议长查普·克拉克(Champ Clark)在与业余的威尔逊团队的竞争中赢得了大部分的初选。

布赖恩用洪亮的声音出人意料地挑战了大会的领导层,要求获得主要是仪式性的第一项任务(指定1名临时主持者)。他以微弱的优势输掉了这一票,但让人感觉到他的存在。他坐在大会的前排,用一片大棕榈叶为自己扇

---

① Wilson, *A Day of Dedication*, 103.

风,向代表们打招呼,其中大部分人他都认识。尽管这只是后见之明,但在20世纪大部分时间里,民主党何去何从是在那个闷热的会议厅里决定的。

由城市组织主导的各州的大型代表团——纽约、伊利诺伊和马萨诸塞——想方设法让自己的实力最大化,方法是先支持次要的候选人,然后转换自己的支持以创造某种动力,由此当选的候选人将会欠他们的情(in their debt)。在第十次投票中,由坦慕尼协会会长查尔斯·墨菲控制的纽约大型代表团将选票投给了领先者克拉克,使他获得了明显多数。克拉克的代表们开始了一场长时的示威游行,以庆祝他们预期中将获得的胜利。不过,麦卡杜说服威尔逊不要发出那封事先准备好的电报承认失败,因为党内规定仍需 2/3 多数票才能获得提名。

后来,布赖恩向代表们宣布他不能支持克拉克。这是因为,布赖恩将纽约州的支持解读为克拉克可能是一个受惠于华尔街的候选人。在接下来无数次的投票中,对克拉克的支持逐渐消失,直到代表们最终在第46次投票中提名威尔逊。一位只有18个月公职经验的教授,成了世界上历史最悠久政党的总统候选人。

罗斯福的纲领——"与人民订立契约"——呼吁建立一个有最低工资的"现代工业社会",废除童工,以及确立一个可以减轻"疾病、事故、伤残、非自愿失业和老年危害"的社会保险。[①] 威尔逊赞同罗斯福提出的许多政策,尽管他表达这种支持的语言也传达了杰斐逊式的对联邦权力的怀疑。这位冷漠的民主党总统候选人私下里对自己在竞选活动中的吸引力不及罗斯福而感到苦恼。在大选前3周,这位前总统被近距离枪击,但在距心脏1英寸的地方被子弹击中后,他仍继续发表了长达1小时的演讲。

罗斯福的耐力和受欢迎程度,不足以克服已经根植于美国不成文宪法中的两党制的力量。这个制度和传统的债务限制一样强大。罗斯福改革派从共和党的叛逃,使威尔逊在选举人团中轻松获胜。塔夫脱只获得了23%的全国普选票。在几个州,现任总统甚至落后于社会主义党候选人尤金·德布斯。

---

① Chace,1912,166。这些建议也是劳埃德·乔治(Lloyd George)和温斯顿·丘吉尔(Winston Churchill)领导的英国自由党人同期纲领的一部分。丘吉尔是一位比西奥多·罗斯福(Theodore Roosevelt)小8岁的改革家。

1912 年的选举成就了平民主义者和进步主义改革者长达 30 年的统治。罗斯福回到了共和党，而共和党也意识到需要把这位前总统的许多支持者拉回共和党阵营。威尔逊任命城市改革派麦卡杜为财政部长，任命平民主义者布赖恩为国务卿。

威尔逊信任麦卡杜在经济和政治方面的判断力。在麦卡杜娶了威尔逊的一个女儿后，两人的关系更加亲密。在才华横溢的幕僚的协助下，麦卡杜成为自约翰·谢尔曼以来最有权力的财政部长。

中央银行和所得税

1912 年，民主党在政纲中明确反对设立中央银行的"奥尔德里奇计划"。在选举期间，麦卡杜和威尔逊最大的捐助者温和的共和党人克利夫兰·道奇（Cleveland Dodge）悄悄地向华尔街公司保证，布赖恩的平民主义者不会控制威尔逊政府的货币政策。

来自弗吉尼亚州的财政保守主义者民主党人卡特·格拉斯（Carter Glass），担任了众议院银行委员会主席。他得出的结论是，国家需要一个中央银行。格拉斯前往当选总统在新泽西州的住所，询问威尔逊对这个争议性问题的看法。研究过美国银行史和货币政策的威尔逊同意格拉斯的观点。在接下来的几个月里，他们组成团队克服了以下群体的反对意见：以布赖恩为首的民主党平民主义者；抵制中央控制的地区银行家；坚持中央银行只能由银行家控制的其他银行家。

格拉斯最初的提案只是建立地区协会（regional associations）。正如格拉斯所预料的那样，许多银行家站出来至少在某种程度上为中央权力辩护。为了反驳布赖恩关于中央银行会让私人银行家有太大影响力的说法，威尔逊让格拉斯修改他的法案，以便用联邦政府的充分信任和信用来支持新中央银行。格拉斯认为这是不必要的，因为拟议中的储备体系汇集了全国大部分商业银行的储备。威尔逊通过改变说法来说服格拉斯：如果联邦信贷是多余的，那么联邦担保不会有任何伤害，并且可能让平民主义者放心，即联邦政府将控制 1 家行使最终来自国会宪法权力的中央银行。

威尔逊明白,民主党之所以反对设立中央银行,更多的是基于对银行家的不信任,而不是对联邦当局的不信任。威尔逊和格拉斯最终同意了布赖恩的要求,赋予总统选择"全国理事会(national governing board)"成员的权力。通过给予理事会成员交错安排的 14 年任期,他们试图让中央银行独立于任何特定政府。在众议院以 287 票对 85 票和在参议院以比较接近的票数通过后,威尔逊在 1913 年 12 月 23 日签署《联邦储备法》(Federal Reserve Act),使之成为法律。有关"纸币"的长年争论,逐渐消失在历史中。美联储的绿钞成为国家的主要现钞,纸币也不再作为债务出现在国家的资产负债表上。[①]

对于联邦政府是否曾"印钱"以弥补预算赤字的问题,美联储之前的美国历史给出了一个直截了当的答案。美国在内战期间印刷了 4.5 亿美元来支付账单。[②] 在美国内战和美联储成立之间,财政部发行的是债券——而不是货币——为内战债务再融资,并为 1893 年大恐慌、美西战争、巴拿马运河建设期间的债务提供资金。

当然,新成立的美联储确实有权使用现金,也就是美联储票据或信用,从财政部或在公开市场购买联邦债券。美联储通常将货币化债务作为扩大货币供应的手段,以提供流动性和适应增长所需。当美联储成立时,没有人预料到它会如此迅速地被要求用于资助第一次世界大战的债务货币化。

在 1913 年,美联储并不是唯一一个永远改变了联邦债务和预算管理的创新。那一年,在各州批准宪法第十六条修正案后,国会颁布了适用于最高收入的个人所得税。该税收被收录在一份总共 800 多页的进口税单中,内容长达 8 页。国会对收入超过 3 000 美元标准扣减额的人,按 1%税率向所有"收益、利润和收入"征税,已婚纳税人可额外扣减 1 000 美元。对高收入阶层适用较高的税率,当时被称为附加税。年应税收入超过 50 万美元的,按 7%的最高税率征税。该法案将各州和地方政府债券的利息排除在税收之外,并允许纳税人扣减"必要的"商业支出,包括税收和利息支付。最初几年,只有 2%的美

---

① 附录 A 通过从国债中减去以绿钞和金银券为形式的"纸币",以可比的方式显示了历史债务。1913 年之后,它们的功能被联邦储备券,也就是现代的"纸币"所取代,这些票据不再包括在债务账户中。从内战到第一次世界大战,美国财政部网站上的"官方"债务统计数据在历史比较中没有意义,因为它们包括作为货币的无息票据,包括为存放在财政部的金银而发行的票据。

② Studenski and Krooss, *Financial History*,144—145.

国家庭缴纳了联邦所得税。①

威尔逊早期的立法议程包括监管改革和税收改革,而没有大规模的新支出计划。为此预算出现了盈余。多年来第一次邮递服务成本完全由专门收取的使用费来补偿。

乡村平民主义者和城市进步主义者的胜利,并未改变美国不成文财政宪法的力量。从 1902—1915 年,联邦有息债务水平保持稳定的时间比美国历史上任何时期都要长。这段时期的债务以 9.31 亿美元开始,以 9.62 亿美元结束。②事实上,尽管国民收入翻了两番,但 1915 年的债务总额与 1884 年格罗弗·克利夫兰上任时相差无几。1915 年,2/3 的债务是内战债务的再融资,其余的则是为巴拿马运河或美西战争融资的债券。国会授权每一笔债券的发行,并且公众可以很容易地准确识别联邦政府为什么要借钱。

---

① Witte, *Federal Income Tax*, 75—79.
② 参见附录 A。

9 资助世界大战和偿还债务

1916—1928年：当年赤字超过还本付息额的时间为2年

（1917—1918年，参加第一次世界大战）

辩论军事准备

在1916年的大选之夜，威尔逊总统上床睡觉时认为自己已经输了。尽管经济增长强劲，但他还是只以微弱优势获得了胜利，这反映出西奥多·罗斯福重返共和党后两党势均力敌的局面。欧洲的战争给选举蒙上了一层阴影。威尔逊曾使美国置身于欧洲的悲剧性冲突之外，但他发现——就像杰斐逊和麦迪逊一样——在贸易禁运的危险水域中，特别是在潜艇战出现之后，要坚持中立政策是很困难的。

在1914年初的金融恐慌之后，这场战争实际上似乎帮助了美国经济。美国产品取代了欧洲对亚洲和拉丁美洲的出口。随着商品的流出、黄金的不断流入，纽约取代伦敦成为全球金融中心。

欧洲债务体现出来的赤字，随着欧洲士兵的参战流血而上升。美国联邦政府却在截至1916年6月30日的财年中出现了盈余。虽然国会已经颁布了所得税，但消费税——联邦税收的传统主力——占联邦财政收入的80%。仅对烟酒征税获得的收入就超过了新的个人所得税。1916年，大约1亿的总人口中只有 43.7 万个富裕家庭缴纳了个人所得税。① 这种税收收入的结构很快就会被永久地改变。

民主党筹款委员会主席克劳德·基钦(Claude Kitchin),反对为应对德国潜艇威胁而增加军费的要求。基钦在 1915 年还担任过民主党多数派领导人,他在很大程度上控制着联邦税收政策。他可以指望得到家乡的盟友——北卡罗来纳州的弗尼福德·西蒙斯(Furnifold Simmons)——的帮助,他当时是参议院财政委员会主席。当能言善辩、精于预算细节的基钦参与辩论时,众议院的长廊里常常挤满了听众。

基钦的政治传统以及他对第一次世界大战的看法,揭示了主要基于支付能力的联邦税收制度突然的和不可逆转的出现。他的家族曾帮助领导北卡罗来纳州的民主党,此党在 19 世纪 90 年代从农民联盟中产生。北卡罗来纳州的民主党人将平民主义引向了主流的改革方案。基钦一直支持威尔逊政府,直到在 1915 年德国潜艇袭击卢西塔尼亚号远洋客轮后,他也不同意总统要求增加战舰。多数党领导人基钦认为,购买新的战舰比购买沉没的潜艇更能提高钢铁制造商的利润。尽管如此,国会还是增加了海军经费,这促使 47 岁的基钦向威廉·詹宁斯·布赖恩抱怨"好战分子和战争贩子(the jingoes and war traffickers)"的影响。②

美国的财政传统如此强大,以至于在 1915 年没有一位主流美国领导人提出应该用债务而不是税收来为这种军备建设提供资金。基钦成功地将超过标准免征额的所得税基本税率从 1% 提高到 2%,而该免征额被设定在高于绝大多数家庭收入的水平上。最高收入人群的累进税率,此时已高达 13%。③ 与 18 世纪 90 年代的杰斐逊一样,基钦希望税收负担能够抑制人们对战争的热情,这种热情在与英国有商业联系的那些金融中心尤为强烈。他预计,"当纽约人民彻底地相信所得税将不得不为增加陆军和海军支付费用时……备战将不会像现在这样受到他们的欢迎。"④

---

① Morgan, *Deficit Government*, 7.
② Claude Kitchin quoted in Tindall, *The Emergence of the New South*, 42.
③ Witte, *Federal Income Tax*, 8.
④ Kitchin quoted in Tindall, *The Emergence of the New South*, 43.

在获得连任后,具有学者气质的威尔逊要求,每个交战的欧洲国家都要对其继续战争的目标作出书面说明。伦敦、巴黎、柏林的战时内阁都梦想着战争胜利能让他们获得领土,迫使敌人支付赔款。然而,每一个交战中的列强都不愿意承认,对自己的公民来说,这些是事关国家存亡的正当目标。

到1916年,战争发生了可怕的转变。在双方为取得西线决定性胜利而发动的失败攻势中,有200多万士兵丧生。1917年初,协约国和同盟国的领导人(Allied and Central Leaders)陷入了绝望。他们可能会失去整整一代年轻人,而他们的百姓也变得越来越不安,在经济困苦中不断挣扎。

德国的军事指挥部把希望寄托于在法国发动一场决定性战役。在与俄国签订和平条约后,为了最大限度地提高他们在这条战线上的成功机会,他们计划破坏协约国的补给线。1917年2月1日,德国宣布它打算对英国、法国、意大利和东地中海周围地区的所有船只开始实行无限制的潜艇战。一些德国领导人希望通过启动秘密计划,用竞选捐款来影响美国国会,并鼓励墨西哥入侵美国以拖延美国投入战争。德国反对派领导人抱怨说,这些离奇的阴谋使他们的政府成为国际社会的笑柄。但美国人并不觉得好笑,他们大多数都同意麦卡杜的结论——"不可能光荣地避免战争"。[①]

美国公众舆论急剧转向支持战争,但也因此暴露出美国外交政策和军费开支背后长期存在的紧张局势。大多数美国人不愿意把他们的税款和美国人的生命牺牲在与美国自身安全没有明显关系的事业上。然而,有影响力的少数人认为,他们的国家应该承担起更广泛的国际领导责任,而这在一定程度上需要强大的军事力量。正如德国在1917年发现的那样,这两个群体在面对美国人的生命受到切实威胁时,会团结在一起。

1917年4月4日,参议院以压倒性的优势通过了宣战决议。两天后,民主党领导人克劳德·基钦恳求他在众议院的同僚投票反对一场"我们过去和现在都完全陌生"的战争。[②] 基钦处于完全劣势,败下阵来。他立即开始致力于通过提高对"富人而非穷人"征税来尽量减少战时债务的数额。[③] 基钦的税

---

① McAdoo, *Crowded Years*, 369.
② Kitchin quoted in Keith, *Rich Man's War, Poor Man's Fight*, 14.
③ Kitchin quoted in Tindall, *The Emergence of the New South*, 53.

收立法,永久性地结束了联邦政府主要依赖于消费税的状况。从 1917 年开始,联邦税收将主要基于纳税能力而获得。

筹措战争经费

1917 年 4 月 5 日,威尔逊总统提出,"在可行的范围内,战争的负担应该由当代人的税收而不是由借款来承担。"①麦卡杜要求国会拨款 35 亿美元用于美国的军事准备,30 亿美元用于向盟国提供贷款。② 国会立即批准了 50 亿美元的债务,这是联邦政府正常年度预算的 5 倍。③

麦卡杜就国家的债务能力对财政领导人进行了调查,并定下了用税收来承担第一年 85 亿美元战争费用(估计数)一半的目标。④ 麦卡杜认为,"各国政府所犯的最致命的错误之一就是,没能大胆地、迅速地将战争成本的负担公平地强加给当代人"。⑤ 财政部长对内战初期曾经临时融资的分析让他"很清楚地知道不该做什么"。⑥

很快基钦就向众议院提交了一份税收议案。在议员们的掌声中,他指出,如果一个人"待在家里而孩子们在前线",那么他就不应该抗议更高的税收。⑦年轻男性被征召到国家的军队中服役,而且获得的工资很低,因为他们被认为是最有体力做此事的人。使用类似的逻辑,基钦的税收法案将战争的费用强加给了有利可图的公司和最有支付能力的富裕公民。⑧

1917 年 10 月,国会通过了《战时税收法案》(War Revenue Act)。在宣战

---

① Woodrow Wilson quoted in Gilbert, *American Financing of World War I*, 84.
② 同上,83。
③ Emergency Loan Act of April 24, 1917.
④ Gilbert, *American Financing*, 84—91.
⑤ William McAdoo quoted in Mehrota, "Lawyers, Guns, and Public Moneys", 184.
⑥ McAdoo quoted in Ippolito, *Why Budgets Matter*, 101.
⑦ Kitchin quoted in "Kitchin Excuses New Tax Bill".
⑧ 根据支付能力纳税的承诺由其他有权力的税务起草委员会成员共同承担,包括来自北卡罗纳州的参议员、参议院财政委员会主席弗尼福德·西蒙斯(Furnifold Simmons);密西西比州参议员、所得税和遗产税小组委员会主席约翰·威廉姆斯(John Williams);以及最初起草所得税草案的田纳西州众议员科德尔·赫尔(Cordell Hull)。

6个月后,财政部以每月4亿多美元的速度借款。①

1917年的《战时税收法案》是联邦税收制度自内战结束以来最根本的变化。它降低了所得税免征额的门槛,将企业税率提高了两倍,并提高了消费税和邮政收费。最低的个人所得税税率为4%,对高收入阶层还要征收13%—50%的额外税率或"附加税"。② 该法案还征"超额利润"税,向一些竞争对手不多的工业公司的战时利润征税,如美国钢铁公司(US Steel)和标准石油公司(Standard Oil Trust)的收入。

对麦卡杜来说,很难估计主要基于纳税人自我申报收入的税收制度能产生多少收入。在其他国家,主要由公民计算自己的应税收入,然后邮寄支票来资助政府的想法几乎是不可想象的。但大多数美国人都遵守了这项法律。在最初大规模纳税的几个月里,即1918年5月、6月、7月,财政部收到了26.26亿美元,这是以前任何一个财年所征收的全部联邦税款的两倍。③

美国非常需要这些收入。到1917年底,麦卡杜已经将第一年的战争成本预算提高到123亿美元。④ 那时他还得出结论,税收收入估计只能支付战争总成本的1/3。麦卡杜推论说,"如果你通过税收把一个人的剩余收入全部拿走,你就不能指望他买债券,也不能指望工业扩张。"⑤美国的财政传统认可用债务来支付战争,但没有确定战时税收和债务之间的分配准则。麦卡杜发现的2/3规则(即2/3战争成本用债务来承担)是20世纪的初次尝试。

基钦的民主党人和剩余的进步党人担心战时的债务水平,这导致他们甚至在1918年11月战争结束后再次提高税收。1919年的《岁入法案》也反映了国会对战时高额利润的关注,以及在当年批准禁止酒精饮品贸易的宪法修正案后,需要寻找替代联邦酒精税的收入。

1919年的《岁入法案》将个人所得税的最高税率定为个人收入的77%,并

---

① Gilbert, *American Financing*, 94. 每月收入和支出的一个很好的来源可以在 Firestone, *Federal Receipts*, Table A—3.
② Gilbert, *American Financing*, 96—97.
③ Firestone, *Federal Receipts*, Table A—3.
④ Gilbert, *American Financing*, 91.
⑤ William McAdoo quoted in Gilbert, *American Financing*, 90.

在两年内逐步取消。① 威尔逊政府警告国会说,最高税率可能会适得其反,并引发逃税。实业家安德鲁·梅隆(Andrew Mellon)指出许多高收入的美国人在战争期间没有合法地寻求减少税收,但后来他们将高税率视为"一种商业开支",并"通过尽可能地针对性逃税来对待它们"。②

企业所得税的收入远远高于个人所得税。个人所得税的标准免征额仍然高于大多数工人的收入水平。在战争期间和战后不久,由极少数纳税人缴纳的高收入附加税,约占个人所得税收入的70%。③ 1919年,个人所得税收入中只有一半来自工资和薪金,其余的来自股息、利息和非公司经济实体收入。虽然在战后的几年里,国家的党派平衡发生了很大的变化,但以支付能力为原则的税收制度却经久不衰。

战时借款和债务上限

联邦政府在1917年5月至1919年4月期间,通过发行5次独立的债券——4次自由公债和1次胜利公债——借了215亿美元。因此战争结束时,美国的短期债务又达到50亿美元。大多数债券在10年或15年内到期,支付的利息从第一次发行债券的3.5%到第四次发行的4.7%不等。④

用来销售债券的口号表达很直白:"你们这些没有应召去卖命的人认购吧!""一个不能以4%的利率借给政府1.25美元的人,没有资格成为美国公民。"⑤受欢迎的艺人帮助销售以小面额发行的自由公债。每一次发行的债券都被超额认购。超过2 200万美国人购买了自由公债,尽管超过70%的债券以1 000美元或更高的面值出售,只有银行、公司和富有的投资者才能负担得起。⑥

---

① Studenski and Krooss, *Financial History*, 295—296.
② Mellon, *Taxation*, 13.
③ Bureau of the Census, *Historical Statistics*, 1789—1945, Series P 144—151 at 307.
④ Studenski and Krooss, *Financial History*, 288—292.
⑤ James Macdonald, *A Free Nation Deep in Debt: The Financial Roots of Democracy* (Princeton, NJ: Princeton University Press, 2006), 403.
⑥ Gilbert, *American Financing*, Table 40 at 135.

国会明确规定了战时借款的数额和条件。当麦卡杜部长在第一次发行债券的50亿美元授权额度尚未全部卖出之前,就试图推销第二次发行的债券时,国会开始使用总体债务上限。① 由于财政部无法准确地预测这两种债券授权分别能出售多少债券,于是国会允许财政部出售债券,并对两种债券的债务总额设定上限。

战后,立法规定的债务上限仍然有效。它从未打算取代传统的要求,即由国会批准用于特定目的的债务。达到最高限额借债的原因非常清楚,即国家为了战争而负债。即使在20世纪20年代联邦政府稳步偿还第一次世界大战的债务后,1919年的最终债务上限仍然存在。胡佛和罗斯福政府的联邦领导人不得不在第一次世界大战期间的债务上限范围内开展工作,只能稍作调整,以弥补收入不足,并为大萧条期间的紧急救济提供资金。1939年,国会确实将债券和国库券的上限合并为450亿美元的总债务上限。② 之后,为了应对第二次世界大战,这一上限最终提高到3000亿美元。直到1961年冷战时期的柏林危机,这个债务水平才被超过。到了20世纪80年代,联邦领导人对美国债务增加的原因看法几乎一致。如今,许多联邦政府领导人似乎已经忘记了适度的债务上限的初衷。国会没有再用它来控制支出,因为国会可以通过限制拨款更直接地削减支出。

与以前的重大战争相比,第一次世界大战期间银行系统更加顺利地承担了联邦债务。财政部通过发行短期的"预期"凭证("anticipation" certificates)以低利率向银行借款,这些凭证在每期债券出售后被偿还。美联储还扩大信贷,支持银行购买国债。美联储以美联储券这一现代美国纸币的形式大幅增加了流通货币的数量,到1919年总共达到25亿美元。③ 到战争结束时,1913年的《联邦储备法》要求发行的纸币至少40%的黄金储备支持,但在世界大部分黄金供应涌入美国的时候,这并没有构成严重的限制。仅纽约联邦储备银行的黄金储备,就超过了所有欧洲的中央银行。

在麦卡杜的经常指导下,联邦政府行使了非凡的战时经济权力。它保证

---

① Kimmel, *Federal Budget and Fiscal Policy*, 86.
② Department of the Treasury, *Statistical Appendix*, Table 32 at 155—159.
③ Bureau of the Census, *Historical Statistics*, 1789—1945, Series P 152—165 at 375.

9　资助世界大战和偿还债务

了小麦的期货价格以确保所需,承担了铁路系统的控制权,并直接为军火工业的投资提供资金。

在1918年8月到11月11日的康边停战协定(Armistice of Compiègne)后,美国的经济和军事力量扭转了法国的战局。德国领导人错误地估计了美国在欧洲部署军队的速度,他们寻求按照威尔逊总统提出的计划签订和平条约。尽管总统与战时盟国领导人的关系恶化了,但他还是成了许多欧洲人的英雄。曾乞求美国贷款的盟国抗议说,他们无法偿还这些贷款。美国曾向其盟国贷款100亿美元:英国为43亿美元,法国为30亿美元,意大利为16亿美元,其余借给其他国家。应计利息为每年4.75亿美元,并以黄金支付。①

英国、德国、法国、俄国的这些债务,加上其他战争债务后,总额极其庞大,超过了它们的战前年国民收入的150%。除美国之外,英国是唯一一个通过征税来支付大量战争费用的国家。英法两国都试图将大部分债务负担转嫁给德国,正如德国在1871年普法战争胜利后对法国所做的那样。赔款和其他惩罚性措施激怒了德国人,他们的国家在同意结束战争时仍占领着法国部分地区。德国最终用恶性通胀冲掉了大部分内债。俄国干脆拒付了战争债务,也因此失去国际信誉。美国最终只收回了向其盟国提供的全部贷款的15%。②只有芬兰还清了欠美国的债务。

从宣战到停战的20个月里,美国政府一直在为一场长期的冲突做准备,并因此扩充军事力量,准备相关的军备、粮食和运输。战争结束后,威尔逊政府似乎无力开展有序的退出军事动员的工作。在战争结束的几周内,疲惫不堪的麦卡杜辞职了。威尔逊总统花了数月时间在欧洲谈判和平条约,回国后却因中风致残。

尽管联邦开支仍高于战前水平,但战时的高额税收仍使预算恢复了盈余。在停战后8个月开始的1920财年,联邦政府的支出为63亿美元——这是战前水平的6倍。③ 财政部长大卫·休斯顿(David Houston)警告说:"我们遭

---

① Shultz and Caine, *Financial Development*, 558.
② Macdonald, *A Free Nation Deep in Debt*, 422.
③ 参见附录C。

散了许多团体,但我们没有遣散那些盯着财政部的人。"①

幻　灭

联邦政府的开支成为战后政治斗争的一个核心问题,因为这场代价高昂的战争留下了苦涩的余味。历史学家理查德·霍夫施塔特(Richard Hofstadter)指出,"在进步派的言论和进步派的措辞下,这场战争对美国公众来说是正当的——也许必须证明是正当的。"②基于世界"民主安全"这一令人振奋的道德观,威尔逊曾主张美国加入民族主义冲突,并试图以一项和平条约来结束冲突。他声称该条约"不是我们想出来的计划,而是上帝之手引导着我们走上这条路"。③可是包括老兵在内的许多美国人,都把这场在他们事后看来没有什么成就的战争归咎于威尔逊政府,而不是上帝。

1919年,进步主义改革者的势头依然强劲,他们能够成功地通过给予妇女选举权和禁止销售酒精饮料的宪法修正案。然而,对战争的失望确实改变了进步主义运动的进程。进步理想主义的道德权威与许多美国人一样,被残酷的战争现实所伤害。激烈的战争也给联邦领导人带来了身体上的伤害。在炎热的夏天,国会在没有空调的情况下辛勤工作。许多参议员因此死去。国家活力的象征和军事力量的拥护者西奥多·罗斯福,因为儿子在战争中死去而迅速衰老。1920年,意志坚强的基钦在众议院中风倒下。

1919年9月,威尔逊总统的中风使他与妻子、医生一起被孤立在白宫。他失去了对公众情绪的了解。他傲慢地回应对《凡尔赛条约》的批评——包括拒绝回答参议院提出的有关条款的问题——体现了公共生活中的文明程度普遍下降。战后,许多移民感到自己被盯上,成为要被打击的可疑叛徒和共产主义者。退伍军人对自己的牺牲感到不满,因为平民的工资已经涨到了大多数士兵工资的10倍。那些被鼓励扩大生产以养活战时盟友的农民,焦急地看着丰收的作物带来农产品价格的急剧下降。

---

① Department of the Treasury, *Annual Report*, 4.
② Hofstadter, *The Age of Reform*, 275.
③ Wilson quoted in Chace, 1912, 269.

9 资助世界大战和偿还债务

战后经济衰退的部分原因是纽约联邦储备银行（Federal Reserve Bank of New York）采取创新性的"公开市场业务"（open market operation）政策抑制通货膨胀，这一政策通过出售债券换取现金来减少货币流通量。首次采用的这种通过出售债券来减缓经济增长和通货膨胀的政策，破坏了任何关于未货币化的债务上升将导致增长的假设。

在1920年各主要政党的提名大会上，进步派遭受挫折。麦卡杜在布赖恩的帮助下试图填补其岳父因身体衰弱造成的政治真空。在民主党总统提名的早期投票中，他处于领先地位，直到坦慕尼的老板查尔斯·墨菲（Charles Murphy）召集城市代表团支持共和党提名人俄亥俄州州长詹姆斯·考克斯（James Cox）。伦纳德·伍德（Leonard Wood）将军是罗斯福的门生和前"狂野骑士"，在共和党大会代表中处于领先地位。参议员们厌倦了强有力的总统领导，阻止了伍德的提名，并安排选择一位风度翩翩但不起眼的同事俄亥俄州的沃伦·哈定（Warren Harding）。

1920年的副总统候选人预示了两党的未来。考克斯选择了西奥多·罗斯福39岁的堂弟富兰克林·罗斯福，他解释说"他的名字好听，地理位置合适，而且他反对坦慕尼"。[1] 民主党人罗斯福是前纽约州参议员和海军助理部长，他的竞选主张是加强财政纪律。当一名代表起身提名马萨诸塞州州长卡尔文·柯立芝为哈定的竞选伙伴时，会场里爆发出压倒性的赞同声。谦虚的柯立芝曾支持渐进式的改革，同时在他停止了波士顿警察的非法罢工后也成为传统权威的象征。

对战争、通货膨胀、战后经济衰退的反弹，带来1920年共和党压倒性的胜利。共和党赢得了白宫，并在参众两院获得了绝对多数选票。共和党候选人甚至在一些被认为是民主党大本营的城市选区取得了胜利。共和党的胜利并不表明国家思想意识的重大转变，两党政纲都没有否定进步主义改革的成果。尽管许多评论家将20世纪20年代模式化为"保守主义"，哈定却将自己描述为"理性的进步主义者"。[2] 各州政府继续颁布许多旧的进步主义议程，包括保护雇员的法律和资助大规模的道路、学校和医院建设。不过，哈定的当选确

---

[1] James Cox quoted in Smith, FDR, 180.
[2] McGerr, *A Fierce Discontent*, 312.

实促进了一定程度的政治和解,他对社会主义劳工组织者尤金·德布斯(Eugene Debs)的赦免就是例证。(威尔逊政府曾以纵容战时劳工骚乱为由,将德布斯关进监狱。)

效率驱动力

在20世纪20年代,美国在汽车、航空、电力、无线电、电话等领域的技术革命促进了经济增长。美国公司用新的大规模生产技术降低了成本,许多纳税人也渴望政府能有这样的效率。专业性和效率等进步主义理念成为中心议题。对此,许多城市采用了宪章修正案的形式,赋予无党派职业经理人管理预算和运营的权力。

哈定总统更喜欢把管理责任下放。他让腐败的俄亥俄州政治帮派负责执法和退伍军人的福利,这使他的声誉受到了损害。但相比之下,他把预算、税收、经济政策的权力分配给诚实而老练的企业管理者,其中最著名的有查尔斯·道斯、赫伯特·胡佛、安德鲁·梅隆。这些人和专家团队完善了基钦的税收制度,将新的联邦预算程序制度化,并偿还了联邦债务。道斯、胡佛、梅隆以及哈定的继任者卡尔文·柯立芝,一起定义了一种管理政府的新的"保守主义"的共和党主流方式。在20世纪20年代之前,民主党人——而不是共和党人——通常被认为更认同小政府。这种情况在20世纪末将发生变化。

赫伯特·胡佛和查尔斯·道斯从战争中脱颖而出,被誉为杰出的管理者。46岁的胡佛之前是矿业局长,他因缓解欧洲战争引起的饥荒而获得国际声誉。比胡佛年长9岁的芝加哥银行家和公用事业局长道斯,在担任陆军准将负责后勤时也表现出色。

哈定起初很难将胡佛和道斯纳入他的政府。共和党参议员反对胡佛在内阁任职,他是两党改革者的英雄,被吹捧为可能的总统候选人。哈定要求道斯以财政部长的身份管理预算,但道斯拒绝了,理由是他需要更多的权力来管理跨部门的预算。

美国最富有的人之一安德鲁·梅隆的角色,带来了更大的挑战。梅隆作为银行家和一家钢铁公司的老板发了财,他把这家公司卖给了摩根大通的美国钢铁公司,还把一家石油公司卖给了洛克菲勒的标准石油公司。由于对美国铝业公司的投资以及海湾石油公司在得克萨斯州的石油生产和精炼业务的早期投入,他的财富持续增长。

有权势的宾夕法尼亚州参议员菲兰德·诺克斯(Philander Knox)建议哈定启用梅隆担任道斯拒绝的财政部长职位。哈定同意了这一任命,条件是诺克斯要为胡佛的商务部长任命扫清道路。总统正确地预见到梅隆的任命将会招致公众的批评,"就像任命 J. P. 摩根一样糟糕"。

然而,财政部长梅隆的不错表现最终赢得了大多数怀疑者的青睐。他们发现,他既不是一个空想家,也不是一个业余爱好者。他掌握了税收政策的细节,并阐明了明确的预算目标。

这些目标保持了 11 年之久。在此期间,梅隆在三任总统手下担任财政部长。他说,国家的首要任务应该是平衡预算、减少债务,这一目标被他称为"政府自成立以来的基本政策"。其次,他呼吁建立一种税收制度,以产生足够的收入来应付开支,减除那些最没有支付能力的人的负担,并消除"那些可能阻碍企业持续稳定发展的影响"。① 他把这种方法称为"科学税收"。

与 21 世纪的一些共和党人不同,梅隆坚决捍卫累进个人所得税。这位务实的大亨觉得"难以置信","中等收入的人"要为自己的工资缴纳所得税,而免税的投资却让"一个年收入 100 万美元的人不需要为支持他的政府缴纳一分钱"。② 梅隆对企业税和累进个人所得税的倡导,确保了基钦税制的存续。

现代联邦预算

查尔斯·道斯和他的同事——陆军上将赫伯特·洛德(Herbert Lord)——首次实施了现代联邦预算程序。在 1921 年之前,没有任何法律授权总统提出年度预算。传统的预算做法,如清晰的会计预算和"现收现付"的预算规划,使得消息灵通的精英(主要在国会内部)能够在国家不成文的财政宪法的限制下管理预算。有权势的参众两院领导人帮助将支出限制在估计收

---

① Mellon, *Taxation*, 9, 25.
② 同上,94。

入的水平上。约翰·谢尔曼、贾斯汀·莫里尔和纳尔逊·奥尔德里奇等长期任职的参议员,提供了上述做法的延续性。第一次世界大战期间,预算的规模和复杂性暴露了那种旧的、非正式体系的缺陷。

商会、社论作者和学术专家都支持预算改革。塔夫脱的经济和效率委员会发表的一份题为《国家预算的必要性》报告敦促:"行政部门应向立法机关提交(年度)声明,说明其管理情况以及对未来的建议。"[1]许多国会议员对将预算权力移交给白宫仍持谨慎态度,一些人将其比喻为强行将英国的政治制度加给美国的做法。1912年,国会无视塔夫脱委员会的建议,取消了该委员会的经费,并反对提交详细的总统预算。该委员会的成员获得了私人资金来继续他们的工作,从而诞生了美国第一个智库,即今天的布鲁金斯学会(Brookings Institution)。该学会中的预算专家弗雷德里克·克利夫兰(Frederick Cleveland)和亚瑟·威洛比(Arthur Willoughby)强调,将所有支出和收入纳入一个一致的预算计划中有好处。

对个人和企业所得税的依赖,也加速了预算改革的步伐。经过激烈的内部斗争,众议院将支出权集中在由35个成员组成的拨款委员会。[2] 众议院的决议指出,"人们对由进口税资助的拨款不感兴趣",但所得税的负担把更多的政治注意力集中在"国会拨款所反映的经济[即支出]问题上"。[3] 两年后,参议院赋予其拨款委员会类似的权力。

1921年,《预算和会计法》(The Budget and Accounting Act)在行政部门内设立了预算局,并要求总统在每个财政年度的年初提交预算。威尔逊总统基于宪法反对另一项不相关的条款而否决了类似的立法,国会在1920年大选后再次通过了这项立法。哈定总统在1921年就职后不久就签署了该法案,并任命道斯为新的预算局长。

道斯赢得了两党政客的尊敬。即使是21世纪重要的政治战略家卡尔·罗夫(Karl Rove),也会研究道斯在1896年和1900年对麦金莱竞选活动的出

---

[1] Commission on Economy and Efficiency,"The Need for a National Budget", 10.
[2] 内战后,国会成立了拨款委员会,获得了以往由参议院财政委员会和众议院筹款委员会行使的支出权力。1884年的"改革"旨在将支出权分散到更多的委员会,从而削弱了拨款人对支出的控制。众议院筹款委员会和参议院财政委员会保留对所有税收法案的管辖权。
[3] Stewart,*Budget Reform Politics*,205.

色管理。道斯的朋友包括威廉·詹宁斯·布赖恩、战争英雄约翰·"黑杰克"·潘兴(John "Black Jack" Pershing)将军，以及美国许多重要的银行家和商人。道斯将军虽然是完美的内部人士(a consummate insider)，但在一次国会听证会上对第一次世界大战期间订购物资的成本大发雷霆后，就成了公众人物。对国会的事后批评(second-guessing)，道斯失去了耐心："见鬼去吧！我们不是要保存一套账本，我们是要赢得这场战争！如果羊能拉动大炮，我愿意出高价买羊。"①

1921年8月，在一次由哈定总统、柯立芝副总统、所有内阁部长、军方高层和联邦政府1 200名高级管理人员参加的会议上，预算局长"见鬼去吧"，道斯开启了现代预算制度。在总统的动员讲话之后，道斯敦促所有行政部门领导杜绝结余。他请致力于这项任务的人从座位上站起来。每个人都站了起来。

预算局规范了整个联邦政府的会计、采购、物流、库存等业务系统。该局副局长赫伯特·洛德将军和道斯有很多共同之处。洛德曾担任筹款委员会的首席幕僚，之后在长期的军旅生涯中担任战争部的财务总监。道斯和洛德，有时还有国务卿梅隆加入，召集内阁成员和高级军官，详细回答他们的预算问题。1921年，他们很快就积累了3.05亿美元的结余，几乎是国会全年拨款总额的1/10。② 尽管道斯和其他联邦官员通过谈判签订了限制海军规模的国际条约，设法减少了对海军开支的需求，但只有海军部没有发现结余。从1922—1929年，美国只授权建造了11艘海军舰艇，而日本有125艘、英国有74艘。③

1922年2月第二次政府预算会议举行，总统、内阁和所有其他高级联邦官员再次出席，道斯戏剧化地表现了他对效率的推动。他举着一把陆军扫帚和一把海军扫帚来说明想要关注的细节，两者的区别是陆军用麻绳而海军用铁丝缠绕鬃毛。他责备海军订购了太多用铁丝缠绕的扫帚，尽管陆军有35万

---

① O'Brien,"Charles Gates Dawes", 102.
② Dawes, *The First Year*.
③ Hicks, *Republican Ascendancy*, 49.

把扫帚的库存。① 道斯告诫道,一桩管理好的买卖"将会把有罪的人赶出他的位置,使其蒙羞"。② 在总统和内阁秘书的见证下,道斯随后将每个部门年初至今的支出与按比例分配的年度拨款进行了比较。

1921年底,该局向国会提交了第一份正式的总统预算。那份从1922年7月1日开始的财年的预算,为当时的联邦责任和收入来源提供了一个清晰的说明。道斯平衡了39亿美元的预期收入和相同数额的支出,包括9.75亿美元的利息支出和3.87亿美元减少债务本金的支出。③ 除了为减债、利息、国防、退伍军人、退出战时动员而开支外,其他项目的支出不到总数的1/6。企业和个人所得税提供了联邦收入的大部分,在1921年几乎达到国民收入的5%。④ 到2012年,当国家有全球军事义务时,支持联邦基金预算的个人所得税和企业所得税已增长至国民收入的8.9%。⑤

在离开预算局后,道斯因重组欧洲债务而获得诺贝尔奖。他的继任者赫伯特·洛德任职到1930年,继续管理"现收现付"的预算规划,每年两次召集行政部门所有高级官员开会。从1921—1929年初柯立芝总统任期结束,共举行了16次这样的会议。

在20世纪20年代联邦预算会计是直截了当的。预算将所有支出(包括计划中的债务削减)限制在预计收入设定的额度之内。国会将每年的债务削减作为类似国防、退伍军人福利、利息等预算支出来处理。联邦官员只有在收入超过支出水平(包括每年大幅削减债务)时才会宣称有盈余。加勒廷部长在120年前就有效地采用了类似的制度。20世纪20年代的预算做法,会让2001年的总统和国会难以声称他们的预算减少了联邦债务(尽管他们并没有为此目的配备收入)。

到1929年,联邦政府已偿还了81亿美元的债务,这是十年前债务总额的

---

① Murphy,"The Business of America".
② Dawes,"Business Organization of the Government",117—118.
③ Bureau of the Budget,*Report to the President*,10—11.
④ Bureau of the Census,"Corporate and Personal Income",in *Historical Statistics*,1789—1945,Series P 89—98 at 296.
⑤ OMB,Historical Tables,"Table 2.3—Receipts by Source as Percentages of GDP:1934—2018".

1/3。① 其中,年度专门拨款占债务削减额的 3/4,剩余部分由额外的盈余来偿还。即使没有 1921 年《预算法》(the Budget Act)的授权,到 20 世纪 20 年代末,行政长官在制定联邦预算方面也发挥了关键的作用。宪法本身允许国会忽略总统提交的任何预算,但不成文的宪法逐渐将白宫发展为年度预算程序的积极合作伙伴。

在 20 世纪 20 年代,公共部门的大部分增长发生在州和地方政府。地方政府为卫生用水和废水处理系统提供资金,这是美国历史上最彻底有效的公共卫生改革。通过发行选民批准的用于特定用途的债券,城市和州政府借入了创纪录的金额来为这些改善措施和其他措施(如新建道路和医院)提供资金。州和地方债务从 1913 年的 45 亿美元增加到 1932 年的 195 亿美元。到 1930 年,纽约市的净债务为 16 亿美元,远远超过第一次世界大战前的有息联邦债务。②

对效率的要求随着州和地方服务成本的增加而提高。颇受欢迎的纽约州民主党州长阿尔·史密斯(Al Smith)发动了管理改革,并对共和党控制的立法机构实施财政纪律。在两党商业领导人的支持下,史密斯获得了广泛权力去管理美国人口最多的州的预算。他整合了重叠的业务,两次降低了所得税税率。纽约只允许为选民批准的用于资本改进的债券举债,这些债券不计入该州的运营预算。

税收改革

财政部长安德鲁·梅隆"与那些希望通过从高收入者那里获得尽可能多的缴款来减轻小规模纳税人负担的人观点完全一致"。③ 一位早期所得税的历史学家惊奇地指出,虽然许多共和党人都曾抱怨过累进所得税,"但是没有一个人认真地说出要废除。"④

---

① Dewey, *Financial History*, 515.
② Studenski and Krooss, *Financial History*, 349.
③ Mellon, *Taxation*, 133.
④ Waltman, *Political Origins*, 95.

梅隆的税收政策对于那些从预算历史中寻找经验教训的人来说,具有指导意义。平民主义者,如参议员罗伯特·拉福莱特(Robert La Follette),声称梅隆的改革有利于富裕的公民。近几十年来,梅隆一直受到"供给经济学"倡导者的拥护,他们为1981年、2001年、2003年用债务融资来减税寻找先例。这两种观点都扭曲了梅隆政策的初衷和效果。

1919年采取的超常增税措施在两年内结束,此后税率回落到战争开始时的水平。在他29岁的助手S.帕克·吉尔伯特(S. Parker Gilbert)的帮助下,梅隆制订了一个计划,增加联邦从公司和收入最高的美国人那里获得的税收,同时减轻数百万处于最低阶层的美国人的所得税。他强烈反对以债务融资方式减税。

1921年,个人所得税最高边际税率适用于1%的美国人,他们的应税收入大多来自利息和资本收益。这些纳税人可以通过投资免税债券或推迟出售投资来避免收益被征税。到1924年,免征利息的州和地方债券总额至少有100亿美元,与所有公司债券相比,这是一个很大的数字。[1] 他试图终止国家和地方债券利息的免税地位的努力失败了。

纳税申报单可以清晰地表明高收入者的税率,加上避税措施,减少了美国富人的应纳税收入总额。1916年,当最高所得税率为15%时,申报应税所得超过30万美元的美国人缴纳了8 100万美元,几乎占全部个人所得税收入的一半。[2] 到1921年,最高税率为73%,他们申报的应税所得大致相同,但他们在总应税所得中的份额下降到10%。[3] 在1919—1921年期间,来自"附加税"(适用于高等级税率的术语)的总税收从8.02亿美元下降到4.11亿美元。[4] 投资者转而购买免税债券,推迟出售资本收益,并在公司内部保留收入,从而以较低的税率纳税。在那个时代高税率也助长了逃税行为,许多美国人常违反针对酒精饮料的联邦刑法。

国会起初对梅隆关于"科学征税"的建议反应迟缓。1922年,国会提高了

---

[1] Bureau of the Census, *Statistical Abstract*.
[2] Compare Bureau of the Census, *Historical Statistics*, 1789—1945, Table Series P 144—151 and 307, with Mellon, *Taxation*, 34.
[3] Bureau of the Census, *Historical Statistics*, 1789—1945, 307.
[4] 同上。

企业税率,将高收入者的个人附加税上限降至基准税率的50%以上,并提高了个人免征额。① 梅隆的论点逐渐赢得了一些支持。在1924年和1926年国会削减了税率,提高了个人免征额,直到最高个人税率降至梅隆建议的水平:25%。②

正如梅隆所预测的那样,美国富人将投资转向了可征税的债券和红利。③ 到20世纪20年代末,只有公司和最富有的2%到3%的美国人缴纳联邦所得税。最富有的美国人和公司缴纳的联邦税比美国历史上任何时期都要高得多,这被认为是保守力量创下的最高纪录。

当梅隆的税收计划通过后,以得克萨斯州的约翰·南斯·加纳(John Nance Garner)为首的一些国会民主党人试图降低企业税。在美国商会的支持下,加纳提议将企业税从13.5%降至11%。梅隆与仍在国会的老罗斯福进步党人一起,以加纳的倡议会减少联邦收入和减缓债务削减速度为由,与加纳进行了斗争,声明"只要我还是财政部部长",就会"抵制[任何]对平衡预算原则的破坏"。④ 在梅隆的整个任期内,企业缴纳的所得税远远多于个人。以1926年为例,在19.74亿美元的所得税总收入中,个人缴纳部分为7.32亿美元,其余都是企业承担的。⑤

在后来的几十年里,共和党领导人,如国会议员杰克·坎普(Jack Kemp),援引了梅隆的政策来支持债务融资的减税政策。然而梅隆本人却完全不同意用新借款来减少税收"比用高税收来减少债务更好"的观点。他说,"只要稍加思考,谁都会相信,繁荣不可能来自继续陷入债务。"⑥ 梅隆推动的

---

① Tax Policy Center,"Historical Individual Tax Parameters",2013, http://www.taxpolicycenter.org/taxfacts/displayafact.cfm? Docid=543.

② 同上。

③ 20世纪20年代,随着联邦税率的下降,免税债券的溢价也随之下降。从1921—1931年,高等级公司债券的年收益率从1921年的5.16%的高点到1928年的4.04%的低点。同期,高等级市政债券的平均年收益率从1921年的5.02%到1928年的3.97%不等。Homer and Sylla, *Interest Rates*, Table 47 at 349—350.

④ Andrew Mellon quoted in Cannadine, *Mellon*, 358.

⑤ Bureau of the Census, *Historical Statistics*, *1789—1945*, Series 144—151 and P 152—164. 报告收入低于25 000美元的美国人(除了最富有的人之外)总共支付了1.03亿美元。1926年,投资收入占报告的应税收入的60%,因为那时只有富裕的美国人才有纳税义务。这些收入的估计是基于1926财年,而按收入群体和个人投资的个人税收份额是基于1927年的日历年。

⑥ Mellon, *Taxation*, 30.

降低税率,目的只能是迅速增加联邦收入占国民收入的比例。那些在1981年和2001年引用梅隆政策作为减税理由的人,并没有证据表明减税会导致税收迅速增加。

以1920年和2000年为起点,之后的6年呈现出一些有趣的对比,因为这是20世纪共和党人同时控制白宫和众议院仅有的6年。两位新的共和党总统都承诺偿还债务。1920年后,联邦政府清偿了债务,而2000年后债务飙升,这还不包括与战争有关的借款。从1921—1926年,共和党总统经常否决支出法案,而2001—2006年没有出现这种情况。

1964年和1986年颁布的最高个人所得税税率的下调,可以用来与梅隆时代的减税进行对比。梅隆的商业经验使他相信,能够避免经济扭曲的最高个人税率是31%。[①]《1986年税收改革法》(Tax Reform Act of 1986)通过后,最高税率为28%,虽然对于许多高收入纳税人来说实际税率为33%,因为扣除额随着收入的增加而逐步消失。这一由国会民主党人领导并得到里根政府支持的倡议,明确接受了梅隆的另一个论点,即较低的最高税率将带来较少的扭曲或者更少影响由税收驱动的经济决策。

虽然难以置信,但还是有些人相信梅隆降低个人税率是导致国民收入从1921年的730亿美元增长到1929年的1 030亿美元的原因。虽然降低对投资收入征税的税率消除了一些反向激励措施,但影响1%或2%人口的税率对经济的影响显然要比减少80多亿美元的联邦债务所产生的影响小。美国富人在这个十年结束时向联邦政府缴纳了更多的税,州与地方的支出和税收也有所增加。20世纪20年代,稳定的年经济增长率可以更好地用建设和技术创新的影响来解释。

同样,批评梅隆的自由派人士,包括新政民主党人和亚瑟·施莱辛格(Arthur Schlesinger)等历史学家,将20世纪20年代的股市投机归咎于梅隆不正确的减税政策。联邦和州政策允许保证金贷款的高杠杆率,这在更大程度上促成了1929年泡沫的破裂。由于贷款的利息可以被从税前扣除,较低的税率实际上减少了在保证金账户中购买股票的动力。

---

① Mellon, *Taxation*, 80—82.

在20世纪20年代,国会和梅隆的财政部解决了一个晦涩的问题,该问题对20世纪后期的联邦税收体系产生了深远的影响。除西尔斯(Sears)、罗巴克公司(Roebuck Company)和伊士曼柯达公司(Eastman Kodak Company)之外,很少有公司每年向为未来养老金义务而设立的信托投资账户缴款。在计算应纳税所得时,它们扣减了这些费用。财政部的税务会计师试图把来自养老金信托的收入视为属于单个富人的收入,但这是没有意义的,因为最终受益人的收入很可能低于标准免税额。此外,人们认为,在工人有权获得应税所得之前就试图向他们分配应税所得是武断和不公平的。国会和财政部同意对雇主的养老金缴款免征个人所得税。未来的退休人员在实际领取养老金时,将不再缴纳任何税款。这种常识性的解决办法,后来被类比用于非现金医疗福利,在整个20世纪这种做法似乎都是公平、合理的。

梅隆痛恨税收漏洞,他帮助关闭了一个长期用于逃避遗产税或继承税的漏洞。各州依靠遗产税来支付公共教育和道路等基本服务。为了公开吸引其他州的富裕退休人员,佛罗里达州禁止征收一切遗产税。其他州的居民可以先从使用遗产税提供的服务中获益,然后退休到佛罗里达来逃避遗产税,这看起来很不公平。梅隆和国会通过征收联邦遗产税解决了这个问题,同意那些自己也征收遗产税的州可以抵免80%的联邦遗产税。

美 国

在20世纪20年代,城市经济蓬勃发展。拥有汽车的家庭比例从1/4左右上升到3/5,拥有电灯的家庭从1/3上升到2/3,拥有收音机的家庭从极少数上升到2/5。[1] 这一进步,连同电话、抽水马桶、中央供暖、洗衣机的广泛使用,定义了一种新的中产阶级生活标准。私人债务从1920年占国民收入的119%增长到1930年的157%,为消费的增长提供了资金支持。[2]

可农场里的美国人借钱,只是为了维持最低的生活水平。20世纪20年代美国农业收入下降。农业生产力的提高快于对农产品的需求,从而压低了

---

[1] Walton and Rockoff, *History of the American Economy*, Table 22—1 at 472.
[2] Schlesinger, *The Age of Roosevelt*, vol. 1, 68.

商品价格和农场土地的价值。1920年,所有制成品的价值是农牧业活动生产总值(214亿美元)的3倍。10年后,制成品的价值增加了,但农产品的价值却下降了118亿美元。① 农场取消抵押品赎回权的情况激增,整个20世纪20年代有数百家农村银行倒闭。

许多农民向联邦政府寻求帮助。强大的国会农场集团内,既包括共和党人又有民主党人。来自爱荷华州的共和党农业部长哈里·C. 华莱士(Harry C. Wallace)公开支持联邦出面援助,以解决长期的生产过剩问题。他和其农业局盟友提议,由联邦政府购买农产品,并以较低的价格出口,再以国内农产品销售税支持出口补贴。他们认为,这个体现在麦克纳里·豪根法案里的方案,相当于用保护性进口税来培育国内产业。

在1923年沃伦·哈定去世后,卡尔文·柯立芝成为美国总统,公然反对农业集团。柯立芝痴迷于强调有效地使用税收资金。在第一次就职演说中,他就将节制开支视为限制税收的"最合理的方法"。② 他拥护梅隆的科学征税方法以及预算局对支出纪律的推动。柯立芝成为20世纪后期共和党保守派的偶像,尽管他与参议院的传统共和党领导层保持距离。他更认同思想独立、自诩为自由主义者的爱达荷州参议员威廉·博拉(William Borah),柯立芝在1924年试图招募他作为竞选伙伴。柯立芝和博拉都厌恶浪费开支,同时明确支持禁酒令,这是所有进步主义举措中最具有侵犯性的创意。在博拉拒绝后,被认为是温和派的道斯加入了柯立芝的阵营。

柯立芝两次否决了麦克纳里·豪根的农场法案。梅隆强烈支持这些否决,商业部长胡佛也是如此,他帮助柯立芝起草了一份否决文,解释说其他国家不会坐视被补贴的农产品倾销到自己国家的市场中。即使该法案暂时提高了农产品价格,柯立芝和胡佛也认为,较高的价格会刺激产量提高。于是,更低的价格最终会随之而来,导致更高的补贴和税收要求。柯立芝和胡佛鼓励农民加入合作社以提高效率。这一建议并没有让农业集团满意,农业的困境给美国政治带来了不稳定的断层。

在国会两党多数派试图提高第一次世界大战老兵的养老金时,另一个严

---

① Hicks, *Republican Ascendancy*, 18.
② Coolidge, "Inaugural Address".

重的预算分歧便产生了。哈定总统、柯立芝总统、胡佛总统都以维持预算纪律为由，反对提高退伍军人福利的法案，尤其是那些没有因公致残的退伍军人。在第一次世界大战期间服过某次兵役的300万美国人中，许多人作为士兵每天的收入才不过1美元，只是平民工资水平的一小部分。与后世的越南战争老兵一样，他们觉得自己没有得到一个只想忘掉战争的国家的赏识。柯立芝总统与上一代改革家的态度相同，他们认为内战时期不断上涨的养老金是政治腐败的体现。进步派（在柯立芝的马萨诸塞州实力尤为强大），反而赞成雇员与雇主一起缴费的养老金制度。

1924年，国会推翻了柯立芝否决的立法，该法案承诺向一战老兵发放奖金，奖金将于1945年支付（或给早先去世的老兵的遗属更早地支付）。国会将付款时间推迟到1945年，是为了避免干扰第一次世界大战债务的计划偿还。事实上，这一义务可被视为一种"资产负债表外"的融资形式。支付的依据是一个公式——每服役1天1美元，每驻外一次1.25美元，减去退伍费，加上4%的直到支付日为止的利息——估计每位退伍老兵将获得大约1 000美元。①

柯立芝、梅隆、胡佛在反对农业补贴和退伍军人奖金方面是一致的，但柯立芝和梅隆对胡佛降低失业率的做法持谨慎态度，认为这种做法将不可避免地伴随着未来的经济衰退。下岗产业工人缺乏自耕自给农民在历史上曾有的安全保障。1921年，胡佛召开全国失业问题会议，建议建立一个信托基金，由每年的税收收入提供一定的资金，在经济严重衰退时可以支持大规模的公共工程。白宫和国会都不支持这个想法。然而，20世纪20年代的联邦减债却达到了同样的目的，释放了债务能力，以支持未来在经济衰退时期的超常开支。换句话说，在经济上梅隆的减债政策相当于指定了一个储备基金，用来购买和持有可在紧急情况下卖回市场的美国国债。在一个商业周期内平衡预算的概念，直到20世纪末才成为对传统的"现收现付"预算规划的补充。

1928年，当柯立芝拒绝寻求连任时，共和党提名胡佛为总统候选人。与塔夫脱以外的前几任总统不同，胡佛从未担任过民选公职，也从未当过将军。

---

① Dickson and Allen，*The Bonus Army*，29.

然而,他确实代表了 20 世纪 20 年代的理想——一个注重实效而非花言巧语的进步主义者。对于这位因在第一次世界大战期间的人道主义救援和 1927 年密西西比河严重洪灾而闻名的企业高管,商业组织和工会都表示支持。在就职演说中,胡佛指出了问题并列出了解决方案,读起来就像是一份商业情况说明。

美国的财政传统已经成为不成文宪法根深蒂固的一部分。每个党派的政治领导人都帮助偿还战争时期的债务。他们让一个老传统适应了新时代。

富兰克林·罗斯福是拥有最吸引人的政坛家族背景的政治人物,他担心自己的民主党忽视了该党创始人的其他价值观。在 1924 年大选中民主党惨败后,这位前副总统候选人给民主党领导人和报纸出版商写了一封信,敦促他们通过抨击商业与政治权力的结盟来重振政党。罗斯福所提建议是在阅读了杰斐逊的作品集后得到的启发,但他的建议在很大程度上被忽视了。随着西奥多·罗斯福的"公麋进步党"(Bull Moose Progressives)中的大多数人回归共和党阵营,那些仍坚持少数进步主义的人在 1928 年呼吁"新政"时,很少有人关注。

130 年来,联邦领导人将计划债务的使用范围限制为 4 种用途。在大萧条期间,当基钦设计、梅隆改革的累进税制无法产生足以支付最低限度联邦开支的收入时,为 4 个用途中的一个去借贷的局限性将很快受到考验。

10　大萧条时期的债务

1929—1940 年：当年赤字超过还本
付息额的时间为 10 年
（1931—1940 年，大萧条）

胡佛尝试恢复信心和限制借款

1929 年 10 月 24 日，英国政治领导人温斯顿·丘吉尔来到纽约证券交易所时，希望参观全球最强劲的金融市场的运作。然而，他却目睹了恐慌性抛售的混乱局面。交易所关闭了公共的大厅楼座，以掩盖这场被称为"黑色星期四"的灾难。

1929 年最后几个月的股市崩盘，使 260 亿美元的账面财富蒸发，约占公共发行股票价值的 40%。[1] 事后看来，股票估值过高，未售出的商品库存事实上在几个月前就已经开始上升。然而，对于像通用汽车、美国电话电报公司、美国无线电公司、通用电气这样的技术驱动型公司来说，未来似乎是无限的。

到 1930 年初，在 5 000 万的总劳动力中，有 400 万美国工人失业。[2] 在 1 个月内，农场丧失抵押品赎回权和银行倒闭的案例连续攀升至历史新高，建筑业停滞不前，世界上的其他工业领导者英国和德国也摇摇欲坠。

当然，长期以来衰退都是经济周期的一部分，公民和商业领导人希望这次的经济衰退会相对短暂。就像 1907 年和 1920 年开始的那两次经济衰退一样，他们努力寻找经济已经触底的迹象。胡佛总统也试图激发人们的信心，在

---

[1] Schlesinger, *The Age of Roosevelt*, vol. 1, 159.
[2] Committee on Economic Security, "Estimates".

1930年5月,他告诉美国商会美国已经"度过了最糟糕的时期"。① 但当地的慈善机构和政府仍在努力为大量失业工人家庭提供食物和住所。

当借款人无法还款时,银行就会倒闭。存活下来的银行,将通过减少新的贷款来保存资本。当储户急于提取资金时,会让著名的区域性银行倒闭,由此会引发其他银行也倒闭。挤兑导致银行在几年内发生了四次明显的倒闭潮,最终在1933年初达到最严重的震荡。

在1929年后要准确估计联邦收入已不可能。由于所得税是在赚取收入后的那一年缴纳的,因此财政盈余状况持续到经济衰退发生后。1930年12月,美国人每季度缴纳的所得税近5亿美元,比1928年12月缴纳的数额还多。1年后,即1931年12月,财政收入下降了一半。② 总统和国会对财政收入下降的速度和规模毫无准备。1934年,第一位伟大的联邦预算历史学家戴维斯·杜威(Davis Dewey)描述了这场预算灾难:

> 截至1931年6月30日的财政年度,标志着联邦财政命运的转折。11年来,财政部一直享有平均每年7.6亿美元的盈余……部长梅隆在1930年11月20日写道:"联邦政府1930财年的财政状况保持了近年来的良好记录。"6个月后,也就是1931年6月,该年度的赤字达到9.03亿美元。③

大多数美国人支持联邦政府转向依赖所得税。然而,正是这种依赖加剧了美国联邦财政收入的下降。在1930财年,美国从个人和企业所得税及进口税中征收了29亿美元。3年后,即使国会提高了税率,这些来源的收入也降到不足10亿美元。④ 联邦烟草税在1930年产生的收入是所得税的1/5;而在3年后,它产生的收入超过了个人或企业所得税。新政很快就会被进步人士

---

① Hoover,"Address".
② Firestone,*Federal Receipts*,Table A—4 at 151—152.
③ Dewey,*Financial History*,535—537.
④ Bureau of the Census,*Historical Statistics to* 1970,Series P 89—98 at 295—296. 1930年,联邦政府征收了11.46亿美元的个人所得税、12.63亿美元的企业所得税、5.37亿美元的关税收入,以及2.7亿美元的欧洲因一战债务而欠美国的利息和本金。这四个来源的收入几乎相当于债务清偿前的34亿美元的支出。仅仅3个财年后,税收大幅提高,1933年个人所得税收入降至4.27亿美元,企业所得税降至6.29亿美元,海关收入降至3.27亿美元,外债收入降至零。个人和企业所得税的收入直到1939年才恢复到大萧条前的水平。

所颂扬,但新政的预算更多的是依靠累退的销售税所带来的更稳定的收入。

曾被视为财经天才的财政部长梅隆,这一次成为冷酷无情的财富的象征。这位71岁的实业家告诉胡佛总统,经济衰退是对勤劳和节俭美德的必要提醒。他将经济衰退归咎于举债过多的债务人和放贷过多的银行。

胡佛总统非常愿意通过改革来振兴经济。1930年12月,他向国会保证,国家可以在一个经济周期内平衡预算:"我们可以满怀信心地期待……随着经济状况的普遍复苏而出现盈余,从而吸收可能需要的任何临时借款。"[1]胡佛指示联邦部门加快计划中的公共工程项目,并优先考虑那些能够带来未来收入的项目,比如水力发电大坝。总统还恳求商界领导人保持资本支出和工资水平。

1931年初经济似乎触底,此时的产出比1929年7月达到的历史最高点下降了40%。[2]但在那年春天,随着另一场银行恐慌的爆发,希望破灭了。超过800万的美国人仍然找不到工作[3],许多家庭耗尽了他们的积蓄。

经济学家、银行家、商界领导人都在寻找办法来结束普遍的悲观情绪。许多经济学家和商界领导人敦促胡佛总统通过削减预算赤字来增强信心。在经济下滑之初,胡佛曾适度减税以显示信心,现在他试图采纳他们的建议。为了平衡预算,他要求国会提高税收,包括全国销售税、提高遗产税("所有税种中最经济和社会最理想的——甚至是必要的")、个人所得税(对"高税级收入……税率提高到45%,而目前是23%")。[4]梅隆也支持扭转原来削减所得税率的做法。

胡佛寻求民主党人的合作,他们在1930年后占据了众议院的多数。他们的领导人、议长约翰·南斯·加纳有着浓密的眉毛、粉嫩的脸颊、调皮的笑容,这一切让他显得十分和善。这位能用粗俗的幽默逗乐同事的加纳先生,把债务上升当作一个严肃的问题。1932年初,他从讲台上走下来,发出了不同寻常的个人呼吁,要求两党合作,努力平衡预算。当他要求众议院议员站起来表

---

[1] Herbert Hoover quoted in Savage, *Balanced Budgets*, 168.
[2] Board of Governors, "Industrial Production Index".
[3] Committee on Economic Security, "Estimates".
[4] Hoover, *Memoirs*, vol. 3, 135—137.

明他们支持增税的决心时,几乎所有人都站了起来。

1932年初,众议院筹款委员会批准了一项包含更高销售税和所得税的混合法案。在这个强大的委员会中,除了1名成员外,其他成员都对该法案投了赞成票。投反对票的是一位来自北卡罗来纳州的68岁农民和小镇银行家罗伯特·李·道顿(Robert Lee Doughton)。道顿曾把税收立法描述为"用最少的叫声从鹅身上得到最多的羽毛"(the most feathers you can with the fewest squawks from the goose)①,道顿本人对胡佛总统和加纳议长倡导的提高销售税提出了强烈抗议。他的选民大多是在大萧条爆发前就在苦苦挣扎的农民,经历了现金经济的瓦解,担心销售税的提高。来自纽约的进步派共和党选民费奥雷洛·拉瓜迪亚(Fiorello La Guardia)也有同样的担忧。道顿和拉瓜迪亚说服众议院议员将销售税的增加额降低到胡佛政府和众议院领导层提议的水平。国会在1932年夏天通过了税收法案,希望能增加10亿美元的额外收入。

胡佛指责国会推迟了减税计划、延长了赤字。批评人士后来指责,税收法案加剧了大萧条,但实际上,新税收几乎没有削弱经济的购买力。收入和购买力已经大幅下降,对烟草以外的任何东西征收更高的税,只会增加极少的收入。

联邦储备委员会的成员和地区银行协会不知道如何减缓经济下滑或保护国家的银行系统。他们将低利率解释为信贷供应充足的迹象。美联储还认为,它不能将联邦债务或银行投资组合中的其他贷款货币化,以便直接向银行注入流动性,因为在法律上它没有这样的权力。

美联储担心美国的黄金储备。德国和奥地利的黄金挤兑风潮蔓延到英国,许多人担心政府会让英镑贬值,以将其庞大的预算赤字货币化。1931年9月,英国退出金本位,震惊了世界,而法国中央银行则开始囤积黄金。对黄金的挤兑进一步危及美国的全国性银行,它们必须以黄金和短期商业票据的形式维持储备。②

---

① Robert Doughton quoted in "Robert Doughton".
② 到1933年,银行储备和货币供应量下降了30%以上。1929—1933年间,半数美国银行倒闭。每年倒闭的银行比例是:1930年为5.6%,1931年为10.5%,1932年为7.8%,1933年为12.9%。

在美联储主席尤金·迈耶(Eugene Meyer)的建议下,胡佛总统要求国会成立"复兴金融公司"(RFC),以便向银行放贷,因为许多银行缺乏流动资金,无法发放通常在5年内到期的抵押贷款。胡佛观察到,国会领导人"似乎对我们的政府在和平时期第一次不得不干预并支持私营企业的消息感到震惊"[1]。

加纳赞同复兴金融公司的目的,不过他担心它是否会"继续作为通往美国财政部的管道,为骗子和寄生虫企业提供服务……党派的偏袒会给他们带来好处"[2]。他坚持要求总统任命稳健的银行家——包括前副总统查尔斯·道斯和得克萨斯人杰西·琼斯(Jesse Jones)——来领导复兴金融公司。1932年1月,国会成立了复兴金融公司,拨款5亿美元作为资本金,并授权其借款15亿美元。[3] 与2008年大衰退期间推出的"问题资产救助计划"(Troubled Asset Relief Program)一样,复兴金融公司也试图改善银行的资产负债表。

1932年初,参议员卡特·格拉斯帮助通过了两部《格拉斯—斯蒂格尔法案》(Glass-Steagall Acts)中的第一个,该法案允许美联储用新发行货币来购买联邦债券。1932年,美联储利用这一权力将联邦债务货币化,其数额比第一次世界大战到第二次世界大战期间的任何一年都要多。但那时,有信用的消费者和企业都不愿意贷款,银行也不愿意放贷。1933年6月通过的第二部更为著名的《格拉斯—斯蒂格尔法案》将商业银行业务与投资银行业务分离,并授权复兴金融公司从陷入困境的银行购买它们发放的贷款。

正如经济困难时期的典型情况一样,党派领导人将经济衰退的严重性归咎于他们的政治对手。他们的言论助长了党派间数十年的传说,将1929—1933年生产、价格、信贷、就业的急剧下滑归咎于联邦税收和支出政策(批评它们过多或过少)。事实上,联邦预算政策对经济活动的影响远远小于其他各种因素的影响,那些因素带来了私人债务泡沫破灭、农业经济脆弱等,此外还有欧洲严重衰退带来的后果,其结果是货币供应量急剧下降。经济学家米尔顿·弗里德曼(Milton Friedman)后来称之为"信贷大紧缩"。另一位经济学家本·伯南克(Ben Bernanke)在几十年后证明,商业银行的瓦解加深并延长

---

[1] Hoover cited in footnote 83 in Meltzer, *A History of the Federal Reserve*, 347.
[2] Timmons, *Portrait of an American: Charles G. Dawes*, 313.
[3] Todd, "Reconstruction Finance Corporation."

了大萧条。经济学家最终将这种停滞描述为"流动性陷阱"(liquidity trap),在这种情况下,一旦消费者过于恐惧而不敢消费,企业过于紧张而不敢投资,迟来的信贷扩张将无法刺激经济活动。

领导力危机

到1932年,对经济灾难的反应——恐惧本身——撕裂了国家的社会结构。城市努力维持学校的正常运转。愤怒的暴民冲进法院,阻止拍卖丧失抵押品赎回权的家庭农场。城市的街道上挤满了饥肠辘辘、骨瘦如柴的人。平时坚韧不拔的卡尔文·柯立芝,在1933年1月去世前表达了这个国家当时的情绪:"在其他经济萧条时期,总是可以看到一些坚实的东西,你可以把希望建立在这些东西上,但是……我看不出有什么可以给人以希望的理由。"[1]

绝望孕育了激进主义。工会领导人对支持社会主义的浪潮表示担忧。一位农业局的领导说"如今找不到一个保守的农民",而美国退伍军人协会(American Legion)则通过了一项不祥的决议,宣布经济危机不能"用现有的政治方法"来解决。[2] 当国会在1932年削减联邦雇员的工资时,胡佛总统悄悄地敦促国会不要削减那些可能需要维持国内秩序的士兵的工资。一位野心勃勃的军官道格拉斯·麦克阿瑟(Douglas MacArthur)率领骑兵和坦克驱散了在首都扎营的一战失业老兵。

美国人焦急地看着其他国家走向极端。日本首相滨口雄幸(Osachi Hamaguchi)因试图通过削减国防开支来缩减国家赤字而被杀害,而共产党和法西斯民间武装在德国街头交战。

自19世纪以来,美国各市县以向"贫民"提供食物的形式提供了一些"户外救济"(outdoor relief)。在拥挤的贫民院或贫穷的农场里,没有足够收入的美国老人和残疾人接受"室内救济"(indoor relief)。大萧条时期艰难困苦的重压,撕裂了这个传统的保护网。市政府官员组成美国市长会议,以寻求联邦援助,防止饥饿和恢复就业。

---

[1] Calvin Coolidge quoted in Leuchtenburg, *Franklin D. Roosevelt*, 28.
[2] Schlesinger, *The Age of Roosevelt*, vol. 1, 176, 204.

州政府不得不介入以补贴当地的人道主义工作，15 个州的选民批准发行债券用于救灾。纽约州州长富兰克林·罗斯福获得选民的授权来发行债券，并大幅提高州所得税，为地方的救济工作提供资金。① 在州宪法不允许通过选民授权的债券为公共援助提供资金的情况下，州政府官员试图以其他方式解决债券问题。密歇根州的选民拒绝批准发行债券以遏制"暴动苗头"，而华盛顿州则为此目的发行了紧急债券。②

1932 年 7 月，胡佛总统否决了一笔 3.22 亿美元的拨款，用于支持贷款，资助州和地方救济机构以及 20 亿美元的公共工程。③ 他认为，新的支出将破坏当年夏天通过的税收法案对赤字的削减。8 月，面对自己的否决被推翻情况，总统允许一个类似的法案成为法律。这项立法为他的继任者发动新政的早期紧急救济提供了大量资金。

1932 年，赫斯特报社推动提名加纳议长做民主党总统候选人。加纳无法指责胡佛未能平衡预算，因为他领导的国会控制了国家的开支和税收。罗斯福州长觉得可以自由地攻击联邦借款，他确实也这样做了，目的是报复。选举的结果将不取决于政策纲领。许多美国人渴望得到这位纽约州长，一位支持进步派共和党的人称其为"另一个罗斯福"。公众对民主党人罗斯福的支持潮，让他的政党避免了自世纪之交以来大多数大会都会发生的激烈提名之争。加纳退出了竞选，成为罗斯福的竞选伙伴。

新　政

富兰克林·罗斯福总是试图在大胆创新和谦虚地尊重财政传统之间保持平衡。1932 年，民主党的政纲赞同将正常的联邦开支削减 25%，并"根据行政部门在收入范围内的准确估算，通过平衡联邦预算来维持国家信用"。④ 罗斯福呼吁，要"坚持严格的量入为出政策"。⑤ 1932 年 7 月，他用温暖的声音提醒

---

① Brown, *Public Relief*, 89—90.
② Ratchford, *American State Debts*, 369—370.
③ Brown, *Public Relief*, 124.
④ "Democratic Party Platform of 1932."
⑤ Roosevelt, "Campaign Address on the Eight Great Credit Groups".

电台听众,临时借贷有时是必要的,但长期借贷却总是会导致"贫民院"的产生。

这位民主党总统候选人巧妙地处理了防止饥饿所需的联邦开支问题。在选举前几周,他对匹兹堡的听众说,"减少联邦开支"是"这次竞选中最重要的问题之一",同时指出,"如果我们的任何公民因饥饿和急需而必须增拨资金,以至于无法保持预算平衡,我将毫不犹豫地告诉美国人民全部真相。"①

胡佛将联邦紧急救济开支与其他日常开支区分开来。他指出,联邦政府已经削减了正常活动的开支,并向罗斯福提出挑战,要他说明如何能将常规开支减少25%。预算支出总计36.47亿美元,其中,20亿美元用于偿还债务和军事开支,9.46亿美元用于退伍军人。② 胡佛断言:"如果他停止所有的公共工程,[罗斯福]最终将不得不从退伍军人那里拿走5亿美元",他称如果这么做则是"极不公正的"。③

从罗斯福1932年11月获得压倒性胜利到1933年3月举行就职典礼期间,美国的银行系统崩溃了。在3年半的时间里,就业率灾难性地下降了25%,使1 300万到1 500万人失业;④许多人只能找到非全职工作;经济产出下降了50%。⑤ 1933年3月,美国每6个家庭中就有1个主要依靠公共项目提供的某种救济措施,在次一等层面上还依靠了私人慈善机构的作用。

在罗斯福就职后几个月结束的财年里,联邦政府的借款远远超过了胡佛和国会的想象。在短短的1933年,联邦财政收入下降到未偿债务的10%以下,这是自约翰·亚当斯担任总统以来的唯一一次。⑥ 财政收入与债务的低比率压缩了偿还债务和继续提供基本服务(如陆军、海军和退伍军人养老金)的能力。在21世纪美国财政传统瓦解之前,可用于偿还联邦债务的收入与债务总额的比例绝不会再这么低。

在上任的头几个星期,罗斯福就表示了对"现收现付"的预算规划的敬意。

---

① Roosevelt,"Campaign Address on the Federal Budget".
② Hoover, *Memoirs*, vol. 2, 274—275.
③ "Smith Lays Charge."
④ Bureau of the Census, *Historical Statistics to* 1970.
⑤ Board of Governors,"Industrial Production Index".
⑥ 参见附录B。

就职后 1 周内，他要求国会削减正常的联邦开支，包括文职和军职工资以及没有因公致残的退伍军人的所有福利。总统希望削减开支能够提供"一个合理的前景，让政府的收入在 1 年之内足以应对支出"，至少除了特别救济之外要有足够的收入来维持正常的职能。① 国会不顾 92 名民主党众议员的反对，迅速通过了《罗斯福的经济法案》(Roosevelt's Economy Act)。该法案的正式名称为《维护美国政府信用的法案》(a Bill to Maintain the Credit of the United States Government)。1934 年，国会废除了该法案中的许多过于严厉的削减，如对退伍军人福利的削减，并推翻了罗斯福随后的否决。

坚强的母亲、名门望族、经济后盾、贵族的魅力、异常的智慧，所有这一切都赋予了富兰克林·罗斯福非同寻常的自信。在 20 世纪 20 年代，他因小儿麻痹症而进行了多年的物理治疗，这使他有时间阅读和思考政治史。他写了自己唯一的一篇书评，对由克劳德·鲍尔斯(Claude Bowers)撰写的《杰斐逊和汉密尔顿：为美国的民主而斗争》(*Jefferson and Hamilton: The Struggle for Democracy in America*)大加赞赏。和鲍尔斯一样，罗斯福支持托马斯·杰斐逊和詹姆斯·麦迪逊在 18 世纪 90 年代与汉密尔顿就财政政策展开的斗争。罗斯福和他的政党创始人一样，相信过度的债务损害了国家的未来。

罗斯福总统将在首都为杰斐逊建一座纪念碑。他还沿袭了杰斐逊的执着，明确阐述了债务的目的。和胡佛一样，罗斯福也仔细区分了用于紧急救援的支出和用于政府正常运作的支出。在他的第一次电台"炉边谈话"中，民主党人罗斯福指出，"对于一个政府来说，既要削减正常开支，又要借钱，还要花几十亿来应付紧急情况，这似乎是不一致的"。他随后解释说，政府"征税是为了支付[紧急]债务的利息和分期本金"。②

从 1933 年 3 月开始，在罗斯福执政的头几个月里，国会以前所未有的速度通过了重大立法。几个月来，旧的战线逐渐消失了。禁止酒精饮料一直是最有争议的公共问题之一。然而，国会很快通过了罗斯福的法案，将啤酒和葡萄酒的销售合法化，以此作为增加收入的手段，这将很快与个人所得税产生的收入持平。

---

① Stein, *The Fiscal Revolution*, 45.
② Kimmel, *Federal Budget and Fiscal Policy*, 178.

美国财政宪法

　　两党国会议员都放任罗斯福进行实验。当总统命令不情愿的内阁官员迅速起草立法,建立一个由穿制服的民工组成的组织,在公共土地上从事艰苦劳动时,美国劳工联合会的负责人谴责该计划是"希特勒主义"。然而,在1933年4月的几天内,国会就授权成立了民间资源保护队(Civilian Conservation Corps)。在接下来的几个月里,1 300个营地将雇用275 000名工人——主要是年轻人——他们将每天挣来的1美元中的很大一部分寄回给家人。①

　　其他民选官员也可以自由创新。来自密歇根州的共和党报纸出版商兼参议员阿瑟·范登堡(Arthur Vandenberg)担心复兴金融公司只能拯救大型银行。他提议建立一个信托基金,以银行存款税作为资金来源,为所有银行存款提供一定数额的保险。罗斯福政府的高级官员反对范登堡的想法,因为担心对银行征税的影响。由于这个计划是打算永久实施的,因此没有人考虑用债务资金来支持它。副总统加纳喜欢范登堡的想法,并得到了参议院银行专家卡特格拉斯的支持。加纳促使范登堡将他的计划作为第二项《格拉斯—斯蒂格尔法案》(Glass-Steagall bill)的修正案。在新的联邦存款保险公司(FDIC)成立后,银行恐慌停止了,存款开始回流到银行。

　　当然,联邦存款保险公司利用专项税收资助的信托基金并不是什么新鲜事。这种融资方式巩固了新税收和新义务之间的联系。本杰明·富兰克林在为他1754年的"奥尔巴尼计划"(Albany Plan)辩护时指出,"若[纳税人]能在决定资金使用方向时有一席之地,提高税收会比较成功"。② 汉密尔顿和麦迪逊原本打算将新的威士忌税专门用于偿还从各州承担的债务,而加勒廷则将较高的进口税收入放入地中海基金,专门用于支持打击海盗的海军开支。20世纪30年代比以往任何时候都更为广泛地使用这种将具体支出和税收挂钩的传统信托基金理念。

平衡预算的动力

　　当经济开始从两年前的低谷反弹时,1935年的两项行动——一项是国

---

① Rosentreter,"Roosevelt's Tree Army."
② Benjamin Franklin quoted in Beer, *To Make a Nation*, 154.

会,另一项是最高法院——破坏了罗斯福政府实现预算平衡目标的努力。国会通过一项法案,然后又推翻了罗斯福对该法案的否决,那就是要求联邦政府向第一次世界大战期间服兵役的公民支付 20 多亿美元。11 年前,国会推翻了柯立芝对一项法案的否决,该法案给予退伍老兵们一笔将在 1945 年到期的奖金和应计利息。此后,记录这一义务的证明书,成为许多老兵最宝贵的财产。退伍老兵们要求联邦政府以合理的折扣兑现这些债务。罗斯福声明,只有在国会通过一项新的税收(如提高继承税或遗产税),以完全抵消这一成本的情况下,他才会同意这一法案。不过,国会指示财政部用新的货币来支付老兵的奖金。罗斯福强烈反对任何让联邦开支"免费"的企图,但国会没有理睬罗斯福的特别要求,通过了该法案。

总统认为,在经济低迷时期付给退伍老兵的奖金并不适合使用债务来融资,因为该计划并非因特定的困难或从事要求的工作为支付条件。他说,到目前为止,每一笔紧急拨款"都不是仅仅为了加快复苏而花钱,而是基于更合理的原则,即防止家园和农场的损失,拯救工业不至于破产,保护银行存款,最重要的是通过公共工程给面临饥饿的个人和家庭提供救济和就业机会"。[①] 在国会联席会议上,罗斯福发表了这一言论,并以戏剧性的方式签署了否决,从而提高了政治风险。然而,国会还是以两党一边倒的投票结果推翻了否决权。即使这种对债务的使用也是符合历史原则的,因为它只是用资产负债表上的债务代替了资产负债表外产生的现有债务。

最高法院也削弱了罗斯福平衡预算的努力,因为它宣布一项专门用于支持罗斯福的农业部长亨利·A.华莱士设计的农业计划的税收无效。在 20 世纪 20 年代,华莱士的父亲曾为哈丁和柯立芝担任过同样的职务。这位亨利·华莱士精心制定了对食品加工税(food processing tax)的立法,以资助那些将农业生产限制在国家"分配"面积内的农民。他希望通过限产来提高农产品价格。

罗斯福对最高法院的行动感到愤怒,他认为这是对国内政策的过度干涉。总统认为,食品加工税比路易斯安那州参议员休伊·朗(Huey Long)支持的

[①] Stein, *The Fiscal Revolution*, 59.

激进农场项目保守得多。罗斯福决心在最高法院向保守派表明他们坚持更老旧的税收形式的后果。他要求国会对百万富翁、大企业和遗产征收更高的税，以填补预算的缺额。

联邦政府在1936财年为退伍老兵的奖金花费了17.7亿美元，在下一个财年花费了5.56亿美元。在被最高法院驳回之前的1935财年，食品加工税产生了5.26亿美元，占所有联邦收入的14%，与个人所得税的份额相当。① 如果没有退伍老兵奖金的支出和加工税的收入，即使失业率居高不下，1936—1937财年的预算（不包括救济开支）也会平衡。②

务实的行政人员将有限的联邦资金的价值扩大了。这些人包括复兴金融公司主席杰西·琼斯（Jesse Jones）、财政部长小亨利·摩根索（Henry Morgenthau Jr.）和内政部长兼公共工程管理局局长哈罗德·伊克斯（Harold Ickes）。

琼斯是得克萨斯州一位保守的银行家和商人，他用复兴金融公司的公共资金为杠杆，以抵押贷款、银行、基础设施项目收益为基础发行债券获取资金来资助工程，而没有用国库信用去借款。到1939年，复兴金融公司已经提供了100亿美元的贷款，相当于大萧条时期所有其他联邦应急措施的总和。截至当时，除19亿美元外，所有贷款都已还清。③

杰西·琼斯的权力完全来自国会对他商业头脑的信任，而摩根索部长的影响力则来自他与总统的私人关系。摩根索是罗斯福在纽约达吉斯郡的邻居，两家曾多年一起度假。摩根索，他的严峻和精确的态度投射出一个保守的银行家的形象，他敦促罗斯福在经济大萧条最糟糕的时期过去之后再平衡预算。1937年，他对这位曾患小儿麻痹症的朋友说，是时候"扔掉拐杖，看看美国企业能否自立"了。④

内政部长哈罗德·伊克斯致力于确保联邦政府只资助具有持久价值的公

---

① Studenski and Krooss, *Financial History*, 407. 在罗斯福政府执政的头几年里，将各种开支分类为"普通"和"恢复与救济"，详见舒尔茨和凯恩（Shultz and Caine）的《金融发展》，第715页。

② 这两个财年的赤字总和为77亿美元。救济——不包括大型公共工程，但包括公共服务岗位——为47亿美元。退伍军人的奖金费用和手续费的损失费用超过了差额。

③ Studenski and Krooss, *Financial History*, Table 75 at 417.

④ Henry Morgenthau quoted in Zelizer, *Governing America*, 142.

共工程项目。伊克斯曾是西奥多·罗斯福时期的进步主义者，他每周都会与罗斯福会面，审查每个推荐给联邦资助项目的细节。罗斯福和伊克斯批准拨款，帮助地方政府为数百项供水和下水道改善工程、学校、道路、医院提供资金。联邦机构的承包商建造了水电站大坝和海军舰艇，包括多年后在决定性的中途岛战役中发挥关键作用的"企业"号和"约克镇"号航空母舰。

罗斯福敦促伊克斯不要急于建设公共工程。毕竟，如果经济复苏，他们就可以避免支出借来的资金。总统还要求伊克斯等人不要宣扬建筑工程的支出间接创造了就业机会。罗斯福希望防止造成联邦政府可以通过花费大量借来的钱来创造繁荣的错误印象。现代建筑业需要专门的技能，只能高效地雇用一小部分的美国失业者。

社会保险

联邦救济局以不到国民收入 2% 的费用提供的紧急拨款，帮助防止了 1933 年和 1934 年冬季的饥饿和无家可归的局面。[1] 民用工程局（Civilian Works Administration）资助了一些临时工作机会。有 400 万个工作岗位在 1934 年春天结束，因为罗斯福认为，没有人会"在温暖的天气里挨饿"。总统反对让身体健全的公民"领取"长期公共援助，他把这种援助比作"麻醉剂"。1934 年 11 月，他告诉伍德罗·威尔逊的前顾问爱德华·豪斯上校，他在"考虑……完全废除救济"[2]。

总统对"救济金"的看法反映了美国的政治主流，正如他承诺帮助那些失去积蓄、年老不能工作的人一样。休伊·郎的"财富分享（Share the Wealth）"计划建议没收最富有的美国人的财富，并将其中一部分重新分配，用于支付老年人的养老金。举止温和的加利福尼亚州弗朗西斯·汤森（Francis Townsend）博士提出了一项计划，要求联邦政府每月向 60 岁以上的人支付

---

[1] Brown, *Public Relief*, 204 (relief), and Bureau of the Census, *Historical Statistics to* 1970, Series A 177—133 at 12 (national income).

[2] Roosevelt quoted in Leuchtenberg, *Franklin D. Roosevelt*, 122—123, 124.

200美元——这一数额足以维持一个舒适的生活标准。① 汤森宣称他的养老金计划将刺激经济,并提议用销售税的收入来支付该计划的费用。

汤森抓住了一个影响巨大的问题。各个年龄段的美国人都担心那些在大萧条期间耗尽积蓄的老年人的悲惨命运。那个时代的雇主通常不为退休人员提供养老金。到1934年,缴纳会费的会员支持了数千个"汤森俱乐部",这些俱乐部可能会在激烈的国会选举中成为打破平衡的力量。

州政府和地方政府也在寻求联邦的帮助,为贫困的美国老年人提供服务。当一些州——尤其是南方各州——将原本用于救济下岗工人的联邦补助金转用于支持那些年老或残疾而无法工作的公民时,联邦政府无意中已经承担了这些费用的一部分。

上任15个月后,总统任命了经济安全委员会委员,并建议"出台一些保障措施以应对在这个人造的世界上不能完全消除的不幸"。罗斯福赞同"通过缴费而不是增加一般税收"来负担成本的计划,为未来的退休人员和暂时失业的工人提供保障。1935年1月,他要求国会颁布该委员会的建议,部分目的是帮助"放弃目前的救济事业"。②

这个委员会建议,对以后有资格领取养老金的雇员的工资征收一定比例的税,为养老金提供资金。为养老金缴纳的工薪税将由雇主和雇员分担,而临时失业保险的工薪税将由雇主直接支付。行政或联邦基金预算将继续向各州提供配套补助金,用于贫困儿童、盲人和没有资格享受新的缴费型养老金计划福利的美国老年人。这种形式的公共援助或者说福利,是众议院筹款委员会法案中争议最小的部分,被称为《社会保障法》(Social Security Act)。

《社会保障法》赋予各州管理失业保险计划的责任。为了防止各州因降低税收和吸引新的雇主而放弃该计划,联邦政府对工资和薪金征收联邦税,并将金额返还给维持失业保险计划的各州。缴费型失业保险制度的目的或者说资金的使用方向,并不是为了长期维持失业工人的生活。

1935年,6%的美国人已经年过65岁,而刚建立的养老金制度并不能帮助他们,因为他们没有缴纳养老金的历史,也没有资格领取养老金。不过,新

---

① Amenta, When Movements Matter, 84.
② DeWitt, Béland, and Berkowitz, *Social Security*.

的养老金制度可以满足人们普遍认为的未来退休人员对最低限度和可转移的养老金的需求。胡佛总统在早些时候就提出了建立这种一半由雇主、一半由雇员提供资金的养老金制度的理据:"医学科学和公共卫生控制方面的成就,使人口的平均寿命大大延长,1个世纪前,活过60岁的人只有2%或3%,而现在我们有10%或12%。赤贫者和老年人的负担太重了,老式的县专员管理的'贫民收容所'已无法应对。"①

经济安全委员会(The Committee on Economic Security)得出的结论是,要求每个州跟踪其境内每个雇员的工作历史和工薪税缴纳情况,将会成为一场官僚主义的噩梦。因此,除了能够给每个工人分配一个独特的识别号码并汇编确定每个人的资格和福利所需信息的全国性组织外,很少有人认为有任何其他选择。

担任经济安全委员会主席的劳工部长弗朗西斯·帕金斯(Frances Perkins)希望,用一定的一般财政收入作为养老金制度的融资手段来补充工薪税。这种一般财政收入可以提供一定的能力,给那些几乎没有机会或根本没有机会根据工薪缴款获取养老金的美国老年人发放养老金。罗斯福和摩根索不同意。总统坚持要求精算师设计一个系统,由专门的新税种提供全部资金。当帕金斯解释说,养老基金可能在几十年后才会需要一般收入来抵消提前给付的费用时,罗斯福直截了当地告诉她"为美国国会在1980年积累赤字是不诚实的"。总统称任何对一般收入的依赖都是"另一种名义的老式救济金"。②甚至没有人考虑过借钱来支付养老金,因为养老金制度的目的就是储蓄,而不是借钱,以支付与人口老龄化相关的未来成本。

道顿说服了总统同意将该法案分配给他的筹款委员会。在摩根索的建议下,道顿的委员会起草了一份旨在保持精算平衡的法案。也就是说,估计的未来工薪税收入加上从信托赚取的利息,必须涵盖未来福利的成本。筹款委员会将农场主和家政工人排除在外,摩根索说,他们的工资很难追踪。尽管工资预扣从1937年1月1日就开始了,但第一次支付福利金要到5年后才开始。随着工人获得参与其中的权利,储备金将不断积累。

---

① Hoover, *Memoirs*, vol. 2, 313.
② Perkins, *The Roosevelt I Know*, 280.

1935年8月,国会以压倒性的两党多数通过了《社会保障法案》,其中包括一项由各州管理的失业保险计划、一项国家养老金计划,以及由各州管理的配套补助金,用于资助贫困的美国老年人、盲人、有年幼子女的单亲母亲。

大多数需要缴纳工薪税的工人,之前从未直接向联邦政府缴纳过基于其收入的税收。尽管大萧条时期许多工人的平均收入只能维持生计,但最低社会保障养老金计划从一开始就非常受欢迎。后来在1939年、1950年、1965年、1972年、1983年、2003年通过的《社会保障法》修正案,授权了联邦政府在21世纪之前的大部分国内开支。

社会保险核算

新的联邦养老金制度几乎立即对美国财政传统的支柱之一——清晰的预算会计,提出了挑战。杰斐逊曾"希望看到联邦的财政就像商人的账本一样清晰易懂,以便……每一个有头脑的人……应该都能理解它们,调查滥用,从而控制它们"[①]。适当的社会保险精算核算需要经济和人口预测,反映对未来收入和支出的估值。传统的会计核算方式因为不能说明与目前缴款有关的未来负债,容易产生误导。

针对养老金未来资产和负债的核算问题,罗斯福总统和参议员阿瑟·范登堡分别提出了理由充分但截然不同的解决方案。罗斯福曾是一位保险业的高管,他认为精算师在核算年金时使用的既定原则应该用来将未来的负债与当前的工资缴费联系起来。独立受托人可以负责维持信托基金的精算平衡,而不放在联邦预算中核算。受托人可以将储备金投资于有息国债。从1933—1936年,银行、私人寿险公司和养老基金购买了大部分联邦债券。到1936年,银行对联邦债券的投资开始超过对私人的贷款。从1936—1940年,联邦信托基金持有的国债券从23亿美元增加到71亿美元,约占这一时期债券净增额的一半。[②]

对《社会保障法》投了赞成票的参议员范登堡,对养老金储备的潜在规模

[①] Thomas Jefferson quoted in Peterson, *Running on Empty*, 214.
[②] Studenski and Krooss, *Financial History*, Table 78 at 428.

感到不安。范登堡指出,到 1939 年,社会保障储备金估计将增长到 470 亿美元。他担心联邦政府在未来的某个时候可能会利用这笔储备金来掩盖联邦债务的规模和费用。① 保守派的范登堡驳斥将储备金投资于公司债券的做法是"社会主义"。他更倾向于建立一个"现收现付"的养老金制度,只有少量的应急储备金。② 较小的初始储备金也允许信托基金更早地开始分配,包括让遗属享受福利。

当国会通过 1939 年《社会保障法修正案》时,范登堡的观点在很大程度上占了上风。然而,这项立法确实挽救了罗斯福支持的一些私营部门的保险做法。该法案更明确地将资格、福利水平、缴款联系起来,同时规定将社会保障账户从财政部转移到一个独立的信托基金,并要求受托人监测和报告预计债务和收入之间的精算平衡。

在 1939 年修正案后的 30 年里,国会避免了曾困扰罗斯福和范登堡的具有误导性的养老金核算的危险。信托基金仍然独立于联邦预算之外,并不曾被用来掩盖联邦债务或年度借款的数额。虽然没有出现大量的储备金,但 50 年的精算结余仍然是稳健的,这是因为直到 20 世纪 60 年代末福利增长比较缓慢而劳动力增长却很迅速。然后,在 1969 年,无准备金债务的威胁(罗斯福的担忧)和使用储备金来掩饰借款(范登堡的担忧)变得更加现实了。这一年,联邦政府将社会保障信托基金与行政的或联邦基金预算合并。对社会保障和医疗保障信托基金实行的不清晰、不透明的核算,最终会造成一种盈余假象,导致美国财政传统的崩溃。

连任和另一次衰退

1936 年,罗斯福以压倒性的优势再次当选,这让包括范登堡和其他 12 名共和党参议员在内的许多共和党人开始质疑,他们的政党未来能否继续生存。就在一年前,没有人预料到会出现如此一边倒的结果,当时的民意调查显示,罗斯福一度极高的公众支持率已经跌至 50%。就连许多民主党人也对罗斯

---

① Livingston, U. S. *Social Security*, 13.
② Vandenberg, "The $47 000 000 000 Blight".

福的国家复兴管理局(National Recovery Administration)感到畏惧,因为该政府试图采用固定价格的手段来恢复企业利润。左翼民粹主义者也批评罗斯福在立法议程上过于谨慎。

总统在1936年的竞选中表现出色。在很大程度上他忽略了他的进步派共和党对手堪萨斯州州长阿尔夫·兰登(Alf Landon),而将他的攻击瞄准了资金充足的美国自由联盟,该联盟指责罗斯福鼓励阶级战争。

罗斯福很珍惜这个机会,他借此表达了对数百万失去毕生积蓄或以低工资工作的美国人的担忧。他给对手贴上"经济保皇派"(economic royalists)的标签,并向昔日的西奥多·罗斯福的进步主义运动示好。在一次电台广播中,罗斯福要求选民根据他们是否认为现在的情况比先前失业率高得多的时候好来投票。

在1936年的选举中,民主党赢得了除8个州之外所有的州在众议院的席位。兰登选择了西奥多·罗斯福的一位朋友作为他的竞选伙伴,他将自己的失败归咎于共和党未能展示出他"在许多问题上真正的自由主义立场"。[①] 胡佛同意兰登的观点,并指责美国自由联盟(American Liberty League)凸显了罗斯福对抗大企业的民众意愿。

虽然总统对美国的财政传统表示尊重,但由于他威胁到国家不成文宪法的另一部分,因此失去了在国会中的大部分政治资本。《宪法》并没有把最高法院限制在1869年法律设立的9个职位,但此后,最高法院的规模和独立性发展成为一个神圣不可侵犯的传统。1937年,罗斯福提议扩大最高法院的规模,因为现行最高法院让他的"新政"立法计划中的部分内容无效。罗斯福的这一策略很快就被称为"法院填塞计划"(court-packing scheme)。

1937年的共和党是如此软弱,以至于其领导人为了让国会中的民主党人带头攻击法院填塞计划而保持了沉默。就连加纳副总统,也对这种挑战传统权力平衡的行动表示不安。罗斯福鲁莽的提议可能实现了他的一个目的,因为最高法院后来在限制新政立法方面不再那么积极了。然而,总统对国家传统宪法的挑战,永久地疏远了国会中许多保守的民主党人。在罗斯福总统任

---

① Alf Landon quoted in Leuchtenberg, *Franklin D. Roosevelt*, 179.

期的剩余时间里，民主党人与国会共和党人建立了有效的伙伴关系。

总统从未低估美国财政传统的力量。他提交了一份1938财年的预算，预计扣除以工代赈方案的费用外，会出现盈余。① 罗斯福向加纳副总统保证，他将继续致力于平衡预算，并告诉他，他会这么公开说"五十次"。② 在1937年自然年度，如果按照正常的就业水平计算，估计收入则将超过支出，这是经济学家在20世纪后期使用的一种衡量标准。

1937年底，经济的稳步复苏结束。在1929—1933年间国家货币供应量萎缩后，1933—1936年货币供应量扩大，美联储助长了这种趋势。然后，在1937年，为了避免通货膨胀，美联储收紧了信贷。

即使1938年初就业水平持续下降，总统仍然坚持强调预算纪律的主题。尽管许多评论家现在把经济衰退归咎于平衡联邦预算，但问题显然在于1937年的货币紧缩。当美联储放松信贷后，财政部停止购买从欧洲流入的黄金，经济开始再次增长。总统向公众解释说，联邦政府只会借入与其在持久公共工程项目上的投资相当的资金，或者是与复兴金融公司提供的可靠贷款相当的资金。

美国人民明确支持对联邦债务的传统限制。1939年有一项罗珀民意调查问道："如果你是新一届国会的成员，则你会对一项减少联邦开支的法案投赞成票还是反对票，以便使国家预算达到平衡？"压倒性的61.3%的人说会投赞成票，只有17.4%的人回答不会。③ 预算削减者在每个收入群体中都有3∶1的差距。

1939年9月德国入侵波兰时，美国的经济已经从1938年的衰退中完全恢复。非货币化的联邦债务已增长到国民收入的40%，而这个水平只比20年前高出9%。④

胡佛总统和罗斯福总统虽然是政治哲学相反的两种代表人物，但他们在经济衰退时期却阐述过相似的限制债务的原则。他们都支持为公共工程提供债务资助，这为后人带来明显好处。虽然他们批准了一些用债务来筹资的紧

---

① Kimmel, *Federal Budget*, 187.
② Roosevelt quoted in Stein, *The Fiscal Revolution*, 98.
③ Kimmel, *Federal Budget*, 227.
④ 参见附录B。

急救济,以防止饥饿和无家可归,但他们都反对可能鼓励依赖性的长期福利计划。双方都支持由自我维持的信托基金提供资金的养老金和临时失业保险。

与21世纪的联邦领导人不同,胡佛和罗斯福试图维护传统的债务限制,他们明确地阐述了借来的资金应该和不应该用来支付什么。20世纪30年代的联邦高级官员从来没有忘记第一次世界大战期间授权的债务上限。

到20世纪30年代末,一些经济学家开始认为联邦财政限制延长了大萧条的时间。然而,事后看来,在一个年收入为550亿至750亿美元的经济体中,增加几十亿美元的借款似乎难以解决失业问题。

20世纪的劳动力市场已经发生了变化,这种变化是联邦政府举债开支无法轻易改变的。在大萧条时期的大部分时间里,有全职工作的美国人的生产力和实际工资(按购买力调整的工资和薪金)都有所提高。有专门技能的工人与其他工人的收入差距扩大。到1939年,国民产出和收入已恢复到1928年的水平,尽管失业人数远高于以前。后来,经济下滑之后怎么解决衰退期中的失业问题,仍困扰着经济。例如,在21世纪,尽管联邦大规模借款并扩张信贷,但私营部门就业岗位的增长速度仍比大萧条以来任何时候都要缓慢。

第二次世界大战期间充分就业水平恢复,这一事实并不能证明联邦政府在20世纪30年代积极借款的结论是正确的。战时就业也付出了高昂的代价。国家并不乐于将其大部分年轻人口送上战场,也不乐于应付民用物资的短缺。

美国人不愿意为了刺激经济而抵押国家未来的税收收入,这让英国经济学家约翰·梅纳德·凯恩斯(John Maynard Keynes)感到不安。罗斯福认为凯恩斯对民主治理知之甚少。凯恩斯的名著《就业、利息和货币通论》描述了在进口少、产能和储蓄过剩、失业率高的经济中,债务融资的刺激措施如何有可能提高就业。在这种情况下,凯恩斯开出的药方是,用可以完全货币化的债务来资助公共开支。在其著作德文版的序言以及与经济学家弗雷德里克·哈耶克(Frederick Hayek)的通信中,凯恩斯承认,他的方法可能更适合由专家精英领导的国家。1940年,凯恩斯预言,可能需要一场战争来鼓励美国人多借钱。

在第二年战争爆发时,联邦政府需要所有的可用信贷和储蓄资金。"二战"后,联邦领导人庆幸,纳税人没有在20世纪30年代背负更高的偿债负担。就是说,在大萧条中美国财政传统完好无损。

第四部

控制第二次世界大战债务负担，同时增加义务：1941—1976 年

11　战争和税收

1941—1949 年：当年赤字超过还本
付息额的时间为 5 年
（1941—1945 年，第二次世界大战）

新的税收制度

当阿道夫·希特勒的军队在 1940 年夏天占领欧洲大部分地区时，美国国会拨款 50 亿美元来加强国家的陆军和海军力量。国会批准了一项国防债券，并增加了税收。联邦军事开支从 1940 年 7 月的每月 1.99 亿美元稳步增长到 1941 年 11 月的每月 19 亿美元。[1]

共和党参议院领导人阿瑟·范登堡和罗伯特·塔夫脱认为，白宫的议程让美国卷入了战争，因此他们极力反对。这也导致罗斯福总统难以获得国会的批准以便对美国青年进行登记，为将来的征兵入伍做准备。

1941 年 12 月 7 日，当日本空军偷袭珍珠港时，公众的态度完全改变了。4 天后，德国对美国宣战，希特勒发表了贬损美国种族多样性的言论，并质问，"一个一切都建立在美元基础上的国家，如何能够团结在一起？"[2]当然，美国人的回答是一致的，他们的民选官员花费了前所未有的钱。1942 年，德国在欧洲控制范围内的人口和国民收入都超过了美国，生产了 15 000 架飞机和 5 000 辆坦克。美国在 1942 年生产了 48 000 架飞机和 17 000 辆坦克，而在

---

[1] Studenski and Krooss, *Financial History*, 437—438.
[2] Adolf Hitler quoted in Hormats, *The Price of Liberty*, 148.

之后的几年里,每年的产量都大大增加。①

在1942年的国情咨文中,罗斯福总统直截了当地说:"战争很烧钱。这意味着增税和买债券、买债券和增税。"②财政部部长亨利·摩根索最初提出,要靠税收来支付一半的战争费用。这也是部长威廉·麦卡杜在美国参加第一次世界大战时提出的目标。③ 高额的税收让国家能在第二次世界大战期间以低利率借贷,并在战后还债。到1943年,罗斯福告诉摩根索,用新税收支付1/3的战争费用是一个更现实的目标。

1942年4月,罗斯福要求国会对个人超过25 000美元的收入、家庭超过50 000美元的收入征收100%的税。负责共和党财政问题的塔夫脱参议员表达了两党国会议员的普遍看法:"税率可以是90%,但绝不应该是100%。"④

国会对富人和财力雄厚的公司征收高税率。由于对第一次世界大战期间的高通货膨胀记忆犹新,两党都支持征税,这就限制了大多数美国人的购买力,包括从未缴纳过所得税的中等收入家庭。不过,白宫和国会议员无法立即就广泛征税的最佳形式达成一致。一些人(包括罗斯福的预算局长和大多数共和党人)赞成征收全国性的销售税。摩根索和筹款委员会主席罗伯特·道顿则倾向于降低所得税的标准免征额,提高所有所得税的税率。

1942年的《岁入法案》(Revenue Act)在众议院仅有两票反对,在参议院则全票通过。它为战争提供了资金,并为未来的联邦所得税体系奠定了基础。《岁入法案》对企业收入征收的高额税款以及对个人收入按宽税基征税,很快就产生了几乎占国民收入1/5的联邦岁入。其中,附加税根据收入的档次不同而适用不同的税率,个人收入的税率为13%—82%不等,企业税的税率从31%升至40%。⑤ 另外,还要对投资的超常收益征税,作为对企业所得税的

---

① Evans, *The Third Reich at War*, 332—333.
② Roosevelt, "State of the Union Address."
③ Henry Morgenthau quoted in Hormats, *The Price of Liberty*, 160.
④ Patterson, *Mr. Republican*, 256.
⑤ Witte, *Federal Income Tax*, 117—118; "Marginal Rates of Federal Corporate Income Taxation, 1942—2010," Tax Policy Center, http://www.taxpolicycenter.org/taxfacts/displayafact.cfm? Docid=64; "U. S. Individual Income Tax: Personal Exemptions and Lowest and Highest Tax Rates and Tax Base for Regular Tax, Tax Years 1913—2013," Tax Policy Center, http://www.taxpolicycenter.org/taxfacts/displayafact.cfm? Docid=543.

补充。

《岁入法案》规定对美国中等收入者征税,这标志着联邦财政体制的转折点。在19世纪,进口税是联邦收入的主要来源。在内战和一战期间,大多数美国人还不需要交所得税。

然而,1942年的《岁入法案》通过降低标准免征额开始向中等收入者征税,即使在通货膨胀、劳动力市场紧张、工资上涨等情况下,标准免征额还是降到了500美元。① 1939年,760万美国人提交了联邦所得税申报表,报告了自己的总收入——纳税申报表最上面一行——共占国民收入的27%。② 他们缴纳的9.29亿美元的所得税,仅相当于上报总收入的3.66%。③ 到1943年,4 370万美国人提交了纳税申报单,申报的总收入相当于国民总收入的54%。他们缴纳了146亿美元的所得税,占申报总收入的13.7%。④

虽然二战标志着广泛征收个人所得税的开始,但在这之后的20世纪,支付联邦所得税的劳动力比例更高了。在20世纪40年代,标准扣除额占平均收入的百分比高于后来的几十年。1948年,个人扣除额几乎是平均收入的一半,而到1981年,个人扣除额从单身申报者平均收入的30%到有两个受抚养人的已婚申报者平均收入的16%不等。⑤

在2012年总统大选期间,共和党总统候选人米特·罗姆尼(Mitt Romney)指出"47%"的劳动力未缴纳净所得税,引发了争议。事实上,由于标准扣减额的贬值,20世纪末美国家庭缴纳所得税的比例高于二战期间。在二战期间,收入最高的1%的纳税人缴纳了近1/3的个人所得税,这一比例实质上低于"保守"的20世纪20年代,但高于他们在21世纪的相应比例。

自1942年通过《岁入法案》以来,个人所得税的某些指标一直保持稳定。个人所得税收入一般保持在国民收入的7%—9%之间。自该法案颁布以来,美国纳税人申报的应纳税总收入仅占国民总收入的60%左右。换句话说,如

---

① Brownlee, *Federal Taxation*, 112.
② "Ninety Years of Individual and Income Tax Statistics," SOI Tax Stats-Individual Time Series Statistical Tables, 2012, Tables 1 and 1A, http://www.irs.gov/uac/SOI-Tax-Stats-Individual-Time-Series-Statistical-Tables.
③ Derived from "Ninety Years of Individual and Income Tax Statistics".
④ 同上。
⑤ Steuerle, *The Tax Decade*, Figure 2.2 at 20.

果用饼状图来描述国民总收入,那么3/5将被标上个人应税收入总额,并反映在纳税申报表上。

豁免、扣除和预扣

由于自二战以来有相对固定的60%左右的国民收入都要被征联邦个人所得税,因此联邦官员和研究者在考虑如何增加额外财政收入时自然而然地要转向另外的40%。支撑二战后税收体系结构的理由是,那时几乎所有美国人都明白提高税收和增加税收收入的必要性,而这给在个人所得税制中实行豁免和扣除带来了启发。

筹款委员会主席罗伯特·道顿和参议员罗伯特·塔夫脱一直在想办法更好地处理一类非现金补偿问题——养老金缴款——这笔钱在养老金受益人收到它之后才征收个人所得税。他们对此问题的解决,给美国经济和税收产生了深远的长期影响。

虽然道格顿和塔夫脱有着非常不同的背景,但他们在战争期间一起努力寻找共同点。穆里·鲍勃·道顿的父亲是一名活跃在农场主联盟中的平民主义者,该联盟的中心人物是威廉·詹宁斯·布赖恩。而塔夫脱的父亲威廉·霍华德·塔夫脱则在1908年的总统竞选中击败了布赖恩。二战之前,只有很少雇主提供养老金计划。自20世纪20年代起,雇主对养老金信托基金的缴款和这些信托基金产生的收益不会被征税,直到雇员收到养老金。道顿和摩根索部长担心,经理们会试图通过将部分报酬转移到定制的养老金计划中来逃避战时的高税率。塔夫脱承认有这种风险,但反对将养老金标准化,因为这将降低单个企业制订各自的养老金计划的灵活性。道格顿和塔夫脱解决了这个问题,他们同意,只有当雇员收到退休金时,雇主缴纳的退休金才会被征税,但前提是养老金计划需要在雇员之间普遍惠及。税务律师解释说,根据该政策,雇主出资的医疗保险金不计入雇员的应纳税收入。

战时熟练劳动力的短缺和联邦工资上限的存在,促使许多大雇主在二战期间提供养老金和医疗保险计划。① 从应税收入中豁免这种形式的补偿计划,大大压缩了个人申报的应税收入占国民收入的份额。例如,到 2005 年,出现在个人所得税申报表顶行的 7.4 万亿美元总收入中,就不包括约 9 000 亿美元的养老金、保险金交款以及相应的投资收益。②

利息支出一般可以从应纳税所得总额中扣减。所得税制度最初适用于美国的富人,对他们来说,利息支出通常属于一项业务费用。在二战以后,许多美国人购买了房子,他们的应纳税所得扣减了房屋抵押贷款利息。由于利息是房屋持有者的成本,因此现在那些投资于自己住房的美国人也应合理享受,从他们的应纳税所得中扣除抵押贷款利息。不过,这种扣除确实缩小了税基。

在 1942 年《岁入法案》通过后,对摩根索部长来说,像豁免和扣除这些看起来关乎长远利益的决定,似乎远没有征税这样的实际问题紧迫。当时,有数千万美国人从未填写过纳税申报单。梅西百货公司(R. H. Macy and Company)的首席执行官比尔兹利·拉姆尔(Beardsley Ruml)敦促美国财政部长摩根索,可以在雇主支付工资时预扣一部分个人所得税。如果预扣从 1943 年开始,那么要不要在 1943 年 4 月开始预扣税款之前,先豁免 1942 年的一些税款呢?国会为此进行了激烈的争论。在这个问题上,道顿与参议员阿瑟·范登堡达成妥协,从而为广泛地从工资和薪金中预扣个人所得税扫清了道路。

事实上,即便是预扣,也没有解决摩根索部长在征收宽税基所得税上面临的挑战。盖洛普的一项民意调查显示,大多数美国人认为预扣税款帮他们免去了提交年度纳税申报单的要求。财政部没有足够的人员来审计数千万份税单,更不用说去查出那些本应提交税单却没有提交的人了。摩根索担心,即使是那些非故意的逃税行为,也会削弱依赖自己申报的税收制度的道德力量。

---

① 在战争期间,团体医院计划的注册人数从 700 万增长到 2 600 万,其中约 3/4 参加了非营利性的蓝十字计划。在战后的 5 年里,参加雇主医疗保险计划的人数持续增长。到 1954 年底,超过 60%的美国工人享受了某种形式的雇主医疗保险。这一年,国会明确规定,雇主支付的医疗保险费可以适当地从受益人的应税收入中扣减。

② Ledbetter,"Comparison of BEA Estimates." For current relative amounts of various exclusions and deduction, see also OMB Budget, Fiscal Year 2012: Analytical Perspectives, http://www.whitehouse.gov/sites/default/files/omb/budget/fy2012/assets/spec.pdf. 这 9 000 亿美元约占所有免征税额的 1/3,相当于当年经济学家估计的 7.4 万亿美元的报告总收入和 10.3 万亿美元个人收入之间的差异。战后关于个人所得税的争论更多的是集中在税率上,而不是在扩大税基上。

美国财政宪法

　　于是摩根索和他的手下寻求了大众媒体的力量。电台经常播放欧文·柏林(Irving Berlin)的一段欢快的广告语："我今天交了联邦所得税。"电台名人罗伊·罗杰斯(Roy Rogers)宣传,所得税是战时爱国主义的表现。一部唐老鸭动画片向 3 000 多万观众展示了如何填写税单。到战争结束时,有 4 900 万个家庭申报了税收,是 1939 年的 10 倍多。①

　　罗斯福总统赞成征收更高的税。由于国会否决了他对超过一定水平的所有收入征税的想法,1943 年 3 月,他签署了一项行政命令,严禁工资超过 25 000 美元。后来,国会将债务上限提高到 2 100 亿美元,以此取代罗斯福的行政命令。这是国会首次,但绝非最后一次,动用债务上限的权力来实现其他的目的。②

　　到 1944 年,总统和两党国会领导人之间的税收争议变得更加激烈。2月,罗斯福否决了一项税收法案,理由是该法案未能从企业税中增加税收收入。他的否决电文指责国会通过的税收法案,"不能解决燃眉之急,反而助长贪婪之心"。③ 愤怒的国会议员推翻了罗斯福的否决。同时,支持联邦基金预算的税收收入超过了国民收入的 20%。就连罗斯福新政计划的坚定支持者道顿,也断定联邦税收已经达到了纳税个体所能承受的最高水平。和大企业没有什么往来的道顿和国会的多数议员都认为,额外增加企业税将削弱战争相关物品的生产和战后重建工厂所需的投资。

创纪录的借贷

　　迫于战时的借款规模以及想方设法规避通货膨胀的压力,总统的多数高级经济顾问们得出的结论是,公民应该受强迫去购买债券。罗斯福和摩根索不同意。他们认为自愿购买债券可以让公民体会到参与战争的自豪感。摩根索指示国债销售员不要"以任何形式的恐吓……来让人们签署认捐书"。他认

---

① Bureau of the Census, *Historical Statistics*, 1789—1945, Series P 141—155 at 307.
② Studenski and Krooss, Financial History, 446n2.
③ Roosevelt, "Veto of a Revenue Bill."

为政府必须"说服人们心甘情愿地、满腔热情地购买,让他们认识到他们这样做是在为今天的国家效劳,也是为明天的自己效劳"①。包括现役军人在内的各种背景的人,在推动债券的过程中都使劲做这样的宣传。联邦政府甚至召集同盟领导人温斯顿·丘吉尔(Winston Churchill)和约瑟夫·斯大林(Joseph Stalin)参与推销储蓄债券的活动。到战争结束时,美国人已经购买了总计近500亿美元的储蓄型债券,这个数额比战前的联邦债务总额还要多。② 近2 800万名工人从工资中拿出一部分资金来购买公债券。③

在20世纪30年代,摩根索和美联储主席马里纳·埃克斯(Marriner Eccles)曾就经济政策问题争执不休,但在二战期间两人却合作得天衣无缝。美联储直接购买了200多亿美元的债务,并以低利率向银行提供资信证明(credit certificates),以支持购买债券。④ 联邦政府以极低的利率出售了大量债务。令人惊讶的是,债务的平均利率从1941年的2.52%下降到1945年的1.94%。⑤ 由于国民储蓄率高,消费价格的增长远远低于国家货币供应量的扩张。

在战争最激烈的1944和1945财年,债务融资仅占联邦开支的56%,低于一战结束时的比例(1918—1919年期间为72%)、内战时的比例(1864—1865年占72%),以及1812年战争时的比例(1814—1815年为62%)。⑥ 尽管如此,债务还是上升到创纪录的水平。将债务与可用于偿还债务的联邦基金收入进行比较,可以提供一个可靠的指标来衡量美国的债务能力有多大。在二战结束时,联邦基金收入仅占债务总额的15%,与内战结束时的水平相同。⑦ 1812年战争结束时,联邦政府未能偿还债务,那时税收收入已降至未偿

---

① Henry Morgenthau quoted in Blum, *Years of War*, 21.
② Studenski and Krooss, *Financial History*, Table 86 at 452.
③ Stabile and Cantor, *Public Debt*, 95.
④ Meltzer, *A History of the Federal Reserve*, vol. 1, Table 7.2 at 298.
⑤ 该利率的计算方法是将每个财年支付的债务利息总额除以未偿还的计息债务的期初和期末余额。利息总额,见财政部,统计附录,8—15。有息债务,见附录A和注3。
⑥ 来源于附录C。根据一项对战时债务的综合分析,从1941年7月1日到1946年6月30日的5个财年中,联邦政府花费的3 830亿美元中,税收提供了1 690亿美元,债务提供了2 140亿美元。另见公共债务政策委员会(the Committee on Public Debt Policy),《我们的国家债务》(*Our National Debt*),第54页。
⑦ 参见附录B。

债务的 12%。① 只有在 21 世纪美国财政传统崩溃后，联邦基金税收收入才覆盖较低份额的未偿债务。

随着战争将要结束，美国的政治领导人开始考虑未来联邦责任的范围。数以百万计的美国人阅读了商务部长亨利·华莱士的畅销书《六千万个工作岗位》，该书在距离罗斯福去世后不久的 1945 年 4 月出版。1944 年大选前，总统曾用参议员哈里·杜鲁门取代了深受欢迎的华莱士作为他的竞选搭档。善于统计分析的华莱士得出结论，到 1950 年，美国经济可以雇用 6 000 万人充分就业，并保持 2 000 亿美元的产出。按照这个国民收入水平，他预计美国可以削减战时税率，将支出水平控制在 250 亿美元，就能平衡联邦预算，并"以轻松的心态和鼓鼓的钱包归还国债"。②

二战结束时，华莱士代表了许多自由主义者的愿望，而参议员罗伯特·塔夫脱则代表了许多保守派的期望。华莱士和塔夫脱都认为，原子弹以及美国与欧洲、亚洲的地理距离将使联邦政府能够通过削减军费开支来平衡预算。各政治派别的美国人都希望，在德国和日本投降后，恢复正常生活。他们希望的"正常"，不包括长期高额的军事开支及其相应税收。

关于国防开支的辩论

哈里·杜鲁门没有罗斯福那样的财富、教育和神奇的姓氏。然而，他确实反映了许多美国中产阶级持有的价值观和态度。

杜鲁门在许多问题上与塔夫脱意见相左，但他尊重"塔夫脱没有任何狡诈之处"的事实。③ 反过来，塔夫脱认为杜鲁门是一个"直率的人"，而且具有行政领导所必需的"决策能力"。④ 这两个党派的对手都致力于传统的债务限制。

哈里·杜鲁门少校从一战归来后，为了偿还在密苏里州一家零售店倒闭

---

① 参见附录 B。
② Wallace, *Sixty Million Jobs*, 3, 10—11, 184, 190.
③ Harry S. Truman quoted in Patterson, *Mr. Republican*, 440.
④ Donovan, *Conflict and Crisis*, 62.

而产生的债务,他努力工作了十几年。作为一个县级行政长官,他平衡了运营预算。这些生活经历和他对美国历史的透彻了解,促成了他的信念:"现收现付的理念……代表了我所知道的最健全的财政原则。"①这一原则指导杜鲁门总统应对美国战后最大的预算挑战:在降低战时税率的同时,保持军队有能力履行对盟国的承诺,并在二者之间取得平衡。国防部长詹姆斯·福雷斯特尔(James Forrestal)处于这场冲突的核心,他指出杜鲁门是一个"金本位制维持者",认为后者的看法是,美国"在打一场'冷战'的过程中承受不起破坏经济的后果"。②

1945年9月日本投降后,国会迅速削减了军费开支和部分战时税收。然而,在美国军队仍在德国和日本部署时,美国不能将军费开支削减到战前水平。欧洲战争以德国的投降而不是一个全面的和平条约而结束。在许多欧洲国家内部,共产主义者和民主力量之间的权力斗争仍在继续,而且苏联领导人约瑟夫·斯大林拒绝从东欧撤军。

1946年1月,杜鲁门总统在发表的第一份预算报告中宣布,联邦政府应该用计划中的盈余来偿还债务。总统敦促"继续我们目前的政策,即维持现有的税收结构,并避免不必要的支出"。③

在经历了大萧条和二战的16年后,没有明确的基准来估算正常的联邦预算。杜鲁门使用基本的经验法则,作为传统的"现收现付"预算规划的一部分。他的预算局首先估算了现有的税收收入,减去用于信托基金的税收,然后再减去偿债所需,最后将剩余收入的1/3用于军事。其余资金用于支付所有其他的费用,包括为退伍军人和盟国的军事援助提供大量资金。

然而,国际事务并没有遵循白宫预算的优先原则。用历史学家约翰·加迪斯(John Gaddis)的话来说,"1946年2月底和3月初这段时间,标志着美国对苏政策的一个决定性转折点。"④1946年2月,美国驻莫斯科大使馆的一位官员乔治·凯南(George Kennan)向华盛顿高级官员深入、细致地分析了斯

---

① Harry S. Truman quoted in Stein, *The Fiscal Revolution*, 207.
② James Forrestal quoted in Donovan, *Tumultuous Years*, 59.
③ Truman, "Statement by the President Announcing Revised Budget Estimates."
④ Gaddis, *The United States and the Origins of the Cold War*, 312.

大林发表的一篇挑衅性讲话。凯南预言,苏联政权为了维护自己的意识形态权威,会试图支配其他国家,只有美国的军事力量才能遏制这种趋势。

参议员阿瑟·范登堡呼吁美国做好准备,保护欧洲免受苏联的侵犯。美国国务卿詹姆斯·伯恩斯(James Byrnes)对苏联"单方面蚕食的现状"表示震惊。① 在杜鲁门的家乡密苏里州,英国前首相丘吉尔把苏联比作降临在东欧的"铁幕"。1946年4月,杜鲁门呼吁美国人,如果美国拒绝接受作为"世界上最强大的国家"的责任,那将是"违背国家责任的悲剧"。②

两大党内分别就战后军费和税收的适当水平进行了激烈的辩论。商务部长亨利·华莱士是杜鲁门1948年民主党内总统候选人提名的潜在对手。他认为,美国只要承认苏联势力范围这一不可回避的现实,就可以避免付出高昂代价进行军备竞争。总统反对,并在1946年9月要求华莱士离开内阁。

1946年中期选举后的国会预算辩论,也暴露了共和党内部同样有冲突。参议员塔夫脱和众议院筹款委员会高级成员、众议员哈罗德·克努森(Harold Knutson),起草了共和党的竞选纲领,承诺减税20%。自1928年以来首次在参议院和众议院赢得多数席位后,共和党人认为他们有减税的任务。

1946年通过的《立法重组法案》(The Legislative Reorganization Act)要求,国会在每个新财年之前就应对支出限额和财政收入进行投票,以此来将"现收现付"的预算规划制度化。1947年2月,共和党领导的新一届国会通过了1948财年减税限支的预算,将支出限制在315亿美元。在此之前,杜鲁门提出的预算是,在军费增加、预算有盈余、不减税的情况下收入377亿美元。③

尽管在联邦支出和税收总体水平上存在重大分歧,但杜鲁门和国会共和党人一致认为,有必要有序地削减债务。1947年3月3日,在杜鲁门的支持下,参议院投票决定用现行财年的盈余来偿还至少26亿美元的国债。④

欧洲发生的事件,给1947年7月1日开始的财年预算中关于军费开支的辩论带来了紧迫感。在众议院将开支削减到远远低于杜鲁门政府所要求的水

---

① Bostdorff, *Proclaiming the Truman Doctrine*, 101.
② Truman, "Address in Chicago on Army Day."
③ Gaddis, *The United States and the Origins of the Cold War*, 344.
④ Committee on Public Debt Policy, *Our National Debt*, 31.

平后,两党国会领导人在白宫会见了自二战开始以来的国家最高将领乔治·马歇尔(George Marshall)。这位受人尊敬的军人要求为土耳其和希腊提供军事援助,以应对即将到来的共产主义的接管。负债累累的英国再也无力在这些国家维持武装力量。副国务卿迪安·艾奇逊(Dean Acheson)直言,美国在一个由共产主义独裁统治的世界中可能被孤立。

这个国家不成文的财政宪法不允许国会通过债务来资助国家安全事项,并以此逃避艰难的预算选择。时任参议院外交关系委员会主席范登堡同意帮助政府增加国防开支。但是他坚持要求杜鲁门向公众明确表达苏联扩张带来的威胁。

之后,总统敦促国会召开联席会议"支持那些自由的民族,它们正在抵制来自武装的少数派或外部力量的征服"[1]。在杜鲁门的呼吁下,范登堡取消了众议院做出的一些国防削减。像许多美国人一样,范登堡在调和他以前的孤立主义和新的国际主义方面没有任何困难。他解释了观点发生变化的原因:现代航空技术和新型武器极大地削弱了大西洋和太平洋曾经提供的缓冲地带的有效性。

美国是当时唯一有经济能力支持西欧防务的国家。战争结束时,美国的工业产出占世界的一半。它是世界上唯一拥有大量粮食盈余的国家,也是唯一拥有以黄金储备为依托的强势货币和银行体系的国家。

正如2013年那样,1946年初大多数经济学家担心,若依靠债务融资的联邦支出大幅收紧则会损害经济增长。然而,他们错了。尽管联邦支出从1945年战时最高的980亿美元降至1947年的345亿美元,但即使在颁布了适度降低战时税率的政策后,联邦税收也只比战时高峰下降了10%。[2] 到1947年,全国经济增长势头仍强劲。

尽管经济表现强劲,但1947年杜鲁门还是否决了减税政策,因为他认为这个政策会危及国家偿还债务的能力。到1947年底,也就是1948财年过半时,白宫宣布预计的财政盈余约为70亿美元。[3] 到那个财年结束时,联邦基

---

[1] Truman, "Special Message to the Congress on Greece and Turkey."
[2] 参见附录C。
[3] Witte, *Federal Income Tax*, 134—135.

金预算的盈余达到了总收入的 1/4,这是前所未有的。财政盈余的这一规模,促使国会议员罗伯特·道顿与共和党人一起通过了削减税率的立法,然后推翻了总统对该法案的否决。

国防部长詹姆斯·福雷斯特尔担心美国新的全球承诺与其军事能力之间有差距。福雷斯特尔是一位严肃而工作勤奋的联邦官员,在结束华尔街辉煌的职业生涯后曾担任海军部长。他尊重杜鲁门平衡预算的承诺。他还认为,美国只有实施确实有效的干预威胁才能抑制苏联。五角大楼的高级军事官员敦促国防部长去获得更多的资金。

杜鲁门要求福雷斯特尔为新组建的国防部准备第一份预算申请报告,最后期限是 1948 年 3 月 1 日。该部门的成立是为了促进武装部队的开支项目更有效、更协调。与此同时,总统向国会提交了一份 1949 财年的预算,将支出限制在 397 亿美元,其中包括 110 亿美元用于军事和 40 亿美元用于重建欧洲的经济援助计划(即马歇尔计划)。该预算建议裁减 13% 的军队,预计盈余 40 亿美元。①

此时,斯大林继续将东欧卫星国纳入苏联监管国家(Soviet police state)的轨道。1948 年 2 月,他领导的部队残酷地镇压了捷克斯洛伐克的反对派,这让驻欧美军司令卢修斯·克雷将军(General Lucius Clay)警告说,苏联的进一步军事侵略可能会"突然到来"。② 杜鲁门极不情愿地批准了 31 亿美元的额外军费开支,少于福雷斯特尔要求的 88 亿美元,该笔资金主要用于增强空军力量。③

由于国会拒绝增税,在很大程度上预算平衡取决于能否把军费开支限制在可征税范围之内。1948 年 5 月,总统在办公室会见了福雷斯特尔,指示他制订一项可以持续多年的计划,规定每年国防开支不超过 150 亿美元,其中包括每年 6 亿美元的储备物资。④ 总统明白一些军事领导人会质疑他的决定,于是他向福雷斯特尔提交了一份事先准备好的备忘录,上面记录了他们的结

---

① Hoopes and Brinkley, *Driven Patriot*, 365.
② Lucius Clay quoted in "Learning to Estimate, 1948".
③ Donovan, *Tumultuous Years*, 58.
④ Millis, *The Forrestal Diaries*, 498—499.

论。杜鲁门在日记中写道,他在努力实现一个"平衡的、合理的、国家能够支付得起的计划"。①

对于如何在各军种之间分配经费,参谋长联席会议(由国家各军种的高级军官组成)未能达成一致。所有人都承认需要加大对空军的投资,但陆军和海军都反对相应地削减各自的经费。参谋长联席会议坚称,他们至少还需要 40 亿美元。福雷斯特尔要求他们详细说明额外的开支如何影响潜在冲突带来的结果。1948 年 10 月,他向总统汇报了他们的结论:如果苏联进入西欧,150 亿美元的预算可以支持以英国为基地的轰炸行动,而额外的 40 亿美元将加强对地中海的控制。② 杜鲁门认为国会不可能增加税收来支付这笔费用,于是拒绝批准追加资金。

福雷斯特尔和两党国会领导人都不支持杜鲁门在 1948 年连任。民主党已经分裂了。一些自由派人士支持前副总统亨利·华莱士作为第三党候选人,而许多南方民主党人则支持南卡罗来纳州州长斯特罗姆·瑟蒙德(Strom Thurmond)创建的第三党参加竞选。共和党人呈现出更加统一的阵线。他们的竞选纲领承诺降低税收和平衡预算,同时保证巩固国防、保障退伍军人,以及投入资金支持受欢迎的国内项目。

杜鲁门认为,要实施共和党政纲提倡的项目,预算就不可能实现平衡。为了强调这一事实,他召集国会重新开会,并向共和党人提出挑战,要求他们把政纲中的税收和支出政策付诸实际。令人惊讶的是,总统获得了连任。民主党的国会候选人表现良好,他们的政党重新掌握了国会的大权。

1948 年大选的政治史往往关注杜鲁门和他的共和党对手、纽约州长托马斯·杜威的竞选风格的对比。然而,美国的财政传统却匡定了支出和税收之间的权衡。在农业区,杜鲁门扭转了两年前党派选举的结果。联邦对农产品价格的支持,是少数仍然在实施的新政支出项目之一。降低税率就需要降低国防和农业项目的支出。塔夫脱和其他共和党预算领导人明白这一点,所以他们迟迟不肯否认削减农业支出的意图。

---

① Truman, *Off the Record*, 134.
② Millis, *The Forrestal Diaries*, 498—499.

选举结束后,福雷斯托尔飞往西柏林。在那里,苏联军队封锁了盟军管理下的城市部分地区的陆路通道。他问卢修斯·克莱将军,"是否愿意接受未来几年的联邦预算赤字",以增强美国的军事实力。克莱予以否认,因为"美国的预算不平衡会对欧洲产生严重影响,欧洲会认为这是一个连美国都无法应对的财政问题的信号"①。

迫于预算方面的纪律约束和职业军人的要求,福雷斯特尔变得极度抑郁。在总统要求他辞职后不久,他从医院的窗户跳楼结束了生命。退休将军艾森豪威尔曾试图帮助福雷斯特尔调解两军之间的争端,并根据预算制订作战计划。可这些努力使艾森豪威尔的身体变得疲惫不堪,医生坚持让他休假。第二次世界大战后,美国实现了预算平衡,但它仍然需要缩小在国际义务和实际能力之间的差距,而这折磨着福雷斯托尔和艾森豪威尔。

共和党的预算困境

国会中的共和党人从未解决塔夫脱强调的减税和范登堡支持的杜鲁门政府的军费开支之间的矛盾。美国不成文的财政宪法排除了用"自由"的债务来筹资支持支出或支持减税的幻想。身为共和党核心选民的公司经理和小企业主们坚决支持一种"现收现付"的预算。

国会任命了前总统赫伯特·胡佛查明浪费和低效的情况,而共和党人希望能找到一些财政上的操作空间。胡佛是管理方面的专家,也是"新政"的激烈批评者。杜鲁门也讨厌效率低下,因此乐于接受胡佛的帮助。国会通过了胡佛委员会最雄心勃勃的建议。这一经验产生了类似于未来效率驱动的结果:努力是值得的,但与联邦预算的规模和许多保守派所期望的减税水平相比,节省的资金很少。

尽管在两次总统选举中失利,才华横溢的政治家杜威仍继续以一面倒的优势连任全国最大州的州长。他认为,如果共和党反对"农产品价格补贴、失

---

① Millis, *The Forrestal Diaries*, 526.

业保险、养老福利、贫民窟清理和其他社会项目",就会被"埋葬"。① 事实上,除了退伍军人支出外,联邦政府在国内项目上的开支只占联邦基金预算的一小部分。

塔夫脱指责杜威没有更明确地界定他与杜鲁门政府之间的差异。其中一些差异,尤其是劳资关系方面的差异,对预算几乎没有什么影响。此外,塔夫脱本人也支持一些新的支出项目。塔夫脱是20世纪最有影响力的参议员之一,他有一种罕见的天赋,能够表达广泛的政治愿景,然后将其应用于各种立法的细节。他的保守信念可能会让许多21世纪的共和党人感到惊讶。这位被记者们称为"共和党先生"的参议员解释说,"在自由制度下,我们必然会比社会主义制度下有更大的不平等,虽然到最后我相信社会主义制度会把每个人都拉下来……然而,我相信我们必须接受这种不平等,然后尽我们最大的努力来改善底层人民的状况……采取诸如最低工资法等经济措施,并在一定程度上提供卫生、教育、住房等方面的直接援助。"② 简而言之,塔夫脱认为,竞争性的市场经济应该伴随着社会安全网,为那些无法工作或即使努力工作也无法维持生计的美国人服务。

塔夫脱发起了一项立法活动,为买不起住房的美国工薪阶层建造公共住房。他赞同向各州提供联邦拨款,以支持改善住房、卫生、教育。塔夫脱认为,仅靠各州自己的力量无法为这些基本服务提供资金,因为如果这么做的话就会把生意拱手让给那些逃避这些责任且保持较低税收的州。

塔夫脱在国内政策上为共和党奠定了基调,而范登堡则在外交政策上占了上风。范登堡反对塔夫脱削减军事预算、减少外国军事部署和对盟国实施经济援助(如马歇尔计划)。范登堡在日记中写道,"我对共和党那一小撮孤立主义者感到烦透了……以至于想要发飙。"③ 1948年大选后,国会中的共和党人在国际安全问题上转向范登堡,远离塔夫脱。理查德·尼克松(Richard Nixon)和约瑟夫·麦卡锡(Joseph McCarthy)等年轻共和党人通过攻击民主党人对共产主义的"软弱"来取胜。在1949年6月,塔夫脱是投票反对《北大

---

① Smith, *Thomas E. Dewey*, 547.
② Kirk and McClellan, *Robert A. Taft*, 132—133.
③ Arthur Vandenberg quoted in Brands, *The Strange Death of American Liberalism*, 60.

西洋公约》(North Alantic Treaty)的 13 位参议员之一。该公约促成了北约的成立,并承诺美国军队将致力于西欧的防务。

1949 年秋季,国际形势的发展使得限制军事开支变得更加困难。10 月,杜鲁门总统宣布苏联成功引爆了一颗原子弹。后来,也是在这个月,苏联承认了共产主义阵营的中华人民共和国。这些事件唤起了人们对珍珠港事件和慕尼黑事件的回忆,但杜鲁门在国防开支上坚持自己的立场。他在给一位老朋友的信中写道,他仍然"有信心把国家债务减少到 2 000 亿美元以下"。[1]

经济衰退和债务限制

在第二次世界大战后研究联邦税收的著名历史学家 W. 埃利奥特·布朗利(W. Elliot Brownlee)指出,"自 19 世纪初以来,两党首次就国家财政政策的基本要素达成一致。"[2]这些基本要素包括:对个人收入征收税基广泛的累进税;对企业收入征收统一比率税;征收专门用于社会保险的统一比率的工资税。在 1947—1950 年财年中,该税收制度(不包括信托基金)创造了 1 574 亿美元的收入,超过了政府 1 534 亿美元的支出。[3] 国防开支、对盟友的国际义务、退伍军人福利、公共债务利息等共计 1 206 亿美元,几乎占支出总额的 80%。[4]

对高失业率的担忧在国会引发了一场激烈的争论,使二战后联邦预算的概念更加清晰明了。1946 年的《就业法》(The Employment Act of 1946),是在 1945 年经参众两院提交、辩论后通过的法案。原法案宣布充分就业时国家的目标。《充分就业法》(Full Employment Act)是美国和西欧在进行政治对话的背景下经协商得到的成果,对话的内容是关于求职者是否有被雇用的权利。各个政治派别的美国人都在乎有偿就业所带来的尊严和自给自足,但许多民选官员,尤其是两党的保守派,拒绝接受把联邦政府为就业提供资金作为

---

[1] Harry S. Truman quoted in Donovan, *Tumultuous Years*, 58.
[2] Brownlee, *Federal Taxation*, 121.
[3] 参见附录 C。
[4] Studenski and Kroos, *Financial History*, Table 90 at 463.

11 战争和税收

最后的手段。

怀俄明州参议员约瑟夫·奥马霍尼(Joseph O'Mahoney)是一位中间派民主党人,被同事们认为是经济专家。在他的强烈支持下,参议院以 71 票对 10 票的悬殊票数通过了《就业法》。参议院还经一致投票通过了由塔夫脱和雷德克里夫起草的法案修正案。该修正案规定,任何旨在促进就业的计划都必须与税收挂钩,以在合理期限内"防止国家债务出现任何净增长"。① 众议院通过的、由会议委员会提出的法案,删除了参议院版本中要求联邦支出和充分就业的大部分措辞。最后该法案在众议院和参议院以压倒性优势获得通过。②

1946 年的《就业法》可以被解释为不过是对高就业率目标的空洞认可,但它确实表明人们对联邦预算与整个经济之间的关系有了更清晰的认识。本着这种精神,该法案创建了白宫经济顾问委员会。当时由哈罗德·史密斯(Harold Smith)管理的白宫预算局(White House Bureau of the Budget),已经在不断扩大的财政部门增加了经济学家的数量。自 1789 年以来,联邦领导人一直在考虑联邦支出和税收对经济增长的影响。在大萧条和第二次世界大战刚刚结束的时候,当选的政府官员更频繁地使用一个从经济学家那里借来的术语来提及预算对经济的影响,即"财政政策"。

1946 年的《就业法》出台之时,经济学界正在就经济衰退时期借贷是否有适当限额进行辩论。1948 年,两位年轻的经济学家米尔顿·弗里德曼(Milton Friedman)和保罗·萨缪尔森(Paul Samuelson)概述了这些限制,其方式影响了预算专家在 20 世纪关于平衡预算的辩论。他们都认识到,经济衰退会导致联邦所得税收入减少,于是放弃了在经济衰退期间提高税率以平衡预算的想法。

1948 年,36 岁的芝加哥大学教授米尔顿·弗里德曼在其颇具影响力的文章"经济稳定的货币和财政框架"(A Monetary and Fiscal Framework for Economic Stability)中,阐述了他的平衡预算的方法。弗里德曼在统计研究

---

① Taft-Radcliffe amendment quoted in "The Growing Debt".
② 该法案宣称这是"联邦政府的政策和责任是利用一切实际手段……协调和利用其计划、功能和资源,以创建和维护……为那些有能力、愿意和正在寻求工作的人提供有用的就业机会"。

219

方面具有天赋。他建议,联邦政府应努力在每个多年经济周期内平衡预算,并将税率设定在一定的水平,以期在平均经济条件下平衡预算。他提出联邦政府将"保持两项预算:一项是稳定预算,其中所有数据都是指(在正常就业水平上的)假设性(或预计)收入;另一项是实际预算"①。由于弗里德曼建议在经济复苏后减少因经济衰退而产生的相关债务,任何此类债务都可以通过美联储支持的短期借款来解决,因此,非货币化债务的净负担不会增加。

1948年,33岁的保罗·萨缪尔森撰写了第一版颇具影响力的入门教材《经济学》。与弗里德曼一样,萨缪尔森具有在英语和数学两方面都能清晰交流的天赋。他在书中将大萧条的深度描述为"流动性陷阱",其特征是高失业率、增加的储蓄和产能的过剩。在这种情况下,由债务资金支持公共支出或者减税可能会刺激经济活动,否则就会停滞在高失业率的水平上。用于该目的的债务可以货币化,也可以用未使用的储蓄来融资。萨缪尔森同意弗里德曼的观点,即债务可以在经济复苏时再偿还。

在经济低迷时期,如何对联邦开支进行适当的限制?在这个问题上,两位经济学家意见相左。弗里德曼认为,在经济衰退期间的借款,应限于因财政收入下降和因经济衰退而支出(如公共援助)的数额。萨缪尔森则认为,联邦官员可以增加支出或减少税收,以加快经济复苏,尽管他在书的第一版中警告这个解决方案是"有争议的"。弗里德曼自称是自由至上主义者,萨缪尔森则称自己是自由主义者。两人都会针对预算问题向未来的总统提供建议。实际上,很少有经济学家真正改变过联邦支出和税收决策,这些决策通常是由国会委员会中有影响力的成员做出的。然而,1945年后,政治家们更经常地引用同意自己的经济学家的权威来支持他们的观点。

以商业为导向、由私人资助的经济发展委员会(Committee for Economic Development)的观点,可能对战后政策产生了更大的直接影响。委员会主要由公司高管组成,其余则为杰出的银行家和学者。1947年,该委员会提出了一条与弗里德曼类似的规则:预算应该在每个经济周期中保持平衡,税率应该

---

① Friedman,"A Monetary and Fiscal Framework",249.

稳定,并设定在正常或充分就业时能产生轻微盈余的水平上。

经济发展委员会认为,为了精确平衡每年的预算而调整支出和税率是不切实际的,因为经济状况很少与每一财年开始之前很久所做的预测一致。税率的频繁变化也破坏了税收令人满意的可预测性。由于支出往往"抵制向下的变化,而税收……抵制向上的变化",委员会警告说,在经济衰退期间为"补偿性"或刺激性支出偿还债务所需的盈余可能永远不会实现,特别是因为某些项目的联邦支出倡导者往往夸大了这种支出的需求。①

---

① Committee for Economic Development, *Taxes and the Budget*.

12 控制债务,同时对国防、养老金、公路建设投资

1950—1962年:当年赤字超过还本
付息额的时间为3年
(1953年,朝鲜战争;1959年,
经济衰退;1962年,冷战)

作为全球领导的代价

哈里·杜鲁门、罗伯特·塔夫脱、阿瑟·范登堡、詹姆斯·福雷斯特尔在经历了16年的大萧条和第二次世界大战之后,为确定新的正常军费开支和所得税水平进行了多年的斗争。远在联邦政府之外的约瑟夫·斯大林,最终成为推动美国在这一平衡上达成共识的力量。1950年6月,朝鲜战争爆发,这导致两党承诺增加军费开支和税收。

在那次入侵行动之前,杜鲁门总统一直在坚持削减五角大楼的开支,以便在国会规定的税率下所产生的收入范围内平衡预算。当参谋长联席会议警告说美国的军事能力"还达不到履行现有承诺的水平"时,总统的首席经济顾问反驳说,额外的债务将削弱国家应对未来安全紧急情况的能力。1951财年,杜鲁门的国防预算计划占国民收入的比例略高于5%——这一水平高于第二次世界大战前1%的平均水平,基本与2013年的国防支出持平。

1950年春天,当金日成准备开战时,国家安全委员会(NSC)向杜鲁门提出了关于国防政策和军事预算的建议。国家安全委员会是在几年前成立的,其成员包括国务卿、国防部部长以及参谋长联席会议主席。在一份被指定为NSC-68的机密文件中,这个高层组织主张"大幅增加"军费开支和军事援助项目。为了支持这些项目,它建议"推迟某些想要实行的国内计划"以及"增加

12 控制债务,同时对国防、养老金、公路建设投资

税收"。① 杜鲁门不愿签署所建议的政策,他愿意提高税收,但明白国会不会支持。他的判断是正确的。塔夫脱和他在国会的盟友努力限制军费开支,以降低税率来平衡预算。那年春天,在朝鲜入侵之前,众议院曾阻止向韩国提供1亿美元的军事援助,但在政府的大力游说下,最终扭转了投票结果。② 用国务卿迪安·艾奇逊的话说,6月份的入侵"使国家安全委员会68号建议不再只是理论问题,而成为当即的预算问题"。③

以美国为首的联合国部队为保住在朝鲜半岛的立足点而拼命战斗。到1950年9月,当美国和其他联合国部队化解了朝鲜最初的军事优势时,杜鲁门签署了NSC-68号文件并批准迅速增加国家安全预算:1951财年为695亿美元,随后三个财年每年为560亿美元。这一支出水平是二战高峰期名义金额(nominal amount)的一半以上。④ 艾森豪威尔将军接受了杜鲁门的请求,在以欧洲为基地的北约组织(NATO)内组织部队。总统也同意了艾森豪威尔的要求,即对美国在欧洲的驻军给予持续的财政支持。

朝鲜战争中的筹资行为,突出了传统财政学说在支出与税收之间取得平衡的影响。国会在18个月内3次加税以支付朝鲜战争的费用。个人和企业所得税的征收,从1951年的378亿美元上升到1953年的544亿美元。⑤ 从1952财年到1954财年的36个月中,支持联邦基金支出的财政收入上升到国民收入的16.6%,这是美国历史上除二战最后两年以外的最高水平。⑥ 这一联邦基金税收水平是21世纪初伊拉克战争和阿富汗战争高峰期3年内平均水平的2倍。到1953年战争结束时,联邦债务只比1950年增加了3%,尽管军事支出增长了300%。

杜鲁门承认,一些美国人想知道"在不会对经济增长造成严重影响的情况下,我们能把税收提到多高"。他认为,这个上限还没有达到。⑦ 杜鲁门指出,

---

① May, *American Cold War Strategy*, 74—75.
② Chace, *Acheson*, 269.
③ Dean Acheson quoted in Gaddis, *We Now Know*, 76.
④ Leffler, *A Preponderance of Power*, 373.
⑤ OMB, Historical Tables, "Table 1.1—Summary of Receipts, Outlays, and Surpluses or Deficits: 1789—2018".
⑥ 参见附录C。
⑦ Truman, "Special Message to the Congress Recommending a 'Pay as We Go' Tax Program".

自二战结束以来,高税率并没有阻碍经济的快速增长。

在二战期间,杜鲁门效仿罗斯福的做法,推迟了增加国内开支的要求。他说:"我们通常会做的许多事情必须被限制或推迟。"①规避过度债务的普遍愿望,迫使共和党和民主党领导人推迟了对选民有利的立法。美国的高收入人群,即共和党的主要支持者,对他们认为具有惩罚性的个人所得税大为恼火。几十年来,冷战的成本削弱了在不冒税收损失和相应增加债务风险的条件下降低这些比率的能力。

与此同时,白宫和国会民主党多数人意识到,联邦税收不足以支付军事义务和杜鲁门提出的建议(为无法获得雇主计划的家庭提供医疗保险)。虽然杜鲁门接受了联邦医疗保险的想法,但他的政府从未提出过具体的立法措施。各种扩大医疗保险的计划,从未在杜鲁门的白宫预算办公室通过。

在20世纪50年代,美国人不喜欢缴纳更高的税收,也担心高额的医疗账单。当时的联邦官员对他们所青睐的国内议程的关心程度,并不亚于那些2001年后伊拉克和阿富汗战争期间的当权者;他们只是将这些议程从属于限制债务的原则,以避免抵押未来的税收收入。即使在朝鲜战争结束后,白宫和国会也努力为国内的重大改革提供资金,比如,扩大社会保障养老金和新的联邦公路建设计划。他们将专门的税收支付给信托基金,以此与行政部门或联邦基金的预算分开。

朝鲜战争中的许多战役,体现了持续投资于军事技术的重要性。很明显,美国不能指望通过简单的伤亡来换取未来战争的胜利。

尽管联邦高级官员同意增加开支和税收,以便符合美国在世界上的新角色,但国家无法负担五角大楼提出的所有要求。例如,1951年3月,各军种对下一财年的需求进行了估计,总额达1 040亿美元,这一数额将占国民经济的很大一部分。不到1个月,杜鲁门就迫使他们将预算削减到607亿美元。②

1950年后的冷战,开启了联邦预算史上的新时代。第二次世界大战前,除战争期间外,美国只将国民收入的一小部分用于军事。1950年后,用于全球安全、退伍军人、债务利息的支出超过了联邦基金预算中承担的所有其他义

---

① Truman quoted in Hormats, *The Price of Liberty*, 184.
② Smithies, *The Budgetary Process*, 124.

务的成本,还不得不推迟偿还二战遗留债务的计划。

可持续社会保障退休金

许多在大萧条时期失去积蓄的美国人,在退休后艰难地维持着生活。战时通货膨胀造成的购买力下降,削弱了社会保障养老金的价值,而社会保障养老金与 1935 年的水平相比并没有增加。平均每月 25 美元的社会保障养老金太少了,根本无法维持生计。① 其结果是,大量的美国老年人依靠国家管理的公共援助生活,而不是缴费型养老金。1949 年,1/5 的美国老年人领取社会保障养老金,而更多的人被迫依赖每月的救济支票。社会保障在美国农村地区更是薄弱环节,那里的大多数退休人员没有资格享受福利。例如,在路易斯安那州,超过一半的老年人口依靠福利性支出维持生活。领取雇主资助的养老金的美国退休人员相对较少。

众议院筹款委员会主席罗伯特·道顿具有独特的地位,能够就社会保障养老金的未来达成共识。这位 86 岁高龄的众议院议长在二战筹资方面跨越了党派界线,成效显著。有权势的众议院议长、得克萨斯州的萨姆·雷伯恩(Sam Rayburn),很尊敬主席,是少数几个仍然用老绰号"莫利"称呼他的人之一。道顿仍然在每个工作日的早上 6 点到达国会大厦。1949 年,他利用这些上午的时间准备关于养老金的听证会,会上有 250 多名证人就养老金制度的未来听证。

十年前,就如何在历来通过比较年度收支来管理的联邦预算中最好地筹划远在未来的养老金负债问题,罗斯福总统和范登堡参议员曾进行过斗争。要估计持续数十年的福利水平,需要基于经济学、统计学和精算的复杂计算。道顿和其他众议院议员开始严重依赖阿肯色州国会议员威尔伯·米尔斯的判断。米尔斯毕业于哈佛法学院,是一个小镇银行家的儿子,言谈温和。1949 年,40 岁的米尔斯早在 10 年前就进入了国会,自 1943 年以来一直在道顿的筹款委员会任职。在财政上态度保守的米尔斯,掌握养老金核算的细节,并与

---

① Livingston, *U. S. Social Security*, 16.

社会保险的精算师罗伯特·迈尔斯（Robert Myers）建立了持久的合作关系。在之后的几十年里，两人精心打造了现代的社会保障、医疗保障和医疗补助，这些项目指导了大部分联邦预算的发展进程，直到今天。

到1950年初，道顿、米尔斯、迈尔斯制订了一个让两党批评者都满意的社会保障改革计划。某些自由主义者，如亨利·华莱士，不喜欢社会保障工资税的累退性质，它是以统一的百分比率来评估，直到工资的上限。保险公司高管阿尔伯特·林顿（Albert Linton）是20世纪30年代中期以来就联邦养老金计划问题发声的重要共和党人之一，他担心失去除年度拨款之外对管理计划的控制。林顿曾说服一些共和党人支持一项为所有美国老年人提供统一标准的养老金计划。主流的联邦民选官员都不支持废除联邦养老金制度或回归地方资助的贫民院。同样，没有人考虑用借贷来支付日益增长的老年人口的退休费用，国会在2003年和2010年颁布的立法中却利用了这种融资方式。

冷战的代价和商业界的利益，支撑着关于社会保障的新共识。国会需要来自所得税的每一美元收入来平衡冷战预算。由工薪税资助的缴费型养老金制度，可以防止所得税收入被不断上涨的老年援助金所消耗。到了20世纪40年代末，哪怕是那些在1935年曾反对联邦养老金的商业组织和工会也开始明白，如何将可转移的养老金福利纳入以雇主为基础的退休福利体系。

以雇员缴费为基础的养老金制度，是保守性地替代福利的一种做法。米尔斯说，如果美国老年人在就业时向基金缴费，他们的养老金就不是一种"不劳而获"的形式。① 这种福利计算公式为那些寿命较长或收入较低的缴费工人提供较高的回报，这看起来并非不公平。毕竟，大多数美国人都有某种形式的人寿保险，而支付的总保险费和获得的福利之间的关系在不同的家庭中差异很大。1949年底，众议院以333票对14票通过了修订《社会保障法》的立法。1950年，只有两名参议员对参议院提供的版本投了反对票，杜鲁门总统在朝鲜入侵后几周就将其签署为法律。②

---

① Zelizer, *Taxing America*, 75.
② 与众议院不同的是，参议院没有将那些为制度做出贡献但因残疾而不得不在65岁之前离开工作的工人纳入保险范围。2年后，众议院又以压倒性的优势支持多顿所倡导的为年轻但残疾的工人提供部分养老金。这位年迈的主席计划在当年退休，并质疑批评该提案的人："我还能有什么政治动机？"参议院在会议委员会中再次删除了残疾保险。

12 控制债务,同时对国防、养老金、公路建设投资

该法案将每月最低补助金提高了77%,以抵消自1935年以来通货膨胀的影响。① 国会将工资税提高到工资的3%,并提高了应纳工资税的工资上限。大多数美国工人,包括自由职业者,都被纳入了社会保障体系。该法案几乎立刻缓解了提高公共援助的压力。在1951年,领取社会保障养老金的老年人首次超过领取公共援助支票的老年人。

通过将社会保障信托基金——官方名称为老年与遗属信托基金——与预算的其余部分分开,国会避免了将保险精算与传统预算会计相结合所导致的固有的问题。一个统一的年度预算,如果只计算养老基金的收入而不计入未来的负债就会产生误导,而如此做出的预算会使得非专业人士很难理解或者难以与现金账户进行核对。虽然信托基金没有建立起1935年最初设想的现金储备,但受托人报告了其年度精算余额。他们的报告建立在一个保守的"统一工资"假设上,只要工资在一段时间内稳定增长,就能产生稳定的储备缓冲。实质上,罗伯特·迈尔斯比较了以下两个数据:现有福利水平下,未来的支付价值;在不超过现有工资水平的假设下,未来工资缴款的收益价值。米尔斯和迈尔斯意识到,只要工资和薪金水平继续增长,这种假设就会带来实际盈余。这种方法还给国会在决定福利水平和相应税率时设定一个误差范围。

1950年的《社会保障法修正案》还批准了联邦配套拨款,各州可用来偿还无力支付的病人的医疗费用,这是参议员塔夫脱提出的替代全国医疗保险提案的一个关键。该计划是现代医疗补助的前身,其费用在今后10年内将增加6倍,达到5亿美元以上。②

奥斯卡·尤因(Oscar Ewing)是一位经验丰富的律师,也是杜鲁门的政治密友,曾领导监管社会保障体系的机构。他为扩大医疗保险寻找了一种负担得起的替代方案。纽约非营利组织蓝十字计划(Blue Cross program)的负责人伦纳德·平克(Leonard Pink)建议,由联邦政府管理一个保险池,为美国老年人支付给医院最多60天的医疗费用。蓝十字和其他保险公司提供以雇主为基础的医院保险,退休的美国人没有资格成为雇员团体的一部分。平克说,私人保险公司会发现很难估计退休人员保险池中的医疗费用。尤因说服杜鲁

---

① Brownlee, *Funding the Modern American State*, 163.
② Smith and Moore, *Medicaid Politics and Policy*, 35.

门接受了平克的想法。由于朝鲜战争的费用和医疗协会对国家拨款的偏好，该计划并没有立即取得进展。随着20世纪50年代末住院费用的飙升，它开始获得发展势头。

1950年《社会保障法修正案》通过后，两党官员几乎普遍接受了联邦养老金的概念。德怀特·艾森豪威尔是自赫伯特·胡佛总统之后首位当选的共和党总统，在1953年的就职演说中他呼吁扩大社会保障养老金。他将工人支持的养老金描述为一种自力更生和"国内安全"的形式。[①]

他的政府否决了美国商会（Chamber of Commerce）提出的计划，即由联邦政府向所有退休人员提供有保证的统一最低养老金，无论他们是否缴纳了工资税。相反，在1954年，国会以仅有的8张反对票通过了一项法案，将保险范围和工资税扩大到许多农业和公共部门的雇员。

社会保障养老金，就像退伍军人的养老金一样，纳入了两党改革者的历史理想：福利的赚取和分配应该基于公式，而不是出于政治保护或种族歧视的自由裁量决定。2001年，乔治·W.布什总统的首席经济顾问在解释为什么工资税不同于其他税时说："如果我再支付1美元的社会保障税，则我就可以购到明确的、法律规定的福利金额……这纯粹是私人产品。"[②]乔治·W.布什本人在他的第二次就职演说中将《社会保障法》称为"经济独立"的体现。[③]

与接受全球领导角色一样，致力于为老年人维持尊严的最低标准也成为美国"生活方式"的一部分。这一承诺反映的是文化的变化，而非思想意识的变化。到20世纪50年代，越来越多的美国人离开家庭，越来越多的妇女外出工作。一项可转移的国家养老金使以前经常照顾老人的妇女，能够平衡她的其他责任：工作和孩子。从1950—2000年，女性占增长的劳动力的60%。与此同时，在1945—1965年的婴儿潮期间，出生率飙升。[④] 1957年，美国创造了出生人口的历史记录：在已有的1.72亿人口中新增了430万婴儿。[⑤]

---

① Eisenhower,"Special Message."
② Lawrence Lindsey quoted in Noah,"Meme Watch."
③ Bush,"Second Inaugural Address."
④ Kotlikoff and Burns,*The Coming Generational Storm*,240.
⑤ US National Center for Health Statistics,*Vital Statistics of the United States*：1957，http://www.cdc.gov/nchs/products/vsus.htm.

退休后的美国人寿命更长。男性工人从30岁算起,平均的剩余预期寿命期限从1945年的38.86延长到2010年的46.87。① 1950年,65岁以上人口占8%,比1900年的3%有所增加。② 到2010年,13%的人口超过了65岁。③ 随着婴儿潮一代的退休,预计到2030年,65岁以上的美国人将占总人口的1/5。

社会保障养老金福利与平均劳动收入相关联,一直保持在适度水平。2013年6月,美国人平均每月能拿到1 158美元的养老金。对大多数美国老年人来说,社会保障养老金仍然是他们最大的收入来源。④ 直到2010年,联邦政府从未为支付社会保障福利而举借长期债务。

货币政策的独立性

在第二次世界大战期间,美联储主席马里纳·埃克尔斯(Marriner Eccles)曾支持财政部坚持实行低利率制度。战后,他为重新获得中央银行对货币政策的控制权而奋斗。埃克尔斯认为,在管理战后债务方面,货币政策能够在没有通胀的压力下支持经济增长是至关重要的,就像内战后一样。虽然杜鲁门用托马斯·麦克凯(Thomas McCabe)取代埃克尔斯担任美联储主席,但埃克尔斯仍继续在董事会任职,并争取了包括新任主席在内的大多数成员来支持他的观点。

杜鲁门的财政部坚持认为,即使在战争结束后,国家的中央银行也要继续支持低利率。由于所得税率被认为已经达到其实际的极限,任何利率的飙升都需要相应地削减军事和其他类型的开支,以便平衡预算。例如,如果联邦债务的平均利率是5.2%,而不是1947年实际的2.2%,那么额外的费用将超过国家军费开支的一半。如果没有美联储的持续支持,不断增长的私人部门贷款需求会对利率产生上行压力。埃克尔斯和其他美联储官员意识到,无限制

---

① Bell and Miller, "Actuarial Study No. 120."
② Werner, *The Older Population*.
③ US Census Bureau, 2010 Census, http://www.census.gov/2010census/.
④ "Monthly Statistical Snapshot, June 2013: Table 2", Social Security Administration, http://www.ssa.gov/policy/docs/quickfacts/stat_snapshot/.

的货币扩张会引发通货膨胀,然而,当他试图通过谈判达成一项承认美联储独立性的协议时,却屡屡遭到财政部的拒绝。自治的美联储的概念,尚未成为国家不成文宪法的一部分。

1950年8月18日,美联储单方面打破了僵局,决定在未经财政部允许的情况下提高短期债务的利率。许多国会议员和政府成员,包括杜鲁门本人,都没能控制住美联储。① 1950年初,在中国介入朝鲜有可能无限期延长战争之后,居民消费价格飙升,美联储更加迫切地感到要遏制通货膨胀。埃克斯向国会解释说,"只要要求美联储购买政府证券以维护财政部制定的固定利率模式,它就必须随时准备无限制地增加银行的公债券资产储备",他谴责说这么做是"通货膨胀的引擎"。②

1951年3月3日,美联储和财政部宣布,他们已经"在债务管理和货币政策方面达成了完全一致的意见",其共同目标是保证"成功地为政府的需求提供资金,同时尽量减少公债的货币化"。③ 美联储同意将其投资联邦债券的利息计入财政部,从而避免今后因中央银行从公开市场操作中获利而出现冲突。1951年的契约,经常被称为"协议"(accord)。结束了一场长达160年的全国性斗争,那就是界定联邦民选官员、财政部、金融市场参与者三者在货币政策上的权力。这场斗争甚至在1913年的重大妥协之后也未结束。那场妥协创建了美联储,在两次世界大战和大萧条时期的大部分时间里它是行政部门的一个机构。

在协议达成的几天内,美联储的公开市场委员会允许5年期债券利率升高。杜鲁门总统立即用威廉·麦克切斯尼·马丁(William McChesney Martin)取代了美联储主席托马斯·麦克凯。马丁是助理财政部长,也是华尔街过去的一大才俊,曾担任纽约证券交易所总裁。马丁代表财政部参与了这项《协定》的谈判,但令杜鲁门失望的是,他在成为主席后维护了美联储的独立性。20世纪50年代,国债利率缓慢上升,从1950年的2.27%上升到1956年

---

① Excellent accounts of the ensuing agreement include Melzer, The History of the Federal Reserve, 691—712, and Robert Heltzer and Ralph Leach, "The Treasury-Fed Accord: A New Narrative Account," Federal Reserve Board of Richmond Economic Quarterly 87, no. 1 (2001).

② Marriner Eccles quoted in Hetzel and Leach, "The Treasury-Fed Accord", 43.

③ Truman, "Statement by the President in Response to a Joint Announcement".

的2.51%,再到1960年的3.25%。① 在马丁担任美联储主席的19年中,他用敏锐的才智和政治手段定义了美联储的现代角色。货币守护者的角色赋予了美联储对金融市场巨大的影响力,也给它权力,偶尔用来加强对债务的传统限制。

独立的美联储成了政府实际上的第四个分支机构,拥有控制货币供应的权力。在现代经济中,货币主要由电子会计分录组成,具有多种功能。货币是一种交换媒介,一个经济体需要足够数量的货币来促进标准化定价和欠款的结算。货币也是储存财富的一种手段。像大多数中央银行一样,美联储试图维持货币水平,以有效地充当交易媒介和价值储存的手段。有时,这些功能可能会发生冲突,比如,当货币的过度供应降低了其作为价值储存的效用并限制了储蓄的意愿。反过来,货币供应不足会导致通货紧缩,使货币作为价值储存的价值溢价,并降低消费和投资的意愿。由于生意往来需要储蓄、贷款或投资,通货紧缩或通货膨胀都会破坏经济增长所需的投资和消费的稳定。中央银行家们主要关注的是将货币供应量控制在一个能实现双重目标(稳定物价,促进就业的经济增长)的水平上。

美联储可以通过购买联邦债券来创造货币。《协定》规定,美联储有义务将其收到的利息还给财政部。一笔可能永久持有的债券,实际上已被美联储货币化。因此,国债负担的准确衡量方法——附录A所示——是债务总额减去美联储所持国债金额。

艾森豪威尔对平衡预算的承诺

赫伯·布朗内尔(Herb Brownell)曾在1944年和1948年帮助托马斯·杜威(Thomas Dewey)成功赢得共和党总统候选人提名,他知道如何为共和党全国代表大会拉票。在承诺帮助艾森豪威尔参加1952年大选之前,布朗内

---

① 该利率的计算方法是将每个财政年度支付的债务利息总额除以未偿还的计息债务的期初和期末余额。利息总额,见财政部,统计附录,8—15。计息债务,见附录A和注3。新的长期债券的利率上升得更多,从1950年的2.32上升到1960年的4.01。另见Homer and Sylla, *Interest Rates*, Table 5.1 at 375.

尔在公众或其他人都不知道的情况下，调查了这位将军对国内政策的看法。在一生中的大部分时间里，艾森豪威尔甚至都没有参加过选举。他向布朗内尔转达了他的核心政治理念：预算应该平衡。

艾森豪威尔从第二次世界大战中脱颖而出，成为国家的军事英雄。在共和党大会上他后来者居上，战胜了参议员塔夫脱，获得了提名。之后在11月的选举中，他稳稳地击败了民主党总统提名人伊利诺伊州州长阿德莱·史蒂文森(Adlai Stevenson)。联邦预算问题上的分歧，并没有在竞选中发挥重要作用，这是因为史蒂文森和艾森豪威尔一样厌恶联邦赤字。在艾森豪威尔带来的效应帮助下，共和党在众议院和参议院中都赢得了多数席位。

当艾森豪威尔于1953年1月上任时，美国偿还了近2 400亿美元的非货币化债务，这一数额仅比1946财政年度创纪录的水平低一点。[①] 冷战的费用和大量的债务利息支付，使第二次世界大战时期的税率无法大幅削减。个人所得税收入从二战结束时的每年184亿美元上升到艾森豪威尔当选时那个财年的279亿美元。在此期间，企业所得税收入从164亿美元增长到212亿美元。[②]

在1956年的国情咨文中，艾森豪威尔提醒美国人"我们背负着巨大的国家债务，我们有义务在适当的时候减少我们后代的债务。在和平时期高度繁荣的情况下，比如现在，我们绝对不能以牺牲我们的孩子为代价，通过负债给自己减税"[③]。

在艾森豪威尔总统任期内，财政纪律的四大传统支柱一直未受影响。第一，由白宫提出并被国会通过的预算是清晰易懂的，政府还拒绝了经济学家建议的在考虑预算是否平衡时将信托基金的盈余计入。第二，"现收现付"制下所提议的支出计划，限制在国会的年度预算预计收入范围内。第三，信托基金将税收和特定项目的支出挂钩，最显著的是扩大社会保障养老金和联邦高速公路建设。第四，在1954年和1958年的经济衰退期间，为弥补收入不足而借款时，联邦官员受到的限制是，债务上限不得超过二战高峰时设定的上限。

---

① 参见附录A。
② OMB, Historical Tables, "Table 2.1—Receipts by Source：1934—2018."
③ Eisenhower, "State of the Union", January 5, 1956.

12 控制债务,同时对国防、养老金、公路建设投资

随着任期内朝鲜战争的结束,艾森豪威尔总统面临着来自国会共和党人的压力,要求迅速降低税率。总统明白高税率会扭曲经济决策。他个人曾通过出版一本最畅销的回忆录获得了财务上的安全,他的出版合同在制定时就精心地避免适用最高税率。当艾森豪威尔要求国会推迟原定的减税计划以便平衡预算时,参议员塔夫脱勃然大怒。众议院筹款委员会的共和党主席拒绝就延期问题进行投票。美国商会和全国制造商协会(National Association of Manufacturers)听从了总统的财政纪律号召,勉强同意了政府的要求。艾森豪威尔总统最终说服了国会推迟减税。

两年后,艾森豪威尔反对一些国会民主党人提出的为每个纳税人减税20美元的提案。"每个政党都喜欢减税,这一点毫无疑问",艾森豪威尔向媒体保证,"所以我们会尽快行动。"[①]总统还谴责任何利用债务资金以提高税收标准扣除额的行为,他担心这可能会"为数以百万计的纳税人开脱,使他们根本不用缴纳所得税"。[②]

财政部长乔治·汉弗莱(George Humphrey)代表政府就财政政策发表讲话。在加入艾森豪威尔政府之前,汉弗莱曾掌管过美国第二大钢铁制造商汉纳公司(M. A. Hanna Company),该公司的命名来自20世纪初一位著名的共和党组织者。汉弗莱说话坦率直接,与21世纪有意设计的传递政治"信息"的做法相比,这种坦率显得似乎有些古怪。汉弗莱直接否定了借减税来刺激增长的想法:"只要我有能力,我就会反对用赤字来实现减税……我不相信你可以用赤字来减税,然后再通过赤字增加税收。"[③]

当保守派对1957年总统提议的预算水平提出疑问时,汉弗莱部长邀请他们找出可以削减的地方。参议院财政委员会主席、弗吉尼亚州参议员哈里·伯德(Harry Byrd)接受了邀请。他从政府的预算请求中削减了40亿美元,约为5%,主要是通过削减对冷战盟友的经济和军事援助,这是白宫的优先任务。[④] 然而,白宫可以依靠伯德和其他十几位保守派民主党人,他们与政府一

---

① Eisenhower,"The President's News Conference".
② Eisenhower,"Radio and Television Address".
③ Quoted in Stein, *The Fiscal Revolution*, 395.
④ Morgan, *Eisenhower Versus 'The Spenders'*, 87—88.

起投票反对依靠债务融资的减税措施。在反对给每个美国人减免 20 美元所得税的努力中,伯德尖锐地指出:"我们没有参与战争。如果我们现在不能平衡预算,那什么时候能?"①

在 20 世纪 50 年代末,参议员巴里·戈德华特(Barry Goldwater)成为许多保守共和党人的英雄。这位来自凤凰城的前市议员、零售业财富的继承人,曾在 1952 年借助艾森豪威尔的光环进入参议院。与伯德一样,戈德华特认为"削减开支应该先于减税"。②他指出减税而不对政府支出作出慎重选择,无异于追求"赤字支出"。

随着 1957 年底经济增长放缓,艾森豪威尔向前经济顾问阿瑟·伯恩斯解释说,他"反对大规模且不明智的公共工程项目……以及各种大刀阔斧的减税措施,而这些措施的支持者只想从中得到眼前的政治利益"。③然而随着 1958 年初就业率的持续下降,雄心勃勃的副总统理查德·尼克松公开提到了减税的可能性。当时已成为众议院筹款委员会主席的威尔伯·米尔斯警告众议院议长雷伯恩(Rayburn)说,即使不减税,经济衰退期间税收下降也不可避免地会导致赤字。

雷伯恩、米尔斯和参议院多数党领导人林登·约翰逊努力避免因赤字问题而受到指责,也避免让共和党人为任何减税举措邀功。在尼克松即兴发表公开声明的几天后,财政部长罗伯特·安德森(Robert Anderson)会见了民主党国会高层领导人,双方同意国会和政府都不会单方面采取减税行动。几天内,约翰逊以 71 比 14 的票数,争取到两党多数的支持,否决了参议院自由派提出的减税方案。

在经济衰退发生后,民主党于 1958 年中期选举中扩大了他们在国会的多数席位。艾森豪威尔担心国会试图通过举债消费来刺激经济。1959 年,艾森豪威尔成为在全国电视上公布预算的第一个总统。他积极地否决了开支法案,不过国会推翻了他对水利项目拨款的否决。

国务卿安德森得到了总统和国会中两个最有权势的民主党人,即议长雷

---

① Harry Byrd quoted in Heinemann, *Harry Byrd*, 364.
② Goldwater, *Conscience of a Conservative*, 38.
③ Stein, *The Fiscal Revolution*, 333.

12 控制债务,同时对国防、养老金、公路建设投资

伯恩和多数党领导人约翰逊的绝对尊重。1943年初,安德森将他的得克萨斯广播电台卖给了国会议员约翰逊的妻子伯德·约翰逊夫人,之后安德森曾在多个联邦政府部门任职。艾森豪威尔认为安德森是他最中意的有潜力的接班人。安德森相信美国财政传统的基本价值,并帮助将传统支柱之一——"现收现付"的预算规划——用现代术语进行阐述。他认为债务的真正负担是"为偿还债务而必须征收的税收所带来的影响"。安德森认为,联邦领导人应该用包含少量盈余的预算来保证"可持续增长",并用这一盈余来偿还经济衰退期间产生的债务。他敦促"出于周期性目的的税率变化或支出计划应保持在最低限度",因为联邦支出的时间不可能与经济活动的兴衰相吻合。此外,他还认识到,"在经济衰退时出现赤字比在经济繁荣时实现盈余"在政治上更容易。[①]

艾森豪威尔对1960财年获得的巨额盈余感到自豪。在最后一次国情咨文中,艾森豪威尔要求国家放弃减税,直到用几年的盈余还清一些债务。他把这一行动称为"减少我们的孩子将要继承的抵押贷款"。他补充说,"一旦我们将这种支付确立为一种常态,我们就可以从改善税制结构方面获益,进而真正减轻沉重的税收负担。"[②] 1960财年的联邦基金支出包括:用于国防的大笔资金(481.3亿美元)、债务利息(75.1亿美元)、退伍军人福利(54.4亿美元)、农业(26.2亿美元)。[③]

"现收现付"的公路基金

在第二次世界大战结束后的5年里,注册车辆的数量从3 100万辆上升到4 900万辆。越来越多的美国人每天都要经历不断加剧的堵车。[④] 艾森豪威尔总统认为,加强车辆流动能力是经济增长和"提高生活水平"的关键。[⑤] 1919年,作为一名年轻的军官,他曾在军队的车队服役,测试用卡车运输物资横跨全国所需的时间:从东部到西海岸需要63天。作为总统,他提出了一个

---

① Anderson,"Financial Policies for Sustainable Growth",132—133.
② Eisenhower,"State of the Union",January 7,1960.
③ OMB, Historical Tables,"Table 3.1—Outlays by Superfunction and Function:1940—2018".
④ Rose,*Interstate*,31.
⑤ 同上,70。

500亿美元的公路计划,用来连接全国的主要城市。[1] 艾森豪威尔政府坚持认为,任何高速公路计划都必须通过收费或对燃料、汽车和轮胎征收新的专用税来支付。

艾森豪威尔以异乎寻常的热情游说国会批准他的公路建设计划,而他的朋友、退役将军卢修斯·克莱帮助制订了该计划的细节。克莱是美国的英雄,因为领导了打破柏林封锁的空中行动,在纽约受到了彩带游行的表彰,但也遭遇到一些强烈的政治阻力。来自偏远农村的各州的国会议员们担心,那些资助从农场到市场道路的现有计划会因此发生变化。支持改善公路的卡车运输公司,历来反对通过征收使用税来为公路建设提供资金。新的支出和税收之间存在的传统联系,迫使卡车运输业改变立场,接受与运输相关的税收,只要收入完全用于拟议中的公路信托基金。

田纳西州的老参议员阿尔·戈尔(Al Gore)是一位精明的民主党平民主义者,他测试了支出与新税之间的联系,说服参议院多数议员支持他的加速建设高速公路的计划,即利用一些一般收入来补充拟议中的公路信托基金的资源。伯德认为没有多余的收入,因此阻止了戈尔的计划。

伯德还阻止了克莱将军试图通过出售债券——由未来信托基金产生的收入来还本付息——以加快建设的想法。伯德赞成联邦政府支持修建公路,但反对举债修建。在他20多岁的时候,他曾领导一个非营利组织,修建了一条穿越雪兰多山谷的公路,并成功地推动了弗吉尼亚州政府利用债券加快公路建设的提案。几年后,作为州长,他依靠税收而不是债务修建了数百英里的公路。伯德个人对参议院的同事很有礼貌,但没有人能改变他对"现收现付"制钢铁般意志的坚持。

1956年的《联邦援助公路法》(The Federal Aid Highway Act)对汽车燃料、轮胎和汽车销售征收新税,以资助世界上最雄心勃勃的公共工程项目。这种"现收现付"的预算做法,迫使联邦官员权衡公路建设的效益和新税收的可承受成本。在融资问题上的激烈争论,使人们对公路的筹资范围达成了共识。该法案在参议院以1票反对通过,在众议院以口头表决方式通过。到20世纪

---

[1] 同上,71。

12 控制债务,同时对国防、养老金、公路建设投资

60年代初,公路信托基金占联邦开支的3%以上。与其他养老金、伤残抚恤金、银行存款保险、失业保险、联邦文职和军事雇员退休金、机场建设信托基金一样,公路信托基金不属于行政或联邦基金预算范围。

伯德反对为公路借款,这在学术经济学家中埋下了关于限制公共债务辩论的种子。由公司资助的经济发展委员会委托才华横溢的年轻经济学家詹姆斯·布坎南(James Buchanan)研究伯德观点的优点,即公路和所有其他联邦职能应按"现收现付"方式履行。大多数经济学家(最初也包括布坎南在内)都认为,"现收现付"的传统是一种教条,在经济分析方面没有依据。在大萧条后,许多经济学家关注的是依靠债务融资的公共支出在严重衰退期间发挥的影响,而不是债务抵押了未来的税收。后来,布坎南用现代经济学的语言表达了伯德反对借债建设公路的立场。

公共债务的日常使用方面有两个问题困扰着布坎南:公债既可以转移私人投资的储蓄,又可以掩盖公共开支的真实成本信息。托马斯·杰斐逊和詹姆斯·麦迪逊虽然不是现代经济学家,但他们已经认识到让公众权衡联邦支出成本和现行税收负担的好处。① 然而,经济学家已经表明的是,市场如何让消费者衡量他们与某项服务相关的利益和成本。虽然一些选民可能会合理地期望将债务的最终成本转移到其他纳税人身上,但整个国家不可能将债务转移给他人。后来,布坎南提出的"公共选择理论"为他赢得了诺贝尔经济学奖。他还指出,由于他所说的"财政宪法"的存在,美国长期以来避免了过度负债形成的财政滑坡。

艾森豪威尔对军费的限制

艾森豪威尔设法确定了在不借债的情况下维持全球安全的支出水平和性质。他认为,对债务的限制可以维护国家的信用,以备未来军事紧急情况所需。总统谴责了美国长期以来的低效率做法——在和平时期,让国防预算极

---

① 第一个提出这一观点的美国大学者是亨利·韦萨克(Henry Vethake),在1838年的著作《政治经济学原理》(*The Principles of Political Economy*)中提出。然而,他的分析并没有借鉴后来布坎南所使用的关于资源有效配置的经济学著作。

度匮乏;而在战争爆发后,又以高昂的代价向军队提供他们想要的任何东西。他还认识到,现代战争需要稳定的年度开支,以保持技术优势。艾森豪威尔对五角大楼预算采取的做法将延续下去,并能保持美国在国际事务中的独特地位。

艾森豪威尔在1954财年的第一个预算包括630多亿美元的支出——这比杜鲁门当年的预算草案削减了近10%。[1] 大部分节约来自五角大楼拟议中的开支。艾森豪威尔提醒公民注意军备竞赛的成本,他说,一架现代轰炸机的价格相当于"30多个城市的一所现代砖瓦学校"的费用。[2] 1953年10月,总统签署了NSC-162文件,该文件规定了在平衡预算范围内保持稳定水平的国防开支,并指出"强大、健康和不断发展的国民经济对自由世界的安全与稳定至关重要"。[3]

艾森豪威尔在五角大楼"新样貌"预算中减少了美国士兵的数量,增加了研究和采购新武器方面的投资,并将开支从陆军转移到海军和空军。总统撤换了一些坚持主张扩大预算的军事指挥官。陆军参谋长马克斯韦尔·泰勒(Maxwell Taylor)曾是一流的战地指挥官,他继续推动更多的常规部队,以便能在地区战争中"灵活应对"。[4] 泰勒的想法打动了参议员约翰·F. 肯尼迪和许多国会议员,但没有打动艾森豪威尔,后者认为美国军队应该被设计用来对抗苏联或中国,而不是其他代理人。

1953年斯大林去世后,最高苏维埃主席团曾在短暂的时间内寻求缓解与美国的紧张关系。在该党领导人尼基塔·赫鲁晓夫(Nikita Khrushchev)处决了提出该倡议的政治对手后,立马停止了这种做法。赫鲁晓夫巩固了自己的权力后,公开夸大苏联的技术实力,表示苏联能承受数百万伤亡的能力。他断言,苏联生产洲际导弹就像"从自动机器上生产香肠",但实际上数量并不多。[5] 对赫鲁晓夫向美国所做的威吓,谈判策略是艾森豪威尔等民选领导人所不及的。

---

[1] Eisenhower, *Mandate for Change*, 129.
[2] Eisenhower, "Chance for Peace".
[3] Pach and Richardson, *Eisenhower*, 80.
[4] Perret, *Eisenhower*, 462.
[5] Gaddis, *We Now Know*, 248.

12 控制债务,同时对国防、养老金、公路建设投资

然而,国会议员可以通过在国防和相关研究上投入前所未有的资金来应对这种威胁。在1957年苏联成功发射人造地球卫星后,参议员林登·约翰逊和约翰·肯尼迪批评了美国的军事准备状况。艾森豪威尔抱怨说,他懒得再提醒批评者,不应把国防作为"浪费美元的借口"。① 美国已经拥有9 000多个可由飞机、导弹和野战炮运载的核装置。1960年,国会在总统的国防开支申请中增加了7亿美元,其中包括用于开发两种新型导弹和发展艾森豪威尔以前削减的B-70轰炸机的资金。②

艾森豪威尔最后的国防预算,不包括退伍军人和一些情报活动的费用,按2012年通货膨胀调整后的美元计算,相当于3 880亿美元。这一军费水平最终成为实际军费水平——经通货膨胀调整——的下限。到2012年,经通货膨胀调整后的基本军事预算——除了直接的战争开支外,比艾森豪威尔的最后预算多出1 800亿美元。③

艾森豪威尔亲自撰写了他向全国电视观众发表的告别演说的近30个草稿。在后来的几年里,有许多人引用了他的观点,如"庞大的军事机构和庞大的武器工业"在当时是"美国的新经验"。他一如既往地将这一警告置于财政背景下:"我们不能拿子孙的物质财富作抵押,而对他们失去政治遗产和精神遗产不闻不问。"④

在1960年总统竞选期间,参议员约翰·肯尼迪一直支持平衡预算的目标。在选举前3周,他承诺在整个经济周期内平衡预算,当时他将这一财政政策描述为"保守"。他在总统竞选结束时承诺"除非在国家紧急状态或严重衰退时期,否则我一定要保持预算平衡"⑤。

冷战时期的税率负担

苏联的行动使肯尼迪总统难以履行其预算承诺。赫鲁晓夫威胁要使用武

---

① Pach and Richardson, *Eisenhower*, 214.
② 同上,221。
③ For an excellent summary of inflation-adjusted defense budgets by category, see Meeker, *A Basic Summary*.
④ Eisenhower, "Farewell Address".
⑤ Kennedy, "Statement by Senator John F. Kennedy".

力来建立东德对柏林地区的控制,而这些地区由美国、英国和法国控制。当赫鲁晓夫在 1961 年春天增加苏联的军费开支时,肯尼迪要求国会相应地增加军费。总统和他的兄弟,司法部长罗伯特·肯尼迪,曾考虑过征收 1 年的附加税,以明确显示公众对持续军费开支的支持。在肯尼迪看来,柏林危机暴露了严重依赖核武器的军事能力的缺陷,因为他是许多总统中第一个认为美国不可能会令人信服地威胁首先使用核武器。

肯尼迪政府的财政部长、共和党人道格拉斯·狄龙(Douglas Dillon)强调了平衡预算的重要性。负责税收政策的助理财政部长斯坦利·萨里(Stanley Surrey)曾是一位受人尊敬的税务专业的教授,他说服狄龙,只要国会取消某些扣除项目,就可以在不减少财政收入的情况下降低所得税税率。与此同时,肯尼迪的首席经济学家沃尔特·海勒(Walter Heller)提出,利用适度的债务融资来减税,以刺激投资和就业。从 1959—1961 年,平均失业率一直保持在 6% 左右,而在 1958 年经济衰退前的十年中,平均失业率还只是略高于 4%。[①]

那个时代的税收政策更多地依赖于众议院筹款委员会以及权力巨大的主席威尔伯·米尔斯,而不是肯尼迪政府。参议院财政委员会主席伯德为他的委员会保留了最低限度的工作人员,并等待众议院起草税收法案。

没有人怀疑米尔斯精通立法细节的能力,但在他担任筹款委员会主席的最初几年里,几乎看不出他有能力可以迅速成为国会中最有权力的议员。在 20 世纪 50 年代,米尔斯似乎对政策的兴趣高于对政治的兴趣。他的听证会以经济学家和法律教授的证词为特色,而不是标准做法中以游说者和企业高管为主。在他担任主席的早期,他的两项立法倡议的失败表明,作为美国财政传统支柱的预算惯例仍有力量。

米尔斯试图改革失业保险的资格条件,以应对 1958 年的经济衰退。专业政策分析人士质疑,为什么下岗工人的福利要取决于雇主向失业保险信托基金的付款,而这一情况是雇员自己无法掌控的。保守派拒绝了米尔斯的提议,坚决保留将税收和支出挂钩的基本缴款信托基金原则。米尔斯提出的另一项法案是,试图放宽国会对联邦债券利率的限制。财政部长安德森认为,财政部

[①] Bureau of the Census, *Statistical Abstract*, Table 567 at 369.

应该延长债务的平均寿命,错开到期日,并寻求从立法的利率限制中解脱出来,以便出售长期债券。由于国会不愿放弃对债务条款的传统控制权,因此这项法案在众议院也遭到了抨击。

到20世纪60年代初,米尔斯利用这些经验教训巩固了自己的权力。他让筹款委员会的首席共和党人、威斯康星州的约翰·伯恩斯(John Byrnes)成为自己实质上的合作伙伴。他们聘请愿意加入团队合作的国会议员来填补委员会的空缺。在米尔斯担任主席期间,只有一位新当选的国会议员,即大有前途的乔治·H. W. 布什,被推选为该委员会成员。到1972年,委员会的每一个成员都在米尔斯担任主席时加入。委员会成员对筹款委员会的忠诚往往高于对其所在的众议院的党派领导人。

米尔斯废除了小组委员会,因此只有由他制定议程的全体委员会才能举行听证会和审议立法。他与规则委员会(Rules Committee)达成协议,阻止众议院修改由筹款委员会提交给参议院的法案。米尔斯通过给支持自己法案的国会议员回报,以增强自己的权力。他也愿意考虑那些他可以依靠的人对税法所做的小改动。

1961年,米尔斯同意通过肯尼迪政府提出的两项适度的税收改革:其中一项是允许对企业某些类型的新投资实行税收抵免,另一项则要求企业在支付股息和利息时预扣联邦所得税。参议院财政委员会主席伯德阻止了预扣提案,但未能取消税收抵免,尽管自由派在这个问题上给予了非同寻常的支持。极端保守的伯德尖锐地问美国企业高管,为什么他们需要政府的"帮助"才能做好投资。与2000年后的保守派态度形成鲜明对比的是,这位弗吉尼亚人认为用债务融资的减税就是一种联邦补贴。

除了这些适度的税收变化,以及在太空计划和军事准备方面稍高的支出,肯尼迪政府的预算与艾森豪威尔政府的预算几乎没有什么不同。一位预算专家指出,包括信托基金在内的联邦支出,十年来"几乎一直保持在占国民经济19.7%的水平上"。[①]

1962年6月11日,肯尼迪总统在耶鲁大学发表了一篇博学的毕业典礼

---

① Jacoby,"The Fiscal Policy of the Kennedy-Johnson Administration".

演讲,呼吁人们关注国家财政传统的力量。他将财政政策描述为一个"谬误遍地、真相难寻"的领域。例如,他指出,许多人认为"债务正以危险的速度增长",尽管"债务占国民产出的比例自第二次世界大战以来大幅下降"。肯尼迪向美国年轻人提出挑战,要求他们根据"技术性答案而非政治性答案"来制定财政原则。在他的演讲中,没有任何内容表明联邦政府应该借钱来支持日常的年度开支。事实上,肯尼迪在演讲结尾表达了对历史的敬意。他引用了托马斯·杰斐逊的呼吁,通过"旧话新说"的方式,将历史悠久的价值观与现代环境相结合。

在这次关于财政政策的演讲几周后,一位记者向肯尼迪询问了盖洛普民意测验,结果显示72%的美国人反对用债务融资来减税。[①] 总统认识到美国财政传统的力量以及在和平时期平衡预算的优势。但他担心自己没有实现竞选时的承诺,让经济"动起来"。[②]

肯尼迪继承了1961财年的预算,在经济增长放缓和二战债券利率上升的情况下,最初的预算盈余变成了适度的赤字。这一赤字使肯尼迪几乎没有机会削减税率。当经济学家保罗·萨缪尔森建议肯尼迪有意提出国会不会实施的减税计划时,总统拒绝了这个想法,称其为"虚荣心,而非政治"。[③] 1962年初,财政部长狄龙公开警告说,不要"在没有任何补偿收入的情况下就大规模地降低税率",因为税收的损失"将使我们别无选择,只能退出我们承担的世界义务,忽视我们国内的迫切需要"。[④] 大家都意识到,降低税率比通过取消减免额或免征额来增加收入更加容易。8月,肯尼迪向米尔斯保证他将推迟到1962年11月中期选举之后再提出税收提案。在一次有关经济的白宫会议上,狄龙提出了一个颇有见地的预测:当婴儿潮一代在1965年开始进入劳动力市场时,长期经济增长将有所回升。

肯尼迪和米尔斯都意识到冷战时期高税率带来的问题。美国财政部和筹款委员会进行的一项研究发现,很少有美国人缴纳最高税率,那些处于最高收

---

① Reeves, *President Kennedy*, 331.
② "JFK on the Economy and Taxes."
③ Reeves, *President Kennedy*, 319.
④ Douglas Dillon quoted in "Treasury Secretary Says US Can't Afford Tax Cut".

12 控制债务,同时对国防、养老金、公路建设投资

入层级的人合法地掩盖了应税收入。最高税率也导致直接违背税法的行为,并带来财政收入的损失。

1962年中期选举后,失业率仍与他上台时持平,于是总统提出了降低个人所得税税率以刺激储蓄和投资的计划。在米尔斯的坚持下,肯尼迪承认必须削减开支以试图平衡财政收入的损失,税收和支出政策之间的历史联系依然保持不变。

13 医疗需求、战争、经济衰退

1963—1979年：当年赤字超过还本
付息的时间为10年
(1968年，越南战争；1970—1973年和
1975—1979年，经济衰退和经济刺激)

减税和开支限制

　　1963年9月，当威尔伯·米尔斯主席将税收法案提交众议院时，他传阅了肯尼迪总统的一封信，该信指出减税必须"伴随着更严格的政府开支控制，将支出限制在符合严格的国家需要标准上"①。这种对传统纪律的承诺有助于确保众议院通过税收法案，尽管大多数共和党人投票反对。

　　参议院财政委员会主席哈里·伯德以及17名财政委员会成员中除4名以外的其他成员，都坚持认为在考虑降低税率之前政府必须提交一份实际削减总开支的预算，而不仅仅是冻结国防和太空探索以外的所有开支。伯德希望将1965财年的支出减少到1 000亿美元，少于1964年财年的拨款。② 对肯尼迪政府官员承诺坚持"现收现付"的传统做法，伯德提出了明显的疑问。

　　肯尼迪总统从未见证过他的税收倡议的最终结果。1963年11月底，他被杀害，举国哀悼了数周之久。

　　他的继任者林登·约翰逊(Lyndon Johnson)几乎没有时间来哀悼。在肯尼迪遇害后的几周内，约翰逊负责预算工作，发挥出他训练有素的立法技能。新总统告诉白宫高级职员，他们必须削减现有预算草案中的开支，否则就得放

---

① Kennedy, "Letter to the Chairman".
② Stein, *The Fiscal Revolution*, 452—453.

弃参议院会批准减税行动的任何希望。他说，要求"国会在预算失衡的情况下减税"，无异于要求国会"通过一项支持犯罪的联合决议"。① 这位新总统讲述了参议院中的两党财政保守派联盟是如何支配预算的，即使是在富兰克林·罗斯福在1936年大选后享有空前的知名度之时。

约翰逊花了几周时间与每位内阁部长一起审查可能的预算削减。国防部长罗伯特·麦克纳马拉（Robert McNamara）确定了最大数额的开支削减。

约翰逊就职几天后就向伯德施加压力，要求讨论税收法案。一天晚上，他把这位73岁的主席请到白宫，给他倒了两杯他最喜欢的老祖父波本威士忌。然后，约翰逊向伯德抱怨说，他还没有就税收法案进行投票，这玷污了对遇害的肯尼迪的记忆。这位年长的主席，是少数几个继续称呼总统为林登的人之一，他同意让财政委员通过税收法案，只要其工作人员能够审查总统的预算，并确认它确实会削减支出。除了在重大战争结束的那几年，联邦开支总额逐年减少的情况很少发生。

1964年1月初，约翰逊打电话给伯德分享了一个惊喜：总统已将一份开支为979亿美元的预算送交印刷，比前一年少，而且低于伯德坚持的上限。② 在1964年1月发表的第一次国情咨文，约翰逊强调他的预算将把联邦支出减少到1951年以来国民收入的最小比例。关于总统演讲的报纸头条呼应了其预算纪律的主旋律。为了让美国最大企业的高管们理解他平衡预算的决心，约翰逊在白宫的一个私人晚宴上向他们做了简要介绍。直到后来，其他人才开始关注演讲中宣布"向贫困宣战"的另一部分内容。③

在预算出现实际盈余（而不仅仅是拟议中的盈余）之前，伯德个人不会投票赞成减税。然而，他确实将税收法案提交给了参议院。在那里，该法案引发了保守派共和党人（如巴里·戈德华特）和平民主义民主党人（如老戈尔）的抨击。戈尔参议员曾警告肯尼迪不要通过降低税率来刺激经济增长，因为"关于增减税收的美丽的经济理论"是"完全不切实际的，因为国会总是准备减税，从

---

① Johnson, *The Vantage Point*, 36.
② 同上, 37。
③ Johnson, "State of the Union Address (January 8, 1964)."

不加税"。① 约翰逊还准备抵制有人用削减国内消费税的条款来修改法案,因为这么做会危及平衡预算的目标。

约翰逊指望法案的现场负责人(floor manager)、财政委员会成员路易斯安那州的罗素·朗(Russell Long)能毫无改动地通过该法案。46 岁的朗笑得俏皮,这让他看起来更年轻,他也以机智而闻名于世。

阿肯色州的参议员约翰·麦克莱伦(John McClellan)在共和党少数党领导人埃弗雷特·迪尔克森(Everett Dirksen)的支持下试图修改该法案,将减税条件限制在 980 亿美元的支出限额上。② 很少有参议员愿意与担任常设调查小组委员会主席的严厉的保守派民主党人麦克莱伦对抗。参议员朗的幽默回应让他的同事们大吃一惊,他谦逊但夸张地问道:他和其他参议员怎么可能会支持一项修正案来质疑参议院拨款委员会(Senate Appropriations Committee)中占多数的保守派的判断,而该委员会负责设定联邦支出水平。在许多参议员和旁听者的笑声中,郎缓缓点名,并恭敬地为包括麦克莱伦本人在内的每一位拨款委员会成员的荣誉进行辩护。

朗成功地嘲弄了这样一种想法,即国会中的大多数人将投票赞成规定联邦支出水平的拨款,同时还投票不花这笔钱。一个在 1965 年看起来很可笑的想法,可惜在后来却司空见惯。最近,2011 年《预算控制法案》(the Budget Control Act)允许多数人投票批准某一水平的支出,然后要求联邦政府不花这些钱。然而,1964 年,参议院彻底否决了麦克莱伦的修正案,并通过了 1964 年的《税收法案》(the Revenue Act),分阶段降低所得税税率,最高税率从 91%下降到 70%;最低税率从 20%下降到 14%。③

朗在 1964 年的表现,标志着他对联邦预算强大影响力的开始。1965 年 1 月,他接替哈里·伯德担任参议院财政委员会主席,并接替新当选的副总统休伯特·汉弗莱担任参议院多数党党鞭。

在 1965 财年,联邦基金支出比前一年减少了 20 亿美元,这是自 1948 年

---

① Al Gore Sr. quoted in Reeves, *President Kennedy*, 434.
② Mann, *Legacy to Power*, 220.
③ Lowndes, "The Revenue Act of 1964", 667.

以来联邦基金年度支出实际下降的唯一一年。① 20世纪70年代末,共和党国会议员杰克·坎普以"肯尼迪减税"为先例,提出了具有影响力的减税建议,这也是1981年冷战时期大幅降低税率的前兆。然而,在1965财年,作为行政或联邦基金预算最大组成部分的国防支出下降了近10%,而在1981年,这一支出上升了10%以上。②

巴里·戈德华特(Barry Goldwater)参与1964年的总统竞选,改变了共和党内权力的地域平衡。1964年《民权法案》(Civil Rights Act)的通过,刺激了南方党派的稳步调整,但这并没有改变支持美国财政传统的广泛共识。长着方下巴、为人坦率的戈德华特发现,很难确定联邦基金开支的最大类中哪些需要削减:国防,退伍老兵,未偿债务的利息。保守派活动家在1964年制定的共和党政纲,实际上赞同增加国防开支。1964年,约翰逊以压倒性优势击败了戈德华特。这一年,预算大致平衡,除利息和国家安全(包括太空计划和退伍军人计划在内)外,所有联邦资金支出占国民收入的3%。③

美国老年人的医疗保健

到20世纪60年代初,医学的进步极大地提高了医院护理的效率。血清学、无菌操作、麻醉、诊断实践、药品、医学专业化等创新活动,都耗资巨大。1964年,民主党的压倒性胜利增加了米尔斯主席的压力,要求他减轻美国老年人在医院费用上涨方面的负担。

联邦政府在公共卫生方面发挥的作用并不新鲜。到1950年,国会已经通过了塔夫脱参议员计划的所有内容,即给州政府拨款由它资助医院建设、医学研究和教育,以及支付低收入公民的一些医疗费用。将健康保险费从联邦应

---

① OMB, Historical Tables, "Table 1.4—Receipts, Outlays, and Surpluses or Deficits by Fund Group:1934—2018".
② OMB, Historical Tables, "Table 3.1—Outlays by Superfunction and Function:1940—2018".
③ 行政或联邦基金预算不包括信托基金,如用于养老金和高速公路的信托基金。联邦对各州的教育、卫生和住房拨款一直是由前保守派领导人罗伯特·塔夫脱倡导的。从艾森豪威尔的最后一份预算到约翰逊的第一份预算,这些项目的支出从32亿美元增长到50亿美元。相比之下,国防、退伍军人和太空项目的支出达到620亿美元。

税收入扣除,也间接地支持了由雇主筹资的医疗保险。到 1960 年,大多数工业企业中的雇员都有了某种类型的医疗保险。

由雇主筹资的医疗保险的保费,是基于每个团体内被保险雇员的平均预期成本而定的。与仍在工作的人相比,退休人员的平均收入通常较低而平均医疗成本却较高,他们经常发现自己被排除在私人保险市场之外。在过去的十年中,社会保障福利金只提高了两次,而医院的住院费却以每年近 10% 的速度上升。经营着大多数医院的州政府和地方政府以及非营利组织,都在努力为美国老年人支付慈善医院服务费用。

1960 年,米尔斯和参议员罗伯特·科尔(Robert Kerr)发起了一项立法,授权联邦政府为"医疗上贫困"的医院拨款。① 《科尔—米尔斯法案》(The Kerr-Mills Act)与艾森豪威尔政府提出的被称为"医疗保险"的法案大致相似。为了满足庞大的婴儿潮一代对教育的需求,各州的预算已经捉襟见肘,因此许多州发现很难满足科尔—米尔斯对配套资金的要求。美国医学会(AMA)强烈反对报销包括受薪医生费用在内的医院账单。美国医学会主席的女婿、励志演讲家罗纳德·里根(Ronald Reagan)帮助该组织抵抗"医疗的社会化"。②

对于使用社会保障工薪税来支付医院账单的提议,威尔伯·米尔斯有另一种担忧。养老金成本将随着人口老龄化而增加。米尔斯担心,如果工薪税达到一个上限,社会保障将失去公众的支持。米尔斯和其他人认为,这个上限大约是工资的 10%。由于两党都尊重财政纪律,联邦医疗保险的支持者和反对者都预计该计划需要增加工薪税。这种对工薪税水平的担忧,带来了令 21 世纪债务上限崩溃后的人难以想象的冲突。1964 年,筹款委员会的大多数民主党人阻止保守派(包括米尔斯、除 1 人之外的所有共和党人在内)将社保养老金福利提高 6% 的企图。③ 反对增加养老金的自由派人士意识到,为支持提高养老金而要求缴纳更高的工薪税,可能会妨碍为新的医疗福利提供所需的

---

① Starr, *Remedy and Reaction: The Peculiar American Struggle over Health Care Reform* (New Haven, CT: Yale University Press, 2011), 44.
② Reagan, "Ronald Reagan Speaks Out Against Socialized Medicine".
③ Manley, *The Politics of Finance*, 148.

资金。

米尔斯把美国老年人的医疗服务当作一种实际的而非思想意识层面的挑战。他曾向阿肯色州的一个商会团体解释说,健全的公共政策不同于电视里放的"好人"打"坏人"的西部片。他的工作是"理解……问题,并在提出的诸多解决方案中进行挑选",他把这种方法称为"真正的保守而又进步的传统"。[①]

在对医疗保险的"诸多方案进行挑选"的过程中,米尔斯力图找到一个可持续的资金来源,并针对参加该计划的医生给予激励措施。到 1965 年,总统和大多数参议院民主党人都接受了一项计划,即提高工薪税来支付美国老年人的大部分医院账单,尽管这种覆盖范围不会扩大到医院以外的医疗服务。与此同时,众议院的共和党人则倾向于另一种选择,即为美国老年人要支付的保费提供一半的补贴。

约翰逊总统鼓励米尔斯制订自己的计划。他和其他华盛顿的观察家试图在数周的听证会中分辨出这位有权有势的主席的意图。1965 年 3 月 2 日,他们的猜测结束。米尔斯邀请筹款委员会的资深共和党人约翰·伯恩斯公开重申共和党提出来的保费补贴方案。在伯恩斯结束演讲后,米尔斯指示委员会的工作人员起草一项法案,内容包括震惊在场人的三个方面:(1)一项新的信托基金,全部由工薪税提供资金,用以支付最长 60 天的住院费用;(2)美国老年人自愿支付的有补贴的保费,以支付他们看病的费用——主要是伯恩斯计划;(3)向各州提供配套补助,比如科尔—米尔斯项目,以支付没有能力支付的各年龄段美国人的部分医疗费用。该法案的三个组成部分后来被称为医疗保险 A 部分、医疗保险 B 部分和医疗补助。

米尔斯相信,这个融资计划可以在平衡预算范围内实现。他强调了新服务和新收入之间传统联系的价值:"当你有一个由特定税收资助的项目时,人们支付该税收的意愿大小会限制该特定项目提供的收益……如果你把一个项目放入财政部的普通基金,那么你能控制最初实施的一揽子福利的可能性就会降低。"[②]该计划在颁布时最昂贵的部分——医疗保险 A 中的住院保险——全部由指定用于新医疗保险信托基金的工薪税来支付。通过要求受益人支付

---

① Wilbur Mills quoted in Zelizer,*Taxing America*,174.
② 同上,236。

医疗保险B部分的一半费用,并由各州提供的配套联邦医疗项目的补助金,该计划提供了一个激励机制,以此来限制费用的增加。

米尔斯将他的立法描述为"对整个[医疗保险]问题的满意和合理的解决方案,而不仅仅是部分解决方案"。① 为了限制成本上升的压力,米尔斯拒绝将医院以外发放的处方药纳入医保范围,而这一福利曾被共和党纳入备选方案中。

这一法案允许医生设定他们的"常规收费",而没有规定价格上限,以便克服因医生抵制带来的威胁。米尔斯抵制了"社会化医疗"的有情绪的指控,办法是让患者和医生自愿参加医疗保险B部分,并要求患者直接向医生支付费用。直接向医生付款的要求,改变了以往由医院雇用各种专家的商业模式。

米尔斯和众议院议长约翰·麦科马克(John McCormack)打电话向约翰逊总统介绍了联邦基金补贴医生费用对预算的潜在影响,约翰逊说这个想法是米尔斯"从伯恩斯那里偷来的"。② 米尔斯强调,第一年的联邦基金成本估计为4.5亿美元,总统向他保证可以通过在其他项目中的节约来抵消。③ 当米尔斯将1965年的《社会保障法修正案》提交时,众议院成员起立鼓掌表示赞同。这一法案在参众两院的支持下获得通过。

在1965年,该法案中题为"向各州提供医疗援助的拨款"部分,即医疗补助,引起的争议和媒体关注最少。过去仅有少数几个州根据早期的《科尔—米尔斯法案》积极争取补助金,而且很少有人会对主席的下述愿望提出异议,即帮助各州满足"老年人、盲人、残疾人或接受受抚养子女援助的母亲和儿童的医疗需求"。④ 到2013年,医疗补助计划却成为共和党和民主党预算计划争论的主要焦点。

自1965年实行医疗保险制度以来,美国人的寿命延长了。从1963—1968年,死于心脏病的人数下降了5%,到1975年又下降了15%。⑤ 低收入

---

① Mills quoted in Kennon and Rogers, *The Committee on Ways and Means*, 343.
② Johnson quoted in Loker, *The History and Evolution of Healthcare in America*, 171.
③ 林登·B. 约翰逊,与约翰·麦科马克、威尔伯·米尔斯、威尔伯·科恩和卡尔·阿尔伯特的电话,1965年3月23日,载于"谈话录音和记录",引文7141,LBJ总统图书馆。
④ Mills quoted in Smith and Moore, *Medicaid Politics and Policy*, 44.
⑤ Starr, *Remedy and Reaction*, 410.

的美国人可以更多地接受医院服务。用约翰逊总统的话说,年轻的家庭不再需要"看着自己的收入和希望被蚕食",因为他们要"履行他们对父母、叔叔和姑姑的深刻的道德义务"。① 医疗保险变得大受欢迎。甚至美国医学会的反对也消失了。

然而,米尔斯在 1965 年策划的关于医疗服务的巨大妥协时,并没有预见到未来将严重制约联邦基金预算发展的四个趋势。

第一,医疗费用以两位数的年增长率增长,而不是原来假定的略高于通货膨胀率的增长率。米尔斯和精算师罗伯特·迈尔斯没有预测到昂贵的新门诊服务的出现,没有预测到医生费用的迅速上升,也没有预测到医疗专业化程度的提高。② 到 1969 年,不断上涨的医疗费用反过来促使国会放宽了最初的要求,即受益人支付的保险费占每年门诊服务费用的一半。

第二,各州扩大医疗补助服务的力度比最初预计的更大。由共和党人担任州长的几个州率先行动,如罗纳德·里根的加利福尼亚、纳尔逊·洛克菲勒的纽约州、约翰·沃尔普的马萨诸塞州、乔治·罗姆尼的密歇根州。纽约州向收入在 6 000 美元或以下的家庭提供医疗补助,这是该州人口的整整一半。③ 即使在米尔斯修改了医疗补助计划以限制接受公共援助的个人资格后,费用仍在继续飙升,部分原因是养老院的人口急剧增加。米尔斯曾拒绝使用医疗保险来支付养老院的护理费用,他称这是一个"无底的预算窟窿"。④ 人口趋势,如家庭成员的更大流动性、离婚率的攀升、妇女就业的增加,以及 70 岁以上人口的增长,推动了辅助生活设施的增长。到 2010 年,医疗补助计划为 940 万名残疾人和 430 万名美国老年人支付了服务费用,其中 310 万人住在寄宿设施中。⑤

---

① Johnson, "Remarks with President Truman."
② 最初的医疗保险 A 部分报销方案通过偿还病房和设备的资本化成本,推动了新建设,从而助长了成本的上升。到 1990 年,根据正常的通货膨胀调整后,甚至在 1983 年实施价格控制后,住院费用比首席精算师罗伯特·迈尔斯最初估计的高出 165%。
③ Smith and Moore, *Medicaid Politics and Policy*, 75—76.
④ Vladeck, *Unloving Care: The Nursing Home Tragedy* (New York: Basic Books, 1980), 49.
⑤ "Medicare and Medicaid Statistical Supplement: 2012 Edition," Centers for Medicare & Medicaid Services, Tables 13.4, 13.8, and 13.9, http://www.cms.gov/Research-Statistics-Data-and-Systems/Statistics-Trends-and-Reports/MedicareMedicaidStatSupp/2012.html.

美国财政宪法

　　第三,医疗保险的复杂核算和资金供应开始破坏美国财政传统的两个重要支柱:使用明确的预算和自足的信托基金。医疗费用不可靠的估计使预算规划混乱,联邦基金预算也没有考虑由现行工资缴款带来的信托基金不足(liabilities)问题。私营保险公司每年调整保险费,以维持其计划的精算平衡。出于同样的原因,社会保障工薪税的年度上限也提高,医疗保险却没有这种年度调整机制。

　　第四,联邦领导人不会根据医疗保险精算师的建议采取果断的行动。在实施医疗保险计划之前,有 20 年的超常高出生率。在 1965 年,也就是医疗保险制度颁布的那一年,美国出生的儿童数量十年来首次降至 400 万以下。这个数字在 1/4 个世纪内不再会被超过。①

　　与普遍的看法相反,医疗保险和医疗补助费用的上升与它们作为"权利"的地位无关。"权利"是一个法律概念,体现了对有关资格的公平和非歧视性决定的承诺。② 国会每届会议都可以预先改变提供服务的资格标准和范围,并相应地降低年度拨款的数额。

越南战争

　　1965 年,在华盛顿炎热的夏天,米尔斯和参议院财政委员会主席朗对医疗保险法案进行最后的修改。在那时,未来医疗费用的筹资问题并不明显。鉴于强劲的经济增长和约翰逊政府首个财年对其他支出的严格限制,该法案最初对联邦基金收入的要求似乎是可控的。然而,在该法案最终通过后的几天里,预算前景开始发生变化,因为约翰逊总统同意了美国驻越南战地指挥官提出的扩大任务和增加美国地面部队数量的要求。冷战突然变得越来越热,代价也越来越高。越南战争最终造成了 1 110 亿美元的直接损失,几乎相当

---

　　① US National Center for Health Statistics, *Vital Statistics of the United States: 1965*, http://www.cdc.gov/nchs/products/vsus.htm. See also Kotlikoff and Burns, *The Coming Generational Storm*.

　　② 那些低估了由匹配赠款资助的项目的成本的州不时违反其自身的资格要求,"清除它们的名单"。In *Goldberg v. Kelly*, 397 U. S. 254 (1970),布伦南法官说,"这种福利是有资格获得这些福利的人的法定权利"。到 1965 年,联邦法律还通过禁止种族歧视,极大地改变了一些接受医疗保险付款的医院的运作。

于战争升级开始时整个年度的联邦预算。①

1966 财年刚过 1 个月,国防部长麦克纳马拉就敦促总统再找 100 亿美元的补充拨款并增加税收来支付越南的军事费用。约翰逊让他到国会试探一下,但随后决定在 1966 年 1 月之前不寻求额外的资金。由于政府在 1965 年底满足了威廉·威斯特摩兰(William Westmoreland)将军的增兵要求,因此一些国会议员对政府不愿提供战争成本估算感到失望。

除了 1953 年(朝鲜战争的高潮)、1958 年(严重的经济衰退)、1962 年(肯尼迪的国防和太空建设)财年外,自第二次世界大战以来,美国每年支付的债务利息都超过了借款数。然而,到 1967 财年,与战争有关的债务迅速增加。越南战争将国防开支从 1965 财政年度的 500 亿美元推进到 1968 财政年度的 810 亿美元。② 随着联邦基金税收收入从 1 010 亿美元增加到 1 140 亿美元,如果没有战争成本,预算本则可以达到平衡。

米尔斯敦促总统告诉公众,他被迫在支付战争费用和国内开支之间做出选择。美联储主席马丁建议提高税收和削减国内开支,以减少战时借款。趁政府还没有反应过来,马丁提高了利率。

在决定升级在越南的作战行动近 18 个月后,约翰逊总统提议征收税收附加税,即全面增税。1968 财年的预算赤字预计为国民收入的 3%,相当于 1958 年经济衰退造成的缺额,远远低于 2000 年后阿富汗和伊拉克战争期间的缺额。这位以强硬的"约翰逊待遇"(Johnson treatment)而闻名的总统,开始受到了米尔斯的类似待遇。筹款委员会主席曾有一次说:"你不要用(总统)这个头衔来管理华盛顿的事情。"③ 为了表明这一点,他拒绝向国会提交税收议案,直到总统做出减少开支这一重大的具体承诺。米尔斯得到了大多数商业组织和由新的少数党领导人杰拉尔德·福特(Gerald Ford)领导的众议院共和党人的支持。

总统和米尔斯之间的僵局一直持续到 1968 年初。用约翰逊的话来说,"问题从来不是人们是否应该喜欢税收。他们当然不会喜欢,我也不喜欢。问

---

① Daggett, *Costs of Major U. S. Wars*.
② OMB, Historical Tables,"Table 3.1—Outlays by Superfunction and Function: 1940—2018".
③ Wilbur Mills quoted in Zelizer, *Taxing America*, 337.

题是,他们会不会像厌恶税法未通过的后果一样讨厌它。"①几年前,米尔斯就表达了他的立场:"税收政策不能凭空制定。你必须把它和你的消费政策联系起来。"②

在1968年3月22日的午餐会上,问题已到了非解决不可的地步。米尔斯、众议院拨款委员会主席乔治·马洪(George Mahon)、财政部长亨利·福勒(Henry Fowler)和联邦储备委员会主席马丁出席了这次午餐会。米尔斯对缺乏一个更正式的过程来联系总支出与估算收入表示反感。③ 马洪是一个说话温和、威严的西德克萨斯人,比米尔斯高大,对米尔斯试图控制整个联邦预算的做法感到不满。④ 马丁曾把自己的工作描述为"在宴会渐入佳境时拿走酒杯"(take away the punch bowl just when the party gets going)。⑤ 只有在国会减少联邦借款的情况下,他才会缓解利率压力。

财政部长福勒曾忠心耿耿地捍卫政府的立场,即国会应该提高税收并决定在哪里削减开支。然而,在3月份的会议之后,他告诉总统,除非约翰逊要求削减国内开支,否则国会不会通过税收法案。他还告诉总统,如果不立即对税收法案采取行动,则他们将不得不要求国会提高法定债务上限。

几天后,约翰逊发表了全国电视讲话。在讲话中他承诺,作为"包括附加税在内的财政紧缩的一部分",他将"批准在1月份的预算中削减拨款"。⑥ 他呼吁国会通过一项税收法案,"同时进行国会可能希望和要求的支出控制。"⑦ 然后,总统在结束他的财政信息时宣布他将不寻求连任,这让国家和他的工作人员都感到震惊。约翰逊后来解释说,通过牺牲政治优势,他希望能更有效地打破预算僵局。

尽管宪法要求"跟钱有关的法案"由众议院提出,但参议院迅速投票赞成

---

① Johnson,*Vantage Point*,450.
② Wilbur Mills quoted in Zelizer,*Taxing America*,211.
③ 同上,272。
④ 助理财政部长塞萨缪尔·萨里(Samuel Surrey)觉得很奇怪,为了弥补赤字,筹款委员会将使用税收法案来控制联邦支出,而不是取消税收减税或豁免。这一经验使萨里提出了奥巴马总统经常使用的"税收支出"一词。
⑤ McChesney Martin quoted in Green,*Changing America*,57.
⑥ Johnson,"President Lyndon B. Johnson's Address to the Nation."
⑦ 同上。

在削减开支的同时增加税收。米尔斯取得了胜利。国会通过了《1968年收入和支出控制法》(the Revenue and Expenditures Control Act of 1968),对大多数纳税人的个人所得税征收10%的附加税,还规定要削减60亿美元的预计开支。① 该立法要求总统削减已经由国会多数票批准的支出,由此代表预算史上的一个转折点。在签署该法案时,约翰逊责备国会把"国会本身不愿意做的削减项目的责任推给总统"。② 国会还将采用一个类似的机制——自动减支——来试图控制支出,这一机制在20世纪80年代末和2011年后得到了国会多数议员的支持。

尽管约翰逊总统任期内的最后一项联邦预算只要求在行政或联邦基金预算中进行非常适度的借贷——不超过全国收入的0.5%——但联邦会计制度中有一个不为人知的变化造成了略有盈余的假象。在1969财年,联邦政府采用了"统一预算"(unified budget),将联邦基金和信托基金的预算合并。这一变化反映了一些经济学家的建议,他们试图以一种可以用来估计联邦支出和收入对整个经济的短期影响的方式来塑造预算会计。为了这个有限的目的,联邦支出是由专门用于信托义务的税收来支付,还是由可用于偿还债务的税收来支付,这没有什么区别。

统一预算也有简化的欺骗性诱惑,因为联邦官员以前曾使用3个不同种类的预算,每个种类都有不同的目的。民选官员和记者们通常会提到行政预算——类似于现在所说的联邦基金预算——它可以用来比较除信托基金以外的年度支出拨款和年度收入。该预算达到了调整联邦义务和相关税收的传统目的。另一个种类的预算——"综合现金预算"(consolidated cash budget)——被用来管理国债发行的时间和数额,这种综合现金预算包括行政或联邦基金、预算和所有信托基金预算。经济学家们依靠的是另一种预算,即"国民收入账户预算"(national income accounts budget),该预算被改编以符合用来估计国民收入的经济核算标准。如果联邦基金预算单从信托基金中借款50亿美元,那么国民收入账户预算中的净借款似乎为零,因为该交易没有导致经济活动总量的净变化。总统的预算概念委员会建议将这三个不同种类的

---

① Johnson, *Vantage Point*, 457.
② Johnson quoted in Brundage, *The Bureau of the Budget*, 254.

预算合并成一个。

虽然从经济角度计算预算,对就业和通货膨胀的影响并不取决于收入和支出是发生在信托基金内部还是外部,但统一预算破坏了将信托基金与预算其他部分分开的一个重要理据。它使人们更难判断联邦资源和联邦义务在联邦基金预算内是否平衡。在信托基金中积累的收入——主要用于社会保障养老金、医疗保险、公路、机场、各种联邦雇员退休计划——不能用于支付债务的利息和本金。如果私营企业将信托基金储备作为收入,就是在搞欺诈。30年后,克林顿总统试图纠正这种扭曲,但没有成功。

然而,在1969年,对财政纪律的未来威胁只是在遥远的地平线上出现的乌云。婴儿潮一代的父母可以为减轻子女的联邦债务负担而感到自豪。在约翰逊离任时,联邦基金预算由税收收入组成,占国民收入的14.6%,略低于15.1%的支出。① 鉴于24年来联邦债务占国民收入的比例不断下降,这一相对较小的差距似乎并不是特别危险。1969年,2 980亿美元的非货币化的联邦债务自二战结束以来只增加了540亿美元。② 联邦信托基金以外的债权人所持有的债券,与战争结束时几乎没有变化。美国公民持有约15%的债券,即522亿美元的储蓄公债券(savings bonds)③经通货膨胀调整后的联邦债务价值减少了约1/3,与二战后1/4世纪的减少规模相同。税收收入可以用来支付还本付息费用,甚至多得多。到1969年,未货币化的联邦债务只相当于每年联邦基金收入的两倍。相比之下,在二战结束时,债务总额是可用于还本付息的税收收入的7倍。到2013年,债务总额上升到该数额的9倍。④

税制改革的局限

约翰逊的继任者理查德·尼克松在1969年的就职演说中只提到过一次经济,当时他断言,美国已经"学会了如何做到持续增长"。⑤ 那时经济表现强

---

① 参见附录C。
② 参见附录A。
③ Stabile and Cantor, *Public Debt*, 135.
④ 参见附录B。
⑤ Nixon, "Inaugural Address."

劲,失业率为3.3%,创15年来新低,通胀率徘徊在4.7%。[1]

在过去8年内尼克松输掉了两次选举,然后仅以43%的民众选票当选为总统,这些经历促成了他对连任的执着。总统了解公众对诸如医疗保险等国内责任的广泛支持。他试图在国内开支项目上作为一个进步派来实施治理,而在他的幕僚所说的"社会问题"上则表现为一个保守派。"社会问题"的保守派议程要求,放慢取消种族隔离的速度,任命保守派法官,并支持对天主教学校的公共援助。[2] 尼克松向他的幕僚坦言,他将通过缓和冷战的紧张局势来确保自己的历史地位,这一愿望部分是基于总统认为美国人已经厌倦了冷战时期的税收负担。

尼克松尊重传统价值观的政治力量,包括那些强化债务限制的价值观。即使有越南战争带来的持续支出,他仍打算平衡预算,除非经济出现衰退。总统不得不在延长约翰逊的附加税(将于1969年中期到期)和举债维持预算之间做出选择。他选择了延长附加税期限,并通过向民主党领导人保证他将支持税制改革来争取国会对其延期的支持。税制改革的政治势头随着一份报告的公布得到加强,该报告显示有100多名收入很高的美国人没有缴纳所得税。

国会中由中间派和保守派组成的两党联盟,倾向于在年底前继续征收附加税。国会随后将一个额外的延期作为单独法案的一部分,即《1969年税制改革法》(Tax Reform Act of 1969)。尼克松政府希望税制改革能够增加收入,以资助其新的国内举措,如实行与各州"分享收入"计划和保证贫困家庭最低收入的家庭援助计划。不过,在没有任何预期的税收增长的情况下,筹款委员会就改变了税法。

米尔斯习惯于用一种特殊的"封闭规则"将他的委员会的议案提交给众议院,以阻止修改。然而,在1969年末,规则委员会(the Rules Committee)拒绝批准这个封闭规则,除非筹款委员会修改其税收法案,以减少中低收入的美国人的税收。委员会在几个小时内修改了法案以符合这一要求,尽管这一改变导致预计财政收入的净损失很大。众议院通过的《1969年税制改革法》增加了一些扣除项目,同时延长了战争附加税,提高了资本收益的税率,限制了石

---

[1] Matusow, *Nixon's Economy*, 57—58.

[2] 同上,4。

油生产商的扣除项目,并启动了"替代性最低税收(Alternative Minimum Tax)"计划。

参议院关于税制改革法案的辩论,反映了公众对冷战时期的高额税收的不满。1970 年,民主党参议员老阿尔·戈尔面临着一场艰难的连任之战,他提出了一项平民主义的减税政策。最初他提议将标准个人免征额或标准扣除额提高到 1 250 美元,高于 1948 年以来一直实行的 600 美元。在一位财政部官员估计他的提议将带来巨大的税收损失后,参议院财政委员会甚至否决了戈尔修正案的缩减版。然而,在参议院会议上,10 名共和党人与 48 名民主党人一起将标准扣除额提高到 800 美元。尼克松威胁说要否决该法案,但在会议委员会将标准扣除额提高到 750 美元,并在 3 年内逐步实施后,他签署了该法案。①

约翰逊总统的前预算局长查尔斯·舒尔茨(Charles Schultze)批评了民主党对税制改革法案的支持。舒尔茨认为,减少财政收入最终将迫使国会削减民主党人重视的项目资金,以平衡预算。戈尔没能连任,但他对冷战时期所得税的挑战预示着十年后将发生一场激烈的辩论。

失业率上升时的借债

1970 年初,经济增长放缓使原本预期下一个财年略有盈余的状况不再可能。这促使白宫预算局长查尔斯·梅奥(Charles Mayo)提出了各种削减开支的建议。梅奥是无党派预算专家,是尼克松在主席米尔斯和马洪的推荐下聘请的。尼克松没有削减联邦开支,而是用一直担任劳工部长的乔治·舒尔茨(George Shultz)取代了梅奥。总统承认经济衰退会导致适度的赤字,但在舒尔茨的鼓励下,他于 1970 年 7 月 18 日解释了他的预算规划:"除非在紧急情况下,否则永远不应允许支出超过税收制度在合理的充分就业条件下产生的收入。"②

尼克松政府时期的经济顾问委员会主席赫伯特·斯坦(Herbert Stein)曾

---

① Matusow,*Nixon's Economy*,49—50。
② 同上,77。

倡导"合理充分就业"的预算平衡概念,由此形成的规则将"现收现付"的传统预算规划与更务实的跨经济周期平衡预算的目标融合在一起。毕竟,在每个预算年度内根据经济活动的波动改变税率和支出是不现实的。宣布预算在"合理充分就业"的情况下保持平衡,也满足了尼克松的政治愿望,即将适度赤字的存在合理化。总统声称,通过举债来抵消因失业率上升而造成的财政收入损失,是一种"自我印证的预言"(self-fulfilling prophecy),将导致更高的就业和平衡的预算。这一理论并没有打动许多传统的保守派人士,包括尼克松的一位内阁成员,他称其为"经济废话"(economic bullshit)。①

斯坦认为,"在充分就业的情况下实现平衡预算"为在经济低迷时期限制赤字提供了一个可接受的标准。这不是一个结束商业周期的"药方"。由于临时借款要在经济回升后从盈余中偿还,总统要求国会在1971年只是"临时"提高债务上限。在接下来十几年的经济困境中,国会并没有改变4 000亿美元的永久性债务上限——这主要是第二次世界大战和越南战争的债务——并将上限的每一次提高都标为"临时性"的。②

在1972年大选之前,尼克松曾指望通过大举扩张货币供应来刺激经济增长。为此,他求助于阿瑟·伯恩斯,并于1970年提名他为美联储主席。当尼克松任命伯恩斯时,他表示希望这位新的美联储主席能够"独立地"指出总统的观点"应该被采纳"。③ 伯恩斯很快依靠他在委员会的同事们来扩大货币供应,并通过积极购买联邦债务来降低利率。从1970—1971年,美联储购买了136亿美元的国债,使债务货币化的数量超过了二战以来的任何两年期债务。④ 之后,美联储的资产负债表上出现了近17%的国债,这一比例高于以往任何时候。⑤

这种货币扩张持续了数年,最终带来了美国在和平时期最严重的通货膨胀。在卸任主席一职后不久,伯恩斯承认,美联储本可以通过限制货币供应、

---

① Matusow, *Nixon's Economy*, 77—78.
② OMB, Historical Tables, "Table 7. 3 — Statutory Limits on Federal Debt: 1940 — Current." For an overview of the debt ceiling, see Austin and Levit, *The Debt Limit*.
③ Matusow, *Nixon's Economy*, 59. For a good record of how Nixon conveyed these views, see Abrams, "How Richard Nixon Pressured Arthur Burns".
④ 参见附录A及其注释4。
⑤ 参见附录A及其注释4。

减缓经济增长来"毫不拖延地终止通货膨胀。之所以没有这样做,是因为美联储本身就陷入了正在改变美国生活和文化的哲学与政治潮流之中"①。

货币政策的转变恰逢另一次经济转型。1971年,美国的进口额74年来首次超过出口额。尼克松总统曾私下预测,美国制造业的竞争地位将长期下滑。贸易逆差和货币增长对美国财政部的黄金供应构成了直接威胁。

长期的贸易逆差也显示出一种削弱联邦税收制度的趋势。随着应税企业在国际竞争压力下利润下降,企业所得税在国民收入中的份额也下降了。到1971年,许多美国商界领导人和经济学家开始提倡减轻企业税,以此作为鼓励国内投资的一种手段。

1971年8月,尼克松前任前得克萨斯州州长、财政部长约翰·康纳利(John Connally)宣布,美国将放弃金本位,对进口商品征税,并对工资和价格实行强制控制。1972年大选前,尼克松试图通过加快联邦各部门的支出速度来增加开支。经济增长和价格控制暂时抑制了物价上涨。

尼克松在经济政策上的非正统做法与他创新的外交政策不谋而合,他对中华人民共和国的访问就是一个象征。随着代价高昂的冷战有可能结束这样一个令人兴奋的消息的传出,总统的声望不断飙升。

1972年《社会保障法修正案》

尽管医疗保险成本飙升,尼克松总统和美国人民都不愿意缩减医疗保险的规模。在医疗保险开始的头五年里,美国参保人数增长缓慢,但住院费用年均增长13.2%,医疗费用年均增长7.5%。② 私营保险公司也经历了同样的成本飙升。

与国防和几个国内项目的联邦基金支出相比,联邦医疗费用仍然相对较小。1970年,一般财政收入(或联邦基金)仅花了投在医疗保障计划上的75

---

① Timberlake, *Monetary Policy*, 345—347.
② Marmor, *The Politics of Medicare*, Tables 7.1 and 7.2 at 98.

亿美元中的24.6%。① 1970年,联邦政府用于医疗保险和医疗补助的资金收入还不到国民收入的4‰,大致相当于联邦交通补贴的水平。② 专门的工薪税为医疗保险的住院治疗提供了全部53亿美元的费用。

联邦领导人提出了扩大医疗保险覆盖面的竞选计划。以马萨诸塞州参议员泰德·肯尼迪为首的许多民主党人试图提高工薪税,为美国工薪阶层提供更多的医疗保险资金。尼克松的替代方案要求雇主通过管理型医疗保险计划提供医疗保险,联邦也为保险费提供补贴。参议院财政委员会主席朗和众议院筹款委员会主席米尔斯反对这些提案带来的成本。随后,在1972年,国会对社会保障养老金和医疗保险进行了全面改革。这些变化将在很大程度上耗尽工薪税为进一步扩大联邦医疗覆盖面提供资金的能力。

在1954年11月至1968年3月期间,国会已经三次上调养老金,即1959年2月提高7%,1965年2月提高7%,1968年3月提高13%。③ 支持老年和残疾退休金的工薪税率从1954年的2%上升到1970年的8.4%。④ 根据精算师的说法,在确定和可预测的工薪税率下,这些水平的福利可以维持。然而,1968年后,米尔斯开始失去对福利水平的控制。

在朗的领导下,国会在1969年将养老金提高了15%,然后在1970年又提高了10%。⑤ 郎在一项提高联邦债务法定上限的法案中增加了后者的内容,使其在不关闭联邦政府的情况下难以否决。社会保障局的资深精算师罗伯特·迈尔斯因厌恶此做法而辞职。朗和尼克松推动了创建自动调整养老金福利的公式的立法,以应对生活成本的变化。

米尔斯阻止了这一做法,他担心这会给工薪税率带来过大的压力,并削弱国会对该计划的控制。1971年,当自动通货膨胀调整法案在众议院和参议院

---

① 2013 *Annual Report*, *Federal Hospital Insurance*, Tables V. B1, V. B3, and V. B5 from 191—199.

② 联邦基金对门诊服务的支持在1975年增加到23亿美元,到1980年增加到69亿美元,这主要是由于医疗服务的价格上涨和受益人支付的保费份额受到限制。这些支出在1990年增加到332亿美元,1996年增加到617亿美元。完全由联邦资金支付的医疗援助支出,将在1980年增加到145亿美元,到1990年增加到411亿美元。

③ Zelizer, *Taxing America*, 312.

④ Tax Policy Center, "Historical Social Security Tax Rates".

⑤ Zelizer, *Taxing America*, 324. See also Hacker, *The Divided Welfare State*, 142.

都获得通过时,米尔斯动用了他的特殊权力,拒绝安排会议委员会会议,否决了该法案。这一行动加强了这位主席作为财政保守派的信誉,但他很快就利用这一信誉损害了长期的预算纪律。

1972年初,米尔斯宣布竞选总统,并提出了众议院第一号法案,即《1972年社会保障法修正案》。这位国会内部人士最终也痴迷于总统选举。他提出了自《1965年社会保障法修正案》——该修正案创建了医疗保险和医疗补助——以来最雄心勃勃的联邦服务扩张计划。米尔斯试图提高养老金福利,并将其与未来的通货膨胀率挂钩,扩大医疗保险对美国残疾人的覆盖范围,控制受益人为医疗保险B部分支付的保险费,取消某些类型的家庭医疗保健的共付额,提高工资税和工资上限,并将许多基于州的公共援助补助金转换为直接支付的新计划——称为"补充保障收入计划"(Supplemental Security Income)。

有了该法案,美国残疾人就有了资格参加该计划,这使医疗保险受益人的数量增加了10%。[1] 然而,由于残疾人的医疗费用高于平均医疗费用,相关费用增加得会更多。[2] 该法案经过修改,要求医疗保险为治疗肾衰竭高额透析的费用报销。国会通过了将社会安全养老金月度水平提高20%,这是在以前的养老金增长基础上的又一次增加。与1967年相比,养老金福利水平翻了一番。[3]

1972年,米尔斯放弃了他长期以来的立场,即反对在确定养老金福利时使用未来的工资增长预测。到那时为止,由于工资和就业的增长一直高于通货膨胀,许多经济学家批评了统一工资的假设。不幸的是,在众议院第1号法案通过后的两年内,通货膨胀和经通货膨胀调整后的养老金福利开始以高于就业和生产率的速度增长。旧的统一工资假设的审慎性得到了证实,但为时已晚。为了保持自给的状态,用于养老金和医疗保险住院的信托基金需要大幅提高工资税率,预期到1990年工薪税率将攀升至工资总额的15.3%。[4]

---

[1] Moon, *Medicare*, 55.
[2] 同上。
[3] Shaviro, *Do Deficits Matter?*, 80.
[4] Tax Policy Center, "Historical Social Security Tax Rates".

社会保障委员会有充分的理由称 1972 年《社会保障法修正案》是"一个新的社会保障计划"。① 按此计划，生活在贫困中的美国老年人口将减少一半。下一代的保守派联邦领导人开始抨击"福利国家"的出现，这个词往往是与约翰逊的"反贫困战争"和"伟大社会计划"有关的贬义词。事实上，随着 1972 年《社会保障法修正案》的通过，社会安全网得到了最大规模的扩张。会议委员会产生的最终法案以 305 比 1 的票数在众议院通过，并在参议院获得一致通过。

米尔斯没有从新的社会安全网中获得什么政治利益。他不切实际的总统竞选失败了，尼克松却因新计划而得到好评。第一批每月支付更多养老金的支票是在 10 月份邮寄的，就在选举之前。白宫曾试图将这些款项连同总统的信息和尼克松的照片一起邮寄出去，但在社会保障官员威胁辞职以示抗议后，这一计划被放弃。

尼克松与国会争夺预算

1972 年，尼克松以创纪录的选举人团优势赢得了共和党总统的连任。在大选前的最后几周，他以传统的财政保守派身份进行竞选。他告诉选民，对手的支出计划意味着未来更高的税收。当选后，他向国会发表演讲说："一些人忘记了关键的一点，那就是充分就业原则要求在经济接近充分就业的同时减少赤字。"② 和他的许多前任一样，尼克松希望在预算平衡的情况下离任。在向国会提交下一份预算时，他使用了传统的表达，并提醒人们"限制税收的唯一方法是限制支出"。③

尽管与国民收入相比，赤字仍然不大，但总统还是宣布了扣留或拒绝原定的支出拨款计划。国会对于自己被指责为赤字负责感到愤怒，于是通过了《1974 年国会预算与扣留控制法》(Congressional Budget and Impound Control Act of 1974)作为回应，设立了新的预算委员会和国会预算办公室。该法

---

① Robert Ball quoted in Hacker, *The Divided Welfare State*, 143.
② Nixon, "Annual Budget Message".
③ Nixon, "Radio Address".

案要求国会每年春天通过决议,设定预算支出的上限。新的预算程序旨在减少国会对总统预算的依赖。

到1974年,白宫由于尼克松总统在水门事件中的作为而被严重地削弱。7月,在经济衰退导致预期收入减少之后,尼克松提议削减开支。11天后,尼克松辞职,副总统杰拉尔德·福特宣誓就职。

尼克松辞职时,他在第一次就职演说中声称联邦领导人已经学会如何管理经济的说法与总统本人一样名誉扫地。失业率和通货膨胀同时上升,让许多经济学家感到困惑。在许多大型石油出口国禁止向美国出口石油后,汽油实行定量供应,石油价格飙升。到1974年底,道琼斯工业平均指数已跌至两年前的一半。

不断上升的通货膨胀、尼克松的丑闻事件,以及在反贫困战争和越南战争中获胜希望的破灭,打击了公众对联邦领导的信心,但没有打击公众对平衡预算的支持。

严重的经济衰退和总统否决权

福特宣誓就职后数小时,白宫经济团队和美联储主席伯恩斯告诉他,经济显示出从今年早些时候经历的通货膨胀和失业中复苏的迹象。他们敦促削减联邦开支,以弥补预期中的预算缺口。[①] 自称是财政保守主义者的福特非常了解联邦预算。他在众议院拨款委员会多年的工作使得副幕僚长迪克·切尼(Dick Cheney)注意到,总统比白宫的任何其他人都更好地掌握了预算的细节。

上任两个月后,福特在他向国会和全国发表的第一次重要讲话中提议削减开支、增加财政收入,并对大多数所得税临时征收5%的临时附加税。演讲结束后,经济陷入了自1938年以来最严重的衰退。1974年的最后3个月,经通货膨胀调整后的收入下降了7.5%;到年底,失业率稳步上升到7.2%。[②] 消费价格的持续上涨推翻了经济模型得出的预测。

[①] Stein, *The Fiscal Revolution*, 573—575.
[②] Gould, *Grand Old Party*, 400.

当联邦税收锐减时，只好由债务收入填补这一缺口。一个仍然被胡佛政府的失败阴影所困扰的共和党感到，必须"做点什么"来遏制经济下滑。与此同时，民主党人援引"新政"的经验。当一位财政保守的民主党人、南卡罗来纳州参议员欧内斯特·霍林斯(Ernest Hollings)提出一项将支出限制在估计税收收入范围内的修正案时，被参议院以2∶1的优势否决。

福特在尼克松辞职前是被任命而非当选为副总统，因此他缺乏选举胜利所赋予的政治资本。他放弃了征收税收附加税的要求，于1975年1月提出一次性退税160亿美元，并与联邦支出上限挂钩。① 1975年5月，当失业率上升到近9%时，国会通过了一项临时减税和一项53亿美元的"就业"法案，该法案的资金来自尼克松1973年的《综合就业和培训法》(CETA)。② 尽管面临来自民主党领导层的压力——民主党领导层使投票成为对党派忠诚度的考验——国会还是未能推翻福特对就业法案的否决。

福特在其总统任期内否决了66项法案，以维持支出纪律。国会只推翻了他对教育、医疗保健、儿童营养拨款的否决。

1975年10月，总统提议减税，条件是支出上限为3 950亿美元，大致相当于过去12个月的支出水平加上社会保障的生活成本增加。③ 福特的提案是在白宫同僚的帮助下制定的，他们分别是：幕僚长唐纳德·拉姆斯菲尔德(Donald Rumsfeld)、预算局副局长保罗·奥尼尔(Paul O'Neill)、副幕僚长迪克·切尼，以及经济顾问委员会主席艾伦·格林斯潘(Alan Greenspan)。这些人将在21世纪初的财政政策中发挥关键作用。当一位共和党的国会领导人警告福特，仅仅因为减税不包括支出上限而否决减税有政治危险时，总统引用了杜鲁门的例子，他曾在1947年否决了减税以平衡预算，并于次年获得连任。1975年12月17日，国会通过了没有支出上限的减税方案，但因微弱差距未能推翻福特的否决。

圣诞节前，朗说服福特签署了一项新的法案，其中既包含减税，又包含限制开支这样无法实施的承诺。福特的政治顾问们松了一口气，因为他们可以

---

① See Greene, *Gerald Ford*, and Reichley, *Conservatives in an Age of Change*.
② Greene, *Gerald Ford*, 75—76.
③ 同上，79, and Reichley, *Conservatives in an Age of Change*, 392—393.

用减税来抵消总统的竞选对手、前加州州长罗纳德·里根在初选中做出的承诺。

福特和里根之间的总统提名之争,一直持续到1976年共和党全国代表大会。里根在前一年的竞选活动中宣布了一项雄心勃勃的计划,将联邦开支减少900亿美元——几乎是1/4,以便通过降低税率来平衡预算。① 他的预算计划要求终止医疗补助计划以及除社会保障、医疗保险、"农业、交通和环境的某些方面"以外的大多数国内项目。② 福特指出,里根的提议将把已建立的社会安全网提供资金的负担转移到各州。由于这一批评,福特在早期初选中获得了支持。在淡化预算计划并将攻击重点放在福特的外交政策上后,里根重新获得了动力。1976年的共和党竞选纲领表达了传统的保守主义信条:如果没有"支出节制",国家就无法"负责任地减税"。③

乔治亚州前州长吉米·卡特(Jimmy Carter)在民主党初选中的强势表现,令民主党领导人感到意外。卡特一直认为自己是财政保守主义者。他承诺要提高效率,减少浪费,平衡预算,使就业从严重的衰退中恢复过来。这位曾经种植花生的农场主开玩笑说,"在我担任乔治亚州州长的时候,在我的生意中,在我的农场上,从来没有听说过不平衡的预算"。④ 到11月大选时,尽管失业率仍然高于以前的正常水平,但经济已经复苏。卡特以微弱的优势击败了福特。

在这两位致力于传统债务限制的总统候选人之间的选举之后,美国财政传统似乎一如既往强大。尽管如此,在包括越南战争的最后几年和严重的经济衰退在内的十年中,预算并没有平衡。不断兴起的公众运动试图修正国家的成文宪法,以便把传统的债务限制纳入条款中。

---

① Cannon, *Governor Reagan*, 408. For background on the speech, see also Shirley, *Reagan's Revolution*, 80—85.
② Ronald Reagan quoted in Cannon, *Governor Reagan*, 408.
③ Gould, *Grand Old Party*, 410.
④ Jimmy Carter quoted in Stabile and Cantor, *Public Debt*, 151.

第五部

侵蚀、复兴和传统的瓦解：
1977－2013 年

14 结构性赤字:减税的压力和冷战的复苏

1977—1981年:当年赤字超过还本
付息额的时间为5年
(1977—1981年,飙升的利率和军事成本)

利息费用上升

作为华盛顿局外人的身份,曾是吉米·卡特竞选的有利条件,但令他不安的是,他不得不在上任几周内就要准备财政预算。由于他的幕僚在预算和国会方面都缺乏经验,因此这一任务就变得难上加难。

卡特开始在开支的铺张浪费上做文章,决定削减19个水力发电项目,但是遭到国会两党议员的反对,因为他们担心失去这些已规划多年的基础设施投资会带来损失。一些议员还反对总统推迟对几个新武器系统的投资。卡特设计的每个纳税人一次性退税50美元的税收提案进展缓慢,在上任几个月后政府就放弃了这一举措。[①] 卡特后来回忆说,从那时起,他的"主要经济斗争将是对抗通货膨胀"。在这场战斗中,他试图"采取财政审慎、限制预算的措施"。[②]

一味地强调财政纪律,限制了卡特政府在国内采取新举措的能力。和他的前任杰拉德·福特一样,卡特的年度预算除了那些旨在加强能源安全的项目外,几乎没有新的项目。

利息的不断上升,使得平衡预算更加困难。卡特1977年1月上任时,财政

---

① Carter,"The President's News Conference".
② Carter, *Keeping Faith*, 82.

部以7.63%的实际利率出售长期债券。到1979年,美国国债的收益率达到10.44%,之前只有在1812年战争和内战期间才达到这个水平。[1] 利率的上升,消耗了本来可以用来资助扩大医疗服务、减税或更有力的冷战军事预算的资金。

1979年,消费品价格上涨了13%。[2] 货币主义经济学家拿出极具说服力的证据,表明物价水平的上涨主要是由于货币供应量的增长快于经济产出的增长。从1979年10月开始,卡特任命的美联储主席保罗·沃尔克(Paul Volcker)采取措施抑制货币供应量的增长。信贷受限和通胀预期的共同作用,推动了银行基本贷款利率的上升,达到了前所未有的21%。[3]

然而,尽管如此,到1979财年结束时,联邦基金预算赤字已降至国民收入的2.3%,几乎是福特政府上一个完整财年赤字水平的一半。[4] 财政预算可能已经满足了"合理充分就业"的平衡标准。但是对民选官员在恢复传统财政纪律方面的无能,公众似乎越来越不耐烦。

到1979年,大多数州立法机构已经通过决议,要求修改联邦宪法以达到平衡联邦预算的目的。根据当时的民意调查,超过70%的美国人支持这一修正案。[5]

1980年的预算混乱

卡特试图在任期结束前平衡预算,这让他要实现竞选承诺或留下自己的遗产变得非常困难。美联储一直在收缩信贷供应,以抑制通货膨胀。华盛顿的民主党和共和党领导人都认为,联邦政府应该通过减少信贷需求来帮助实现这一目标。

1980年1月,卡特提交了一份预算,预计赤字为150亿美元,为历年来最低。[6] 几天后,预算专家提高了联邦所需借款的预估水平。债券市场开始瓦解。长期国债的市场价值在1980年的前7周下降了20%以上,国债利率飙

---

[1] Homer and Sylla, *Interest Rates*, 383.
[2] 参见附录C以及"Consumer Price Index: All Urban Consumers", United States, Bureau of Labor Statistics, ftp://ftp.bls.gov/pub/special.requests/cpi/cpiai.txt。
[3] Biven, *Jimmy Carter's Economy*, 204.
[4] 参见附录C。
[5] Peterson, "The New Politics of Deficits".
[6] Morgan, *The Age of Deficits*, 67.

升至12%。① 道琼斯工业平均指数跌至18年来的最低水平。

1980年3月,卡特邀请国会两党领导人、政府高级经济官员、美联储主席保罗·沃尔克一起参加日常召开的白宫会议,目的是修改行政预算。沃尔克形容在这些会议上的卡特是"一个在做出任何初步决定时总是持有保守主义直觉的总统,受到那些既关心特殊利益又敏感于民主党更为自由的传统的顾问的挑战"②。多数与会者同意削减联邦拨款、扣留利息和股息的预估税,并对石油进口征收新税。沃尔克领导下的美联储限制信用卡借贷,以遏制物价上涨,引发消费支出和经济产出的骤然下降。严厉的货币政策最终使得通货膨胀水平缓慢并稳步下降。

白宫会议结束后不久,两党预算合作就结束了。国会议员们紧张而密切地关注着11月的大选,国会拒绝授权对进口石油收费,而两党领导层在几周前刚刚批准了这项收费。参议院共和党人甚至支持将所得税降低10%。僵局随之而来。1974年制定的程序要求,国会在每年10月开始的财年之前的春季通过一项预算决议。1980年,国会错过了最后期限,直到10月1日,即1981财年的第一天,才通过了预算决议,而此时行政当局因缺乏资金而准备关闭政府。

姗姗来迟的预算决议包括一个特点,那就是给传统的"现收现付"预算计划的倡导者提供了一些慰藉。国会修订了预算程序,赋予票数多的一方以权力,要求各委员会修改影响税收和支出的立法,以便在年度预算决议的支出上限和收入估计数范围内"调和"。国会领导人希望这种广泛的"调和"权力能够用来控制公式化计算的支出。

1980年10月1日通过的预算决议还估计了一个较低的运营赤字——联邦基金支出减去未扣除利息费用的收入——比1974—1975年经济衰退以来的任何预算都要低。没有人完全弄明白,如何为不断上升的利率买单。到1981财年结束时,总利息费用增加到950亿美元,是卡特上任那年支付的两倍多。③

然而,即使是1981财年显而易见的财政纪律——不扣除利息费用,也会

---

① Homer and Sylla, *Interest Rates*, Table 51 at 376.
② Volcker and Gyohten, *Changing Fortunes*, 172.
③ OMB, Historical Tables, Table 3.2, Account 901.

变成一种假象。收入预测假定,快速的经济增长和高通货膨胀率将把纳税人推向更高的税收等级,由此产生的大量税收将使得国会在提高未来的国防支出的同时仍能平衡预算。

不过,1980 年编写的预算确实包括两个艰难的选择。卡特政府击退了一些民主党领导人扩大联邦医疗服务的企图,并终止了民主党提出的具有标志意义的就业计划。

卡特在 1976 年当选后,曾要求给他时间考虑如何处理参议员泰德·肯尼迪的提议,即通过雇主授权和一些保费补贴来扩大医疗保险的覆盖面。这种做法早先得到尼克松总统的认可,后来又得到克林顿总统的认可。卡特无法在平衡预算中增加新项目,尤其是在国会否决了他提出的为医疗保险住院费用的年涨幅设定上限的倡议之后。肯尼迪参议员在没有白宫参与的情况下继续为他的计划争取支持。民意调查显示,在 20 世纪 70 年代,约 60% 的美国人认为在医疗项目上的支出"太少",这一比例远远高于那些认为国防支出"太少"的人。[1] 参议院财政委员会主席罗素·朗和众议院筹款委员会主席阿尔·乌尔曼(Al Ullman)阻止了对保险法的行动,促使肯尼迪的支持者组织起来挑战对卡特的重新提名。

平衡预算的努力也迫使民主党的就业计划被削减。1977 年,国会增加了根据尼克松政府期间颁布的《综合就业和援助法》(CETA)管理的公共服务工作的资金。[2] 国会要求以地方政府为主的 400 多个接收拨款的主体在 1978 年春季之前创造几十万个工作岗位。受补贴的工作岗位数量从 1977 年 5 月的 300 000 个增加到 1978 年 3 月的 725 000 个。[3] 地方政府雇用失业人员来填补学校和公园的临时工作,并进行街道维修。偶尔,他们也会将《综合就业和援助法》中的补助金用于部分现有劳动力。在媒体的监督下,国会指责补助金接受者管理不善,而地方政府则对《综合就业和援助法》的新指令和审计畏缩。

---

[1] Peterson,"The New Politics of Deficits",594.

[2] 该计划向非营利组织、州和地方政府提供竞争性拨款,取代了各种联邦就业培训计划。CETA 结合了就业培训,包括向雇主支付"工作经验"补贴以及为长期失业、技能较低的人提供公共服务岗位资金。请参阅鲍默(Baumer)和范霍恩(Van Horn)的《失业的政治》(*The Politics of Unemployment*)一书中对 CETA 计划的出色分析。

[3] 同上,103,91。

在 1977—1979 财年,国会为就业和培训方案拨款 270 多亿美元。① 1980 年,国会不顾肯尼迪参议员的反对,缩减了该方案。

冷战困境

与其他重大战争不同,从越南撤军后的几年里,军费开支并没有下降。征兵制的结束,提高了军队人事费用。与此同时,福特政府批准了一项昂贵的五年投资计划,以实现军事硬件的现代化。卡特推迟了该计划中预备投给新的核投放系统的经费。他和国防部长哈罗德·布朗(Harold Brown)更强调要改进技术和精确制造导弹来升级常规部队。卡特和布朗向北约盟国提出要求,让它们做出承诺,今后多年在扣减通货膨胀后每年增加 3% 的军费,以此来分担冷战时期的开支——总统希望这个水平既是美国国防费用的上限,也是下限。②

参议员亨利·杰克逊(绰号"铲子")要求大幅提高军事支出,他从未同意尼克松和福特与苏联缓和的政策。杰克逊是一个不折不扣的杜鲁门民主党人,自第二次世界大战以来一直在国会任职。由于苏联的经济已看起来很脆弱,这位务实的华盛顿自由派参议员反对广受欢迎的核武器控制条约。杰克逊认为,美国人应该愿意付出提高税率的代价,以挑战苏联对人权的残酷镇压和对东欧国家的控制。

1978 年,卡特否决了由杰克逊和佐治亚州参议员萨姆·纳恩(Sam Nunn)起草的一项军费开支决议。纳恩是政府国防预算的另一个强烈批评者。1979 年,卡特否决了另一项决议,该决议要求国防开支以扣减通货膨胀后每年至少 5% 的速度增长。③

当伊朗的一个新政权于 1979 年 11 月 4 日将美国外交官扣为人质时,杰克逊在军事准备方面的鹰派观点得到了支持。此后不久,为了让自己与苏联签订的限制特定种类核武器的条约获得参议院批准,卡特同意持续增加 6%

---

① Ibid.,89.
② White and Wildavsky, *The Deficit and Public Interest*, 37.
③ Kaufman, *Henry M. Jackson*, 389.

(扣减通货膨胀后)的国防开支。① 随后,在1979年圣诞节前夕,苏联入侵阿富汗,开启了冷战的新阶段。

杰克逊的努力得到了颇具影响力的"当前危险委员会"(Committee on the Present Danger)的支持。该组织包括罗纳德·里根,他后来任命其中的30多名成员在他的政府中任职。包括唐纳德·拉姆斯菲尔德和杰克逊的幕僚保罗·沃尔福威茨(Paul Wolfowitz)在内的几位委员会领导人,后来负责制定直至21世纪的军事政策。

在卡特政府的最后一个财年,联邦政府为国家安全支出了1 570亿美元,这比4年前福特政府的最后一年多出600亿美元。② 可是杰克逊和里根想要支出更多。

从税收改革到反税运动

从第二次世界大战传承下来的联邦税收体系所产生的收入,已不足以在平衡预算框架内支持冷战时期较高的开支和两党承诺的其他现行联邦义务(如医疗保险)。1979年,众议院筹款委员会主席乌尔曼和参议院财政委员会主席朗呼吁对联邦税收体系进行彻底改革。他们提议征收增值税,即某种形式的销售税,以扩大联邦税基。许多税务专家和大多数企业赞成的是,转向对消费而非生产过程中的收入征收更多的税。

在1980年之前,联邦对企业收入的征税只占国民收入的2.4%,低于1952年的6%。③ 在20世纪50年代中期,企业税为联邦基金预算的每1美元提供了30美分;1980年,企业税只提供了联邦每1美元支出中的10美分,这是企业税收入自第一次世界大战之前到现在最低的相对水平。④

企业税收入的下降主要是国际竞争的结果,尽管一些民选官员将其归咎

---

① 同上。
② OMB, Historical Tables, "Table 3.1—Outlays by Superfunction and Function: 1940—2018".
③ OMB, Historical Tables, "Table 2.3—Receipts by Source as Percentages of GDP: 1934—2018".
④ OMB, Historical Tables, "Table 2.2—Percentage Composition of Receipts by Source: 1934—2018".

于他们称之为"漏洞"(loopholes)的税收减免。扣除企业开支的规则,往往是为了使资本密集型行业产生的应税收入与它们的实际现金流和股权融资成本保持一致。①

20世纪70年代,在日本蓬勃发展之时,美国生产力下降、贸易失衡,而且面临的国际竞争挑战更加明显。生产率的上升,伴随着教育绩效的提高和单个工人资本投资的增加。日本、韩国、中国台湾等国家和地区的劳动力技能提高,用于商业投资的国民收入占比也超过了美国。外国政府运用了更多向消费征税而更少向投资征税的制度来鼓励经济增长。

这一时期的美国国会也经常通过新的激励投资措施,但这些努力导致税法复杂化,以至于卡特多次将其称为"人类的耻辱"。②

在过去,如果参众两院的税收委员会领导人提出一项全面的税收提案,势必会引发一场严肃的全国性辩论。然而,朗和乌尔曼在1979年提出的销售税倡议却悄然夭折。该倡议的讣告包括1980年乌尔曼竞选连任失败的消息。

由于企业所得税收入在国民收入中的比重下降,因此联邦政府更加依赖个人所得税。到1980年,个人所得税已经达到了许多美国人能够承受的极限。处于70%高税级的美国人一直对税率感到不满,因为这个税率使得税收筹划成为他们每项投资决策的一个部分。20世纪70年代末,当第二次世界大战的高税级开始适用于中等收入的家庭时,更多的美国人感受到压榨。在二战末期,年收入在2.5万到5万美元之间的是相当富裕的美国人;而在这个范围内,70%的应税收入来自投资,即自营业务利润、股息、利息和资本收益。③ 即使在20世纪60年代中期,投资产生的应税收入也是2.5万到5万美元档次纳税人的一半。20世纪70年代末的物价和工资的通胀将工薪阶层推到这个税级。在1980年前,收入在2.5万美元至5万美元之间的纳税人,收入的80%以上来自薪金与工资。④ 已婚夫妇联合申报的应税净收入为2.5万

---

① 一项研究将1960—1985年企业所得税收入下降的一半归因于利润下降,另一半归因于税法出台的各种新激励措施。参见 Alan Auerbach 和 James Polerba,"为什么企业税率下降了"("Why Have Corporate Tax Rates Declined"), NBER working paper 2118 (January 1987)。

② Carter quoted in Mears, "Tax Code Overhaul".

③ Hollenbeck and Kahr, "Ninety Years of Individual Income and Tax Statistics", Table 1 at 144—145.

④ 同上。

美元,去掉扣除额后,税率为32%,这一税率曾经只适用于富裕家庭。① 通货膨胀也侵蚀了标准扣除额的价值,而标准扣除额曾经豁免了低工资纳税人的所有收入。

个人所得税收入从1976年占国民收入的7.21%跃升至1980年的8.75%,这个数字成为二战以来的峰值。② 个人所得税的"有效"税率,即个人平均税收收入占报税表顶行平均收入的百分比,也随之跃升。到1953年朝鲜战争尾声时,有效税率为13%。在20世纪60年代初,这一比例略有下降,但在越南战争附加税的作用下,又回到了14%。联邦个人所得税在1978年之前一直保持在毛收入的13%到14%之间,1980年攀升至15.6%,1981年达到创纪录的16%。③

中等收入的美国人也感受到支持社会保障养老金和医疗住院保险的工薪税的压力。工薪税率从1961年占工资总额的6%飙升到1973年的10.7%,再到1981年的13.3%。④

1978年,一场反对州税的反抗运动在加利福尼亚开始,并很快蔓延到其他许多州。30年来,州和地方政府的支出和税收在国民收入中所占的份额一直稳步增长。大多数美国人看重地方政府提供的服务,如执法、垃圾收集和为大规模婴儿潮提供学校等。然而,州宪法和城市约章禁止举债支付政府服务所需的成本,因此州和地方政府要么提高税收,要么削减公民看重的服务。

1980年前,民意调查显示大多数美国人支持较低的联邦所得税税率,但不是以增加联邦借款为代价。由于在没有新债务的情况下降低税收收入需要降低支出,联邦政府会在哪些方面进行削减呢?二战、越南战争和20世纪70年代中期经济衰退所遗留的债务利息支出不断上升,使得这个问题很难回答。

20世纪70年代,许多国会议员开始依赖强有力的总统领导来执行预算纪律,例如,尼克松、福特和卡特经常使用否决权。总统顾问、经济历史学家赫伯特·斯坦(Herbert Stein)提到了那个时代时说:"总统负责抑制赤字,他们

---

① "U. S. Federal Individual Income Tax Rates History."
② OMB, Historical Tables, "Table 2. 3 — Receipts by Source as Percentages of GDP: 1934—2018."
③ 参见附录H。
④ Tax Policy Center, "Historical Social Security Tax Rates."

感受到这种责任,同时也觉得公众会追究他们的责任,所以是总统们抵制减税,催促增税,并否决拨款和扣押基金。"① 当总统要求国会增加支出、减少税收时,这个国家很快就会知道发生了什么。

罗纳德·里根的出现

正如新政计划和民权立法成为民主党理想的象征物一样,到20世纪90年代末,里根政府的减税政策和高额国防开支也明确了共和党的身份。这种特殊的传承会让大多数观察家对里根担任加州州长的第一年感到惊讶。1966年,这位退休的演员作为局外人,以"公民政治家"的身份竞选州长。他在许多蓝领民主党人的支持下赢得了竞选。令人钦佩的传记作者卢·坎农(Lou Cannon)没有找到里根在州长竞选演讲中称自己为"保守派"的任何讲话。

在一个宪法要求平衡预算的州,新当选的州长立即面临支出和税收之间的预期缺口。里根州长建议通过提高销售、个人所得、酒精、烟草和企业所得的税收来弥补这一差距。坎农指出,"里根的提案中有一个特点,那就是这是美国历史上所有州长提出来的最大增税方案。"②在里根担任加州州长的8年间,该州的个人所得税从7%上升到11%,企业所得税从5.5%上升到9%,销售税从3%上升到4.75%。③ 他从未试图通过借款来支付州政府的日常开支。

里根州长曾试图抑制州支出的增长,但在他这8年任期内,州支出仍迅速增长。但在削减精神健康服务的增长方面,他却非常成功,而这导致无家可归人口的大幅上升。在上任1年后,他放弃了旨在取消加州医疗补助计划的尝试,该计划是全国最慷慨的计划之一。

1967年,职业橄榄球运动员杰克·坎普在回到训练营之前,曾到里根的办公室做实习生。1970年,当因膝盖受伤退役时,他在纽约州布法罗市参加了国会竞选,此前他曾在那里带领比尔队夺得冠军。坎普在一个拥有蓝领民

---

① Herbert Stein,"The Fiscal Revolution in America, Part II", in Brownlee, *Funding the Modern American State*, 256.
② Cannon, *Governor Reagan*, 194.
③ 同上,199。

主党选民的地区获胜后,立即成为全国共和党的明星。对联邦民权立法的热情支持和对强大的公共社会安全网的信念使他从许多传统的保守派中脱颖而出。这位富有魅力的国会议员吸引了一群致力于改变共和党方向的朋友,例如,密歇根州的国会议员大卫·斯托克曼(David Srockman)和社论作家裘德·万尼斯基(Jude Wanniski)。万尼斯基在阅读了赫伯特·斯坦(Herbert Stein)关于20世纪中叶财政历史的著作《美国财政革命》(The Fiscal Revolution in America)之后,提出了自己的有关美国预算的政治理论。万尼斯基用"两个圣诞老人理论"来试图解释,为什么自大萧条爆发以来共和党人只有4年占据了国会多数。他指出,当共和党上一次,即在20世纪20年代,获得持久的国会多数时,安德鲁·梅隆和卡尔文·柯立芝等党派领导人承诺降低税率。在新政期间,当民主党人提供更多的服务时,他们转而成为多数派。万尼斯基认为,这段历史勾勒出两种不同的政治圣诞老人之间的潜在竞争——民主党的圣诞老人提供更多的服务,共和党的圣诞老人则提供更低的税收。万尼斯基指责共和党人没有更巧妙地发挥他们的作用。由于优先考虑平衡预算而不是减税,共和党人被认为更像吝啬鬼而不是圣诞老人。《华尔街日报》的社论版和坎普的巡回演讲帮助宣传了万尼斯基的观点。

许多其他共和党人对自己政党缺乏明确的预算政策感到困扰。尼克松有更多的联邦责任和支出计划。福特攻击里根削减联邦政府对教育、癌症研究、医疗补助和其他受欢迎项目的支持,并因此在共和党初选中取得了优势。如果平衡预算排除了减税的可能性,许多共和党人同意为冷战时期的国防和其他大型联邦财政义务提供资金,那么现代共和党的独特愿景是什么呢?

精力充沛的坎普给出了一个直截了当的答案,他称削减社会支出是"野蛮行径"。共和党人应该削减税率,不要太过担心支出水平。正当飙升的通货膨胀将大量中等收入的美国人推向更高的税率时,坎普提出了一项将所有个人所得税率削减30%的法案。一股非官方的"坎普竞选总统"的风潮开始滚滚而来,直到总统候选人里根同意接受坎普的税收计划以换取国会议员的支持时才停止。

里根的经济顾问们松了一口气,因为计算结果显示,因降低税率而损失的收入将被通货膨胀带来的收入收益所抵消,而这一通货膨胀将纳税人推到了

14 结构性赤字：减税的压力和冷战的复苏

更高的纳税等级。通过假设未来的高通货膨胀率，里根可以承诺减税，同时避免削减联邦支出带来的政治问题。另一位 1980 年的共和党总统候选人，曾任国会议员和前中央情报局局长的得克萨斯州的乔治·H. W. 布什（George H. W. Bush）则不那么肯定了。在布什成为里根的竞选伙伴之前，他嘲笑里根，称其增加国防开支、削减税收、平衡已出现赤字的预算计划为"巫术经济学"（voodoo economics）。①

卡特在民意调查中落后于里根，尤其在他试图从伊朗营救人质失败、消费信贷紧缩以及 1980 年春天的经济衰退之后。里根的计划由一位民意调查专家起草，通过强调社会主题——比如保护家庭和邻里关系——而不是靠预算问题来吸引民主党选民。竞选计划指出，"人们根据他们对现实的看法行事。事实上，在选民看来没有超越选民认知的政治现实。"②对于一个在竞选总统时不用执政、不用在国会投票的候选人来说，更是如此。

随着选举的临近，记者和商界领导人向这位前加州州长施压，要求他拿出一个具体数字的预算计划。社论作家也向他施压，要求他解释如何能在预算与坎普的减税、杰克逊雄心勃勃的军费开支之间取得平衡。尽管人质危机仍在持续，经济也在放缓，但到 1980 年 9 月初，卡特的势头开始增强。里根的竞选主席威廉·凯西（William Casey）和竞选经理詹姆斯·贝克（James Baker）着手消除人们对这位前好莱坞演员是否准备好当总统的疑虑。凯西安排里根就预算政策发表演讲，并向媒体分发了一份"情况说明"（fact sheet）。

1980 年 9 月 8 日，里根在演讲稿上签字后，贝克注意到"情况说明"显示，在未来总统任期的第一个财年赤字将预计上升到 500 亿美元。③ 来自得克萨斯州的前保守派民主党人贝克尖锐地问道：如果里根的预算案比卡特的预算案产生更多的债务，那么他怎么能希望以保守派的身份当选？这份"情况说明"的作者、经济顾问马丁·安德森（Martin Anderson）需要作出修改以减少预计的赤字。

在面对里根减税和军费开支之间的艰难取舍问题上，安德森已做好准备，

---

① George H. W. Bush quoted in Bannon,"Bush Tax Cuts Turn 10."
② Phillips-Fein,*Invisible Hands*,252.
③ Anderson,*Revolution*,122—129.

他最终依靠参议院预算委员会的预测避开了选择。该预测显示持续的高通胀率和经济增长将在5年内产生惊人的80%的名义国民收入增长。根据这些假设,预计联邦税收收入将从1981财年的6 100亿美元飙升到1985年的1.1万亿美元。参议院预算委员会的预测已经包括里根倡导的五角大楼建设工程。在安德森修改后的"情况说明"中,1981年10月1日开始的预算赤字为210亿美元,税率削减10%,冻结所有非国防开支。① 安德森后来将这份"情况说明"称为"原创里根经济计划的精髓"(the essence of the original reaganomics program)。②

这份"情况说明"为几个月后的重大预算决定奠定了基础。遗憾的是,参议院预算委员会和里根的顾问们所使用的预测都是建立在有缺陷的假设之上,这些缺陷本应随着时间的推移变得更加明显。在1980年10月1日开始的财年显示,估计的联邦收入远远高于实际征收的收入,连续几个月的税收记录早已让这一点更加明显。

这份"情况说明"的假设条件也与里根本人所信奉的经济理论相矛盾。它建立在这样一个假设之上:即使在高税率的情况下,经济也能实现快速增长,而且美联储限制货币供应对经济增长或通货膨胀的影响很小。此外,"情况说明"还包括冻结统一预算中的许多支出——将联邦基金预算和信托基金预算合并在一起——由此混淆了各种类型的联邦税收和每项税收所支付的支出之间的关系。人们不能冻结社会保障养老金福利,并指望用多出来的工薪税来平衡联邦资金预算;当然,更没有一个主流政治家支持将工薪税挪作他用。如果将信托基金的利息和国防从拟议的冻结支出中去除,平衡联邦基金预算将需要削减1/3的国内支出,而不仅仅是冻结支出。③

---

① 同上,Table 1 at 135。
② 同上,134。
③ 从1980年10月1日开始的1981年联邦财年,里根将继承的实际联邦预算分成四大部分,就可以得到最好的理解:用专项税收资助的支出、债务利息支出、国防支出以及其他一切支出。安德森对里根预算计划的仓促计算是基于1981财年的预算,年收入为6 100亿美元,支出为6.33亿美元。然而,实际上,里根关于增加国防开支和减税的建议只影响到联邦基金的预算,不包括信托基金的支出和收入。1981财年的实际联邦基金收入为4 100亿美元,支出为4 960亿美元。从收入和支出中减去该财政年度用于国防、退伍军人和利息支付的2 510亿美元,剩下的是1 610亿美元的收入和2 450亿美元的支出。

在第一次总统辩论中里根表现不佳,之后演讲教练罗杰·艾尔斯(Roger Ailes)鼓励他采用讲故事的精炼风格。在下一次辩论中,里根利用这一才能回应了来自伊利诺伊州议员约翰·安德森(John Anderson)的批评,后者由共和党转为独立候选人。当安德森向里根施压,要求减税必须以削减开支为条件时,里根打趣说约束一个花钱大手大脚的少年的最好办法就是削减他的零花钱。如果青少年可以使用信用卡,那么这个类比就不那么合理了。里根在第二次担任州长期间,在主张为税收增长设定上限时,也曾使用过同样的类比。当时加州的宪法禁止使用债务来为政府运营提供资金。

在1980年11月里根获胜当晚,哥伦比亚广播公司和《纽约时报》进行的投票出口民调显示,选民最关心的问题依次是:"通货膨胀和经济"(33%);"工作和就业"(24%);"平衡联邦预算"(21%)。只有10%的受访者认为减税是最优先考虑的问题。选民以53%对30%的比例拒绝了"减税比平衡联邦预算更重要"的观点。[1] 在将平衡预算作为首要任务的选民中,里根以超2比1的比率优势获胜。在就职演说中,他提到了美国财政传统的价值观,以此来安抚他们:"作为个人,你和我可以通过借贷,过着入不敷出的生活,但只能是在有限的时间内。为什么我们应该认为,作为一个国家,我们这个集体不受同样的限制呢?"[2]

竞选承诺和有缺陷的预测

在坎普的敦促下,里根选择34岁的国会议员大卫·斯托克曼担任预算局长。斯托克曼曾是众议院共和党人小组的非官方预算专家,他马不停蹄地工作以编制一份包含里根对税收与支出所做承诺的预算。从1981年10月开始的1982财年的预算,假定年通货膨胀率为7.7%,经济增长为5.2%的超常速率。预算业内人士称此预测为"美好设想(the Rosy Scenario)"。[3] 基于该前提的估计表明:如果不削减税率,税收将急剧增加,就像安德森在"情况说明"

---

[1] Darman, *Who's in Control?*, 77.
[2] Reagan, "Inaugural Address".
[3] Feldstein, *American Economic Policy*, 287.

中预测的那样。虽然事后看来,这些预测似乎是为了让里根议程顺利通过而采取的一种策略,但美国国会预算办公室和卡特即将离任的管理和预算办公室都使用了类似的假设。

然而,美联储的限制性货币政策降低了通货膨胀率,减缓了经济增长。由于这一趋势并不能将更多的应税收入推到更高的税级,税收收入的估计数也应该有所下降。

斯托克曼削减了一些联邦开支,尤其是在替代能源的研究和开发方面。里根内阁的成员抵制了其他的大部分项目削减。与要求增加的国家安全开支这一联邦资金预算中最大的一部分相比,里根政府提出来的预算削减不值得一提。

1981年1月,前联邦预算局长助理、国防部长卡斯帕·温伯格(Caspar Weinberger)说服斯托克曼增加1982财年的国防开支,数额比里根在竞选期间承诺的更大。斯托克曼后来才意识到,他没有充分考虑到1981财年国防开支大幅增加的影响。

即使是乐观的收入估计,斯托克曼的预算赤字仍比1980年9月的"情况说明"中列出来的赤字要大。这位年轻的预算局长与参议院预算委员会主席皮特·多梅尼西(Pete Domenici)、参议院财政委员会主席鲍勃·多尔(Bob Dole)、参议院多数党领导人霍华德·贝克(Howard Baker)一起审阅了他的预算草案。贝克同意预算需要显示出以"神奇的星号"(magic asterisk)来标注未说明来源的存款,其数额至少达440亿美元,以创造较低赤字的表象。[①]包括共和党多数派在内的参议院预算委员会不接受神奇的星号核算,投票否决了包含里根预算在内的决议案。该委员会对用债务资金来支持减税的前景感到不安。

1981年3月30日,里根总统遭枪击。美国人钦佩他在康复过程中表现出的勇气和风度。

4月28日,总统在众多电视观众面前发表了一场感人的演讲。国会议员们长时间地起立,为他热烈鼓掌。里根首先指出他的健康状况有所改善,但经

---

① Howard Baker quoted in Stockman, *The Triumph of Politics*, 166.

济状况没有改善。在批评了国债规模之后,他呼吁国会降低税率。当时国会议员们正准备回家过复活节休会期,里根拟定了他要求议员们向选民提出的问题:"我们的选择不是在平衡预算和减税之间。正确的问法是,'你是想在来年大幅提高你的税收,还是想在坚持减税和平衡预算道路走下去的前景下,在最坏的情况下小幅增加税收?'"①

多数党领导人吉姆·赖特(Jim Wright)一直在为民主党的预算替代方案拉选票。在里根的演讲结束后,赖特在他的日记中坦言总统的英雄主义光环使那些反对他的人"腹背受敌,无计可施"。② 国会议员杰克·坎普甚至在没有承诺平衡预算的情况下,"一路向前推进"。他告诉众议院预算委员会:"共和党人不再在平衡预算的祭坛上顶礼膜拜。"③

斯托克曼无法用实际的削减来代替神奇的星号。他一度提议限制社会保障的福利水平,不过这一行动无法弥补联邦资金预算的缺口,也会验证人们对政府打算通过减少养老金来弥补减税的担忧。参议院谴责斯托克曼想法的决议获得一致通过。

新的国会税收领导层

在美国历史上,从来没有一位总统在联邦预算已经出现赤字的同时,提出大规模增加开支和减税的建议。几十年来,威尔伯·米尔斯和哈里·伯德等有权有势的众议院和参议院主席多次否决了威胁财政纪律的税收提案。然而,在1981年,参众两院的税收委员会都换了新的主席,双方都在忙于巩固国会中对自己领导地位的支持。

新任筹款委员会主席、来自芝加哥的民主党众议员丹·罗斯滕科斯基(Dan Rostenkowski)了解如何计算选票。他30岁时被选为国会议员,5年后加入了筹款委员会。多年来,罗斯滕科斯基一直听命于米尔斯和芝加哥市长理查德·戴利。他也赢得了有效谈判者的声誉,他也确实需要这种技巧,而且

---

① Reagan, "Address on the Program for Economic Recovery".
② Jim Wright quoted in Hayward, *The Age of Reagan*, 150.
③ Jack Kemp quoted in Stabile and Cantor, *Public Debt*, 178.

需要更多的技巧来最大限度地提高他在会议委员会中讨价还价的能力,以便协调参众两院税收法案之间的分歧。由于共和党领导的参议院财政委员会得到了白宫的支持,罗斯滕科斯基不得不依靠众议院民主党人的坚定支持。1981年,大多数众议院民主党人代表的是南部或毗邻南部的地区,在那里有里根一批坚定的追随者。

在暗杀未遂和总统的复出演讲之前,罗斯滕科斯基宣称里根的大规模、多年的减税计划已经"死亡"。① 他计划与里根竞争,提出成本较低的减税,而不再坚持平衡预算。

机敏的内布拉斯加州参议员鲍勃·多尔已接替罗素·朗担任参议院财政委员会主席。多尔是一名残疾退伍军人,曾担任福特的竞选伙伴,在全国范围内享有盛誉。他是一名传统的保守派,曾质疑以债务筹资来支持减税是否明智。然而,在1981年,他不愿意与党内的新总统作斗争,也不愿让众议院主导税收政策。

在里根演讲后的第一轮预算之争中,罗斯滕科斯基和众议院的其他民主党领导人遭遇了惊人的失利。共和党人和南方民主党的联盟找到了一种创新的方法,即利用国会上年制定的预算协调程序。这一程序使国会多数派有权指示各委员会,包括筹款委员会在内,制定符合年度预算决议中通过的收入估计和支出上限的立法。1981年5月7日,与斯托克曼合作的众议院成员以接近的票数赢得了修改众议院预算委员会决议的投票。他们的修正案不顾议长和每一位委员会主席的反对获得通过,迫使筹款委员会必须准备立法,至少包括里根提议的第一年的减税。

随后,参议院和众议院税收委员会为企业制定了比白宫提议更多的减税措施,这个过程被观察家们称为竞标战。然而,虽然里根政府曾试图在3年内逐步降低税率,但罗斯滕科斯基的筹款委员会将第三期的条件设定为平衡预算。

1981年6月,忧心忡忡的斯托克曼向总统说明了未来赤字上升的预测,这是里根说他不能"接受"的前景。② 里根在白宫会见了众议院共和党领导人和得克萨斯州拉伯克的议员肯特·汉斯(Kent Hance)。汉斯是31名成员组

---

① "Reagan's Tax Cut Proposal Called All But Dead".
② Stockman,*The Triumph of Politics*,213.

14 结构性赤字:减税的压力和冷战的复苏

成的保守派民主论坛的组织者,曾帮助白宫赢得和解决议。汉斯和两党中的许多保守派成员所代表的地区有大量的老年人、退伍军人和农民,他们依赖联邦计划,而这些计划的预算基本上没有被削减。汉斯对总统说,如果白宫坚持降低开支,其税收法案就会"陷入一大堆麻烦中"。[1]里根在额外削减开支的问题上退缩了。

7月27日,总统发表全国电视讲话,反对众议院将第三次减税与平衡预算挂钩的计划。基于高通胀将继续把纳税人推向更高纳税等级的假设,总统举起一张图表,告诉国人如果没有此次税收计划,他们的税将在"3年内增加22%"。[2]演讲结束后,汉斯成功地修改了众议院的税收法案,取消了对第三期减税的限制。债务将不得不取代过去的税收收入。众议院以323票赞成、107票反对的两党投票通过了税收法案。

西得克萨斯州的年轻共和党人乔治·W. 布什密切关注着1981年的预算辩论。3年前,汉斯在竞选中击败他,进入了国会。那次失败后,作为副总统的儿子,他发誓再也不会被汉斯这样的平民主义者"欺负"(good ol' boyed)。在此之前的几十年里,汉斯和布什所在的这个选区曾经多次选举前众议院拨款委员会主席、保守派的乔治·马洪。马洪总是把平衡预算放在首位。小布什的父亲在与里根对决的初选中,以预算数学为基础的理性论证并没有获得多少支持。也许是财政保守主义者的定义正在发生变化。

这种变化的迹象也出现在税收法案通过后不久。斯托克曼警告他在众议院共和党领导层的前同事,必须削减开支以避免和平时期创纪录的借贷。众议院共和党政策委员会主席、怀俄明州众议员迪克·切尼回答斯托克曼说:"赤字并不是可能发生的最糟糕的事情。"[3]

为未指定的用途而借款

1981年8月关于预算的辩论,并没有表明政府有意背负巨额的债务。当

---

[1] Kent Hance quoted in ibid.
[2] Reagan, "Address on Federal Tax Reduction Legislation."
[3] Dick Cheney quoted in Stockman, *The Triumph of Politics*, 311.

285

时官方的预算估计还没有考虑到经济恶化和通货膨胀降低的影响。众议院春季通过的预算决议案预计赤字为 248 亿美元,这是近年来的最低值。会议委员会通过的最后预算决议,预测赤字仅略高于 376 亿美元。① 此外,多年期预算预测显示,到 1984 年预算可以达到平衡。

意外的赤字并不是什么新鲜事。几十年来,即使是白宫预算办公室的专业人员,也未能正确预测下一个财年的支出和税收的确切水平。②

民意调查显示,绝大多数民众支持一项要求平衡预算的宪法修正案,国会中很少有人接受将常规借款作为正式政策。1981 年秋天,预算缺口愈加明显,而共和党参议院和众议院领导层都没有公开地说用债务资金支持减税和增加国防开支是正当的。随后,在整个总统任期内,里根也一直否认联邦政府可以因为这些目的而借款。

1981 年末,斯托克曼和资深共和党参议员再次试图限制未来的借款。减缓军备增长的速度是削减赤字最有效的手段,然而,斯托克曼在 1981 年 7 月至 9 月与总统、国防部长温伯格的三次会议中,基本上都未能减少国防开支。1981 财年,国防部的开支增长迅速,以至于五角大楼的规划者们争相制订新的计划。即使不包括对外军事援助和退伍军人方面更大的支出,五角大楼的开支也将从 1980 财年的 1 340 亿美元增加到 1985 年的 2 530 亿美元。③ 里根政府要求的军费甚至超过 1982 年以后国会每个财年的拨款。

参议院共和党人向总统提出了自己的具体计划以平衡预算。在白宫的一次会议上,预算委员会主席皮特·多梅尼奇(Pete Domenici)代表他们的团体发言,多数党领导人贝克、财政委员会主席多尔以及总统最亲密的政治朋友、内华达州参议员保罗·拉克萨特(Paul Laxalt)都位列其中。多梅尼奇告诉总统,预算包括"育儿、修路、癌症研究、国家公园、联邦调查局的经费。我们会帮你压榨他们,但不能榨干。你只需要多筹集些收入即可"④。他建议通过缩小减税以及实施新的开支削减来平衡预算,这样的削减在国内和国防项目之间

---

① Savage, *Balanced Budgets*, Table 20 at 248.
② Peterson, *Running on Empty*, 591.
③ OMB, Historical Tables, "Table 3.1—Outlays by Superfunction and Function: 1940—2018."
④ Pete Domenici quoted in Stockman, *The Triumph of Politics*, 351.

平分。里根简短地回答说"我们不能通过增加税收和支出来解决这个问题"。① 相反,里根政府选择了借钱和花钱。

早在1981年,斯托克曼就预计到1984年将实现预算平衡。可11月,他预测1984年将出现创纪录的1 460亿美元赤字,未来5年赤字将达到7 000亿美元。② 在后来的采访中,他承认早期的预算预测存在缺陷,没有把支出和税收联系起来,但他评论说留任是"为了帮助纠正我做了很多工作带来的巨大财政错误。……再也没有什么革命可以背叛,只有一个烂摊子可以修补"③。

尽管对基本原则的支持并没有瓦解,美国财政传统在1981年还是遭受了挫折。在1981年底开始的严重衰退期间,一些借款可以被视为是传统的债务运用。美国已经做好了削减个人所得税税率的准备,因为许多美国人认为,在没有紧急情况时,高达70%的最高边际税率,或者达到被认为属于中产阶级的32%的边际税率,是不公平的,也是过高的。1981年以后,两党中没有一位著名的联邦领导人主张恢复1980年的所得税税率。然而,1982财年预算确实切断了支出和税收政策之间的紧密联系。"现收现付"预算计划的传统支柱需要数年时间才能重建。

到1981年底,里根意识到有些地方出了问题。他公开宣布"准备否决任何滥用纳税人有限资源的法案",尽管随着赤字继续扩大,他已经很少否决支出法案。④ 在日记中,他喃喃自语:"我们这些要平衡预算的人,正面临着有史以来最大的预算赤字。"⑤

---

① 同上。
② 同上,343。
③ Stockman, *The Triumph of Politics*, 557.
④ Reagan, "The President's News Conference".
⑤ Reagan, *The Reagan Diaries*, vol. 1, 90.

15 支柱被侵蚀,但传统幸存

1982—1989 年:当年赤字超过还本
付息额的时间为 8 年
(1982—1989 年,利息支出增加与冷战)

为恢复财政纪律而斗争

近两个世纪以来,联邦政府为四个明确的目的而借债。然而,1981 年之后,联邦领导人就每年的借债额度进行谈判,但却无法就借债理由达成一致。这一转变侵蚀了美国财政传统的一个关键支柱:国会明确授权为临时和明确的目的举借债款。民主党人将预期的赤字归咎于里根的减税政策和不断增加的军事预算,尽管他们党内的许多人投票支持这些减税政策,而且卡特政府计划的国防开支也与国会在 20 世纪 80 年代拨付的数额一致。里根将赤字归咎于国内支出,尽管大多数国内支出项目在国民收入中所占比例并没有上升,总统也从未否决过任何基于公式的福利权利支出。总统和国会议员都试图避免将举债融资的污点跟他们支持的政策和项目联系在一起。

在最初关于经济政策的讲话中,里根总统强调了财政纪律和避免将国家的总债务推到 1 万亿美元的必要性。例如,在 1981 年 2 月的国情咨文演说中,他感叹 1 万亿美元的债务将是"一叠 67 英里高的千元钞票"。[①] 随着债务的膨胀,并在几年内超过了两万亿美元时,总统放弃了这种说法。相反,他提到了预算中的"结构性赤字"。[②] 预算研究者用这个词来描述,即使是在正常

---

① Reagan,"Address Before a Joint Session".
② Reagan,"Remarks at the Annual Convention".

的经济增长下,联邦义务和收入之间仍存在的差距。这个术语通常暗示预算有一个"结构",独立于国会年度投票或总统签署的法案。

到里根总统任期的第二年,金融市场和许多参议员都对螺旋式上升的联邦债务望而却步。当里根提交估计有1 000亿美元赤字的预算时,参议院预算委员会以20票对0票不予通过。① 筹款委员会主席丹·罗斯滕科斯基等待总统领导层来缩小预算差距。不过,里根反过来推动了一项要求平衡预算的宪法修正案,但从未向国会提交过平衡的预算。参议院财政委员会主席鲍勃·多尔介入填补了预算领导权的真空。

宪法要求税收立法必须由众议院发起,而多尔通过修改众议院一个增加重要税收的小法案,规避了这一障碍。他把相关税收条款称为"岁入增强(revenue enhancement)",并号召每一位共和党参议员对此投赞成票。② 筹款委员会主席罗斯滕科斯基与多尔合作,直接将修正后的议案提交给会议委员会。多尔和罗斯滕科斯基在白宫幕僚长詹姆斯·贝克的帮助下,为会议委员会提出的法案争取到众议院的投票。在发表电视讲话抱怨财政赤字、赞扬"税收改革"之后,里根努力争取众议院大多数共和党人的选票,并同意寄信感谢每一位投赞成票的民主党人。③ 议长提普·奥尼尔(Tip O'Neill)和罗斯滕科斯基收集了足够的民主党选票来通过该法案,接着总统未发表任何评论就签署了该法案。

《1982年税收公平和财政责任法案》(The Tax Equity and Fiscal Responsibility Act of 1982),并没有完全兑现其名称中的承诺。该法案带来的大部分增税,是因为取消了前一年批准的部分企业减税措施。该法还要求从股息和利息支付中预扣所得税,并提高了香烟税和失业保险税。1982年底,国会还将专门用于公路和交通基金的汽油税增加了1倍,并对医疗保险A部分报销的医院费用实施了严格控制。尽管采取了这些行动来增加收入,但由于利息费用的飙升、国防费用的增加和高失业率,赤字仍在继续上升。随着1982年11月中期选举的临近,赤字不断地增加,参议员们为了寻求政治掩饰,通过

---

① Feldstein, *American Economic Policy*, 278.
② Schick, *The Federal Budget*, 145.
③ Reagan, "Address to the Nation".

了一项宪法修正案以平衡预算。

里根总统任期内的最终政治成功,在1982年底还不明显。里根在年底的公众支持率为41%,低于暗杀未遂后的68%。[1] 在11月的中期选举中,民主党在众议院获得了27个席位。其余的共和党众议院议员大多是从民主党竞争不大的地区选出来的,他们的党派色彩比参议院共和党人更浓厚。来自佐治亚州的新晋年轻国会议员纽特·金里奇(Newt Gingrich),称参议员多尔为"福利国家的收税人",因为多尔致力于减少用公债为政府日常开支筹资。[2]

在很大程度上,财政部长们都是财政纪律的守护者。然而,财政部长唐纳德·里根把多尔的努力贬为"凯恩斯主义"——包括白宫经济顾问委员会成员在内的任何经济学家都不会将这一术语用于削减赤字开支的努力。

以詹姆斯·贝克为首的其他白宫高级官员试图恢复财政纪律。里根的工作人员警告总统说,即使在理想的经济表现下,政府"现行的长期财政政策"也不会"产生税收收入为[拟议的支出]提供资金"。[3] 预算局局长大卫·斯托克曼向总统简要介绍了每一个联邦计划,并询问他应该削减哪些项目。里根确定了每年不到十亿美元的削减,这对每年飙升至远超过1 000亿美元的借款来说只是小打小闹。[4]

公众对有限借债传统的支持,给1981年后的预算谈判带来了无形但强大的压力。在1983年初,当里根被告知白宫下一财年的预算将包含1 888亿美元的赤字时,他说他不能"带着这些赤字去参加大选"。[5] 在1983年的国情咨文中,当总统要求将"备用的税"(即为期3年的税收将联邦收入提高到国民收入的1%)与限制联邦开支相结合时,国会以两党的掌声作出回应。当年晚些时候,众议院通过了一项民主党的预算决议,该决议的赤字为1 740亿美元。[6]

里根的高级经济顾问和国会领导人都没有为允许不断增长的债务利息将在未来预算中占据更大份额的做法辩护。曾在里根经济顾问委员会任职的保

---

[1] Newport, Jones, and Saad, "Ronald Reagan from the People's Perspective".
[2] Newt Gingrich quoted in Gillon, *The Pact*, 52.
[3] Hormats, *The Price of Liberty*, 238.
[4] Stockman, *The Triumph of Politics*, 356—357.
[5] Ronald Reagan quoted in Savage, *Balanced Budgets*, 268.
[6] Savage, *Balanced Budgets*, 269—271.

守派经济学家威廉·A.尼斯卡宁(William A. Niskanen)后来总结说:"政府没有赤字政策,有支出政策和税收政策,而赤字是这些政策的结果而不是目标。"①总统的经济顾问委员会第一主席默里·魏登鲍姆(Murray Weidenbaum)辞职时评论说:"总的来说,我们确实没有削减预算。相反,备受关注的非军事项目的削减已经被空前增长的军费开支完全抵消。如果再加上大幅减税,就会出现可怕的赤字。"②他的继任者,以市场为导向的经济学家马丁·费尔德斯坦(Martin Feldstein)也坦率地谈到了减少年度借款的必要性。他告诉记者"我们无法摆脱这些赤字。"③

平衡社会保障预算

20世纪80年代,美国财政传统的两大支柱——"现收现付"的预算规划和国会对新债务用途的明确表决——开始出现裂痕。但第三个支柱,即使用自我维持的信托基金,仍然强大到足以迫使人们在社保养老金问题上没有什么选择余地。

1972年后实行的社会保障福利按生活费自动调整机制,危及该项目信托基金的平衡;高通货膨胀和两次经济衰退导致在一个高通货膨胀和增长缓慢的经济中,福利的增长超过了工资税的收入。到1981年,社会保障精算师得出结论:养老金体系的资金将在1年内耗尽。此外,担任得克萨斯州国会议员筹款小组委员会的主席杰克·皮克尔(Jake Pickle)警告说,必须为婴儿潮一代的最终退休做好准备。

白宫幕僚长詹姆斯·贝克建议总统成立一个两党专家小组,就恢复社会保障体系精算平衡提出建议。国家社会保障改革委员会包括议长托马斯·"提示"·奥尼尔(Thomas "Tip" O'Neill)选出的5名成员,参议院选出的5名成员和白宫选出的5名成员,由保守派经济学家艾伦·格林斯潘担任委员会主席。当格林斯潘委员会的工作接近1982年底的最后期限时,其成员已经

---

① Niskanen, *Reaganomics*, 106.
② Shuman, *Politics and the Budget*, 155.
③ Martin Feldstein quoted in Reeves, *President Reagan*, 211.

就目标和财政预测达成一致,但没有一致的、具体的立法解决方案。① 贝克和格林斯潘每天都在白宫与委员会成员开会,尝试就具体建议达成共识。在几周内,15 名格林斯潘委员会成员中的 12 名成员,就提高工资税、扩大对一些公共和非营利性雇员的覆盖面、对养老金征收所得税、减少提前退休的福利、将退休年龄从 65 岁逐步提高到 67 岁等计划达成一致。拟议的计划要求,在 1990 年之前将社会保险养老金和医疗保险住院的税收逐步提高到总工资的 15.3% 的水平。

尽管遭到了有组织的反对,国会还是在 1983 年 4 月通过了雄心勃勃的格林斯潘委员会提出来的许多改革方案。里根总统赞扬了两党合作的努力,并指出这证明了"我们国家对社会保障的一贯承诺"。② 1983 年的《社会保障改革法》(The Social Security Reform Act)表明,联邦领导人可以提前规划一代人的生活。该法案使养老信托基金能在婴儿潮期间出生的人工作时积累起大量的养老金储备——收入大于支出后的盈余——以便为这一代人提供养老金。③

为婴儿潮一代准备的巨额养老金储备,可以使社会保障信托基金达到精算平衡,但正如参议员阿瑟·范登堡所担心的那样,继续使用统一预算将会掩盖联邦基金预算中的债务数额和年度借款。联邦会计在统一预算中包括指定用于养老金储备的收入,因此它低估了赤字。从债务总额中减去信托基金的负债——在报告上会留下一个较小的"公众持有的债务"——这种做法掩盖了联邦基金预算的未来义务。将信托基金的储备金投资于国债,并没有什么必然的错误或误导,这也是管理良好的私人公司所设年金的常见做法。但这种投资不应该让联邦政府降低其报告上的债务水平。

为了防止这种滥用,格林斯潘委员会建议将信托基金从正常的联邦预算

---

① 为简单起见,文中提到了信托基金,尽管该系统有两种:一种支付老年和遗属福利,另一种用于支付残疾津贴。

② Reagan quoted in Grant, *The New American Social Compact*, 42.

③ 在里根总统任期剩下的 5 年里,工资税收入从 2 090 亿美元上升到 3 590 亿美元,并将 1982 年 80 亿美元的赤字转变为 1989 年每年 520 亿美元的社会保障信托基金盈余。直到 2010 年,该税一直保持在工资总额的 15.3%。大部分用于社会保障养老金和残疾信托基金;占工资总额 2.9% 的税收为住院保险信托基金提供资金,支持医疗保险 A 部分。

中移除。然而,国会和白宫并不想立刻突出债务问题。于是这个立法要求,从十年后开始将社会保障和医疗保险住院的信托基金从预算中删除。几年后,连这一要求也被悄然取消。①

格林斯潘委员会在其精算预测中使用了合理的假设,虽然其中一个关于未来收入分配的假设后来被证明是不准确的。委员会预测只要应征收工薪税的年工资基数的增长速度与未来福利负债的增长速度相同,信托基金将继续保持平衡。委员会在估计工薪税时假定社会保障工资基数能达到(covering)1983年总工资水平的90%,并将工资上限的年增幅与工资薪金年收入的平均增幅而非中位数挂钩。② 1983年以前,美国的收入中位数与平均收入同步增长,格林斯潘委员会的精算师们认为这种历史联系将会持续下去。然而,1983年以后,总工资的增长速度明显高于平均工资。拥有至少四年大学学历的美国人的收入增长速度要快于其他雇员的收入,因此平均工资的增长速度不如工薪税上限以上的人的收入增长速度快。因此,到2005年,社会保障工资基数只达到工资和薪金的85%,而不是格林斯潘委员会假设的90%。③ 社会保障信托基金中现有的大部分精算不平衡可以通过调整工资上限或福利来弥补这一差异。

与普遍的看法相反,该委员会准确地预测了退休人员与工人的比例。它还解决了一个常见的批评,即美国富人领取了他们不需要的养老金。高收入的工人获得的福利与他们的缴费比例相比,已经远远低于其他人,而1983年的改革对这些社会保障福利适用了高税率征税。

社会保障养老金使许多老年人摆脱了贫困。人们可以自己判断政府发放的养老金是否太过充足:2013年的社会保障养老金平均为每月1 100美元,这是许多美国老年人的主要收入来源。④

---

① 正式名称为《1985年平衡预算和紧急赤字控制法》的《格拉姆－鲁德曼－霍林斯法》取消了从联合联邦预算中取消住院基金的计划。正如审计总署1988年报告的那样,"大多数公开报告"都将各种信托基金列入预算总额。总审计局还报告说,为了降低报告的赤字水平,故意放慢了由用户收费资助的公路和机场信托基金的支出。参见 GAO,《预算问题》(*Budget Issues*)。
② Bivens, "Social Security's Fixable Financing Issues".
③ 同上。
④ "Monthly Statistical Snapshot, June 2013: Table 2", US Social Security Administration, http://www.ssa.gov/policy/docs/quickfacts/stat_snapshot/.

如今，人们经常听到，平衡预算的"真正问题"是包括社会保障在内的"权利（entitlements）"的增长。事实上，社会保障信托基金的收入和支出之间的平衡，远远好于不包括信托基金的联邦基金预算。

预算指责和自动减支

尽管在里根政府执政的第 3 至第 5 个财年，经济有所增长，但在联邦基金支出的 2.121 万亿美元中，税收仅占 1.354 万亿美元。① 简而言之，除信托基金收入之外，美国每花费 3 美元就有 1 美元是靠借款支付的。这一缺口约占国民收入的 5.5%，与大萧条时期的借款水平相当。② 用美联储主席保罗·沃尔克的话说，"赤字吞噬了我们大量的私人储蓄。按照世界标准，甚至按照我们自己过去的表现，这些储蓄本来就低得可怕。"③

里根的预算与新政时期的预算一样，催生了党派的谬误。与一些"供给"学派学者的观点相反，里根总统和他最资深的顾问们从未相信减税会以某种方式促进经济增长，最终"为自己买单"。在 1983 年 1 月的国情咨文中，里根提议征收"备用（standby）"税——而不是通过新的减税——来减少赤字。④

第二个广为流传的谬误是，里根政府在"新政"和"伟大社会"构建的项目上大幅削减开支。其中最大的项目，即社会保障养老金和医疗保险，事实上增长迅速。正如里根的忠实支持者、国内政策顾问马丁·安德森所言："总体而言，里根总统无论从哪方面都创下了开支的记录。"⑤ 然而，里根政府确实成功地减少了四个小型项目的开支：开发替代性能源技术（福特和卡特的倡议）、社区和地区发展（约翰逊和尼克松的倡议）、培训和就业（主要是民主党国会的倡

---

① OMB, Historical Tables, "Table 1.4—Outlays by Agency: 1962—2018."
② 参见附录 B。
③ Volcker and Gyohten, *Changing Fortunes*, 178.
④ Reagan, "State of the Union Address."
⑤ Anderson, *Revolution*, 179.

议)、一般收入分享(尼克松的倡议)。① 在里根政府执政的 8 个财年里,联邦基金支出约占总国民收入的 16.5%,而在卡特政府执政的 4 年里,这一比例平均为 15.5%。② 在里根政府时期,联邦基金支出占国民收入的比例远远超过了克林顿政府时期的水平。

众议院民主党领导层拒绝迫使总统和美国在以下两者之间做出选择:削减联邦医疗保险 B 部分等受欢迎的国内项目;征收更高税收。1983 年初,众议院否决了 7 项不同的预算提案,这是预算史上最不寻常的事件之一。其中有 3 个提案,目的在于平衡预算:一个来自温和的民主党人,削减了所有依靠等额增加收入来支持的开支项目;一个来自"小政府"共和党人,他们大幅削减了国内开支;一个来自黑人党团,他们提高了税收并削减国防开支。众议院最终通过了一项预算。与里根的预算相比,该预算减少了借款,增加了国内支出,并减少了军事拨款。这个预算让民主党人得以强调他们的国内优先事项,但放弃了一个实现实际预算平衡的有利地位。

1984 年,在接受民主党总统候选人提名时,前副总统沃尔特·蒙代尔(Walter Mondale)通过电视讲话宣称,长期借款会"提高利率,削弱出口,抑制投资,[并]扼杀就业"③。随后,他建议在 4 年内将赤字削减 2/3,其中一部分通过增加税收。只逐步减少债务融资的想法,掩盖了一种紧迫的和道德的要求:避免常规性借款。如果抵押未来的税收以便支付今天的账单是如此糟糕的话,那么为什么不立即平衡预算呢?

随着 1984 年经济复苏,总统的公众支持率也随之回升。然而,里根在当年连任选举中获得的巨大优势并不是党派的胜利。民主党候选人获得了国会的绝大多数选票。由于任何一党都没有具体计划来立即实现平衡预算,因此就没有什么明确的动力去探讨如何做到这一点。

---

① 在里根政府的 8 年任期内,这些项目的削减占国内开支削减的大部分。削减额仅占国民收入的 1%多一点。参见查尔斯·舒尔茨(Charles Schultze,),载马丁·费尔德斯坦(Martin Feldstein),《美国经济政策》(*American Economic Policy*),284,特别是表 4—16。然而,里根的国内预算在农业项目上的投入确实比卡特总统的多得多。卡特的实际预算和拟预算与里根的实际预算和拟议预算的详细比较,见萨维奇(Savage),《平衡预算》(*Balanced Budgets*),270。

② 参见附录 B。

③ Walter Mondale quoted in Savage, *Balanced Budgets*, 229.

不过，总统和国会议员们感受到了公众对债务上升的担忧。1985年，共和党参议员在一些民主党人的支持下努力恢复预算纪律。参议院以一票之差未能通过一项要求平衡预算的宪法修正案——该修正案还须经各州批准。参议院拨款委员会主席、共和党人马克·哈特菲尔德（Mark Hatfield）投了反对票，他解释说，通过简单地削减拨款，国会总是可以平衡预算的。

参议员皮特·多梅尼奇和鲍勃·多尔随后起草了一份预算决议，限制国防开支的增长，并将大多数其他联邦开支冻结1年，这一冻结也阻止了下一个年度根据通货膨胀调整社会保障养老金。参议院共和党领导人设计了他们的计划，以至少一半的比例削减里根第二任期计划的预算赤字。1984年总统竞选期间，里根和蒙代尔都支持这个目标。参议院预算决议对未来支出增长的削减幅度，超过了1964年以来参众两院通过的任何预算提案。

众议院民主党议员以自己的计划作为回应，他们保留社会保障的通货膨胀调整，同时比参议院的计划削减了更多的军费。里根和国防部长卡斯帕·温伯格对国会在国防开支上的限制嗤之以鼻。总统和众议院议长奥尼尔取消了对国防和养老金的削减以便达成妥协。之后愤怒和沮丧的参议院多数派，推迟了对白宫要求的将法定债务上限提高到2万亿美元以上的表决。①

这一僵局导致国会采纳了新的预算程序，即《格拉姆—鲁德曼—霍林斯平衡预算和紧急赤字法案》（Gramm-Rudman-Hollings Balanced Budget and Emergency Deficit Act）。该法案于1985年底通过，对未来5年每年可能产生的新债务设定了上限。这一限额每年下降360亿美元，直到零。② 从信托基金借入的数额，不包括在该年度债务限额之内。③ 该法案包括一个独特的执行机制：主计长，一个非选举产生的职位。该职位被赋予的职责是为遵守年度债务上限的规定去"自动减支"（sequester），或者不花费国会已经拨出的某些款项。（后来，自动减支的权利转移到白宫。）《格拉姆—鲁德曼—霍林斯法

---

① Rudman, *Combat*, 79—89.
② 同上。
③ 该法规定了将赤字从1986财政年度估计的1 719亿美元减少到1991年零的目标。这些目标指的是包括社会保障盈余在内的统一预算赤字。1987年的一项法律修正案延长了削减的时间，从1988财年的1 540亿美元延长到1993财年的零。

案》(The Gramm-Rudman-Hollings Act)在参众两院以一面倒的优势获得通过。① 这些债务上限目标引发了在今后 6 个财年中有 5 个财年出现了潜在的自动减支情况。在每一种情况下，国会和白宫都达成了一些妥协，减少了计划中被扣押的金额，提高了债务上限。

为了准备 1985 年的预算，几乎所有总统的白宫高级职员和经济顾问都试图缩减政府每年对军事开支的要求。国防部长温伯格给总统看了两张海报，为他提出的预算方案辩护：一张画的是肌肉健壮的大兵，另一张画的是瘦骨嶙峋、衣衫褴褛的士兵。温伯格说服了总统，但没有说服国会议员，他们减缓了军费开支的增长。

在 20 世纪 80 年代末，债务利息是联邦支出中增长最快的部分，年利息支出从 1986—1989 年增加了 500 亿美元。②1989 年的利息支出相当于 1980 年联邦基金支出总额的一半。③

改革二战时留下的税制

1986 年，美国财政部和国会完成了自二战以来最雄心勃勃的所得税制度改革。虽然这一努力并没有解决日益积累的递延税款(作为债务来处理)问题，但它确实消除了因对(非投资)收入的高边际税率而导致的重大经济扭曲现象。这项倡议是新泽西州参议员比尔·布拉德利(Bill Bradley)的创意。布拉德利是一位温和的民主党人，1981 年在参议院财政委员会中投下反对大规模减税法案的唯一一票。深思熟虑的布拉德利曾是一名职业篮球运动员，他目睹试图想方设法逃避所得税高税率的行为如何扭曲了经济决策。职业运动员和其他拿着高薪的人，可以通过在积累资产价值的同时进行早期亏损的

---

① 在最高法院裁定《格拉姆－鲁德曼－霍林斯法案》赋予财务总监对预算的违宪权力后，国会通过了该法案的修改版本，将平衡预算的最后期限延长了 2 年，并将自动减支权交给了白宫。该法案的 1985 年和 1987 年版本都提高了法定债务上限，以允许额外借款。

② 该利率的计算方法是将每个财年支付的债务利息总额除以未偿还的计息债务的期初和期末余额。关于利息总额，见行政管理和预算局，历史表格(Historical Tables)，表 3.2，账户 901。有息债务，参见附录 A 和注 3。

③ Compare Table 2.2 with OMB, Historical Tables, Table 1.4.

投资,以降低他们需要纳税的净收入。尽管税法几乎每年都有变化,但几十年来,个人所得税申报表顶行的平均税率一直是13.5%左右。[1] 从理论上讲,如果国会降低税率,同时取消适量的免征额和扣除额,那么个人所得税收入可以保持不变。

布拉德利的法案将最高税率从50%降至30%。为了弥补由此造成的税收损失,该法案提高了资本利得的税率,限制降低了应税收入的能力(比如扣除与投资有关的费用)。[2] 多年来,参议员们都认为布拉德利的提议很幼稚。扩大税基的概念在理论上似乎很容易,但扣除应计项目后的收入必须翻倍才能抵消税率削减1/3带来的税收收入损失。此外,大多数被称为"漏洞"的条款,是曾经作为有益的激励措施而颁布的。

在1984年的国情咨文中,里根总统呼吁进行税收改革。然而,当总统承诺在11个月后的大选中才提出改革建议时,国会议员们报以笑声。不过,里根1981年的税收倡议改变了联邦所得税中的政治。两党中的许多民选官员都公开承认,最高达50%的边际税率不可避免地会导致隐藏应纳税收入的企图。

在1984年大选后,财政部的里根部长和他的工作人员提出了降低个人税率和减少扣除额的计划,这些扣除本是作为投资激励措施而设计的。在总统公开质疑公司税可能的净增长之后,财政部的计划出现了动摇。共和党在参议院的财政委员会主席鲍勃·帕克伍德(Bob Packwood)认为,"没有削减一分钱的赤字"就通过税收立法是"没有意义的"。[3]

1985年初,白宫幕僚长詹姆斯·贝克在与财政部长里根调换工作后,与财政部副部长理查德·达尔曼(Richard Darman)一起制订了一项新的税制改革计划。该计划没有去弥补预算缺口,但至少保留了根据现行法律预测的收入水平,同时降低了个人勤劳所得(非投资收入)的税率。参议院一半的成员发出签名信,反对在联邦政府减少其计划中的借款之前考虑这样一个收入中

---

[1] 参见附录 H。
[2] Birnbaum and Murray, *Showdown at Gucci Gulch*, 31.
[3] Bob Packwood quoted in ibid., 189.

立的税收改革。①

1986年5月,总统和众议院筹款委员会的罗斯滕科斯基在电视上发表讲话,唤醒了税制改革的前景。罗斯滕科斯基制订了一项限制扣除额的计划,并将最高税率从50%降至38%。② 在众议院民主党人和白宫的支持下,罗斯滕科斯基的法案在众议院以口头表决的方式通过。参议院财政委员会主席帕克伍德随后改弦易辙,接受了众议院的倡议,并做了某些修改。③ 帕克伍德和罗斯滕科斯基亲自协商了一项妥协方案,并在国会以两党多数通过。1986年的《税收改革法案》(Tax Reform Act)将个人收入的最高税率降至28%。不过,由于逐步取消对高收入人群的税收减免,实际的最高税率为33%。

在21世纪早期的财政危机的背景下,当呼吁税收改革或"堵漏洞"的声音高涨时,值得回顾一下1986年著名的税收改革带来的一些后果。④ 国会通过对投资收入征收更高的税来降低个人所得税税率,尽管到20世纪80年代末,国民储蓄率已降至历史低点。1986年的《税收改革法案》提高了适用于资本收益的税率后,要求降低这一税率的压力立即增大。

该法案还产生了一个意想不到的后果,困扰着里根的继任者乔治·H. W. 布什的预算。该法案取消了可用于避税的激励措施后,商业房地产价格和房地产开发量大幅下跌。由于借款人无法支付房地产贷款,这引发了对联邦存款保险的索赔,因为这些储蓄和贷款很快就损失了超过2 000亿美元。

从1953年朝鲜战争结束到1989年,个人所得税占调整后总收入的比例从1965年最低的11.5%到1981年最高的15.7%。⑤ 在里根政府期间,实际税率降到了这一范围的中间值。在20世纪80年代,美国一半获取最低收入的纳税人缴纳的联邦个人所得税占总收入的比例从6.2%降至5.1%;而收入最高的纳税人的相应比例则从17.3%降至14.5%。⑥ 然而,大多数纳税人并

---

① Birnbaum and Murray, *Showdown*, 193.
② Birnbaum and Murray, *Showdown*, 153.
③ White and Wildavsky, *The Deficit and Public Interest*, 487—488.
④ 例如,2010年国家财政责任与改革委员会(通常被称为"辛普森—鲍尔斯")呼吁采取积极行动,通过取消扣减和不包括的项目来增加税收收入:http://www.fiscalcommission.gov/sites/fiscal-commission.gov/files/documents/TheMomentof Truth 12_1_2010.pdf。
⑤ 参见附录H。
⑥ Logan, "Summary of Latest Income Tax Data," Table 5.

没有感受到联邦税收的净减少，因为他们为支持专项信托基金支付了更高的工资税。[1] 联邦基金预算的另一个主要收入来源，即企业所得税，也由于国际竞争而停滞不前。联邦政府领导层未能确定企业税收收入的替代来源，也未能削减曾经由企业税收维持的支出。

医疗保险的僵局

美国人从来就不喜欢纳税。筹款委员会主席罗伯特·道顿在朝鲜战争初期就指出，每个人"都希望尽自己的本分去产生必要的财政收入……（但）声称任何额外的财政收入都应该来自其他来源"[2]。1990 年，用于支持养老金和医疗保险住院治疗的工薪税总额，预定上升到占工资的 15.3%，这一数额被各党派的所有联邦领导人都认为是最高限额。[3] 因此，当卫生与公众服务部部长奥蒂斯·鲍文（Oris Bowen）开始探索，医疗保险如何能覆盖更长时间的住院、临终关怀和昂贵的处方药时，联邦官员认为，任何此类新的服务资金都应该由有资格获得这些福利的人纳税解决。通过债务融资扩大联邦医疗保险规模的想法，仍远在政治主流之外。

1988 年《医疗保险重大疾病保险法》（Medicare Catastrophic Coverage Act of 1988）的通过，最初似乎是两党的胜利，就像 1986 年的税收改革法一样。医疗服务提供商和美国退休人员协会（American Association of Retired Persons）表示，该立法扩大了覆盖的范围，并对高收入的老年人征收新税。

然而，在得知该法律要求退休人员支付更高比例的医疗保险费用时，许多医疗保险受益人愤怒无比，尽管该税收只适用于高收入的受益人。国会于 1989 年废除了该法案。政治家和预算官员们正视以下不可避免的两难局面：如果联邦医疗保险 A 部分的工薪税达到他们可以承受的限度，而退休的美国

---

[1] Eugene Steuerle（尤金·史特力）对 1981—1990 年所有税收变化的净影响进行了很好的总结。根据他的计算，里根时代变革的净效应是将联邦税从本来的 1.167 万亿美元减少到十年末的 1.053 万亿美元。然而，对联邦基金收入的影响要大得多，因为专项信托基金的税收增加了。见 Steuerle, *The Tax Decade*, 186—187。

[2] Robert Doughton quoted in Kennon and Rogers, *The Committee on Ways and Means*, 311.

[3] Tax Policy Center, "Historical Social Security Tax Rates."

人支付的保费不超过联邦医疗保险 B 部分的成本的 25%,那么谁来支付该计划不断上涨的另外 75% 的费用呢?

国会并没有废除《医疗保险重大疾病覆盖法案》中的一项条款,该条款要求州政府管理的医疗补助计划为收入很低的老年人支付保费和共付金。许多患有长期残疾(如痴呆症)的老人很快就会依靠这种双重资格来支付长期的机构护理费用。在 10 年内,700 万有双重资格的人每年从联邦医疗保险中支出 500 亿美元(占医疗保险成本的 24%),从联邦医疗补助中支出 630 亿美元(占医疗补助成本的 35%)。①

医疗补助计划是由保守派罗伯特·塔夫脱和美国医学会最初支持的资助项目发展而来。到 20 世纪 80 年代末,该计划成了为贫困的美国老年人和残疾人支付长期护理费用的一种手段。在一定程度上,医疗补助的这一作用反映了现代人对老年残疾公民困境的关注。② 然而,联邦要求使用相应的州资金为住在疗养院的美国人支付医疗保险费,这确实挤压了州政府的预算。阿肯色州州长比尔·克林顿表达了对其他州长的失望,他批评联邦试图"利用各州的信用卡作为融资机制来获得全民保险"。③

到里根政府结束时,税收政策陷入了僵局。当时的两党联邦领导人都意识到要避免最高边际税率造成扭曲的重要性。共和党人从来没有将用债务资金来减税作为一个原则性问题并予以辩护,但他们认可支出和税收政策之间的历史纽带。1988 年,副总统布什用一则电视广告击退了鲍勃·多尔的强大挑战,该广告攻击这位参议员拒绝签署反对增税的承诺。布什承诺通过"灵活冻结"联邦支出来限制未来的借款。布什用"都给我仔细听好了"(read my lips)这句话反对任何增税的誓言,以此来讨好反税收的活动人士。④

布什在赢得 1988 年总统大选后,前总统尼克松、福特、卡特私下里都建议他用降低支出和增加税收的组合来弥补预算缺口。当选总统还必须决定如何

---

① Smith and Moore, *Medicaid Politics*, 207.
② 另外两项代价高昂的授权是由财政保守的南方民主党人强制实施的。俄克拉荷马参议员大卫·伯伦(David Boren)授权要求向养老院支付足够的费用,使其能够收回达到最低标准的成本。阿肯色州参议员戴维·普赖尔(David Pryor)提出了制定联邦标准的立法。作为受人欢迎的州长,伯伦和普赖尔都亲身体会到让养老院的许多老人维持有尊严的生活所面临的挑战。
③ Bill Clinton quoted in Starr, *Remedy and Reaction*, 71.
④ George H. W. Bush quoted in Balz and Brownstein, *Storming the Gates*, 130.

应对国家经济委员会正在从事的工作。该委员会由国会设立，前企业高管、里根内阁成员德鲁·刘易斯(Drew Lewis)和民主党全国委员会前主席罗伯特·施特劳斯(Robert Strauss)担任主席。刘易斯和施特劳斯不声不响地达成共识，通过削减开支和增加税收来平衡预算。但在1989年，布什拒绝推翻他的税收承诺。

布什的内阁试图落实竞选中对联邦支出"灵活冻结"的承诺，同时希望多一些灵活性，少一些冻结。住房和城市发展部长杰克·坎普希望重振经济适用房计划，国防部长迪克·切尼要求增加军事预算，国务卿詹姆斯·贝克则主张提供财政援助，帮助苏联走向市场经济，并与西方国家建立更紧密的关系。总统本人支持联邦在增强高等教育可及性方面发挥领导作用。在如此多的例外情况下，冻结支出与冻结预算的正常运作并无太大区别。

在选举后不久，筹款委员会主席罗斯滕科斯基与当选总统会面。主席承诺给布什1年的宽限期来推动新的税收立法，但众议院共和党人几乎没有给总统回旋余地。尽管赤字巨大，他们还是试图降低资本利得税的税率。当总统支持众议院提出的税收立法，而不是将税收立法仅仅作为平衡预算整体计划的一部分时，参议院民主党人感到自己被出卖了。

许多高级经济官员推动恢复传统的预算纪律。美联储主席艾伦·格林斯潘警告说，他不会扩大货币供应量来为持续的赤字提供资金。布什时期白宫的重量级人物预算局局长理查德·达曼(Richard Darman)解释了其中的利害关系："我们的赤字不成比例地用于当前的消费，而不是为未来的生产能力投资……除非这种情况得到纠正，否则我们的长期经济未来就不可能像美国人传统上所希望和期待的那样。"①

联邦借款似乎失去了控制。总统作为一个骨子里就是传统的财政保守派，已经受够了他曾经称之为"巫术经济学"的东西。

---

① Darman, *Who's in Control?*, 207.

16 传统派的反击

1990—2000年：当年赤字超过还本
付息额的时间为7年
（1990—1996年，结构性赤字）

努力恢复财政纪律

筹款委员会主席丹·罗斯滕科斯基和布什总统的政治出身截然不同。布什来自康涅狄格州，在耶鲁大学受过教育，父亲是共和党投资银行家和美国参议员。而美籍波兰裔的罗斯滕科斯基，则是从他作为芝加哥民主党议员的父亲那里学到的政治知识。但他们又有着共同的经历。两人都曾是出色的年轻棒球运动员，1965年也都是威尔伯·米尔斯强大团队的一员，即众议院筹款委员会中的新秀。他们互相喜欢，互相信任。

1990年3月6日，罗斯滕科斯基告诉布什他打算着手制订一项缩小预算缺口的计划。罗斯滕科斯基关于冻结所有根据生活费调整联邦福利的安排以及提高汽油税的提案，无疑会引发争议。预算现实和对国家未来的责任感很快促使总统采取更多行动，而不只是旁观罗斯滕科斯基的倡议。经济放缓和联邦存款保险责任已将预期赤字推至创纪录的水平。如果国会不采取行动，格拉姆—鲁德曼—霍林斯（Gramm-Rudman-Hollings）的债务上限很快就会要求总统扣押国会为下一财年划拨的约1 000亿美元。[①] 那年春天，布什邀请国会两党领导人参加一系列白宫预算会议。

---

① Morgan, *The Age of Deficits*, 138.

计划毫无进展。在总统公开认可平衡预算的现实计划的内容前,民主党参议员拒绝提出任何新的预算提案。1990年6月26日,白宫发表声明,呼吁"改革权利性支出和强制性支出项目;增加税收;激励增长;减少自由裁量权支出;有序减少国防开支;改革预算程序"。① 虽然总统的幕僚长约翰·苏努努(John Sununu)试图将"增加税收"与提高税收区分开来,但布什无法否认自己声明中的明确含义。这一转变在众议院共和党人的队伍中引发了混乱,他们中的许多人首先从记者那里得知"都给我仔细听好了"竞选承诺已经失效。

前几任总统都谨慎地争取公众对平衡预算的支持,他们明确表示,和平时期的借款威胁到国家的未来。要真正平衡预算和里根政府的政绩,就必须做出牺牲,而这又要求布什巧妙地处理这一议题。

在经历秘密谈判、激烈辩论、政府的短暂关闭以及众议院最初的失败后,国会最终通过并由布什签署了《1990年综合预算协调法》(the Omnibus Budget Reconciliation Act of 1990)。该法案肯定了传统财政宪法的影响力,同时也揭示了来自众议院一些共和党人发出的挑战,他们宁愿容忍赤字这一递延纳税的形式,也不愿投票支持立即增税。他们以前洛克菲勒共和党人纽特·金里奇(Newt Gingrich)为首,在1989年扳倒民主党众议院议长吉姆·赖特(Jim Wright)后金里奇成为党派英雄。在1990年的预算谈判中,金里奇对预算局长理查德·达曼说,他打算让包括布什总统在内的联邦政府名誉扫地,并"在四年之内"利用由此产生的强烈反弹登上众议院议长的宝座。② 在此过程中,金里奇迫使总统对众议院民主党人的优先事项给予更大的重视,以争取国会多数席位。

《1990年综合预算协调法》增加了收入,并对用于国防和所有国内项目的联邦基金支出的多年增长设定了限制,但按公式计算资助的项目除外,如医疗保险。该法案还对预算程序进行了重大改革。该法案的一部分,即《1990年预算执行法》(the Budget Enforcement Act of 1990),允许国会议员阻止拟议的新拨款或税收立法,因为这些立法会增加支出或降低相对于年度目标的收入。

自《1921年预算和会计法》(the Budget and Accounting Act of 1921)以

---

① George H. W. Bush quoted in Rosenthal,"Bush Now Concedes".
② Newt Gingrich quoted in Darman,*Who's in Control?*,283.

来，《预算执行法》被证明是最有效的一项预算改革。该法案要求，国会必须把国防拨款和大部分国内支出限制在年度上限之内。

美国国会预算办公室预计（CBO），《1990年综合预算协调法》与"一切照旧"的基准相比，将在5年内削减联邦借款近5 000亿美元。① 据CBO估计，该法案将国防开支的预期增长减少了1 250亿美元，各种销售税和使用费增加了1 000多亿美元，将医疗保险支出限制在370亿美元，将所得税和工薪税都提高了400亿美元。② 然而，该法案的效果并没有立即显现出来，因为该法案通过时正值经济衰退、储蓄和贷款的存款保险费用急剧上升、家庭医疗保健的医疗保险支出激增的时期。然而，1990年的预算协议确实为在随后的10年中恢复财政纪律设计了一个框架。

H. 罗斯·佩罗的出现

公众对联邦债务膨胀的不满情绪日益发酵，并在1992年的选举中起到了关键作用。两位民主党总统候选人保罗·聪格斯（Paul Tsongas）和鲍勃·克雷（Bob Kerrey）呼吁恢复传统的预算纪律。另一位候选人比尔·克林顿在担任阿肯色州州长期间平衡了预算，并担任了中间派民主党领导人委员会主席。这位年轻的州长在长达6页的"美国计划"中支持增加医疗保险、教育和基础设施方面的支出。所有这些都是通过对收入超过20万美元的美国人征收更高的税收和对中产阶级减税来资助。③ 聪格斯对克林顿的做法不以为然，并指责他是在竞选"圣诞老人"。到1992年3月，克林顿出众的组织能力和坚韧不拔的精神使他在提名竞争中取得了不可逾越的领先优势。

随后，一股新的政治力量突然出现在国家舞台上，凸显了美国财政传统的力量。在得克萨斯州商人H. 罗斯·佩罗开始获得大量支持时，他甚至还不

---

① Pollack, *Refinancing America*, 69.
② Steuerle, *The Tax Decade*, Table 11. 1 at 177. 削减赤字的余额包括570亿美元的未明确的其他削减和减少借贷而减少的利息。在《税收十年》（*The Tax Decade*）第177—183页中可以找到很好的总结和分析。最高税率上升到31%。实际上，最高税率更高，因为最高等级的纳税人的扣减额被逐步取消。
③ Clinton for President Committee, *A Plan for America's Future*.

是正式的总统候选人。以一个聪明商人的风范，佩罗唤起了平衡预算背后的基本价值观。由于所有的主流政治家都赞同平衡预算的理想，因此在未能达到平衡预算时，他们就显得无能了。3月6日，当脱口秀主持人拉里·金（Larry King）问佩罗是否有竞选总统的雄心时，佩罗说如果志愿者组织使他有资格参加所有50个州的投票，他将参加竞选。超过100万的志愿者做出了回应。到了5月，佩罗在民意调查中同时领先于克林顿和布什总统，可在两个月前，大多数美国人对他还一无所知。①

佩罗用令人难忘的语言提醒美国人，常规借贷如何损害未来，转移投资资金，并使美国更加依赖外国债权人。在最近的历史上，还没有任何一位主要总统候选人如此明确地捍卫美国的财政传统。

佩罗承诺将利用他的商业经验，"不费吹灰之力"（without breaking a sweat）就能平衡预算。② 当有人要求他提供更多细节时，他承诺将"在60天内"提供。③ 由于平衡预算需要做出艰难的选择，佩罗告诫国人说："如果你们想听劳伦斯·威尔克的音乐，我不是你们要找的人。"④6月和7月初，佩罗的支持率开始下滑，当时他在其他问题上遇到了麻烦，难以处理竞选团队和他的志愿者队伍之间的紧张关系。

克林顿的竞选团队抢在佩罗之前公布了一项新的预算计划。克林顿的计划保留了《1990年综合预算协调法》规定的开支限制，并承诺通过在联邦医疗保险中节省开支来扩大联邦医疗保险。它还假设了比其他预测更快的经济增长，并支持对外国公司的利润征收一项不明确的新税。克林顿竞选团队声称他们的计划将在4年内把赤字减半。

作为现任总统，布什总统在回应佩罗的预算挑战时必须比克林顿更加具体。然而，他几乎没有回旋的余地，因为1990年的预算协议已经对联邦基金支出设定了限制，但基于公式计算的医疗保险计划除外。预算局长达曼指出，

---

① 同样在1992年3月，国会的"赤字鹰派"在一次投票中发挥了他们的力量，而这次投票的意义被总统竞选所掩盖。1990年的《平衡预算协议》为国防和非公式驱动的酌量性支出设立了单独的年度上限。民主党众议院领导层试图将国内支出水平提高到规定的上限以上，但众议员蒂姆·佩尼和其他民主党人与共和党人一起否决了这项措施。

② Perot quoted in Shaviro, *Taxes*, 76.

③ Perot quoted in Rapoport and Stone, *Three's a Crowd*, 65.

④ Hager and Pianin, *Mirage*, 202.

医疗保险成本可以通过收紧报销上限、提高受益人的保费和共同支付来降低。当被问及这个问题时,布什总统称这些想法只是备选方案。①

7月16日,在民主党全国代表大会结束后,佩罗退出竞选,克林顿的支持率超过了布什。当佩罗把他离开竞选的部分原因归结为"民主党已重振"时,克林顿的候选人资格得到了提升。②

焦躁不安的佩罗发现,自己很难继续置身事外。在7月份退出竞选的几周后,他向布什和克林顿提出挑战,要求他们采取直截了当的预算政策,该政策出自他的畅销书《我们团结起来》(United We Stand)。佩罗的提案延长了1990年联邦基金支出增长的上限,对最富有的美国人征收更高的所得税和工薪税,限制税收减免,提高医疗保险B部分的保费,增加燃油税,并削减国防和农业项目的计划支出。他表示,其中许多想法将在接下来的几年中付诸实施。

10月1日,佩罗重新参加竞选。虽然民调显示这位得克萨斯人在夏季突然退出后人气急剧下降,但他的沟通技巧和离奇的坦率却引起了公众的关注。佩罗的30分钟电视预算情况说明的"专题广告片"吸引了大量的黄金时段的观众。多数美国人认为佩罗"赢得了"3场总统辩论。佩罗在辩论中提醒公民有必要结束常规的联邦借贷。按照佩罗的说法,"45年来,我们一直专注于红军(the Red Army)",而"现在我们的头等大事是红字(red ink)"。③ 他把最后一场辩论中的结束语作为最后一个电视广告重新播放,敦促国人投票给他们信任的候选人,"如果你发生了什么事,他会照顾你的孩子"。④ 许多美国人在投票支持布什或克林顿的同时,也赞同佩罗的预算方案。

克林顿仅以43%的选票赢得了选举,但他并没有忘记佩罗作为候选人在经济方面展现出的魅力。⑤ 在就职前,他召集了一次经济峰会,与会者都强调首先要降低赤字。美联储主席艾伦·格林斯潘劝告当选总统,财政纪律将导致利率降低和长期就业的更大增长。根据格林斯潘的说法,任何债务融资的刺激措施都会因提高利率而适得其反,因为金融市场担心继续借款会导致通

---

① Marmor, *The Politics of Medicare*, 124—125.
② Chen, "Perot Quits Presidential Race".
③ Perot quoted in Rapoport and Stone, *Three's a Crowd*, 67.
④ Bush, "Presidential Debate in East Lansing".
⑤ Toner, "Clinton Captures Presidency".

货膨胀的货币扩张。格林斯潘预言,除非联邦政府减少常规借款,否则在20世纪90年代末将出现严重的金融危机。

格林斯潘后来写道,尽管他"没有说太多话,但残酷的事实是,里根向克林顿借了钱,而克林顿必须得偿还"。[①] 克林顿上任时,预算专家预测,一切照旧的统一预算将在1997年产生3 600亿美元的赤字,在2000年达到5 000亿美元。[②] 联邦基金的借款将会增加得更多。

克林顿的两位高级预算顾问,财政部长劳埃德·本特森(Lloyd Bentsen)和预算局长莱昂·帕内塔(Leon Panetta),帮助确立了新政府的财政基调。他们比华盛顿的任何人都了解预算政治学。本特森是一位持有保守财政观的民主党人,在参议院任职20年。在此之前,他曾是一位成功的商人,还担任了6年的参议院财政委员会主席。这位高大、瘦削、矜持的得克萨斯人与身材矮小、和蔼可亲的帕内塔形成了鲜明的对比,后者在担任加州议员时曾致力于限制赤字。1993年初,帕内塔和民主党众议院领导人警告总统,除非他主动削减未来的联邦开支计划,否则国会将按自己的条款行事。许多新的众议院民主党人都是从佩罗得到大力支持的地区当选的。

帕内塔和本特森制订了一项计划,在4年内将统一预算中的预计赤字削减1 400亿美元,约占40%。[③] 该计划包括一项有争议的能源使用新税。克林顿的政治幕僚成员感到失望,因为预算草案在竞选时承诺的扩大医疗保险覆盖面和用联邦投资促进经济增长方面几乎没有进展。克林顿回应说,白宫不能"在赤字问题上撒谎"。[④] 他亲自审查了预算,试图找到剩余资金来抵消他在竞选期间提出的新开支。他曾沮丧地抱怨说,预算的现实迫使他像艾森豪威尔的共和党人那样施政。

金融市场对总统首次预算演说中强调的财政纪律作出了积极的回应。然而,克林顿的预算本身包括用于"刺激"和"投资"的新支出,这些支出超过了1990年预算协议规定的年度国内支出上限。参议院多数派领导人罗伯特·

---

① Greenspan, *The Age of Turbulence*, 147.
② Woodward, *The Agenda*, 71.
③ 同上,113.
④ Clinton quoted in ibid., 119.

伯德试图用策略绕过这个上限，但在1993年春天被参议院少数党领导人鲍勃·多尔拖延表决的冗长演说所阻止。

1993年8月，国会在参众两院以一票的优势通过了一项预算法案，将开支限制在1990年的最高限额，并通过提高最高收入税率和适度增加机动车燃油税来增加收入。该预算法案还通过取消工薪税收入上限，确保医疗保险A这一部分的资金。

一些共和党领导人错误地预测，增税会引发经济衰退。可金融市场做出了积极回应：在克林顿当选和预算投票之间的10个月里，十年期联邦债券的利率从7%下降到5.5%以下。

随后，克林顿总统试图通过实施一项计划来扩大医疗覆盖面。该计划要求大多数雇主通过管理式医疗计划提供保险，并提供补贴由联邦来支付部分费用。克林顿和他才华横溢的妻子希拉里希望通过联合联邦政府、各州、私人保险公司的购买力来遏制医疗服务价格的上涨，降低联邦政府在该项目上付出的净成本。

尝试限制医疗费用的想法并不激进，因为联邦计划和私人保险的医疗费用都在以比国民收入更快的速度上升。到1993年，一个由大型企业雇主组成的基础广泛的联盟试图要求更多的员工参加保险，以此来降低平均保险费水平。许多共和党人接受了这一对雇员作强制性要求（employee mandate）的方案，以作为克林顿计划的替代。

克林顿的医疗保险计划从未在参众两院获得多数人的支持。一些人将该立法失败归咎于保险行业的攻击性广告和游说。事实上，预算现实对结果起到了更为关键的作用。据美国国会预算办公室计算，该计划的保险补贴费用将超过医疗保险和新税收的估计结余资金。因此，该计划将使联邦支出超过1990年确定的多年预算上限。

后来的医疗服务立法表明，是经济学而不是意识形态在未来医疗服务的扩展方面构成最大障碍。克林顿计划的一个核心特征，即联邦政府对管理型医疗保险计划（managed care plans）的保费补贴成了各种保守的医疗保险改革计划的关键。强制未投保的个人购买保险以便扩大覆盖面，成为共和党替代克林顿计划的方案，并最终成为马萨诸塞州州长米特·罗姆尼（Mitt Romney)改革和奥巴马2010年《平价医疗法》(Affordable Care Act)的基础。

金里奇、克林顿和"现收现付"

在1994年,共和党自1952年以来首次赢得众议院多数席位,它们赢得的30个席位加速了在南方长达十年的共和党进程。民调显示,共和党国会候选人吸引了许多前佩罗支持者的选票。佩罗本人对众议院共和党的竞选纲领"与美国签约运动"(Contract with America)表示赞赏①,而该纲领的作者纽特·金里奇于1995年1月成为众议院议长。

金里奇的崛起增强了他盟友的影响力,这是一个由华盛顿政治战略家和说客组成的联盟。格罗弗·诺奎斯特(Grover Norquist)主持了每周三上午保守派组织的战略会议,组织里有全国步枪协会,也有各种有宗教背景的团体。诺奎斯特的政治生涯始于动员人们支持一项平衡预算的宪法修正案。然后,在1985年,保守派活动家彼得·费拉拉(Peter Ferrara)聘请他管理非营利组织"美国人支持税收改革"(Americans for Tax Reform)。该组织支持里根政府提出的主要通过提高投资所得税的税率来降低个人所得税税率的倡议。1986年《税收改革法》通过后,诺奎斯特将"美国人支持税收改革"组织转变为反对因任何目的、在任何时间加税的工具。他通过挑战政治候选人承诺反对所有加税来宣传这一目标。最初在州和联邦中有110个候选人签署了承诺书。随着支持人数的稳步增加,这一承诺在共和党初选中发挥了越来越重要的作用。

诺奎斯特承认,最终决定政府规模和范围的是支出而不是税收,但他问:"怎样才能在支出方面宣布誓言呢?'我保证反对过度支出',可多少才算过度呢? 纳税人保护誓言(Taxpayer Protection Pledge),其力量来自明确的和二分的性质。一个政治家投票要么支持加税,要么反对加税;要么是,要么否;要么英雄,要么废物。"②

诺奎斯特的"纳税人保护誓言"启发了金里奇"与美国签约"运动。1994

---

① Gingrich,"The Republican Contract with America".
② Norquist, *Leave Us Alone*, 294—295.

年9月27日,185名共和党国会议员候选人在国会大厦前的仪式上签署了这份契约。"与美国签约"运动支持修宪以平衡预算。曾任历史学教授的金里奇解释说,"人们对平衡预算有着深刻的历史承诺",这是"一个目标,它为人们提供了衡量其行为的硬标准"。①

虽然很少有选民知道"与美国签约"的细节,但金里奇在选举中脱颖而出,成为他所在政党的电视代言人。金里奇议长还为众议院制定了议程。他发展了一个曾经参与到他的努力中的全国性组织网络来补充力量。1995年初,与金里奇争夺国家领导权的竞争对手也纷纷倒戈。曾与金里奇和诺奎斯特争论多年的参议院多数党领导人多尔,也同意签署反对新税的承诺。

克林顿让新的众议院领导人带头起草平衡预算的提案。议长金里奇抓住了这个机会,用价值观十足的言辞鼓励国会共和党人。他把平衡预算描述为"唯一能让你有道德义务去改变整个福利国家结构的东西"。②在1995年2月的一次会议上,包括筹款委员会和拨款委员会的新主席在内的众议院共和党领导人承诺,将制订一项在2002年之前让统一的预算平衡的计划。众议院预算委员会主席、来自俄亥俄州的年轻的约翰·卡西奇(John Kasich)警告说,这样的计划需要从根本上改变享有广泛的两党支持的医疗保险制度。金里奇回答说"只有当你提供像平衡这样明确的东西时,才能获得真正改变事物的道德权威"③。卡西奇和金里奇都将被证明是正确的。

众议院很快通过了一项宪法修正案,要求在2002年前平衡统一预算。④1995年3月2日,当修正案在参议院以一票之差未获得通过时,金里奇宣布,他将利用国会在支出和税收方面的现有宪法权力,在2002年前平衡统一预算。

克林顿尊重平衡预算的权威,并承认需要一个可信的计划来实现这一目标,尽管他提议的是在十年内实现这一目标,而不是金里奇的七年。一些白宫工作人员担心,任何平衡预算的明确计划都需要大幅削减医疗保险和医疗补

---

① Gingrich quoted in Hager and Pianin, *Mirage*, 15.
② Gingrich quoted in Morgan, *The Age of Deficits*, 179.
③ Gingrich quoted in Hager and Pianin, *Mirage*, 15.
④ 该修正案为计算的内容设置了一个低门槛,将收取的信托基金收入作为2010年后婴儿潮一代退休的储备金。

助的预期增长,因为 20 世纪 90 年代的预算上限已经限制了国防和大多数其他国内项目的增长。然而,总统坚持说,他打算提出一个现实的计划来平衡预算,以便让美国人"听我说说进步计划"。①

金里奇成功地团结了国会中的共和党人来支持一项单一的预算计划。他邀请共和党众议员参加务虚会,讨论平衡预算的各种选择,介绍预算计算方法,就艰难的利弊权衡进行影子投票(shadow votes),并由民调专家指导如何最好地描述他们降低医疗项目增长速度的计划。然而,共和党国会议员在竞选时并没有提出削减医疗保健计划的纲领。鉴于医疗保险受托人 1995 年的一份年度报告预测,到 2002 年,住院保险将超过其工薪税收入,共和党国会领导人决定声称他们的计划将"加强"医疗保险。

金里奇还提议延长他曾投票反对的《1990 年预算执行法案》规定的预算上限。多数党领导人多尔和预算委员会主席多梅尼奇对金里奇平衡预算和限制开支的做法表示欢迎,但他们对金里奇承诺实行每个孩子 500 美元的税收抵免(tax credit)持保留态度,这一承诺由诺奎斯特和一个有宗教联系的组织联盟推动。② 这项"支持家庭"的减税措施,要求相应削减医疗保险以平衡预算。多尔发现很难公开反对一项得到议长和得克萨斯州参议员菲尔·格拉姆认可的税收抵免计划,后者当时被认为是堪萨斯州参议员 1996 年共和党总统提名的主要竞争对手。结果,多尔默许了税收抵免和其他在 7 年内总额为 2 450 亿美元的削减计划。③

为了平衡预算,这些减税措施迫使共和党国会领导人进一步削减计划中的医疗保险和医疗补助支出。作为回应,白宫提出了一项多年平衡预算计划,其中包括相对小幅减税和相应小幅削减医疗保险和医疗补助的内容。

1995 年夏天,金里奇的大胆预算计划获得了动力。他可以依靠在众议院的绝对多数,在参议院的勉强多数,以及一个不会对平衡预算目标提出异议的总统。由于克林顿同意在固定时间内平衡预算的理念,到 1995 年 8 月,金里奇声称他和克林顿只是在"争论细节"。金里奇很快就会了解到,美国人将税

---

① Clinton quoted in Morgan, *The Age of Deficits*, 184.
② Morgan, *The Age of Deficits*, 182.
③ 同上。

收和医疗服务之间的权衡视为一个异常重要的细节。1995年,旧的"现收现付"预算规划原则迫使联邦领导人提出切实可行的替代方案,使联邦支出与估计收入保持一致。

国会民主党人抱怨总统把预算领导权让给了金里奇,但克林顿对恢复财政纪律的真诚承诺得到了一些共和党人的尊重。参议员巴里·戈德华特(Barry Goldwater)鼓励金里奇与克林顿合作:"他是个民主党人,但我确实很佩服他。我认为他的工作做得很好。"①

在最上端预算数字(top-line budget numbers)上达成共识的过程,分散了国会各委员会的注意力,让他们无法编制1995年10月1日开始的财年中为政府提供资金所需的具体拨款。担任委员会主席的共和党人被迫作出艰难抉择,以实现总体预算目标。例如,为了削减医疗补助,他们必须在为美国重度残疾人士提供的辅助生活设施和为孕妇提供的产前服务之间做出选择。当新财年于10月1日开始时,国会只通过了13项必要拨款法案中的两项,并投票将拨款法案延期6周。在延长期间,国会通过了一项持续决议为政府提供资金,该决议将资金维持在上一年的预算水平。在6周结束时,国会仍未通过必要的拨款法案。众议院多数党党鞭汤姆·迪雷已经成为党派纪律的有效执行者,他表示如果总统否决了另一项持续性决议并关闭"政府,我们将保持其关闭,直到总统签署法案或达成书面协议来说明他将做什么"。②

医疗保险与减税

为了平衡预算而在竞争性项目之间的争斗,最终让公众的注意力集中在税收与医疗保险、医疗补助开支之间的权衡上。白宫和共和党计划之间的主要区别很明显:共和党人希望降低税收,更多地削减医疗服务。金里奇表示,他相信"如果[共和党人]解决了医疗保险问题",那么该党就能"为一代人执政"。③

---

① Phillips-Fein, *Invisible Hands*, 265.
② DeLay quoted in Morgan, *The Age of Deficits*, 186.
③ Smith, *Entitlement Politics*, 71.

在国会前几届会议上，政策专家概述了在不限制服务或资格的情况下限制医疗支出的想法。但这样做的现实选择是有限的。几十年来，联邦行政人员和私营保险公司一直在尝试用新的技术来限制医疗费用的增长。即使他们的努力取得了进展，但出于新的医疗类型和照顾长寿人口的原因，费用仍在上升。一些削减短期成本的尝试，可能会在长期内推高服务成本。例如，减少欺诈的压力导致昂贵的记录保存和开单系统，而将慢性病患者转移到医院之外的激励措施，则促进了家庭医疗照顾的爆炸性增长。[1]

因此，控制成本的努力不可避免地会导致不得不在以下两者之间做出选择：限制向服务提供者支付费用；将更多成本转嫁给受益人。在某些时候，即使这些替代方案也会影响服务，因为低报销率会使医生不愿意提供服务，或者因为受益人无法承担更高的费用。

1995年9月，众议院领导层公布了《医疗保险保护法》(Medicare Preservation Act)。该法将医疗保险的预计支出减少30%，即7年内减少2 700亿美元。[2] 该法案试图通过向美国老年人提供管理式医疗政策的保险公司支付费用，取代联邦医疗保险对医生的直接补偿。由于该法案将医疗保险的年度补贴(保费支持)限制在比未来医疗服务估计成本还要低的数额，因此不断上升的医疗费用将不得不通过更高的保费和更大的受益人共付额来承担。

1995年秋天，金里奇和多尔试图通过偶尔偏离他们"加强"医疗保险计划的既定目标来争取保守派的支持。在与保守派活动家的会晤中，多尔对他投票反对最初的医疗保险立法表示自豪，而金里奇则声称他的计划会让医疗保险"中途夭折"(wither on the vine)。[3]

相比之下，克林顿政府提议保留现有的医疗保险制度，同时对各类医疗服务的报销率施加新的限制。医疗保险受益人可以继续选择他们喜欢的医生，而不是那些参加特定管理性保健计划的医生。共和党人试图将医疗补助金的年增幅限制在每年5%，而克林顿政府则提议对每位受益人的医疗补助费用的年增幅设置上限。政府的计划在7年内将预计的医疗补助费用减少540亿

---

[1] Moon, *Medicare*, 66—67.
[2] Marmor, *The Politics of Medicare*, 139.
[3] Dole quoted in Morgan, *The Age of Deficits*, 183.

美元,大大低于共和党计划的减少 1 800 亿美元。① 共和党国会领导人提出的医疗补助限额遭到各党派州长的反对。

金里奇的选择范围缩小了。他不能同意在不牺牲各种减税措施或在 2002 年之前平衡预算的承诺的情况下增加医疗服务的开支。他告诉总统,他将利用众议院对拨款和法定债务上限的宪法权力来关闭联邦政府,除非总统控制行使否决权。由于国会尚未通过自 1995 年 10 月 1 日开始的财年的适当开支法案,11 月国会通过了一项持续性决议,该决议要求金里奇以提高医疗保险 B 部分的保险费率为条件。② 1995 年 11 月 13 日,总统否决了该决议。

许多联邦活动因此关闭,并成为全国的头条新闻。预算的框架在此更加鲜明:共和党人想提高医疗保险费,以抵消他们计划中的所得税削减;而民主党人则希望保险费保持不变,并小幅减税。③ 公众舆论转向克林顿的一边。

金里奇试图转移辩论的话题,他声称克林顿在他们前往以色列领导人伊扎克·拉宾的葬礼时拒绝与他交谈。"这很小气,但我认为这是人之常情",他在谈到所谓的冷落行为时说,"他们让你从后面的舷梯下飞机……他们的礼貌哪里去了?"④ 在白宫公布了克林顿和金里奇在飞行过程中谈话的照片后,金里奇的上述议论显得特别无足轻重。

尽管舆论如潮,但国会还是通过了一项法案,将医疗保险的预计支出削减了 2 700 亿美元,并将医疗补助转为整笔拨款。⑤ 金里奇称这是"自 1933 年以来对政府发展方向最具决定性的一次投票"。⑥ 1995 年 12 月 6 日,克林顿用约翰逊总统在 1965 年签署最初的医疗保险法案时使用的笔否决了该法案。在不削减医疗保险和减税的情况下,他表示愿意签署一项在 7 年内实现预算平衡的法案。

---

① Morgan, *The Age of Deficits*, 182—183.
② 佩罗曾主张将保险费率从医疗保险 B 部分总费用的 25% 提高到 35%。克林顿的第一份预算将缴费率提高到 31.5%,但这一水平将在 1996 年 1 月恢复到 25%。共和党领导人担心,如果他们的医疗保险计划的保费从 25% 跃升至 31.5%,将遭遇更大的公众阻力。
③ 白宫和国会共和党人曾就平衡预算的时间段以及假设经济增长率为 2.3% 还是 2.5% 的问题发生过争执。最终克林顿接受了 7 年的时间表和较低的经济增长率的假设。
④ Gingrich quoted in "Gingrich Says 'Snub' Contributed to Shutdown".
⑤ Balz and Brownstein, *Storming the Gates*, 157.
⑥ Gingrich quoted in Morgan, *The Age of Deficits*, 188.

美国财政宪法

从 1995 年 12 月 16 日到 1996 年 1 月 6 日第二次联邦政府停摆后,公众对金里奇预算方案的支持进一步减少。多数党领导人多尔接管了共和党的谈判,并同意达成一项无条件的持续决议,延长 1990 年的预算上限和提高债务上限,停摆就此结束。金里奇誓言要逐年执行众议院的预算计划。

对 1995 年预算决战的分析加强了公众对克林顿工作表现的认可,但这样的分析往往集中在政治策略和政治风格上,而低估了公众对税收和医疗服务权衡判断的影响力。金里奇与克林顿就这一权衡进行了高调的辩论,并体验了为少数派观点辩护的重要性。第二年,金里奇将利用与克林顿共事时获得的强大公众支持,违背许多国会民主党人的意愿,通过了一项法案,终止向有受抚养子女的众多失业母亲提供联邦公共援助。

在 1996 年的国情咨文中,克林顿宣布"大政府时代"已经结束。[①] 同年晚些时候,他在总统选举中果断地击败了鲍勃·多尔,民主党人在参众两院都获得了席位。佩罗获得了 5% 的总统选票,但他在 1992 年的竞选活动中产生的影响经久不衰,因为两个主要政党的领导人都接受了他的平衡预算这一标志性议题。

选举结束后,金里奇表示,他将专注于"在四年内获得渐进式成就",而不是"我们大喊价值观的同时出现 4 年的阻碍"。[②] 总统告诉他的经济团队,他决心在第二个任期内平衡预算。

总统、幕僚长厄斯金·鲍尔斯(Erskine Bowles)、包括参议员多梅尼奇在内的共和党国会领导人重启谈判,以便在 2002 财年前平衡预算。1997 年的预算计算,再次迫使联邦领导人试图解决预期中的医疗保险和医疗补助的增长问题。白宫和国会共和党人同意让医疗保险受益人选择——但不是强制——参加管理性医疗计划或健康维护组织(HMO),这些计划将根据平均医疗保险的报销情况获得补贴。他们的协议还限制了向医生和诊所支付的年度增幅,使之与经济增长的水平保持一致。

当国会两党领导层找到新的收入来源以支持贫困儿童的医疗服务时,政府缓和了自己对硬性限制医疗补助年度支出的反对意见。参议员泰德·肯尼

[①] Clinton, "State of the Union".
[②] Gingrich quoted in Morgan, *The Age of Deficits*, 193.

迪和奥林·哈奇起草了一项法案，要求征收更高的烟草税，以便为另一项针对贫困儿童的医疗补助计划买单。他们差一点就赢得了将税收提高到足以支付整个项目的投票。①

1997年春，白宫和共和党谈判代表就4年内平衡预算的计划达成了初步协议。然而，双方都很紧张，担心他们的妥协是否能被两党的其他领导人接受。众议院议长金里奇希望通过某种形式的减税来吸引他的党团成员，而白宫则担心民主党反对给医疗补助设置硬性上限。他们都记得，自由派民主党人和保守派共和党人组成的联盟否定了1990年预算协议的原始版本。

1997年5月，美国国会预算办公室的一份特别报告促成了棘手的税收和医疗补助问题之间的妥协。由于月度税收一直超过预期，这促使美国国会预算办公室将其5年收入预测提高了2 000多亿美元。② 新的预测使谈判者能够降低资本收益的税率，并维持更灵活的医疗补助上限。1997年8月，《平衡预算法》在两党支持下获得通过。该法将所谓的自由裁量权支出，即不由法律公式驱动的拨款，设定了5年的上限，并延长了"现收现付"的程序规则，以执行这些限制。

该立法最显著的新特点是，对医疗保险报销增长的限制。这一限制——可持续增长率——使得许多医疗服务的价格上涨不能超过国民收入的增长速度。如果任何一大类联邦支出的增长速度总是快于税收收入的增长速度，那么总有一天它可能会消耗掉所有的可用收入。然而，如果服务提供者不能收回成本，或者对服务的需求增长速度快于国民收入增长速度，这个可持续增长率将迫使人们对服务进行数量配给。③ 联邦领导人任命了一个两党委员会谋划改革，制订长期计划，以便将医疗保险费用控制在最高限额内。

---

① 在马萨诸塞州，共和党州长威廉·威尔德（William Weld）和该州民主党领导人通过大幅增加烟草税来支付扩大医疗保险的费用。新的联邦儿童健康保险计划（CHIP）就是以这个先例为基础的。国会没有创造一个新的"权利"，而是给各州提供了一个选择，要么将更多的儿童保险纳入医疗补助，要么用整笔拨款制订自己的计划。总统和其他人长期以来一直担心，贫困儿童将因医疗补助计划的年度增长上限而受到最大伤害，因为没有一个州愿意忍受将美国老人和残疾人从护理院驱逐出去的反作用力。

② Joyce, *The Congressional Budget Office*, 75—76.

③ Hahn and Mulvey, "Medical Physician Payment Updates", contains an excellent overview of this issue.

在1997年《平衡预算法》实施后的两年里,医疗保险和医疗补助费用几乎没有增加。1998财年的医疗保险费用实际上有所下降,这是该计划历史上的第一次。这一成功来自支付率的上限,而不是共和党人在法案中加入的管理医疗保险替代方案(医疗保险C部分)。到1999年,在3 900万医疗保险受益人中,只有600万人参加了管理式医疗计划,后者从来没有为联邦政府带来显著的节约。[①]

在1998财年,统一预算自1969年以来首次实现了平衡。联邦基金预算尚未达到平衡,但趋势是在朝着这个方向发展。1990年和1993年的《综合预算协调法》以及1997年的《平衡预算法》成功地限制了日常借款。美国的财政传统经受住了考验。

盈余和丑闻

1998年1月,美国国会预算办公室公布的十年预测显示,在某些假设下未来统一预算会有大量盈余。在1998年1月至2001年1月的每一份半年期报告中,美国国会预算办公室都增加了对潜在十年预算盈余规模的估计。这一进程的消息削弱了国会中许多人将"现收现付"预算规划制度化的决心。在联邦基金预算实际出现盈余之前,议长金里奇和参议院多数党领导人特伦特·洛特(Trent Lott)就开始呼吁削减联邦基金税。

来自北达科他州的保守财政预算专家、参议员肯特·康拉德(Kent Conrad)警告说,社会保障盈余与联邦基金预算合并所产生的盈余是虚幻的。传统财政保守派赫伯特·斯坦(Herbert Stein)评论说,"随着婴儿潮一代领取社会保障和医疗保险福利,我们将面临巨额的赤字。我们不应该把盈余浪费在减税或新支出上"[②]。

1998年1月,总统与一名白宫实习生的不正常关系被曝。此后,共和党领导人与克林顿合作的意愿有所减弱。以众议院多数党党鞭汤姆·迪雷为首的众议院共和党议员强烈要求弹劾克林顿,该情况迫使总统不得不巩固他与

---

① Marmor, *The Politics of Medicare*, 150.
② Herbert Stein quoted in Pianin, "Seeing Budget in Balance".

16 传统派的反击

众议院民主党议员的关系。白宫幕僚长鲍尔斯后来评论说,这一丑闻结束了克林顿和金里奇之间富有成效的预算合作。联邦医疗保险和社会保障的长期改革计划,被象征意义大于财政意义的预算议题所取代。克林顿为公立学校教师和环境项目增加了11亿美元的开支,而金里奇则增加了主要用于军事的80亿美元的支出。[1]

共和党人在弹劾问题上做得过了火,这使得民主党人在1998年的中期选举中获得了5个众议院席位。金里奇未能连任议长,他在告别演说中称自己党内的批评者为"食人肉者(cannibals)"。[2]

1999年1月6日,克林顿宣布"大赤字时代"已经结束。[3] 为了应对未来对财政纪律的威胁,他建议将社会保障基金和医疗保险信托基金从统一预算中删除,并在婴儿潮一代退休前将2/3的预期联邦资金盈余支付给这些信托基金。如果成功,总统的计划则将使联邦的会计核算更清晰易懂。

20世纪90年代末,美联储主席格林斯潘还认为,在婴儿潮一代开始退休之前,盈余收入应该用来偿还债务。他警告说,对未来盈余的预测取决于预期经济增长速度超过第二次世界大战以来的实际平均水平。

在2000财年,自艾森豪威尔最后一次预算以来,联邦基金预算的执行结果首次略有盈余。[4]

如果两党在1997年平衡预算的努力保持了势头,没有人能够预测会发生什么。一旦联邦基金预算在2000年达到了平衡,恢复传统的预算做法就会容易得多。如果按照克林顿的意图,将信托基金与预算的其余部分分开,预算核算会更加透明。可持续增长率为旨在使医疗保险信托基金自我维持的其他改革提供了一个坚实的基础。1990年《预算执行法》中"现收现付"规则的延续,本可以恢复税收和支出政策之间的历史联系。一旦联邦政府将年度拨款与年度财政收入的承诺保持一致,对债务上限进行投票就可以成为限制新债务的更实用的工具。

---

[1] Gillon, *The Pact*, 252.
[2] Gingrich quoted in Seelye, "The Speaker Steps Down".
[3] Clinton, "Remarks on the Budget Surplus".
[4] 白宫并没有预测到2000年财年的联邦基金会出现盈余。见OMB,历史表1.4(2000年),转载于Meyer,《美国预算编制的演变》(*Evolution of United States Budgeting*)。

当然，关于平衡支出和税收的水平，仍会有激烈的政治斗争。选举将不可避免地使平衡向一个或另一个方向转变。但这些决定都是在不成文的财政宪法框架内作出的。美国在20世纪90年代末恢复传统的预算做法已触手可及，这一事实应该让那些今天仍在寻求这样做的人感到振奋。

巨额盈余的假象

德怀特·艾森豪威尔常说，计划本身是必不可少的，即使形势的变化让它变得毫无价值。长期预算计划证明了艾森豪威尔的洞察力具有价值。直到最近几十年，联邦领导人还是根据前一年预算和本预算年度的收入估计来做出预算决策。基于公式的医疗服务联邦基金支出，带来了我们更大程度地依赖对长期预算的预测。自1976年以来，美国国会预算办公室（CBO）提供了5年期预测，即"基线"预测，以便评估新立法的影响。

美国国会预算办公室在预测未来赤字和盈余方面的记录不佳。2000年，为美联储工作的分析师将美国国会预算办公室对某一特定日期起5年后的赤字和盈余的历史预测与这几年的实际情况进行了比较。这种直接的计算表明，"美国国会预算办公室的预测和实际的盈余/赤字之间没有关系……当国会预算办公室预测出现盈余时，与它预测出现赤字时一样可能出现巨额赤字。"[1]尽管这些预测有缺陷，但它们在2000年总统竞选中发挥了关键作用。

1998年，当美国国会预算办公室首次预测统一预算有盈余时，联邦基金预算继续出现赤字。[2] 到2000年1月，美国国会预算办公室已开始预测联邦基金预算将出现适度且不断增加的盈余。根据1990年支出上限的延长、替代性最低税收入的增加、强劲的经济增长、来自投资收益税的特别收入以及保留医疗报销上限等因素，美国国会预算办公室的预测显示盈余到2010年后不久

---

[1] Kliesen and Thorton, "The Expected Federal Budget Surplus."
[2] 该预测显示，财政年度统一预算首次出现盈余。2001年，联邦基金每年持续出现超过1 000亿美元的赤字。在1998年之前，美国国会预算办公室（CBO）例行公事地预测明年的预算赤字，以及未来5年不断上升的赤字。美国国会预算办公室上一次预测巨额盈余是在1980年，当时它估计未来5年盈余将达到5 780亿美元；在此期间，统一预算的实际赤字为8 000亿美元，联邦基金预算的赤字超过1万亿美元。1999财政年度结账时，联邦领导人庆祝统一预算出现1 240亿美元的盈余，高于1998年的690亿美元。然而，联邦基金预算的赤字为880亿美元，仅比前一年的920亿美元略有下降。

就会增加,不过届时联邦医疗保障计划的支出和赤字也将大幅增加。由于婴儿潮时期出生人口的医保负担,经济学家保罗·克鲁格曼(Paul Krugman)在2001年明智地指出,使用十年期的预测比那些使用更短或更长的时间来预测更具误导性。

信托基金在统一预算中的合并,也造成了联邦债务利息支出的错误账目。从2000—2010年,为婴儿潮一代增加的社会保障信托基金储备,将更多地投资于联邦债券。结果是,即使联邦基金预算从信托基金中借款,某些年的统一预算预计也不会产生"净"利息支出。为了理解这一动态,我们假设一个政府的预算。该政府一开始没有债务,十年来每年支出50美元,其中,40美元来自税收,10美元来自信托基金的贷款。每年政府都从信托基金借更多的钱来支付这些信托基金的年利息。十年后,40美元的联邦基金税收必须偿还100美元的债务,再加上借贷支付利息的金额,但该政府的统一预算将显示零债务和零利息支出。1998—2000财年的官方统一预算数字仍可在白宫网站上查询,且显示盈余。① 然而,财政部却在这些年借了2 740亿美元。②

如果国会投票规定特定用途债务的具体数额,那么统一预算的缺陷就显而易见了。不是每个人都能掌握会计学,但大多数人都能理解,当联邦政府被迫借贷支付账单时,报告的盈余是有问题的。白宫管理和预算办公室所做的预测认识到这个问题。2000年的预测显示,在将社会保障信托基金从计算中剔除后,并在2005财年后将额外的联邦基金分配到"医疗保险偿付减债准备金"后,实质上就不再有未来盈余。③ 美国国会预算办公室并没有这么做。

美国国会预算办公室的预测依赖于其他有问题的假设。它假定联邦方案的费用增长不超过通货膨胀率。由于某些类别的费用,尤其是医疗费用和新的军事技术的增长速度往往高于通货膨胀率,美国国会预算办公室的"基线预测"就暗示许多联邦服务水平的稳步下降。此外,美国国会预算办公室预测投资收益的所得税收入将继续保持高水平。在1997—2000年出现的财政收入

---

① OMB, Historical Tables, "Table 1. 1—Summary of Receipts, Outlays, and Surpluses or Deficits(—): 1789—2018."
② 参见附录A中的总债务数据。
③ "Table 13" in *Budget*, *Fiscal Year* 2001.

大大超过最初预测水平时,约有一半是由于较高的经济增长率,另一半是由于最富有的美国人的收入急剧增加。到2000年,美国国会预算办公室将扣减通货膨胀后的预计年经济增长率从每年2.1%提高到3%,这远远高于长期平均增长率。这一假设带来了对高额投资收入和相关税收的预测。①

美国经济的实际变化,确实使联邦个人所得税收入的增长速度超过了20世纪90年代的经济增长速度。通常至少拥有一个大学学位、收入在前1%的纳税人,在全球经济发展中表现良好。他们在全国调整后的总收入中的份额从1993年的13.8%上升到1998年的20.8%,而其个人所得税中的份额则从29%上升到37.4%。②

高收入美国人的相对繁荣,对政治家和预测者来说是一个尴尬的现实。民主党人在竞选时没有承诺为最富有的美国人创造更多的机会,而共和党人发现自己很难说1993年的增税会破坏经济激励和投资。在估计投资收益的未来收入方面,编制预算预测的专家存在错误。20世纪90年代末的牛市促进了税收的增加,包括在技术型公司股票市场红火的情况下行使股票期权所缴纳的税收。③ 然而,即便在科技泡沫破裂、股价开始下跌之后,美国国会预算办公室在2000年的预测中继续假设会有来自投资的高税收收入。

2000年的总统竞选

2000年,得克萨斯州州长乔治·W.布什成为共和党总统候选人提名的早期领跑者。许多美国人尊敬他的父母,父母的朋友圈为他提供了坚实的筹款基础。在两次州长选举中,小布什展现了吸引广大选民的能力。他也激起了渴望赢家的共和党人的兴趣。

布什的总统竞选试图模仿里根总统任期内的经济主题。为此,他不能依

---

① CBO, *Budget, Fiscal Years 2001—2010*, Summary Table 6 and xxxiii.
② Logan,"Summary of Latest Federal Income Tax Data," Tables 5 and 6.
③ 1998年,白宫经济顾问委员(White House Council of Economic Advisers)曾警告称,由于投资者急于将收益套现,较低的税率可能会导致短期收入激增;由于投资者耗尽长期资本利得,或股市下跌,长期收入会减少。专家们争论的只是如何估计未来的资本收益水平。参见卡斯滕(Kasten)、韦纳(Weiner)和伍德沃德(Woodward)的《是什么让收入激增》(*What Made Receipts Boom*)和帕塞尔的《挑战与不确定性》(*Challenges and Uncertainties*)。

靠担任得克萨斯州州长时的预算纪录。在布什担任州长期间,由于经济强劲带来的大量收入,各州预算基本上达到了平衡。1997年,布什不顾该州共和党主席的反对,支持由民主党领导的得克萨斯州众议院扩大税基,以资助该州日益增长的年轻人的未来教育需求,但没有成功。

布什出色的竞选战略家卡尔·罗夫(Karl Rove)精心打造了一个全国性的组织,而其他主要候选人——亚利桑那州的约翰·麦凯恩参议员和富有的出版商史蒂夫·福布斯则集中在少数几个早期的初选州。福布斯将他的竞选活动建立在降低税率的计划上,并专注于爱荷华州的干部会议(它负责推选共和党大会的第一批代表)。在下述议题上,麦凯恩疏远了许多党内领导人:竞选财务改革;烟草征税;共和党同事的预算专款使用。但在赢得新罕布什尔州初选后,麦凯恩在民调中的支持率飙升。

在麦凯恩参议员取得新罕布什尔州初选胜利后,格罗弗·诺奎斯特和他的同盟团体扭转了麦凯恩的势头。诺奎斯特和设在华盛顿的保守派宣传团体,与麦凯恩不睦,甚至互相厌恶。为了讨好反税收的活动者,布什谴责了自己父亲在1990年的预算协议,承诺将把个人所得税税率降低到最高28%,并为每一个受抚养的孩子提供新的税收抵免。① 这位得克萨斯州州长估计,他的计划将在十年内花费16亿美元,并可从预算盈余中获得这笔资金。在南卡罗来纳将局势转向有利于布什的过程中,诺奎斯特的联盟发挥了关键作用。随后,福布斯和麦凯恩的竞选活动宣告失败。

在整个2000年,布什在民意调查中只略微领先于民主党总统候选人——副总统戈尔。戈尔拒绝将社会保障储备金视为盈余,并发誓要利用任何联邦资金盈余来增加医疗保险储备金,扩大医疗保险的处方药覆盖面,并为中等收入的美国人减税。布什也赞成扩大处方药的医疗保险覆盖范围,并在竞选后期抨击戈尔在克林顿政府担任副总统期间未能做到这一点。戈尔则向布什提出挑战,要求他承诺在减税后判断预算是否平衡时,不计入社会保障和医疗保障信托基金储备,但布什没有作出这一承诺。

激烈的总统竞选,并不能很好地展示联邦核算的复杂性。戈尔试图简化

---

① 福布斯建议对所有的收入实行17%的统一税率,每个纳税人的标准扣减额为13 000美元,每个受抚养人的标准扣减额为5 000美元。由于投资收入免税,福布斯计划实质上是一种消费税。

这个问题,他呼吁把来自社会保障和医疗保险的收入放在一个"存款箱"(lockbox)里。他如此频繁地重复"存款箱"的比喻,以至于它成了深夜电视喜剧的素材。联邦法律长期以来一直禁止挪用信托基金余额;"存款箱"概念只是为了说明信托基金的收支应与预算的其余部分分开。

戈尔在普选中获胜,但在佛罗里达州的选举结果发生争议后,在选举人团投票中落败。因此,布什很难说是获得了来自选民的放弃传统财政政策的授权。

到2000年,联邦领导人已经成功地恢复了作为美国财政传统主要支柱的"现收现付"预算规划。他们实现这一目标的部分原因是限制了联邦支出的增长。从1991—2001年财年,联邦基金支出只增长了3 770亿美元,而国民收入却增长了4.3万亿美元。① 乔治·H.W. 布什总统和比尔·克林顿总统以及两党国会领导人都有理由为这一成就感到自豪。

布什的就职典礼标志着共和党人38年来第一次掌控白宫和国会两院。上一次出现这种情况是在1953年,当时的艾森豪威尔总统利用这个机会通过削减军费开支和推迟减税来平衡预算。在2001年1月,很少有人预料到在未来的4年里,联邦基金支出将增加超过5 000亿美元,吞噬了经济增长总额的1/4,并以前所未有的规模从外国债权人那里借款。

---

① Compare Table 1.4 with OMB, Historical Tables, Table 1.2.

17　传统瓦解

2001—2006 年：当年赤字超过还本付息额的时间为 5 年

（2002—2006 年：没有原则限制的举债）

乔治·W. 布什和国会借款

当全世界都在注视着 2000 年大选结果的喧嚣法庭大战时，似乎没有人注意到盈余已悄然消失。在大选前几周才结束的 2000 财年，联邦基金预算刚刚达到平衡。从 2000 年 10 月 1 日开始的财年，原支出计划只小幅上升，但来自资本收益的所得税收入却随着科技股相关股票价值的急剧下降而减少。这一事实并没有妨碍美国国会预算办公室预测未来十年的盈余比一年前预测的更大，而这种盈余主要由在婴儿潮一代退休之前积累的社会保障储备构成。①对十年以上的预算测算显示，一旦婴儿潮一代从 2010 年开始退休并有资格享受联邦医疗保险（medicare），联邦支出和赤字将会急剧增加。

在 2001 年 2 月 27 日发表的第一次国情咨文中，乔治·W. 布什总统概述了他的预算优先事项。他谴责本国"空前庞大的公共债务"，并援引了传统价值观说："我们对我们的子孙后代负有责任，现在就行动起来，我希望你们能和我一起在未来十年内偿还两万亿美元的债务。"总统发誓要留出 1 万亿美元"作为应急基金，以应对紧急情况或额外的支出需求"。在引用尤吉·贝拉

---

① 美国国会预算办公室预计未来 10 年将出现 5.6 万亿美元的盈余，比 6 个月前的预测增加 1 万亿美元。美国国会预算办公室预测的盈余中，近一半是由于将信托基金盈余收入纳入统一预算而不考虑相关负债的做法。

（Yogi Berra）的"当你走到岔路口时，就选它吧"这句话之后，他要求减税。他说，这些减税措施是消耗预期盈余所必需的："之所以存在日益增长的盈余，是因为税收过高，政府收取的费用超出了其需要。美国人民被多收了钱，我代表他们在这里要求退款。"①他的演讲稿撰写人担心公众对这一要求的反应，因为民意调查显示，选民对减税并不怎么重视，而减税一直是布什总统竞选的核心内容。

从2001年10月1日开始的下一个财年，政府的预算提案反映了布什"岔路口"这句俏皮话的矛盾心理。在收入预测中假定经济增长强劲，但预算材料敦促迅速就减税建议采取行动，以刺激经济。书面预算提到2002财年将有2 310亿美元的盈余和"前所未有的14亿美元储备"。② 然而，预算文件在接近结尾的表格显示，在未来几个财年，债务将增加近3 000亿美元。③ 那么，用于减债和应急准备金的数万亿美元将从何而来呢？

上述计算还存在其他问题。白宫的预算提案指出，2万亿美元的目标代表了"十年内可能削减赤字的最大数额"。④ 曾在尼克松和福特政府中担任预算专家的前公司首席执行官保罗·奥尼尔指出，并不存在这样的2万亿美元上限，而且没有什么能阻止更大的债务削减。

白宫没有确定实现雄心勃勃的减债目标所需的支出削减。总统的预算包括不受法定公式约束的支出增长4%。这一增长速度高于克林顿政府时期的平均水平，但与布什后来的预算中提出的增长相比，增幅并不大。布什政府官员对有关计算的问题避而不谈。白宫幕僚长安德鲁·卡德（Andrew Card）将减税前的盈余估计描述为"非常保守"，而政府发言人阿里·弗莱舍（Ari Fleischer）则补充说，政府"盈余资金充裕"。⑤

由于联邦预算不再符合托马斯·杰斐逊清晰易懂的标准，已有大量盈余的说法难以得到证实或质疑。在布什就职前几年，克林顿总统、联邦储备委员

---

① Bush,"Address Before a Joint Session".
② *Budget*,*Fiscal Year* 2002,7.
③ OMB Historical Tables,Table 7.1 (FY 2002),http://www.gpo.gov/fdsys/pkg/BUDGET-2002-TAB/pdf/BUDGET-2002-TAB.pdf.
④ *Budget*,*Fiscal Year* 2002,7.
⑤ Ari Fleischer quoted in Joyce,*The Congressional Budget Office*,97.

会主席艾伦·格林斯潘、参议员肯特·康拉德一直强调,在考虑联邦支出和收入的平衡时,有必要排除信托基金。2001年,布什总统和国会没有听从这些警告。格林斯潘后来说,当时"几乎不重视严格的经济政策辩论或长期后果的权衡"。①

众议院筹款委员会甚至在国会通过预算决议,为下一个财年(即2002年)设定支出上限之前,就批准了削减税率的立法。民主党国会领导人反对下面的减税计划:其减税额度虽低于布什提出的数额,但仍远远高于两年前民主党人反对并被克林顿否决的共和党税收法案。参议院中至少有一半人赞成建立某种机制,使减税更依赖于某个预算转折点的实现。在白宫的强大压力下,参议院在5月份以50票对49票否决了这一方案。

这年夏天,美国国会批准了《2001年经济增长和减税法》(Economic Growth and Tax Relief Act of 2001),该法案在未考虑联邦支出和税收水平的情况下削减了税收。在参议院的49名民主党人中,有12人投票支持布什的减税,7人没有投票或投"出席"票。两院中只有两名共和党议员,亚利桑那州的参议员约翰·麦凯恩(John McCain)和罗德岛的林肯·查菲(Lincoln Chafee)投了反对票。该法案的发起人将减税政策的到期日期定在2010年12月31日,降低了它对长期赤字的预估影响。美国国会预算办公室估计,该法案将导致十多年里"预算盈余净减少"1.35万亿美元。② 然而,当减税政策颁布时,联邦基金预算的盈余已不复存在。

4年前,即1997年5月,当月度的税收收入高于几个月前的预测数字时,美国国会预算办公室发布了一份特别报告。2001年5月,美国国会预算办公室和白宫在看到税收收入低于预期时却保持了沉默。本杰明·富兰克林在论证否认和欺骗往往与债务相伴时,曾提到"说谎骑在债务的背上"。③ 至少在2001年的前8个月,富兰克林的说谎骑手采用的形式是误导人的预算预测。布什总统的2002财年预算假设,在事实上已经开始的2001财年,联邦政府将

---

① Greenspan, *The Age of Turbulence*, 217.
② "H. R. 1836", 1.
③ Franklin, *The Way to Wealth*, 13.

会收到 1.073 万亿美元的个人所得税和 2 130 亿美元的企业税。[1] 至少到夏初,政府就知道税收不会达到那个水平。白宫和国会领导人直到该财年结束才公布了严重的收入缺口。在 2001 财年,联邦政府收到了 9 940 亿美元的个人所得税和 1 510 亿美元的企业所得税。[2] 如果一家大型上市公司等到一个财年结束时才披露的收入,比它在整个财年一再公开重复的预期数字下降了 10% 以上,那么它将面临股东的欺诈诉讼。

如果没有"现收现付"的预算规划,那么联邦当前和预期收入的这种巨大变化对任何税收或支出立法都不会有明显影响。据一位白宫高级工作人员透露,总统上任后的前 6 个月是以"聪明的主教练"将"编排橄榄球比赛的前十几场比赛剧本"的方式提前起草的。[3] 盈余就像比赛开始时记分牌上有领先优势一样,当这种假定的领先优势消失时,比赛计划并没有改变。

到 2001 年 8 月,在税收法案最终通过后,美国国会预算办公室将统一的十年预算中的盈余估计降低了 2.2 万亿美元,预计从 2001—2008 财年,联邦基金赤字将超过 5 万亿美元。[4] 2001 年和 2002 年缴纳的全部个人所得税不会超过 2.2 万亿美元,凸显了这一降幅。[5]

在 2001 年 8 月 24 日的新闻发布会上,布什解释了他的政府预算政策:"我们有税收减免计划,这对财政刺激很重要,再加上非特殊情况不受限制的社会保险,现在为国会提供了一个财政紧身衣。[6] 他将盈余的结束视为紧身衣,并将其描述为"令人难以置信的积极消息"和"维持财政健康"的工具。[7]

---

[1] OMB Historical Tables, Table 2.1 (FY 2002), http://www.gpo.gov/fdsys/pkg/BUDGET-2002-TAB/pdf/BUDGET-2002-TAB.pdf.

[2] OMB,历史表格(Historical Tables),"表 2.1,收入来源:1934—2018"。在未来财年,收入将比先前的预测下降更多。在下一个财年,即 2002 年,克林顿领导的行政管理和预算局(OMB)在减税前预计个人所得税收入为 1.097 万亿美元。布什的预算计划在减税的基础上增加 1.079 万亿美元的税收。事实上,在 2002 财年,个人所得税只征收了 8 580 亿美元。克林顿和布什预算办公室预计 2002 财年的企业所得税收入分别为 2 140 亿美元和 2 180 亿美元。实际数字是 1 480 亿美元。

[3] McClellan, *What Happened*, 91.

[4] CBO, Budget: *Update*, Table 1—9 and Table 1.3.

[5] 除了减税造成的收入损失,还有超过 4 000 亿美元的损失是由于"经济状况的改变"和自上年 5 月以来发现的错误假设("技术调整")造成的。另有一笔总额超过 4 000 亿美元的款项是较大债务的利息,见 CBO, *Budget*: *Update*.

[6] Bush quoted in Brownlee, *Federal Taxation*, 227.

[7] Sanger, "President Asserts Shrunken Surplus May Curb Congress."

前几代财政保守主义者认为,能够成为束缚政府增长的紧身衣是总统否决权和以税收支持新支出的苛刻要求。可在 6 年时间里,布什未否决任何一项支出法案。

尽管总统声称将继续把社会保障信托基金"放在受限范围之外",但和前几届政府一样,布什政府也严重依赖信托基金来为联邦借款提供资金。布什的经济政策高级助理最终承认了这个事实。①

没有什么比财政部在 2001 年 8 月和 9 月向大约 9 000 万家庭发放支票,更能体现联邦预算政策的美好新世界了。② 联邦领导人将这些从 300 美元到 600 美元不等的款项称为"退税",但事实上,这些款项是用债务资金支付的。

2001 年 9 月 26 日,美国国会预算办公室报告称,4 天后结束的这一财年的税收收入将远远低于几个月前在最后审议时基于预估数字通过的税收法案。通常情况下,这个消息会是个大新闻,因为总统把他的减税建议称为从盈余中"要求退款"。然而,2001 年 9 月下旬的情况却远非一般。美国人对世贸中心和五角大楼遭到恐怖袭击感到悲痛,并表达了他们的愤怒。

国防部长唐纳德·拉姆斯菲尔德(Donald Rumsfeld)警告说,反恐战争迫在眉睫,这将要求美国人"忘记'退出战略'",因为美国正在"考虑持续的参与",且没有"最后期限"。③ 2001 年 10 月 7 日,美国向阿富汗派兵,目的是取代这个部落国家的政府,驱逐恐怖主义的"基地"组织,抓捕"基地"头目奥萨马·本·拉登(Osama Bin Laden)。当时,国会还一致投票决定拨款 400 亿美元用于新的反恐和国土安全活动。④

以较低税收为战争融资

"9·11"恐怖袭击发生后,布什总统的公众支持率飙升。美国人对他报复

---

① 电视记者布里特·休姆(Brit Hume)就这一问题询问白宫经济顾问拉里·林赛(Larry Lindsey):"(社会保障)资金会不会受到很大影响,会不会被借给政府?社保将拿到借条或政府证券,这些钱会被用来偿还其他政府债务,对吗?"林赛说:"没错。"

② Tax Policy Center,"Quick Facts".

③ Donald Rumsfeld quoted in Bacevich, *The Limits of Power*, 4.

④ Campbell, Rockman, and Rudalevige, *The George W. Bush Legacy*, 175.

基地组织及其赞助者的坚定决心表示赞赏。然而,总统并没有要求美国人通过增加税收以资助反恐战争来向敌人展示他们的决心。在众议院迅速通过一项减税法案后,白宫工作人员指责财政部长奥尼尔,轻蔑地说他在"作秀"。①鉴于赤字的增加,参议院对是否再次降低税收犹豫不决,这导致布什提出要求"在11月底之前把经济刺激法案提交到我的办公桌上"。②

当来自南达科他州的民主党参议院多数党领导人汤姆·达施勒(Tom Daschle)批评不断上升的预算赤字时,据白宫演讲稿主要撰写人的说法,布什"非常乐意在达施勒的胡佛面前扮演罗斯福"③。当然,罗斯福其实也曾批评过胡佛借贷过多,并在国家开战时催促国会加税。2002年初,国会两党多数同意了总统的要求,颁布了用债务来融资的减税政策,并增加了美国失业者的医疗福利支出。

债务的困境不断加剧。布什对"体恤"法案的通过表示赞赏,该法案规定在5年内将农业补贴提高900亿美元。④ 2002年的《农业安全和农村投资法案》(Farm Security and Rural Investment Act)扭转了分阶段削减农业补贴的做法,这一削减行为在1996年被认为是共和党国会领导层在财政紧缩方面取得的胜利。政府要求国防部的开支增加12%,另外再增加100亿美元用于"突发事件"。⑤ 到2003财年结束时,国家安全开支比布什上任时增加了1/3以上,即1 040亿美元。⑥

尽管联邦财政状况进一步恶化,2002年还是出现了消费狂潮。2002年初,美国国会预算办公室估计10年内联邦基金赤字将达到1.811万亿美元,而随着婴儿潮一代的退休,赤字将进一步增加。⑦ 2001年的减税计划在2010年12月到期后若有任何延长,都需要在此后增加借款。与2001年1月的预

---

① Paul O'Neill quoted in Pollack, *Refinancing America*, 134.
② Greene and Hosler, "Bush Pushing for Fast Relief".
③ Frum, *The Right Man*, 213.
④ Bush quoted in Tanner, *Leviathan on the Right*, 157.
⑤ Budget, *Fiscal Year* 2003, 101.
⑥ 参见 OMB,历史表(Historical Tables)。按2002年的美元计算,经通货膨胀调整后,行政当局要求在2003财年拨款3 720亿美元,这一数额远高于1992—2001年以2002年美元计算的平均每年3 100亿美元。按名义美元计算,政府要求的数额为3 790亿美元。行政当局上任时预计2003年财年军事预算按名义美元计算为3 340亿美元。
⑦ CBO, *Budget: Fiscal Years* 2003—2012, Table 1.6 at 16.

测相比,美国国会预算办公室预计将有 4 万亿美元的收入减少或支出增加——这一数额几乎相当于整整 4 年的个人所得税收入。[1] 美国国会预算办公室将预计收入下降的 29% 归因于经济疲软,而减税、增加支出、各种错误的收入假设等,是导致 4 万亿美元预算变化的主要原因。[2]

美联储主席格林斯潘和财政部长保罗·奥尼尔似乎对阻止赤字的上升束手无策,其前任曾利用其职务来捍卫财政纪律。2002 年 9 月,格林斯潘恳求国会延长 1990 年《预算执行法》规定的支出上限和"现收现付"规则。当国会同意《预算执行法》到期日为 2002 年秋季时,格林斯潘指出"华盛顿的预算纪律"已经"不能用了"。[3] 国务卿奥尼尔警告总统说,不断增长的赤字将阻止任何新的债务融资举措。

政治战略家卡尔·罗夫(Karl Rove)鼓励共和党人,将 2002 年中期选举视为对防范恐怖袭击的全民投票。共和党人在众议院拿下了几个席位,在参议院拿下了两个席位。大选后的第二天,高级经济官员在副总统切尼的办公室开会,讨论削减企业红利的税率。当奥尼尔提到不断增加的赤字时,副总统断言"里根证明了赤字并不重要"。[4] 切尼声称,在这次选举中,共和党候选人的得票率比民主党的得票率高出 4%,这使国会获得了进一步减税的授权。[5]

政府的高级经济和政治顾问在几天后开会,与总统讨论下一年的预算。奥尼尔和预算局局长米奇·丹尼尔斯(Mitch Daniels)提醒大家,庞大的预算赤字已经是目力可及。随后,谈话的方向远远超出了"现收现付"预算规划的界限。该小组没有讨论如何抵消预期的伊拉克战争的费用,也没有讨论他们扩大医疗保险以覆盖处方药的计划;相反,谈话转向了削减针对投资收入的税收。总统决定要求降低股息和资本收益税,罗夫建议他扩大拟议减税的规模,因为当时共和党占多数的国会可能会试图减少减税的总体规模。长期以来一直质疑以债务融资来支持的减税政策是否明智的奥尼尔,被要求辞职。

---

[1] 同上,3.
[2] 同上,45.
[3] Greenspan, *The Age of Turbulence*, 235.
[4] Suskind, *The Price of Loyalty*, 291.
[5] 切尼在回忆录中说,他试图把赤字放在"背景中"。然后他解释说,里根预算创造了"和平红利……增加了联邦收入,并最终降低了赤字"(Cheney, *In My Time*, Ch. 10)。

数年后,布什将预算纪律的瓦解归咎于恐怖主义:"然后"9·11"事件发生了,这需要更多的减税来刺激私人部门。"①

不受限制债务:2003 年

2003 年 1 月,总统要求国会减税,估计将耗费 2.7 万亿美元的债务,或者说每个家庭将增加两万多美元的债务。② 如果减税政策延长到 2010 年以后,债务则将会更多。降低投资税的概念并不算激进。几十年来,许多税务专家已经注意到美国的企业所得税阻碍了投资,导致用于支付股息的企业收入被重复征税。由于它限制了有助于提高生产率的投资,工人最终承担了企业所得税的大部分。事实上,继续对企业收入征税的理由只有一个:为政府买单。

当时由多数党领导人汤姆·迪雷领导的众议院迅速通过了减税的要求。阿富汗战争的潜在代价和入侵伊拉克的计划,并没有放慢国会的脚步。事实上,迪雷断言"在战争面前,没有什么比减税更重要"。③ 财政保守派努力想缩小减税规模,以降低赤字。

参议员约翰·麦凯恩主张,在国会对 2003 年 3 月 20 日开始的伊拉克战争的全部费用有更好的了解之前,不考虑税收法案。他曾在越南当过近 6 年的战俘,深知在军事冲突初期低估成本的历史倾向。麦凯恩是众议院或参议院中仅有的 4 名投票反对大规模减税的共和党人之一。这是美国历史上第一次在战争期间颁布的减税政策。

接替保罗·奥尼尔出任财政部长的杰克·斯诺(Jack Snow)向立法者保证,美国能够"承担这场战争"。④ 历史上,战时税收和公债券的发行被用作显示公众对战争的支持和征召平民参与战争的手段。然而,当来自南卡罗来纳州的财政保守派参议员弗里茨·霍林斯(Fritz Hollings)提出立法授权战时征收 2% 的增值税(一种销售税)时,他却找不到一个参议院的共同提案人。

---

① "Taxes, Trade, Social Security and More".
② Brownlee, *Federal Taxation*, 237.
③ DeLay quoted in Surowiecki, "A Cut Too Far".
④ Snow quoted in Hormats, *The Price of Liberty*, 278.

在布什政府之前,五角大楼依赖一些人所说的"温伯格准则"(Weinberger Doctrine)来指导是否派遣国家的武装部队参加战斗。这一准则以里根政府的国防部长卡斯帕·温伯格的名字命名,用来说明军事干预的理论标准,包括:明确的使命声明;事先就对可能导致撤军的结果进行界定;可获得的压倒性武力(这是后来科林·鲍威尔将军的补充)。布什总统、切尼副总统和国防部长拉姆斯菲尔德并不觉得该受"温伯格准则"的约束。

拉姆斯菲尔德没有使用压倒性的武力,而是试图利用五角大楼在机动性、信息技术、通信方面的优势。尽管伊拉克独裁者萨达姆·侯赛因被迫躲藏起来,美国还是缺乏一个可行的战略来防止敌对的非常规力量的出现或伊拉克国内民事机构的瓦解。被无薪解雇的新失业的逊尼派穆斯林士兵,重新组织了一个抵抗运动。什叶派伊拉克人也建立了自己的民兵组织。① 尽管如此,2003年5月1日,布什和拉姆斯菲尔德宣布结束在伊拉克和阿富汗的战斗行动。在宣布这一消息后的几个月里,布什政府没有向国会申请继续战争的资金。

相反,行政当局要求实施自1972年以来最大规模的扩充医疗保险计划。2003年初,国会已经通过放宽《1997年平衡预算法》(the Balanced Budget Act of 1997)对报销率的限制,增加了医疗保险的费用。可持续增长率要求2003年的平均医疗报销率下降4.8%。众议院联合法案2号预算决议(H. J. Res. 2)在两党以较大优势通过后,暂停了这一上限。对预算产生如此长期影响的一项财政转变,以前很少会如此悄无声息地发生。国会在随后的财政年度里例行地暂停适用年度上限。

2003年6月,众议院议长丹尼斯·哈斯泰特(Dennis Hastert)提出了一项政府法案,要求联邦政府支付医疗保险受益人处方药的大部分费用。与联邦医疗保险B部分一样,拟议福利的1/4将由受益人支付保费。被一些医疗保险官员用"一般财政收入"这个误导性词语描述的是由联邦债务资金来支付剩下的费用。

对处方药给予保险补贴的想法并不新鲜。对医疗服务提供者和受益人来

---

① For an excellent overview of the initial planning for the war in Iraq, see Ricks, *Fiasco*.

说，医疗保险涵盖昂贵的住院治疗费用和在医院使用的药物费用，但不包括慢性病患者不住院时使用的药物费用，这是很不合理的。将处方药的费用排除在医疗保险范围之外有一个很好的理由：没有钱支付。当然，债务本身最终将不得不用税收来偿还。就像医疗保险 A 部分和 B 部分一样，当大规模的婴儿潮一代达到有资格享受医疗保险的年龄时，任何新的医疗保险的成本都会飙升。

在上任前，布什总统就一直提出要让医疗保险"现代化"，提供处方药保障，让医疗保险受益人有更多的"选择"。他的关于更多"选择"的论点没有什么吸引力，因为医疗保险已经允许病人选择自己的医疗服务提供者或管理性医疗政策。相比之下，公众对处方药覆盖率的兴趣更高。处方药的消费和成本的增长速度超过了社会保障养老金的水平，而社会保障养老金仍然是大多数 65 岁以上美国人的主要收入来源。2003 年，白宫提出要在十年里建立花费 4 000 亿美元的医疗保险处方药福利。一些民主党人主张实行更昂贵的计划。①

民主党参议员泰德·肯尼迪是联邦医疗服务的长期倡导者，他与白宫合作，使参议院通过了处方药保险。2003 年 6 月，参议院财政委员会以两党 16 票对 5 票的表决结果向全体会议（the floor）提交了一项法案。众议院以一票之差通过了哈斯特议长的法案，而这是在众议院领导人通过了一项平行法案，降低医疗储蓄账户所得税后，才得到共和党的支持的。据估计，这一税收优惠需要在十年里增加 1 740 亿美元的债务。②

众议院法案的另一个特点是，对于那些考虑要求所有医疗保险受益人使用私人管理的保险计划的人来说，它提供了一个重要的教训。众议院的法案将处方药福利限制在涵盖所有医疗保险服务的私人管理计划上。然而，受益人不希望被迫与保险公司建立关系，而且说私人管理的计划减少了费用，但根据 1997 年以后医疗保险券的经验，支持证据并不多。会议委员会在白宫的批准下放弃了众议院法案中昂贵的税收减免，以及强制受益人参加私人医疗保险计划以获得处方福利的要求。但会议委员会确实同意，补贴医疗保险私人

---

① Maranto, Iansford, and Johnson, *Judging Bush*, 112.
② Thomas, Lee, and Lipton, "A Political History".

计划的金额高于——而不是低于——传统的直接支付给医疗服务提供者的平均每个受益人的成本。

2003年11月22日,众议院多数议员在规定的投票时间内投票反对会议委员会的法案。众议院议长哈斯泰特和多数党领导人迪雷将最后的投票计数持续了数小时,在此期间他们说服几名议员改变了立场。在《医疗保险处方药改进和现代化法案》(the Medicare Prescription Drug Improvement and Modernization Act)通过后的两个月内,新的药品福利——医疗保险D部分的10年费用估计增加到5 360亿美元。① 这位联邦医疗保险的精算师后来承认,他曾认为该立法的成本将高于法案通过时公布的估算,也承认他曾受到威胁,即如果他与国会分享自己的结论,就会被解雇。② 到2005年,医疗保险精算师预测,10年费用将超过1万亿美元,其费用的现值(当期美元的价值,而且必须保留并投资于国债以资助一般财政收入费用)将达到8.7万亿美元,超过当时的联邦债务总额。③ 2013年,医疗保险受托人估计,2022年将为处方药福利支付1 640亿美元,这一数额远远高于医疗保险B部分预计支付给医生的1 040亿美元的总额。④

除了由保险费弥补25%的费用外,没有任何资金——除了债务——可用于处方药福利。预算专家曾多次警告白宫和国会,在2010年第一个婴儿潮一代达到65岁后,医疗保险支出将大幅增加。从2001—2010年的十年间,许多婴儿潮一代正处于收入的黄金时期,这是他们为医疗费用储备资金的绝佳机会。在这10年中,45—65岁之间的人口增长是所有其他年龄段人口增长总和的2倍。⑤

时任共和党众议院政策委员会主席的俄亥俄州国会议员约翰·博纳(John Boehner),试图打消众议院共和党人对扩大医疗保险后该党走向的疑

---

① Thomas, Lee, and Lipton, "A Political History".
② 同上。
③ 2005 *Annual Report*, 107—112.
④ 2013 *Annual Report*, *Federal Old-Age and Survivors Insurance*, 111.
⑤ 美国人口普查局,《2000年人口普查简要档案1》(2000 Census Summary File 1)和《2010年人口普查简要档案1》(2010 Census Summary File 1)。2000—2010年期间,人口增加了2 730万。45—64岁的美国人增加了1 950万。

虑。他说"美国人民不希望政府大幅度削减"①。多数党领导人迪雷宣称,"联邦预算中根本没有什么可供削减。"②

用债务资金来支出的热潮,在 2003 年达到顶峰。这最终导致国会在 9 月批准了政府提出的 870 亿美元的支出请求,用于重建和资助伊拉克和阿富汗的军事行动。③ 大多数民主党人支持一项修正案,该修正案将扭转 2001 年减税的一部分,以便为该请求提供部分资金。参议员康拉德是参议院预算委员会的资深民主党人,他向同事们解释说联邦基金预算已经以每年 7 000 亿美元的速度借入,这是"自第二次世界大战以来,以国内生产总值的百分比衡量"的最高水平。④ 参议院以 57 票对 42 票的表决方式提出了这项修正案。没有一个共和党人投票支持增税来支付持续的战争费用。而在珍珠港事件后,当美国陷入战争时,那时国会仅以两票反对通过了《1942 年税收法案》。

在战争的第一年,除最初的预算之外,补充申请很常见,不过,政府在宣布战斗结束几个月后提出最大规模的资金申请,却是前所未有的。在其他战争发生后的第二年,那几届政府都将与战争有关的费用估计数列入其年度预算。虽然最初的战争费用是不确定的,但国会议员一直希望官员们至少有一些军事计划,可以用来估计与战争有关的开支。然而,到布什总统任期的最后一年,他一直将这种估计数排除在年度预算报告之外。相反,他会在国会开始审查预算所有其他部分后的数周或数月内提出战争支出的紧急请求。⑤ 这种做法破坏了由国会确定预算优先事项的程序,使"现收现付"的预算规划无法进行。

在截至 2003 年 9 月 30 日的财政年度,即使是在通过扩大医疗保险的立法和为伊拉克重建拨款之前,除专用信托基金之外的联邦税收收入相当于国民收入的 9.2%。⑥ 这是自珍珠港袭击以来联邦基金收入占国民收入比例的

---

① Boehner quoted in Greenspan, *The Age of Turbulence*, 243.
② DeLay quoted in Yarrow, *Forgive Us Our Debts*, 16.
③ Peterson, *Running on Empty*, 82.
④ Kent Conrad quoted in 108 Cong. Rec. (October 2, 2003), at 24036.
⑤ See Hormats, *The Price of Liberty*, 对伊拉克和阿富汗战争的预算编制与美国以往所有战争的标准做法之间的差异进行了出色的分析。
⑥ 参见附录 C。

最低水平。这些收入只能支撑联邦基金支出的 2/3，而联邦基金支出相当于国民收入的 14.2%。① 这样的差距在随后的财年进一步扩大。以 2000 年的平衡预算为基准，在伊拉克和阿富汗战争费用占了 2004—2005 年赤字的 1/4。② 由债务资助的减税和战争费用以外的军事开支是产生新债务的主要原因。

布什是第四位在其任期第三年面临巨大潜在预算赤字的共和党总统。第一位是亚伯拉罕·林肯，他要求大幅度增税以减少联邦借款。第二位是赫伯特·胡佛，也要求提高税收。第三位是罗纳德·里根，要求征收备用的税收附加，并结合支出限制来抑制进一步的借贷。相比之下，在 2003 年面对巨额赤字时，布什总统要求国会允许债务资金支持的减税措施，扩大医疗保险，并为被美军占领的两个国家的重建提供大量资金。

没有了支出和税收政策之间的传统联系，联邦政客们发现很难对支出请求说"不"。在 1996 和 1997 财年，当联邦领导人努力平衡预算时，关于拨款法案的行动一直存在争议。然而，从 2001—2006 年，拨款法案在国会以一边倒的两党多数票顺利通过，而且总统的否决威胁不再存在。③

在传统财政宪法消亡后，选民们开始向国会候选人提出各种各样的基本问题："如果国会能找到重建伊拉克的资金，那么为什么它不能找到满足国内需求的资金？"由于对借款没有明确的限制，这就使这个问题很难回答。

宽松的信贷和保守派的认同危机

传统上禁止将大量的美国税收收入抵押给外国债权人的禁忌，也已不再制约联邦借款。再也没有像以前战争期间那样开展大规模的债券销售活动，并提醒美国人反恐战争及占领两个国家所需的成本和牺牲。外国债权人、联邦信托基金、美联储吸收了布什政府最初几年产生的额外联邦债务。在克林

---

① 参见附录 C。
② See Chapter 18, Chart 1.
③ 关于各党派在选定年份的参众两院投票汇总表，参见 Schick, *The Federal Budget*, 223—227.

顿总统的最后一个任期内,外国持有的联邦债务从 1.231 万亿美元下降到 9 920 亿美元;截至 2004 财年末,外国债权人持有联邦债务中的 1.795 万亿美元。①

在过去获得信贷的便利并没有引起借款狂潮,因为至少从 1879 年开始,联邦政府就可以随时获得信贷,不可能废除供给和需求的法则,所以很明显,联邦借款的急剧增加会将利率提高到比其他情况下更高的水平。2003 年的一项研究结论是:2001—2003 年,从预计盈余到赤字的急剧变动,使利率提高了 99 个基点。② 综观历史,联邦官员们一直在平衡预算,直到 20 世纪 90 年代,他们还试图平衡预算,以增强金融市场的信心。但是,无论是 2002 年和 2003 年股票市场的暴跌,还是 2005 年和 2006 年债券价格的下跌,都没能限制政府使用债务为日常运作提供资金。

在位者自然不愿向公众解释国外贸易竞争者购买联邦债务是为了压低其货币的价值,从而降低出口到美国的商品的价格。中国利用自己不断增长的贸易顺差积累起来的美元来投资国债。投资大师沃伦·巴菲特(Warren Buffett)把利用资本流入来抵消长期贸易逆差的做法比作一个农民家庭出售土地以维持收入,直到最终成为佃农。2000 年后,美国的贸易平衡恶化。国内制造业的就业人数从 1966—2000 年一直在 1 660 万(1966 年 6 月)到 1 950 万(1979 年 6 月)的稳定范围内,到 2007 年下降到 1 380 万。2013 年大萧条之后,美国制造业只剩 1 190 万个工作岗位。③

传统财政限制的瓦解,为那些曾被视为激进的想法打开了大门。人们对借 1 万亿美元来改革社会保障制度(有时被称为"私有化")的提议缺乏了解,就是一个最好的例子。该倡议始于总统在 2001 年 5 月任命的一个委员会,指出"未来十年的巨额预算盈余"将"为建立一个更强大的社会保障体系提供机会"。④ 社会保障改革的概念在 2001 年听起来很谨慎,因为社会保障养老和遗嘱保险信托基金的长期精算余额已经恶化。精算师们计算得出,在 75 年预

---

① 参见附录 D。
② 劳巴克(Lauback)"利率的新证据"("New Evidence on the Interest Rate"),第 7 页。十年后,美联储计算出,在经济低迷时期借贷的激增将利率推高了整整 1 个百分点。
③ Bureau of Labor Statistics,"Databases,Tables,& Calculators"。
④ Bush,"Remarks by the President"。

测中后期将达到的最大缺口,可以通过额外征税或降低福利价值来弥补,其幅度在总工资的 1%－1.9% 之间,相当于国民收入的 1% 或更少。联邦基金预算中不断增长的赤字,却使这一潜在缺口的规模相形见绌。① 尽管总统断言美国人的寿命延长会给社会保障带来风险,但与格林斯潘委员会 1983 年改革中采用的基础假设相比,人口趋势实际上已经有所改善。②

布什曾要求他的"加强社会保障委员会"提出一项政策选择,为新的个人退休账户提供资金以便补充现有的养老金制度。一群共和党活动家集结起来,支持一项为"私人账户"提供资金而负债超过 1 万亿美元的计划。2004 年连任后,布什总统在全国各地巡回宣传个人账户的概念。在 2005 年 1 月的国情咨文中,布什声称,现有制度"正在走向破产"。③ 他通过走访社会保险办公室,夸张地宣扬,投资于国债的金额只是一个账户会计分录。他在走访期间说,"没有什么'信托基金'"。事实上,大部分被持有的国债,就像支票账户一样,都是电子账目,联邦法律要求支付所有欠款。

当然,私人账户的支持者并没有广泛地宣传用债务来为他们的计划融资。这是因为社会保障信托基金没有精算盈余,任何挪用专项工薪税收入的行为都不可避免地需要使用债务——直接或间接地——并在既定水平上为未来的福利提供资金,使其保持现有水平。这就是为什么美联储主席格林斯潘和财政部长奥尼尔早些时候警告白宫,任何通过私人账户融资来减少养老金义务的计划都需要联邦基金预算有大量盈余。

2004 年,"近 2/3 的美国退休人员的大部分收入依靠社会保障,这主要是由于近几十年来传统养老金的下降。"④ 为了打消公众对股市投资风险的疑虑,共和党国会领导人坚持认为,新的个人账户不会减少未来的保障福利。与许多传统保守派和自由主义批评人士的看法相反,总统所述的改革或私有化计划并不会导致未来福利的大量减少。2006 年 3 月,参议院以 46 票对 53 票

---

① SSA,2001 OASDI Trustees Report,Table II. D3.
② 格林斯潘委员会预计到人口的老龄化,并略微低估了移民增加对信托基金的积极影响。信托基金余额的明显恶化包括:(1)使用平均工资而不是工资中位数来提高应征税工资总额的年度限额;(2)工人生产率的增幅小于 1984—2004 年期间的假设。参见比文斯(Bivens)的精彩分析:"社会保障的可修复融资问题"("Social Security's Fixable Financing Issues")。
③ Quoted in Altman,*The Battle for Social Security*,273 and 282.
④ 108 Cong. Rec. (September 24,2004),at 792.

的敷衍(perfunctory)表决结果,否决了一项用社会保障储备金为婴儿潮一代退休后的个人账户提供资金的法案。如果该法案获得通过,则将会增加超过1万亿美元的联邦债务——大约是每个工薪美国人1万美元。事后看来,该法案的失败对共和党来说是一件幸事。如果社会保障信托基金中投资于股票或各种股票指数基金的个人账户资金被耗尽,那么在伴随2008年大衰退而来的股市崩盘中,共和党可能会为生存而苦苦挣扎。

在2006年的中期选举中,大多数选民认为,共和党应该为战争管理不善和国内的失败负责,比如2005年对卡特里娜飓风的混乱反应。布什政府时期创纪录的财政赤字使得共和党人很难把自己再塑造成国库的守护者。布什政府的大规模借贷,已使人们明显地将其与克林顿政府时期的年度借款减少相比较。民主党的后起之秀之一巴拉克·奥巴马参议员回应了预算纪律这个强大而传统的主题,他试图为之辩护:"我们正在抵押我们的未来。我们以孩子和孙子的名义为孩子办了一张信用卡,我们透支了信用卡,完全不负责任。"[1] 民主党在2006年大选后的12年里首次控制了众议院。民主党领导人很快接受考验,要实现他们对恢复传统财政纪律的承诺。

---

[1] Obama quoted in Yarrow, *Forgive Us Our Debts*, xii.

18 经济大萧条和预算僵局

2007—2013年：当年赤字超过还本
付息额的时间为7年
（经济衰退、战争、医疗服务和延长减税期）

面临绝境

2001年，乔治·W.布什上任时承诺将削减总债务2万亿美元，并创建1万亿美元的应急储备。偿还债务将使国家在经济紧急情况下有一定的灵活性。他最初的目标与他的政党引以为豪的传统是一致的，包括在第一次世界大战后和内战结束后削减债务。到2007年，即使排除两场战争的费用，布什最初提出的财政计划也变成了烂摊子。

为降低税率、增加除战争以外的基本军事开支，共和党背负了数万亿美元的债务，这笔债务最终必须连本带利偿还。从现实来看，共和党人不可能期望未来的债务偿还以某种方式让拥有全国10%财富的70%家庭承担，而不是让拥有全国80%财富的5%家庭承担。[①] 反恐战争，需要持续地投资，以便有能力针对世界各地活动组织可能发动的袭击进行侦查和回应。美国不可能继续永远用公债为其反恐努力提供资金。

2007年，众议院新的民主党多数派领导人面临着严峻的政治困境。他们以对比克林顿政府的平衡预算与布什政府的赤字为荣，但国会民主党人只能通过削减联邦开支来平衡预算，因为他们还未为此做好准备。

---

① 有关财富分配的统计资料，请参阅弗莱（Fry）和泰勒（Taylor）的"富人财富的增长"（"A Rise in Wealth for the Wealthy"）。

新的众议院领导层最初宣誓说，任何减税或增加支出都必须与支出削减或新增收入相一致。然而，参议院在通过限制适用"替代性最低税（Alternative Minimum Tax）"的立法时，并没有设法弥补因此造成的财政收入损失。只有小部分传统的财政保守派——主要是从倾向于共和党的选区中胜选的"蓝狗"民主党人——反对众议院在 2007 年最终通过的以债务筹资支持减税的计划。

大多数民主党人也不愿意坚持征收新税，以便为在伊拉克和阿富汗的战争买单。民主党国会多数派试图以提出撤军时间表作为批准战争经费的条件，但在布什总统否决后放弃了这一要求。随着政府部署更多的地面部队，作为实施新战略——减少针对伊拉克平民的暴力，进而稳定该国政府——的一部分，由债务资助的战时开支步伐继续加快。

美国的财政传统允许使用债务来应对严重的经济衰退。保留债务能力以应付经济紧急情况的需求，为限制使用债务作为融资手段提供了强有力的理由。当然，衰退是难以预测的。大多数专家在事后才看清了笼罩于 2007 年不祥阴霾的重要性。抵押贷款债务总额从 2000 年的 6.7 万亿美元增至 2008 年的 14.6 万亿美元。消费者债务总额从 2000 年占国民年收入的 100% 上升到 2008 年的 140%。[①] 在 2007 年，未能偿还抵押贷款的房主数量飙升，一些抵押贷款发放机构倒闭。

随着房地产市场的下滑开始拖累整体经济增长，美联储在 2007 年最后几个月削减了利率。白宫和国会也试图想办法提振经济。2008 年初，布什政府与众议院议长南希·佩洛西（Nancy Pelosi）、少数党领导人约翰·博纳一道，支持联邦政府借款 1 680 亿美元，并以"退税"的形式分发给美国人。[②] 如果要求国会议员为此单独投票授权增发债务，那么维持这种"退税"的假象就会更加困难。前几代联邦领导人都会嘲笑在战争期间借钱给美国人发放现金的想

---

① Council of Economic Advisers, *Economic Report*, 280.
② Herszenhorn, "Bush and House in Accord," and Herszehorn and Stout, "$ 168 Billion Stimulus Plan".

法。明智的是，美国人把借来的钱存起来，而不是按照总统的建议把钱花掉。①

2008年夏天，在房地美（Freddie Mac）和房利美（Fannie Mae）两家庞大的金融机构破产后，大量的抵押贷款债务和相关合成债务所带来的风险变得更加明显。作为美国财政传统的古老支柱之一——明晰的会计核算——遭到了侵蚀，是造成危机的原因之一。多年来，联邦政府通过允许房地美和房利美营造联邦担保的印象，从而避开了对债务的传统限制，尽管国会从未投票为这两家公司的债务提供担保。房地美和房利美的潜在破产，威胁到持有它们债务的银行、保险公司、养老基金的生存。2008年8月，联邦政府为房地美和房利美的债务提供担保，并将这两个机构纳入破产管理。

这一事件还说明了依赖外国债权人的风险。甚至在国会就担保问题采取行动之前，财政部长汉克·保尔森（Hank Paulson）就不得不向中国政府保证，美国将支持其两个大型抵押贷款机构的债务。俄罗斯官员试图说服他们的中国同行开始清算房利美和房地美发行的债券，以此行动来迫使联邦政府承担两家公司的债务。

为防止萧条而举债

2008年9月9日，华尔街金融巨头雷曼兄弟申请破产保护。紧接着，世界上最古老的货币市场基金流动性减弱。如果储户从金融机构撤出资金，那么美国和世界大部分地区的信用体系将被摧毁。

对于2008年的"大衰退"，即世界从一场全球大萧条中死里逃生，已经有很多文章来探讨。从这一凸显当前联邦债务危机危险性的经历中可以得到3个教训：第一，神秘的会计学掩盖了债务的规模；第二，信誉良好的金融机构为了追求增长而过度借贷；第三，高债务的危险只是在抵押贷款的买家消失后才

---

① 该法案允许收入不超过7.5万美元的个人最多支付600美元。对于那些联合申报的人来说，这些数字翻了一番。总统候选人奥巴马反对该计划。经济研究表明，美国人保存而不是花掉了1975年和2001年从借来的联邦资金中支付的现金分红，即"退税"。前里根总统的经济顾问马丁·费尔德斯坦（Martin Feldstein）最初支持2008年的退税计划，他后来得出结论说美国人存钱而不是花钱的目的是为消费支出。参见费尔德斯坦，"退税"（"The Tax Rebate"）。

突然显现出来。在债权人无法想象自己会无力偿还时,他向世界上最大的那些银行自由贷款;当上述无法想象变成现实可能时,这样的贷款行为就会戛然而止。

美联储主席本·伯南克,一位大萧条研究者,后来总结说,"我们在 2008 年 10 月非常接近大萧条 2.0。"① 伯南克的美联储发挥着最后贷款人的作用,其作为政府无形的第四分支的强大地位——这是国家不成文宪法的另一个特点——使得它在 2008 年 11 月大选后行政部门领导层易手时,保持了联邦政策的连续性。

伯南克要求财政部借款,以便为商业银行系统提供资金。在 2008 年 9 月 14 日的电视讲话中,布什总统告诉美国人"如果国会不立即采取行动……美国可能会陷入金融恐慌"并危及"我们的整个经济"。② 共和党总统候选人参议员约翰·麦凯恩暂停竞选活动,出席与布什总统、国会领导人、民主党总统候选人参议员巴拉克·奥巴马的白宫会议。他们敦促国会迅速采取行动,帮助防止金融瓦解。

联邦政府借钱支持大银行的想法,很难被美国公众接受。纳税人很明白,自 2000 年以来,许多联邦官员一直不愿意承认下面的事实:联邦债务——至少是没有货币化的数额——必须由某人,即美国纳税人来偿还。10 月 3 日,在众议院最初行动失败后,市场瓦解。国会勉强为"问题资产救助计划"(the Troubled Asset Relief Program)拨款 6 800 亿美元,向金融机构和汽车行业提供贷款和股权投资。③ 虽然这种规模和速度的借贷自第二次世界大战以来还没有发生过,但利用债务来缓解萧条是与美国的财政传统一致的。伯南克在 2008 年 10 月 20 日告诉国会,虽然额外的赤字支出可能会"给子孙后代带来负担,并限制未来的政策选择",但这似乎"是经济下滑的情况下的合适做法"。④ 然而,在经济衰退期间,在债务水平与国民收入相比已经如此之高的

---

① Bernanke quoted in Wessel,"Inside Dr. Bernanke's E. R".
② Bush,"Speech on the Economic Crisis".
③ Herszenhorn,"Bailout Plan Wins Approval".
④ *Economic Outlook and Financial Markets*:*Before the Committee on the Budget*,U. S. House of Representatives,110th Cong. (October 20,2008) (statement of Ben Bernanke,Chairman of the Federal Reserve).

情况下开始借债,是前所未有的。

参议员奥巴马和麦凯恩在竞选期间都曾承诺,要用超过 1 000 亿美元债务的计划来刺激经济。奥巴马当选后,由于经济持续下降的速度比大萧条以来的任何时候都快,大多数经济学家敦促采取更大规模的债务融资手段来刺激经济。[1]

新总统指出前任遗留大量债务的现实。他向国会民主党干部会议解释说,自 2000 年以来,债务已经翻了一番,"当我踏入椭圆形办公室时,债务已经被包裹在一个大蝴蝶结里作为礼物等着我了。"[2]美国国会预算办公室预测,2009 财年的赤字为 1.2 万亿美元,而奥巴马总统上任时,该年度已过去了 3 个半月。[3] 事实上,税收收入下降的速度比预测的还要快。截至 2009 年 6 月 30 日的 2009 财年,联邦基金预算赤字为 1.54 万亿美元,占国民收入的比例超过了除二战期间以外的任何时候。[4]

奥巴马总统敦促国会增加开支和减税,以弥补估计上万亿美元的国民收入缩水。2 月,国会通过了总额为 7 870 亿美元的《2009 年美国复苏与再投资法案》(American Recovery and Reinvestment Act of 2009)。该法主要包括减税和分几个财年实施基础设施支出和失业救济。[5]

直到 2009 年初,布什和奥巴马政府对经济衰退的反应都遵循了胡佛政府和罗斯福政府的先例。它们和美联储一起,试图避免像 1929—1933 年那样做得太少、太晚的错误。然而,2010 财年的预算未能在与复苏相关的特别支出和一些正常水平的支出之间划出一条清晰的界线。奥巴马政府当年提出的预算方案得到了国会的广泛采纳,其中基于公式的支出增加了 14.9%,其他联邦支出增加了 13.8%。据白宫估计,按照这一支出水平,统一预算需要增加

---

[1] 就连在担任里根总统经济顾问时反对巨额赤字的保守派经济学家马丁·费尔德斯坦(Martin Feldstein)也提出联邦支出与减税相结合可以阻止经济下滑(www. project-syndicate. org/print/the-case-for-fiscal-stimulus)。

[2] Obama quoted in "Obama Fires Up House Democrats".

[3] CBO,*The Budget Outlook*,*Fiscal Years* 2009—2019,1.

[4] OMB, Historical Tables, "Table 1. 4—Receipts, Outlays, and Surpluses or Deficits by Fund Group:1934—2018."

[5] Herszenhorn,"A Smaller, Faster Stimulus Plan".

11亿美元的债务。① 与上一个财年一样,该年度的税收收入低于预期,而借款则高于最初的预测。

到 2009 年夏天,尽管私营部门的就业水平比大衰退前低,经济还是开始再次增长。② 靠债务支撑的联邦支出和减税行为,为经济活动奠定了基础。在 2008 年 10 月 1 日至 2010 年 9 月 30 日的 24 个月中,联邦基金预算包括 5.37 万亿美元的支出、24.2 亿美元的税收、近 3 万亿美元的新债务,相当于每个就业公民承担约 2 万美元的债务和每个家庭 3 万美元的债务。③

参议院预算专家、对长期赤字支出持严厉态度的肯特·康拉德参议员警告总统说,赤字是由经济衰退前的税收和支出政策之间的不平衡造成的。奥巴马回答说,他愿意做出减少赤字的艰难决定,即使这意味着他将是"一个任期的总统"。④ 2010 年 1 月,参议院否决了康拉德提出的一项法案,该法案要求任命一个两党委员会,就终止预算赤字的行动提出具体的建议。参议院的投票结果是 46 票赞成,54 票反对;6 名提出该法案的共和党人投了反对票。奥巴马利用行政命令任命了一个具有类似目的的委员会。

国会共和党领导人对年度赤字提出批评,但没有提议把削减开支和增加税收相结合来平衡预算。共和党活动人士格罗弗·诺奎斯特认为,反对增税是该党的"品牌",并把投票赞成增税的共和党人比作"可乐瓶里的老鼠屎……他们损害了其他所有人的品牌"⑤。

医疗支出

扩大医疗保险的覆盖面,已成为体现民主党价值观的一个目标。在 2008 年竞选期间,关于医疗保险的辩论更多地集中在扩大医疗保险覆盖面上,而不是如何为现有的医疗保险买单。大多数美国人认为,一个只差几个月就能享

---

① *Budget, Fiscal Year* 2010,117—120.
② 私营部门的工作岗位数量比十年前的水平有所下降。为了全面回顾各种刺激措施以及它们的效果,请参见布兰德(Blinder)和赞迪(Zandi)的"大衰退"("Great Recession")。
③ Compare Appendix A, Appendix C, and United States Census data.
④ Obama quoted in Woodward, *The Price of Politics*, Ch. 3.
⑤ Norquist, *Leave Us Alone*, Ch. 20, section titled "No One Votes on Total Spending".

受医疗保险资格的人会因为严重的医疗状况而面临死亡或经济损失,而能享受医疗保险资格的人却得到了世界上最好的医疗护理,这是毫无道理的。当然,这种情况有一个直接的但在政治上很尴尬的原因:当联邦政府缺乏足够的收入来支付现有的医疗保险时,就很难扩大覆盖面。两党的政治家们往往回避这个不方便的事实,于是就提出了一个不方便的问题:他们该如何缩减医疗保险支出或增加税收来填补资金缺口?

没有哪个公众人物能比得上总统在公众辩论中设定问题的能力,但即使是总统也必须明确地界定和一再地重复某个目标,才能煽动公众舆论。奥巴马总统有了机会说明支付医疗保险或让医疗保险覆盖更年轻的人的目标。政府认识到用债务来资助的医疗保险会带来重大问题,白宫预算办公室主任皮特·奥斯扎格(Peter Orszag)多年来一直提醒这个问题。

为医疗保险寻找额外收入的选择并不多。总统曾多次承诺不会对年收入低于25万美元的家庭增税,这一比例约占纳税人的97%。2010年,收入超过25万美元的纳税人已经缴纳了约50%的个人所得税。①

国会中的许多民主党人更感兴趣的是,通过立法扩大医保覆盖范围,而不是弥补医疗保险的资金缺口。2009年7月14日,根据美国国会预算办公室的估计,众议院领导层提出了一项扩大覆盖范围的融资法案,即在十年内借款1万亿美元。几天后,在指责上届政府"主要为最富有的美国人制定了两项减税措施,以及一项医疗保险处方计划,但这些措施都没有得到支付"之后,总统发誓说"医疗保险改革……将得到支付"②。只要联邦政府还在大量举债来支付现有的医疗服务,它就不可避免地要举债来支付任何额外的服务。除少数参议院共和党人外,其他所有参议员都批评了增加医疗服务机会的替代性方案,不过他们并没有提议结束医疗保险的债务融资方案。

2010年3月,《平价医疗法》以微弱的票数获得通过,该法案扩大了医疗补助,要求许多人购买医疗保险,补贴了某些保险费,并对医疗保险的报销设置了新的上限。不足一半的《平价医疗法》的费用支付,用来自向高收入者新征收的医疗保险税、对高保费的保险征税、对工人没有医疗保险进行民事处罚

---

① Extrapolated from Logan, "Summary".
② "Obama Makes Fresh Appeal."

的罚金。该法案将医疗保险用于补偿服务费的增长限制在每年 2% 左右,这远远低于历史平均增长率,甚至低于医生所承担成本的预期增长率。① 国会共和党人反对《平价医疗法》,但将其预计减少的医疗保险报销纳入了自己的预算计划。由于没有税收资助的预算,也没有对用于支持具体拨款的债务数额进行国会投票,这就搞不清到底需要多少债务资金来支持医疗保险、医疗补助和《平价医疗法》中的覆盖范围。

与 2003 年的《医疗保险处方药改进和现代化法》(Medicare Prescription Drug Improvement and Modernization Act)不同,《平价医疗法》的净成本因附加税收和计划降低医疗保险报销率而减少。然而,奥巴马政府发现,将扩大医疗保险作为其标志性的国内政策的举措,很难平衡总支出和可用于医疗服务的财政收入。

与大萧条以来的其他衰退相比,这一次失业率在较长时间内保持在较高水平上。2010 年 11 月 3 日,美联储宣布将通过"大规模资产回购"来扩大信贷,最初是连续 8 个月每年回购 750 亿美元的国债。② 伯南克将这种债务的货币化称为"信贷宽松",不过大多数观察家将其称为"量化宽松政策"。③ 基础货币的扩大也降低了利率。共和党领导人曾经拥护由外国中央银行通过购买国债来提供大量资金以支持预算,现在却反对由他们自己国家的中央银行来购买联邦债券。

---

① 奥利弗(Oliver)、李(Lee)和利普顿(Lipton),《政治史》(*A Political History*),第 323 页。这两种类型的"储蓄"用于医疗保险支付和医疗保险 C 部分私人计划的补贴,在过去 10 年内总计约 5 000 亿美元。另外 870 亿美元的"储蓄"只是一个幻想。一个新的为长期护理的保险计划被建立起来。在这个计划中,工人可以为他们年老时可能需要的长期辅助护理支付保险费。在该计划的早期,保险费超过了支出,这些都被算作储蓄,尽管事实上保费是按照精算师确定的不超过成本的费率来设定的。其中最显著的"储蓄"之一,即 10 年内 570 亿美元,包括减少医疗保险和向医院支付医疗补助,这些医院为低收入和没有私人医疗保险的人提供的服务占比过高。见美国国会预算办公室,《美国国会预算办公室对主要医疗保健立法的分析》(CBO's Analysis of the Major Health Care Legislation)。

② Federal Reserve Board of Governors,"Press Release November 3,2010", http://www.federalreserve.gov/newsevents/press/monetary/20101103a.htm.

③ Coy,"Credit and the Bernanke Code".

由债务资助的妥协方案

2010年,共和党以压倒性优势夺回了众议院的控制权。之后,即将成为新任议长的俄亥俄州国会议员的约翰·博纳(John Boehner)得到总统的同意,延长了国会在2001年和2003年颁布并定于2010年底到期的减税政策。作为回报,博纳默许了总统延长失业福利和暂时降低工薪税的提议。12月通过的《2010年减税、失业保险重新授权和创造就业法案》(The Tax Relief, Unemployment Insurance Reauthorization and Job Creation Act of 2010)要求,在10年内增发9 000亿美元的债券,这一数额超过了2009年有争议的刺激计划。①

利用信托基金在专项税收提供的财政收入范围内支持受欢迎的各类支出,一直是美国财政传统的支柱之一。减少支持社会保障老年和遗属信托基金(the Social Security Old Age and Survivors Trust Fund)的工薪税,是对传统预算做法和民主党长期政策的一种新的偏离。罗斯福总统曾发誓要将税率维持在一个能保持该方案精算平衡的水平上。支持美国老年人养老金的工薪税在1937年首次征收,尽管当时美国仍在遭受大萧条。工人们接受了这种税收,并意识到受欢迎的养老金计划不是"免费的"。

在更近的时间里,克林顿政府曾敦促将社会保障信托基金从联邦预算中删除,并清偿联邦债务,以保持履行未来养老金义务的能力。然而,在奥巴马政府的倡议下,2011年和2012年,国会将雇员工资扣款降低了30%,并以联邦基金预算中的债务融资付款取代了这一收入。

2011年初,在对联邦债务飙升高度关注的政治氛围中,政府官员和共和党国会领导人开始就国会提高债务上限的条件进行谈判。对那些参加茶党集会(Tea Party rallies)并受美国人支持的众议院共和党议员来说,投票批准数万亿美元的额外债务是一个特别政治挑战。当然,众议院可以恢复"现收现付"的预算规划,并投票决定支出不超过税收收入的估计数额。但这么做需要

---

① "Obama Signs Tax Deal".

大幅削减联邦医疗保险和国防支出，并凸显众议院共和党人支持的减税政策的后果。议长贝纳说他不会试图迅速平衡预算，反而会支持提高债务上限，将其作为减少 10 年内预计增长的支出计划的一部分。副总统乔·拜登主持了一个由国会高级领导人组成的小组来确定在 10 年内削减 2 万亿美元的支出，这个数额相当于 2012 年大选之前预计增加的借款。[①]

2011 年 7 月 17 日，总统和议长初步同意将预计的医疗保险和医疗补助支出降低 4.5 亿美元，其他支出的降幅更大。与按现行税率的预测相比，增加 8 000 亿美元的税收。[②] 这 8 000 亿美元的税收增长可能是来自部分减税政策将于 2012 年底到期（这些减税措施完全到期后，将在 10 年内产生 3.5 万亿美元的收入[③]）。

奥巴马和博纳讨论的数字是无力的。总统希望保留现有的医疗保险和医疗补助服务，同时减少这些服务的支出增长，他称之为"掰弯成本曲线"（bending the cost curve）。然而，如果政府相信它可以在不影响服务的情况下降低医疗成本，那么它完全有理由立即这么做，而不管有没有预算协议。[④] 博纳则从未具体说明他如何在不提高税率的情况下增加收入。最终，白宫和众议院领导层同意在 10 年内对国防和各类国内开支的上升幅度设置上限。这一协议促成了《2011 年预算控制法》（Budget Control Act of 2011），该法还将债务上限提高了 2.1 万亿美元。[⑤]

从 2011 年 10 月 1 日开始的下一个财年，《预算控制法》规定减少 250 亿美元的预计支出，这只够归还一天的联邦基金借款。[⑥] 未来的存款将来自《1990 年预算执行法》（the Budget Enforcement Act of 1990）和《1985 年格拉姆—鲁德曼—霍林斯法》（the Gramm-Rudman-Hollings Act of 1985）相结合的过程：国会要求行政部门在国会拨款超过两个年度支出限额（一个是国内支出限额，另一个是除战争直接费用以外的国防支出限额）时，全额自动减支或

---

① Mascaro,"Budget Talks".
② Hirschfeld-Davis,"'Gang of Six.'" See also Bai,"Obama vs. Boehner."
③ CBO,2011 *Long—Term Budget Outlook*.
④ Ungar,"New Data."
⑤ CBO,*CBO's Analysis of the Debt Ceiling*.
⑥ 同上，Table 1.

不支出。

没有人去努力界定所借资金的适当用途,也没有人去制订十年内平衡预算的计划。

2012年3月,众议院预算决议的两次投票,生动地反映了美国财政传统的崩溃程度。田纳西州的民主党人吉姆·库珀(Jim Cooper)和俄亥俄州的共和党人史蒂文·拉图瑞特(Steven LaTourette)试图修改该预算决议,以符合他们所谓的"辛普森—鲍尔斯"预算计划("Simpson-Bowles" budget plan)。他们指的是总统在2010年4月任命的14人财政责任委员会中多数人提出来的建议。库珀和拉图瑞特提出的修正案建议,降低医疗保险支出的增长;尽管与委员会的报告一样,但该修正案对如何实现这一目标含糊不清。2012年3月28日,众议院以382票对38票否决了该修正案。次日,众议院共和党多数派通过了由威斯康星州众议院预算委员会主席保罗·瑞安(Paul Ryan)提出的预算决议。据美国国会预算办公室估计,瑞安的计划将使常规联邦借贷延续到2040年后的某个时候。

2012年竞选和财政悬崖

到2012年年中,国民收入和联邦基金收入已恢复到衰退前的峰值。《2009年美国复苏和再投资法》(the American Recovery and Reinvestment Act of 2009)获准的紧急支出,正在逐步减少。然而,即使不包括正在进行的伊拉克和阿富汗战争的费用,税收收入与常规联邦支出之间仍然存在着巨大的缺口。

在2012年总统竞选期间,奥巴马总统和共和党候选人米特·罗姆尼(Mitt Romney)提出未来遥远的某年实现平衡预算的计划,同时在下一届总统任期内将会积极借款。在2011年关于预算上限的辩论中,总统发表了一个针对赤字的重要讲话,明确描述缩小婴儿潮一代医疗保险资金缺口的必要性。然而,2012年的两位候选人都没有提议结束联邦医疗保险的借款。事实上,罗姆尼试图废除现有的医疗保险报销上限。

2010年和2011年的预算协议曾推迟增税,并将一些紧急支出延长至

2013年1月1日,因而这一天被研究者描述为"财政悬崖"(fiscal cliff)。①

奥巴马连任后,白宫和共和党国会领导人延长了布什时期的减税政策,为超过99%的纳税人减税。②他们达成一致,提高了年收入超过40万美元的个人和年收入超过45万美元的夫妇的所得税税率,结束了由债务资金支持的工薪税减免,并将2011年《预算控制法》规定的自动减支规则推迟3个月实施。与现行法律相比,这一妥协估计将在10年内增加39亿美元的债务。③ 2013年1月1日,国会以一面倒的优势通过了《美国纳税人减负法》(the American Taxpayer Relief Act)。尽管对更高的税收和预定的自动减支机制的影响曾有过可怕的预测,但经济增长的路径看起来并没有明显的变化。

到2013年,传统的四大支柱——清晰的核算、"现收现付"的预算规划、完全由专项收入支持的信托基金、由国会明确界定债务的具体数额和用途——都已经破败不堪。

每个主要政党的现任领导人都承认在遥远的将来平衡预算的好处,但都否认他们有能力在不损害经济增长的情况下短期内做到这一点。许多民主党人恶意诋毁将支出水平与财政收入保持一致的努力,认为这是一种"紧缩"。而以税收替代债务的努力,被共和党领导人贬低为"就业杀手"。

正如在第22章中详细解释的那样,美国经济史并不支持下述观点:强劲的经济依赖于长期的联邦借款。2009年大衰退之后,就业复苏进程缓慢。从2007年12月到2013年4月,大学毕业生的就业率增加了9%,而只有高中文凭的工人的就业率下降了9%。没有高中学历的人情况更差,他们的就业率下降了14%。④ 并非所有的大学毕业生都能找到他们所受教育的工作,但受教育程度较高的工人比其他公民的情况一般要好得多。

许多美国人寄希望于联邦领导人,为那些在不断变化的全球经济中落后的人寻求更多的机会,候选人也通过宣扬他们当选后将"创造就业机会"来强化这种期望。使用债务资金而不是税收收入来支付常规的国防、医疗和其他

---

① CBO, *Economic Effects*, Table 2 at 6.
② Nitti, "Secrets of the Fiscal Cliff Deal."
③ Congressional Research Service, *The "Fiscal Cliff"*, 4, 2.
④ Rampell, "College Graduates Fare Well."

类型的联邦开支以提高美国竞争力,可这样的愿望理由并不充足。

国家第六次及当前债务危机

到 2014 年,几乎所有的联邦主要民选官员都认为,联邦债务过高构成了真正的风险。这个第六次国债危机有以下几个特点,凸显了这些风险不同寻常的性质。

第一,相对于实际可用于征税的年收入规模来说,联邦债务数额飙升至历史最高水平。2014 年,未货币化的联邦债务总额大致相当于每年的国民收入,因此债务的年利息可能会耗掉国家经济增长的很大一部分。这样的国家类似于一个每年加薪的雇员,由于需要向债权人支付不断上涨的还本付息额,于是陷入无法提高生活水平的境地。

第二,自 2008 年大衰退以来,可用于偿债的税收不超过债务总额的 11%,这是自 1801 年托马斯·杰斐逊就职以来的最低持续水准。即使是国家出现其他严重的债务危机——在内战和二战后——时,与每年可用于还本付息的税收收入相比,联邦债务也要低得多。

第三,自 2002 年以来,联邦债务的利息是复利。除紧急情况外,美国在前 180 年中借入的资金很少超过年利息支出。复利这一不变的数学原理,解释了一个人如何从一分钱开始,每天翻倍,一个月就会有 1 000 多万元。复利对于一个储蓄和投资的人来说,似乎是一个奇迹,但对于债务人来说,它可能是一个诅咒。

第四,利率有可能从 2009 年到 2013 年的超低水平上升。相比之下,在国家前五次债务危机后,利率通常会下降或保持稳定。由于联邦债务的平均期限约为 5 年,利率上升将增加未来数万亿美元再融资债务的成本。

第五,目前的人口趋势使得联邦债务负担难以摆脱。在早前的债务高峰时,人口总是紧接着迅速增长——在合众国初期的 35 年里,人口增长超 150%。南北战争结束后的 35 年间人口增长超 100%,第二次世界大战后的几十年间人口增长超 65%。① 女工人数也从 1950 年的 1 800 万增加到 2000 年的 6 500 万,帮助了美国摆脱二战和冷战期间的债务。② 然而,2000 年以后,劳动力增长放缓。如果不进行彻底的移民改革,差不多占 1946—1964 年间出生人口的 1/4 婴儿潮一代退休后,将导致劳动力增长继续放缓。③

第六,自 2000 年以来,美国依靠外国银行和外国政府为自己的债务融资达到了前所未有的程度。到 2020 年,向外国债权人支付的利息可能会消耗相当于美国公司在国内运营所缴纳的全部联邦税收。美国最大的外国债权人——中国人民银行——购买了联邦债务,以吸收其贸易顺差中获得的美元资金。依赖国际债权国的国家发现,很难避免外国对自己的经济政策和外交政策施加更大影响。

第七,自 2000 年以来,联邦官员一直依赖于过于乐观的预算预测。官方当前的预测所做的假设是,未来的国会议员投票支持的公共服务水平将大大低于现在的多数国会议员支持的水平。这种假设让人想起年轻的圣奥古斯丁在《忏悔录》中的祈祷。"哦,主啊,请让我纯洁,但不是现在。"

对于国家公债会引发增长放缓到何种水平,经济学家们进行了辩论。④然而,很明显,任何债务较高的国家都会把相对较多的税收用于偿还债务。假设,例如以下几点:

- 适用于联邦债务的平均利率恢复到 4.7% 的历史平均水平(大大低于二战后 5.3% 的平均水平);
- 联邦债务等于年度国民收入;
- 联邦基金收入是联邦债务的 11%。

在以上假设下,每 1 美元的税收中将有 42 美分用于支付以前债务的利息,只剩下 58 美分可用于国防和当前的公共服务。像 1980 年前后那样出现利率飙升,可能会带来毁灭性的后果。问问希腊吧。

---

① Bureau of the Census, *Historical Statistics of the United States*, 1789—1945, Series B 26—30 and B 31—39 at 25—26.
② Toossi, "A Century of Change."
③ See Chart 5 in Chapter 21 and its cited sources.
④ Compare Reinhart and Rogoff, "Growth in a Time of Debt"; Kumar and Woo, "Public Debt and Growth"; and Greenlaw, Hamilton, Hooper, and Mishkin, "Crunch Time," with Herndon, Ash, and Polin, "Does High Debt Consistently Stifle Economic Growth?"

2000年后国家借债来支持什么

21世纪的债务危机最不寻常的特征是不能以数字来衡量的。美国选民发现,现在很难确定国家借款的目的。相比之下,往昔的公民可以很容易地识别战争开始和结束的时间,这让选民很容易地识别与战争有关的借款何时应该停止。在2000年之后的十几年里,联邦政府的债务有一半是用于发动战争和应对严重的经济衰退,另一半用于资助其他类型的支出和减税。

当联邦基金预算在2000财年最后一次达到平衡时,联邦基金的税收和支出各占国民收入的13.3%。[①] 这些百分比与1965财年(越南战争升级前)的数据一致。事实上,自1961年以来,联邦基金收入并没有超过国民收入的13.8%,联邦基金支出也没有低于13.2%。[②](因此,这些数字反映了半个世纪以来全国对支出下限和税收上限的大致共识。)

图18-1比较了支出和收入占国民收入13.3%的基准水平,这是美国上一次实现预算平衡的水平。[③] 上线和下线之间的区域代表了新增债务的程度。由于国家缺乏联邦基金预算中的分项、税收资助项目的细节,因而人们实际上无法将借来的美元追踪到某笔特定的付款。不过,2000年的平衡预算是证明2000年以后债务使用情况的最佳可用基准。

[①] 13.3%的数字来自OMB,历史表格(Historical Tables),"表1.4——按基金组别分列的收入、支出和盈余或赤字";"表10.1——历史表格中使用的国内生产总值和减缩指数:1940—2018"。请注意,这些百分比与附录C中的百分比略有不同,因为附录中使用的百分比是日历年的百分比,从1789年起就可以得到这些百分比的估计值。
[②] 同上。
[③] See notes on Charts 2 and 3.

美国财政宪法

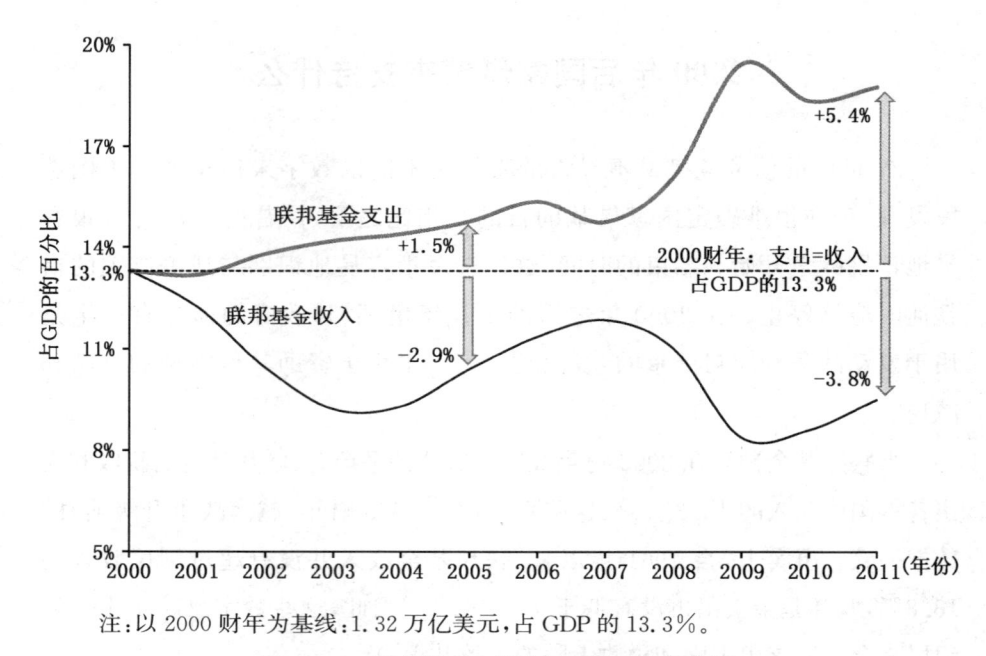

注：以 2000 财年为基线：1.32 万亿美元，占 GDP 的 13.3%。

图 18—1 联邦基金支出在国民收入中的比重

图 18—2 显示了自 2000 年以来各类支出相对于国民收入的比例增长情况。① 由图可见，以 2011 年为例，国家借入国民收入的 1.1% 左右用于资助正在进行的战争，另外还借入 1.1% 用于支付除战争以外的更高水平的军费（"基本"国防费）。债务资金还支付了医疗服务费用，该笔资金占国民收入的 1.5%。2010 年开始的 4 年期刺激措施，即《美国复苏和再投资法》（American Recovery and Reinvestment Act）和延长失业救济金的联邦基金部分，在 2011

---

① "医疗"包括联邦基金对 SMI 信托基金的缴款（《2011 年医疗保险受托人报告》）用于资助医疗保险计划 B、医疗补助、保健计划、其他强制性保健（OMB，历史表格，2013 财年表 8.5），以及非医疗保险酌情保健（OMB，历史表格，2013 财年表 8.7）。它不包括联邦雇员健康福利和退伍军人健康。"基础国防"包括国防、国际安全援助和退伍军人福利和服务（OMB，历史表，2013 财年表 3.2），并扣减了战争的统计数据。"战争"也被称为"海外应急行动"，在每年的白宫国防预算以及美国国会预算办公室，《预算：财政展望 2012—2022》，第 71 页，框 3—2。ARRA（2009 年美国复苏和再投资法案）资金分布在不同的年份，主要是 2009—2011 年，2011 年的估计数同上，8，方框 1—1。这个数字不包括 2011 年的 120 亿美元的医疗补助，因为这反映在医疗类别中。在 OMB 历史表格中找到的失业福利数据包括信托基金款项。这里提供的数据只反映了 2011 年联邦基金对失业信托基金的支付，来自 OMB 的《白宫预算 2013 财年分析视角》（247—248）。注：2005 年，相对于国民收入和 2000 年支出的增长，"其他支出"略有下降。

年占国民收入的 1.2%,到 2013 年结束。从 2000—2011 年,所有其他联邦支出的增长仅略高于国民收入的 0.5%,"所有其他"国内联邦基金支出自 2011 年以来一直在下降。

用债务资金来支付基本国防费(除战争费用外)和医疗服务的做法背离了长期以来的先例。战争期间减税或用债务资金资助新的医疗服务的政策,远远超出了不成文的财政宪法的内容,而此前从未考虑过类似的问题。

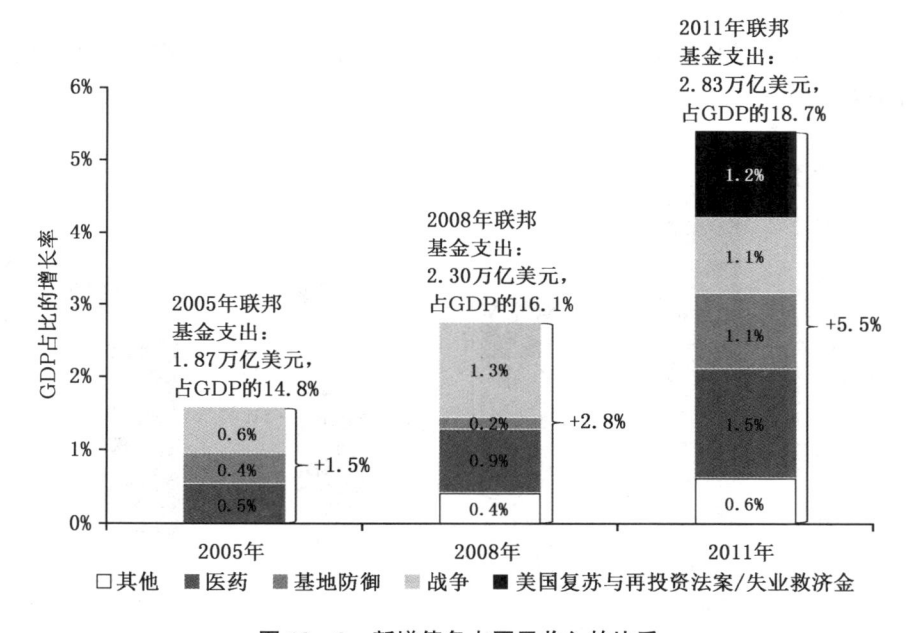

图 18—2 新增债务占国民收入的比重

1970 年,联邦基金收入支持了联邦医疗保险费用的 24.6%,1980 年为 23.4%,1990 年为 27.9%,2000 年为 27.8%。[①] 到 2010 年,也就是婴儿潮一代首次有资格加入该计划的那一年,联邦基金收入中用于支持不断攀升的医疗保险费用的份额已经增长到 44%,约为 5 300 亿美元中的 2 330 亿美元。[②]

[①] 2013 *Annual Report*, *Federal Hospital Insurance*, Table V. B5 at 199.
[②] 同上, and Table V. B1 at 191。

美国财政宪法

图 18-3 显示了 2000 年后联邦基金收入在国民收入中所占比例下降的部分。① 2001 年和 2003 年的税收立法,导致一些税收收入被债务收入所取代。

2008—2011 年期间,收入的下降在很大程度上是由于经济衰退造成的。即使有强劲的经济增长,白宫管理和预算办公室还是预测:到 2014 年,联邦基金税收收入将恢复到国民收入的 11.4%,或总债务的 11.0%。当利息支出上升到国民收入的 3.5% 时,约占国民收入 8% 的收入必须支持国家安全、医疗费用和其他一切未由专用信托基金收入资助的项目。

在美国财政传统崩溃后十几年里,联邦基金的税收收入无法支持任何接近现有水平的国家安全、医疗服务和信托基金以外的其他一切开支。

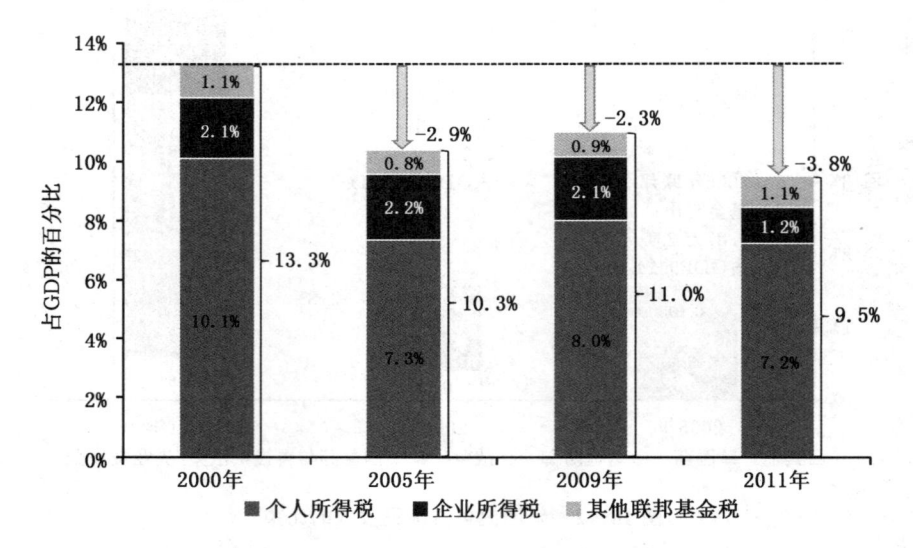

图 18-3 联邦基金收入占国民收入的比重

---

① See OMB, Historical Tables, Table 2.1. Other Federal Funds Taxes is derived from Federal Funds Receipts net of Personal and Corporate Income Taxes. Tables 1.4, 2.3, 2.4, and 2.5 give detail related to specific federal fund and trust funds receipts.

处于十字路口的联邦领导层

到 2014 年，债务上升的后果已经暴露了各党派联邦民选官员由债务资助得到的成就之脆弱。

共和党发起的减税，并没有缩小联邦政府的规模。即使不考虑战争和经济衰退造成的支出，基本国防预算和医疗项目的支出也急剧攀升。2012 年大选后，共和党国会领导人同意不阻止按计划提高的适用于最高税级的税率。他们没有政治上可行的选择。由于《2011 年预算控制法》，许多保守派最看重的国家安全支出面临大规模削减，共和党领导人同意将该法案作为提高债务上限的条件。

随着医疗服务费用的上涨开始挤占其他国内开支，民主党的成就也如履薄冰。《2011 年预算控制法》由一位有着强烈进步主义倾向的民主党总统谈判达成，逐步将不含医疗的国内联邦基金支出份额降至 50 年来的最低水平。不断上升的医疗和利息支出威胁着联邦对未来教育、就业培训、营养、医学研究、可负担住房、城市交通、可再生能源的承诺。从 2008 年的大衰退中复苏，以及从两场战争中撤军，使得使用债务资金来支持日常开支的做法更加难以隐藏。然而，到 2014 年，两党现任领导人都发现，很难在不违反竞选承诺的情况下采取果断行动来平衡预算。

大多数选民和民选官员都表示同意平衡预算的理想。然而，联邦候选人可能会感到一些有影响力的活动家和知识分子的压力，如右翼的格罗弗·诺奎斯特（Grover Norquist）和左翼的保罗·克鲁格曼（Paul Krugman），他们质疑这一目标的重要性。诺奎斯特和克鲁格曼认为，关注年度联邦借款分散了人们对更重要的联邦政府规模和责任之争的注意力。总的来说，诺奎斯特认为支出应该减少到当前税收收入的水平，而克鲁格曼则认为税收收入应该增加到当前支出减去新货币化债务的水平。诺奎斯特和克鲁格曼将平衡预算的动力视为压力，要求每个人做出一些他们认为不可接受的妥协。

一些商界领导人组织了"负责任的联邦预算委员会"（Committee for a

Responsible Federal Budget),以此来制衡那些反对旨在减少借款的妥协方案。然而,联邦收入和支出之间的差距如此之大,以至于该委员会甚至接受了允许每年借款用于日常开支的预算计划。该委员会力图将债务增长限制在低于名义国民收入增长的范围内。因此,举例来说,如果名义收入(未按通货膨胀调整)估计每年增长4%,债务则可以每年增长3%。由于联邦政府在未来经济衰退或战争期间肯定会借入更多的资金,纵容使用债务而不是税收来支持经常性开支的预算规则,有可能使债务增长速度超过预期。长期借贷也破坏了杰斐逊的原则,即把政府限制在公众愿意支付的税收价格范围内。

· 第六部 ·

传统的恢复

第六章

19 复兴传统预算的做法

传统做法的现代应用

结束对债务依赖,需要的不仅仅是政治勇气。美国财政传统的四大支柱——清晰的核算;"现收现付"的预算规划;完全由专项收入资助的信托基金;由国会明确批准债务的具体数额和用途——曾经遏制了借债的诱惑。在美国前四次债务高峰之后连续 11 年中的至少 10 年里,这些做法帮助联邦领导人减少了债务。在第五次债务高峰(1945 年)之后,传统的预算做法帮助稳步减少了 30 年的债务负担。经过时间考验的传统做法的现代版本,可以帮助联邦领导人应对美国当前的债务危机。

改革一:独立的、由税收资助的联邦基金预算

驾驶一辆没有仪表盘和透明挡风玻璃的汽车是危险的,在没有清楚了解年度支出和年度收入之间关系的情况下进行预算规划也是危险的。托马斯·杰斐逊坚持认为,联邦预算对"任何有头脑的人"来说都应该是"清晰易懂的"。[①] 如今,联邦核算经常掩盖了借贷水平、借贷资金的使用、现有债务的实际负担。出于这个原因,除了信托基金预算以外,总统应该提交一份联邦基金预算,国会也应该对联邦基金预算进行投票表决,且其支出仅限于估计的税收

[①] Thomas Jefferson, letter to Treasury Secretary Albert Gallatin, April 1, 1802, in *Oxford Dictionary*, 206.

收入。单独的信托基金预算将包括完全由信托基金专项收入支持的所有支出,而且信托基金预算中不应包括任何由债务筹资的支出。

以税收为资金来源的预算将有助于最大限度地减少分散人们注意力的辩论,例如,20 世纪 80 年代和 2000 年之后关于贷款用途的辩论。将联邦基金预算和信托基金预算分开,可以消除联邦基金预算中大部分精算会计的复杂性,并且减少联邦官员把社会保险收入算作收入而不计入相关负债的诱惑。采用独立的信托基金预算并不激进,它符合 1969 财年之前的预算程序。

用税收筹资的联邦基金预算也应突出偿债成本,并以此提醒人们债务不是免费的。如今,公民甚至很难从联邦基金收入中找到每年应付的联邦利息支出。例如,在 2011 财年,联邦基金预算支付的净利息为 4 180 亿美元,这一数额比统一预算中显示的数额高出 1 880 亿美元。① 用税收筹资的预算还可以明确地将支出和税收之间的关系联系起来,使减税的结果更加明显。没有人喜欢征税,征税的唯一理由是为公共开支买单。

尽管颁布独立的税收筹资预算并不妨碍国会对债务的单独授权,但它会加强将支出和税收政策联系起来所需的政治和管理技能。目前这些技能已经萎缩。

当然,即使是诚实的财政收入估计,有时也会出现偏差。为降低这一风险,收入估计的调整频率应高于目前每年两次的做法。大公司的做法是,至少每月都调整其内部收入预测,并且每个季度公布收入估计发生的变化。

改革二:用税收来还本付息和基本国防费

用税收来筹资的预算,应该支付所有的利息支出以及至少基本水平的国防开支。债务偿还和一定程度上的国家安全,是联邦政府的职能,不可能简单地由州和地方政府来履行。要保留税收收入来支付利息和一定等级的国防费

---

① 尽管美国国会预算办公室及白宫管理和预算办公室公布了大量的预算材料,但联邦基金的年度净利息支出很难在任何可查阅的出版物中找到,必须从总账中重新编制。2011 年,联邦基金预算支付了 4 530 亿美元的利息。减去财政部持有的各联邦基金余额支付的利息 450 亿美元后,联邦基金的净利息支出为 4 180 亿美元。统一预算扭曲了应付联邦债务的利息和可用于偿债的资金。2011 年,在创纪录的低利率下,联邦利率只占联邦基金收入的 29%。"净利息"似乎只占统一预算收入的 10%。OMB, Historical Tables, Table 3.2, Account 901,根据美国财政部各分类账中记录的已付利息进行调整。

要求,同时应该抵制如下诱惑:首先为其他项目提供资金,然后宣称美国必须借款来支付给债权人或实施自我防卫。用税收筹资的联邦基金预算,执行联邦的基本职能,这将使法定债务上限成为执行财政纪律的一个更现实的工具。

总统和国会必须界定值得用税款资助的与国家安全相关的适当的政府活动范围。这笔资金可能包括国防部的项目、能源部的核武器项目以及各种情报活动。总统和国会可能会优先考虑将税收用于国土安全等与国防相关的职能。[①]

改革三:对债务筹资的拨款项目进行投票

在国会程序中,现在将支出的投票与如何为这些支出筹资的投票分开。国会只有在投票决定批准支出超过现有税收之后,才会考虑对债务上限进行修正。因此,关于债务上限的辩论变成了一场糟糕的政治表演,成了一场悲剧和闹剧的怪异组合。

给发债授权的投票,与给支出超过可用收入授权的投票,应该同时进行。国会应要求对任何拨款中预计由债务筹资的部分都进行单独记录表决。这样,公民就能确定每个国会议员投票支持的债务数额和用途。用于支持所有拨款项目而核准的全部债务额,实质上将构成一个更加明显的用债务筹资的预算。

当国会投票决定仅为特定目的举债时,它就更有效地限制了债务规模。在第一次世界大战之前,每次发行债券都可以追溯到一个明确的目的,比如为内战、美西战争、修建巴拿马运河提供资金。国会制定了用于资助一战的总债务上限,这一上限的水平为大萧条时期的债务上限提供了背景。后来国会提高了法定债务限额,显然是为了资助第二次世界大战。在1961年柏林危机之前,3 000亿美元的战时债务最终上限从未被超过。[②] 相比之下,2000年之后,要明确新债发行的理由就难得多了。

[①] 在2011财年,除了战争之外,基本的国防预算是5 460亿美元,另外1 240亿美元用于退伍军人管理局,460亿美元用于国土安全,120亿美元用于国际军事援助。

[②] "Statutory Limits on Federal Debt: 1940—Current," The White House, www. whitehouse. gov/sites/default/files/omb/budget/ . . . /hist07z3. xls.

使用与国会拨款不关联的总债务上限,既具有误导性,也没有效果。要想知道其中的原因,可以试想一下,如果国会废除了通常所说的"上限",行政部门根本就不能借钱。一些国会议员更倾向于将债务上限的投票定性为与总统的斗争,而总统也习惯于要求国会批准更多的债务。事实上,行政部门并没有独立的宪法权力,它自身不能借一毛钱,只有国会表决同意用于开支的钱才能用债务资金来支付。

在具体拨款之外设立法定债务限额,会滋生犬儒主义和虚伪行为,因为这让许多国会议员先是投票赞成支出水平高于其税收立法所产生的收入水平,然后又投票反对提高债务上限。

众议院和参议院每年都会对大约13项拨款法案进行投票。这些法案为联邦政府的各种职能提供资金,并在会议委员会达成妥协之后,再次就相关拨款进行表决。在每届会议中,参众两院拨款委员会的小组委员会都会在分配的开支上限或"指标"范围内准备这些法案的细节。用税收支持的联邦基金预算,可以通过给每个拨款小组委员会两个上限来推行:一个是可用税收支持的上限数额,另一个是任一债务用途的上限数额。

把债务资金支持的拨款和税收资金支持的拨款分开,会使国会议员只能投票决定限于估计税收收入的支出额度。这样,总统可以批准出于某些目的用税收资金支持的支出,同时否决债务资金支持的支出。总统和国会议员理应被允许解释他们为何支持某项计划,但只能是在现有的或新的税收收入可以资助的范围内。

许多现任议员担心,如果他们投票反对任何年度拨款法案,就会受到政治攻击,因为他们反对的是筹资的方法,而不是拨款的对象。因此,举例来说,一个同时强烈支持农业项目和平衡预算的国会议员,在今时今日很难向选民解释,为什么他或她投票反对一项由一笔数额不明的债务资金支持的农业拨款。国会议员应被给予机会只对税收资金支持的拨款投票。

联邦领导人总是有一个长长的开支项目或者减税清单,只有当这些项目可以用现有的税收收入资助时,他们才会予以支持。美国的开国元勋们,也是将他们自己的许多宝贵计划推迟到国家还清债务之后才实行。现在,有许多美国人对杜鲁门总统的远见卓识表示敬意,他呼吁为美国老年人制订医院保险计划,并要求建立能够支持美国国际领导地位的武装部队。但杜鲁门从来没有支持过用债务筹资的和平时期的军事开支或医疗保险计划。

在民选官员的政策指导下,国会工作人员应该能够提供可用来支持各种支出法案的税收数额的估算。州立法机构、县政府、市议会的预算专家,都可以定期核实用于每笔拨款的税收情况。

将"现收现付"的联邦基金预算和具体的债务授权结合起来,联邦政府就可以给每个纳税人发送一张收据明细,显示税款的使用比例和纳税人承担的债务。消费者可以从小型零售商那里收到分项收据,信用卡公司则设法发送显示消费、未付余额和利息费用的报告。联邦政府也应以同样的方式承担责任。

改革四:医疗保险的税收筹资

威尔伯·米尔斯创建了一个由税收筹资的住院信托基金和一个门诊服务信托基金,其资金部分来自向受益人收取的保险费,部分来自联邦基金收入。虽然约翰逊总统向米尔斯保证,预算中有足够的空间来支付医疗保险 B 部分一半的门诊服务费用,但使用联邦基金来资助医疗保险的一部分,确实背离了完全用专项收入支付社会保险的传统做法。如果不是因为越南战争的费用,用联邦基金收入来支付部分医疗保险 B 部分的计划可能在 10 年内都会奏效。其他的联邦义务和不断上升的医疗费用,迫使国会通过增加税收、削减其他项目,以及最终靠借款来支持医疗保险 B 部分。

1997 年,克林顿总统和国会通过立法来解决这个问题,将医疗保险 B 部分报销的增长速度限制在国民收入的增长速度之内。然而,在美国财政传统瓦解后,国会削减了联邦基金收入,暂停了报销上限,并增加了主要由债务资金资助的处方药福利,即医疗保险 D 部分。

1983 年,国会遵循为社会保险提供资金的惯例,使社会保障信托基金在婴儿潮一代退休前就达到了精算平衡。医疗保险未能做同样的事情,可能已是无法挽回的过去,但在婴儿潮退休潮全面到来之前将医疗保险置于"现收现付"的基础上还不算太晚。如果没有足够的税收收入来支付医疗保险 B 部分和 D 部分应由联邦基金承担的份额,那么 2010 年后即使可能,也很难平衡联邦基金预算。

传统的预算做法会要求由国会拨出足够的税收收入来全力支持医疗保险信托基金的义务。对于"医疗保险"所提供的服务的适当水平和费用,公民们有各种不同的看法。但是,没有人能够证明在已经很高的医疗服务费用上再增加一层复利是合理的。

"现收现付"的医保,将向公众准确地说明这一热门项目的资金来源。很多公民误以为他们已经用自己的工薪税缴款和年度保费全额支付了"医疗保险"。用纳税人的贷款为"医疗保险"提供资金的想法,本身就是一种欺诈。如果一家保险公司支付了医疗费,然后用一笔由全部病人的家庭提供的贷款来偿还,则你会把这叫做什么?

改革五:一场全国性的公债投票

民意调查显示,大多数选民都有强烈愿望,在不增加税收或削减医疗保险等最大支出类别的情况下实现平衡预算。不过,这些民意调查结果并不意味着公众完全不愿意在实际可行的方案之中做出选择。一个理智的消费者可能会表达对奔驰车的偏好,然后购买雪佛兰,如果这是他或她能负担的。美国人需要被告知,在不同的保费和税收水平上分别可以获得哪些医疗服务。许多联邦官员很清楚这种权衡,尽管他们担心如果自己把坏消息带给选民,他们就会经历众所周知的信使的命运。

要解决一个定义不明确的问题是困难的。经过多年的困惑和相互矛盾的解释,选民们发现很难理解联邦借款的目的。国会议员认为,如果他们的对手在下一次选举中能够如此轻易地歪曲已有的替代方案,那么他们就无法提高税收或推动削减联邦支出项目。因此,挑战就在于如何最好地让公众参与到权衡预算的决策中来。

这种类型的参与实际上每年都会发生无数次,因为市、县、学区、州都会寻求选民授权,以一般税收收入为支撑进行举债。选民被告知所要求举借的债务数额以及用途。政府官员会告诉评级机构和选民,是否需要提高税率来偿还债务。国家和地方官员在编制预算时就必须考虑到确保未来的财政收入,以用于偿还债务。就像美国国庆节的游行一样,公债投票其实司空见惯。

没有什么可以阻止国会就是否为特定目的和数额而举借联邦债务进行全民公投。这样的全民公投,将会允许主张小政府的保守党人有机会使支出与税收水平保持一致。此时,进步派领导人也可以提出征税的理由,以资助必要的服务。如果有足够多的国会议员推动全国性的公债投票,那些抵制的人将不得不解释为什么要阻止选民在这样一个关键的决定上发表意见。

自1970年以来,州和地方债务的增长速度只有联邦债务的一半。[①] 要求公债投票有助于执行财政纪律。

预算改革的实用性

上述五项预算改革将有助于克服实现平衡预算的政治障碍。进行这一变革,正当其时。与悲观者的观点相反,大多数当选总统和国会议员确实关心他们国家的未来和财政独立。国会一直愿意对自己施加财政限制。

前四项预算改革,都是按照几代人行之有效的做法建议的。在过去我们指望预算专家提供现实的收入估算,然后国会或行政部门的官员将他们的愿望清单缩减到收入限额之内。信托基金的支出,也被限制在专项收入和国会批准的有关债务的具体授权范围内。即使在白宫和国会的党派控制权来回变化的情况下,这些基本的预算做法仍然没有改变。

新的政治动力现在就应该赋予预算改革者权力。到2013年,国会中的传统保守派和进步派都在应对2000年后借贷狂潮产生的后果。许多保守派人士已经认识到,债务资金支持的政府不能限制政府的总体规模,即使到了2013年,也未能限制适用于最高收入者的税率。为了日常开支而借款这一想法,更是违背了一个多世纪以来共和党核心选民的商业管理理念。国会中的进步派人士认识到,即使对最富有的美国人用高税率征税,财政收入也不够用,所有的国内项目最终都会被债务利息、基本的国防费和医疗费用所吞噬。

现在正是实行"现收现付"式医疗保险改革的好时机。国会中几乎所有的共和党和民主党议员都在承诺支持医疗保险的同时探索限制其成本增长的方

---

① 参见附录E。

法。共和党试图减少联邦基金收入，但却不愿面对削减相应医疗保险水平所带来的政治代价，对此民主党人感到生气。若限制每个医疗保险受益人的平均支出水平，则会带来巨大的阻力，而对此共和党人没有能力克服。医疗保险中由债务资金支持的那个部分似乎是免费的，这样的错觉让那些想让医疗保险更具可持续发展的人无法成事。共和党人和民主党人应该能够就"现收现付"的医疗保险原则达成一致，并且仍然有很多机会动员其选民支持不同费用水平的计划。

长期"赤字削减计划"是将艰难的选择推迟到遥远的未来，并不能替代在几年内就实现平衡预算的计划。量入为出的原则是众所周知的。很少有紧急的问题能在几十年里慢慢地解决。当联邦官员向公众解释保护未来机会和维护国家独立的必要性时，他们能够成功地平衡预算。可继续借钱的民选官员破坏了这一信息的可信度。一位民选官员在提出数万亿美元借款计划的同时警告债务有危险，就跟一个电视布道者在宣扬个人美德的同时过着龌龊的私生活一样。

预算计划要求在十年内而不是现在作出牺牲，也可能会面临严重的经济风险。复利会随着时间的推移而加速，与之竞赛，必须以短跑而不是马拉松的方式赢得比赛。国家为支付日常开支而借款的时间越长，发生战争或经济衰退这样的紧急情况的可能性就越大，而这将破坏任何长达数十年的赤字削减计划。随着复利的加速——用乔治·华盛顿的比喻来说就是"滚雪球"——当复利撞上债权人借款意愿停滞不前时，它的影响更大。

以税收筹资的预算可能会促使更有效地管理基于公式的支出，用预算术语来说就是"非自由裁量支出"（nondiscretionary spending）、"强制性支出"（mandatory spending）、"应享的权利"（entitlements）。这些术语都有不同的法律定义，但它们一般指的是由公式驱动、按估计数字做预算并以向受益人或服务者付款的形式发生的支出。

过去几十年颁布的预算改革方案，都侧重于限制公式之外的支出——"自由裁量性支出"（discretionary spending）。这些改革方案包括1985年的《格拉姆—鲁德曼—霍林斯法案》（债务超出限额后自动减支）、1990年的《预算执行法》（对年度拨款设置上限）、2011年的《预算控制法》（超过上限的支出自动减支)。在联邦基金中自由裁量性支出和非自由裁量性支出之间存在的区别,不应该就此自动决定用税收收入而非债务资金来筹资。例如,在考虑给退伍军人的新福利(非自由裁量式)和调整现役士兵的补偿(自由裁量式)之间权衡时就是如此。在两个备选方案之间怎么分配税收,不应该主要根据它们是自由裁量性的还是非自由裁量性的来决定。

称职的联邦管理人员应该能够避免在年底耗尽资金,应该避免让基于公式的计划的受益人和服务提供者陷入困境。由管理良好的团体(corporations)——包括保险公司在内——来跟踪实际的与预算的差异,管理可用的现金储备,以便支付难以提前预测的费用。如果联邦政府无法确保自己的管理活动能在一个年度的开支上限内运作,那么它又怎能指望去管理多年的成本呢?

宪法修正案

麦迪逊是对的:用选民执行的宽泛原则来限制债务,比用法院执行的具体宪法语言来限制债务更有意义。然而,几十年来,许多州都通过了某种形式的决议,支持平衡预算的宪法要求。1995年的这种修正案在参议院的表决中只差1票就达到了众议院和参议院的2/3票数。近年来展开的一场激烈的辩论是:使用"简洁"的修正案来限制使用债务呢,还是为了达到限制债务而去限制增税的用途,究竟哪一个更可取?①

平衡预算的宪法修正案仍然需要国会预算程序的改革。例如,1995年几乎获得通过的宪法修正案规定:"国会应通过适当的立法来执行和实施这一条款,立法可以依靠估计的支出和收入值。"②

拟议的平衡预算修正案难以明确地告诉我们,如何在经济衰退时期最好地保留传统的借贷能力。很少有主流政治领导人认为,每当经济衰退期间联

---

① Hooper,"Pence Lobbies Leaders".

② H. J. Res 22: *Proposing an Amendment to the Constitution of the United States to Require a Balanced Budget*, 104th Cong., January 4, 1995. http://www.govtrack.us/congress/bills/104/hjres22/text.

邦收入下降时，联邦政府就应该采取提高税收、裁减军事人员或减少社会安全网等措施。正是出于这样的原因，1995年国会几乎通过的宪法修正案允许债务至少要经过参众两院60%的投票授权。要求获得绝对多数的赞成，是为了在经济紧急情况下给予联邦政府灵活性。然而，历史表明，60%的得票率要求，会让少数人可以利用这种讨价还价的能力，以需要更多债务为借口来实际增加支出或降低税收。

例如，在20世纪80年代的预算谈判中，里根总统和国会用更高的国防开支来换取更高的国内开支，以此获得两党的多数支持。在1990年和1993年通过的关键预算法案中，如果为了获得60%的选票而取消附加收入的话，那么就会带来更多的债务。即便近年来人们对债务水平的关注度越来越高，但如果国会领导人的努力受到众议院或参议院40%的成员阻挠的话，那么他们可能会发现很难颁布任何降低支出同时增加税收的组合政策。

简而言之，宪法修正案要求对债务实行超级多数投票程序，但它并不能替代过去有助于加强财政纪律的预算做法：明确的会计；"现收现付"的预算规划；信托基金的独立预算；国会对每笔新债务的目的和金额给予明确的授权。

预算可以在各级支出和税收上实现平衡。传统的债务限制从来没有规定过各种支出类别的相对优先等级，也没有规定过为平衡预算而征收的各种税收组合。如下面两章所述，在可预见的将来，除非美国将联邦基金支出中的国家安全和医疗服务这两个最大组成部分的支出和税收保持一致，否则预算便无法平衡。

20　平衡国家安全预算

全球军事领导权的代价

美国的财政传统有助于保证发动战争所需的债务能力。对借款的限制，也迫使几代联邦领导人仔细地衡量国际义务的代价。

自第二次世界大战结束以来，美国每年都对军事和情报能力持续稳定地投资，这么做支持了它卓越地占据国际领导地位。在 20 世纪 70 年代初，尼克松总统试图缓和与苏联的紧张关系，部分是因为他不相信美国人能无限期地承受冷战开支。尼克松正确地预见到，公众对冷战时期税率的容忍度在下降。在苏联集结核导弹和入侵阿富汗之后，联邦收入已不足以为 1979 年开始的冷战新阶段提供基金。

即使在苏联威胁瓦解后，美国仍维持着全球安全保护伞的角色。1991 年美国领导的解放科威特和 1999 年对巴尔干地区的干预表明，美国军事力量在冷战后诞生的国际秩序中发挥着独一无二的作用。

2001 年开始的反恐战争，代表了美国军费开支史上代价高昂的新篇章。在几个财年里，反恐战争对预算的全面影响不断显现。自朝鲜战争结束以来，以通货膨胀调整后的美元计算，基本军事开支（除了直接战争成本之外）一直保持在一个相当稳定的区间内。到 2005 年，基本国防预算突破了历史高位。如果奥萨马·本·拉登的目标是让美国家庭背负巨额债务，那么他肯定成功了。

2000 年以后，关于五角大楼预算的公开辩论往往集中在正在进行的两场战争的战略和指挥上。一旦美国在阿富汗和伊拉克的军队打破了专制政权的控制,他们就会留在那里,以防止新政府扎根之前出现混乱。2000年后,美国还加大了对机动部队的投入,以有效应对恐怖组织和流氓国家。由于反恐不会随着一场高潮战役而结束,因此有能力每年在备战和新技术方面进行稳定投资至关重要。布什政府从未解决过下述内在的冲突:在长期支出需求与不可持续的年度借款收入之间,为军事建设提供资金。

使用债务资金来支持2000年后的军事义务,将不可避免地导致未来的基本军事预算下降或未来的税收上升。到2013年,阿富汗和伊拉克战争的直接军事成本超过了1.5万亿美元。① 为复员的现役军人以及退役老兵支付的医疗费用,也在继续增加。这些费用加上与战争有关的债务的复利,使得与战争有关的债务总额超过2万亿美元,几乎相当于每个美国家庭承担2万美元。2020年以后,与伊拉克和阿富汗战争有关的债务年利息可能会超过高峰时期战争本身的年度支出。

在支持"国防部2012年未来几年国防计划"(2012 Future Years Defense Program)的过程中,两党就军费开支达成了大致共识。该计划设想军费开支在国民收入中的比例低于2003—2010年的水平。由于婴儿潮一代开始有资格享受医疗保险以及债务利率继续上升,即便是这样的国防支出水平,也很快显得难以维持。

《2011年预算控制法》将五角大楼基本支出的增长限制在远低于未来几年国防计划的建议水平。图20-1的顶线显示了美国国会预算办公室对2012年未来几年国防计划费用的估计,底线显示了《预算控制法》自动减支后的支出。②

《2011年预算控制法》规定,每年从《未来几年国防计划》(FYDP)中削减约520亿美元的开支,或10%。③ 在顶线和底线之间的差距代表着军事实力的重大损失。在削减开支的同时,并没有就是否以及如何削减美国的国际义务进行过任何严肃的辩论。

---

① National Priorities Project,"Cost of War".
② CBO,*Long-Term Implications*.
③ Alexander,"Budget Cuts".

图中文字：

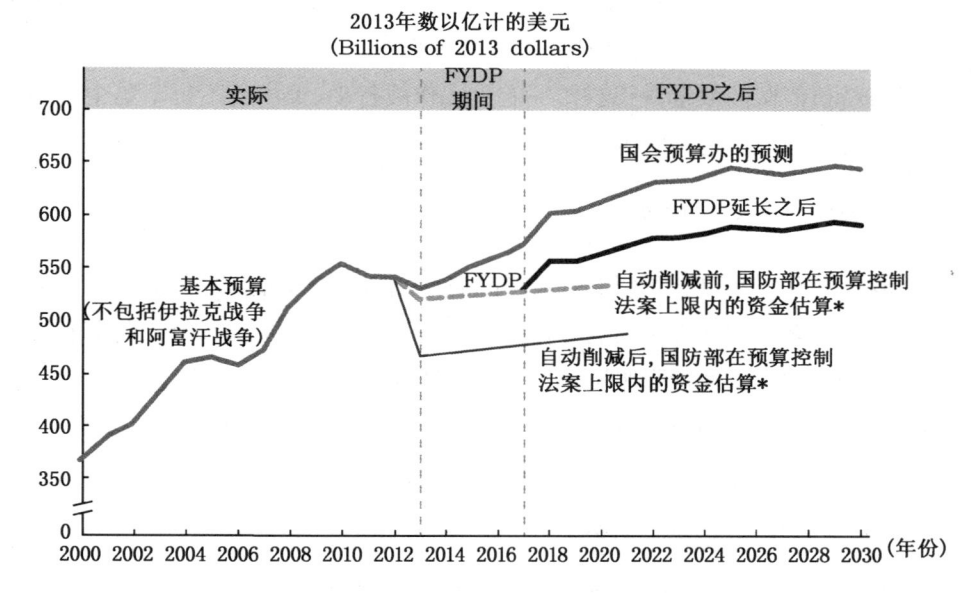

2013年数以亿计的美元
(Billions of 2013 dollars)

实际 | FYDP期间 | FYDP之后

- 国会预算办的预测
- FYDP延长之后
- FYDP
- 基本预算（不包括伊拉克战争和阿富汗战争）
- 自动削减前，国防部在预算控制法案上限内的资金估算*
- 自动削减后，国防部在预算控制法案上限内的资金估算*

纵轴：700, 650, 600, 550, 500, 450, 400, 350, 0
横轴：2000 2002 2004 2006 2008 2010 2012 2014 2016 2018 2020 2022 2024 2026 2028 2030（年份）

FYDP = Future Years Defense Program（未来几年国防计划）

*假设国防部在《预算控制法案》下获得与过去十年相同的国防资金份额

资料来源：美国国会预算办公室，《未来几年国防计划的长期影响》（2012年7月）。

图20—1 《预算控制法》(BCA)背景下国防部计划的成本

以下叙述的四种不同情况，可用来说明使国防开支与五角大楼的任务相匹配的几种替代方案。其中，各项费用占国民收入的比重，并不包括与安全有关的退伍军人支出和国土安全支出。

替代方案1：具有一定反击能力的边境防卫

这一替代方案要求武装部队大幅度减少军警人员的数量以及海军和陆军的国际部署。技术投资的目的，将会是维持特定的空中反击能力，而不是占领外国领土的能力。这一替代方案的成本将低于国民收入的2%。这个方案也与当前主流之外的外交政策保持一致。

替代方案2：国防

这一替代方案能实现基本的边界安全，但其能力不足以同时在一个以上的地区作战或占领大片领土。这将需要大幅度削减目前计划中的物资采购和人员数量。例如,纯粹的"国防"方案将减少新一代战术飞机的部署和现有海军航母特遣舰队的数量。[1] 这样,一有重大作战行动,美国就不得不集中大部分军事力量参与。这种防御态势的国防费用,可能不到国民收入的3%。

替代方案3：当前的共识

这一替代方案符合《2012年未来国防计划》。美国将保留在重大地区战争中迅速部署压倒性力量的能力,韩国、中国台湾、以色列、波斯湾都将留在美国的安全圈内。按通货膨胀调整后的美元计算,这一替代方案的成本比2000年更高,因为医疗福利和燃料费用等项目的支出的上升速度超过了通货膨胀。这使得美国能够进行干预,以对抗敌对国家发展核武器的行为。这种替代方案的费用占国民收入的3%到4%。

替代方案4：军事上有干预、更换敌对政权的能力

这一替代方案反映了2003—2012年基本国防预算类型的延续。这种规模的支出,将支持下面的外交政策,即保留在伊朗、巴基斯坦或叙利亚等国持续作战的能力。这种替代方案的成本约占国民收入的4%至5%。与替代方案1一样,这一方案也缺乏广泛的公众支持,只有通过征收更高的税收才能为它提供资金。

上述四种替代方案中,每一种的估计成本都应该向上调整,以计入其他与国防有关的支出。对于越南战争、伊拉克战争、阿富汗战争的退伍军人来说,合理的估计是,在退伍军人管理局和其他各种联邦部门的预算中,用于退伍军人的开支将至少占国民收入的0.5%。如果将这一数额加到"当前的共识"的下限中,即上述替代方案3,估计成本至少占国民收入的3.5%。这样,国防和退伍军人的开支在国民收入中所占的比例接近第二次世界大战后的低点。国土安全以及国务院和其他机构预算中的国家安全、情报、网络防御、援助盟友等费用,将再占国民收入的0.5%到1%。

---

[1] In *Putting "Defense" Back into U. S. Defense Policy*, Eland notes that the United States would have to rely on regional alliances to fill a vacuum in military power.

包括白宫和美国国会预算办公室在内的许多长期预测认为,到 2020 年,五角大楼的预算将下降到占国民收入的 3% 以下。如果美国继续发挥自己在国际事务中的独特领导作用,那么这样的假设可能就过于乐观了。维持高战备水平士兵的人均成本,其增长率一直快于国民收入的增长率。新武器、网络威胁、全球范围内更大的流动性都会带来风险,而这可能是每年对国防进行持续稳定投资的理由。要保持技术优势是昂贵的。矛盾的是,当潜在的对手以较低的成本获得更强大的武器时,这些成本可能都会增加。从 1999—2001 年,国防开支确实下降到国民收入的 3%,但在很大程度上这是因为冷战期间开发核武器的活动到此时急剧减少,可目前似乎还没有类似的情况出现。

维持"共识"的税收收入

美国的财政传统曾经迫使美国明确地将自己对盟友的义务与因此带来的税收成本进行权衡。如今,纳税人愿意提供资金的义务水平,充其量说也是不明确的。当前不寻常的党派结盟,使得在这一问题上达成全国新共识的前景变得复杂起来。近年来,共和党联盟中既有被小政府愿景吸引的选民,又包括那些文化上保守的选民,他们支持美国在国际事务中扮演特殊角色——尽管代价高昂。华盛顿的大多数共和党领导人都赞成用债务收入来弥补高额军费和低额税收之间的差距。

2013 年生效的联邦税法不太可能产生足够的收入来满足符合上述第三种替代方案(即当前的共识)所要求的军费开支。2000 年,联邦基金预算收支平衡,支出和收入各占国民收入的 13.3%。当时,个人所得税收入占国民收入的比例高于第二次世界大战结束以来的任何时候。[①] 在大衰退之前的 2007 年,联邦基金收入占国民收入的 11.9%;在 2014 财年,联邦基金收入预计将占国民收入的 11.4%。[②] 如果利息支出消耗了国民收入 3% 到 4% 的税收,那么用于国防、国土安全以及退伍军人的基本预算就将占国民收入的 4.5%,

---

① 参见附录 H。

② Appendix C and OMB, Historical Tables, "Table 1.4—Receipts, Outlays, and Surpluses or Deficits by Fund Group: 1934—2018".

这就需要大幅削减用于医疗保险和其他所有方面的现有联邦基金支出。

削减相当于国民收入1%的国家安全开支,抽象地看似乎并不多,但它确实削弱了美国保持现有军事能力和在新威胁面前领先一步的能力。将五角大楼的计划预算减少1/4,将使得现有的战斗力不足3/4。另外还有其他项目存在大量的固定成本,如全球情报活动以及退休人员的医疗福利等。由于新武器系统的研究、开发、制造能力存在着固定成本,若减少购买新武器的数量,就会提高每件武器的平均成本。当联邦官员将原来的采购计划时间延长时,同样的成本增加也会出现。此外,对作战能力的直接贡献较小的成本,往往是最难限制的。承诺给退休人员的费用以及为军事人员及家属提供的医疗服务费,具有很强的道德意义,在任何预算年度内都难以削减。

同样地,将个人所得税收入占国民收入的比例提高1%,也是一个不小的障碍。例如,在2014财年,白宫估计个人所得税收入将达到国民收入的8.1%,所以再增加1个百分点——把个人所得税收入占国民收入的比重提高到9.1%——就需要再增加12%的财政收入。[①] 自朝鲜战争以来,还没有出现过通过提高个人所得税来产生如此规模的财政收入的情况。

美国不太可能通过抱怨并让其他国家采取更多的行动来维持现有的全球安全水平。盟国的武装力量主要用于领土防卫,在多国部署中能发挥的作用有限。事实上,它们长期以来一直依赖美国提供所需的情报、通信、精确瞄准、海上控制以及为大规模对外军事行动提供后勤资助。

只有少数几个国家有经济实力投资于航母特遣部队、能够在任何地方快速部署的精锐特种部队以及在全球卫星网内运作的机载精确弹药等能力。劳动力老龄化的发达国家,不太可能将更多的国民收入投入到支持国际安全的工作中来。日本和德国作为世界第三和第四大经济体,偶尔会有与美国不同的利益。例如,需要向中国出口以及依赖从波斯湾进口石油,可能会削弱这些国家对中国台湾和以色列安全的承诺。

中国作为世界第二大经济体,有经济能力扩大其军事力量,并与美国有一些共同的利益,如海洋通行自由。然而,在国际商业贿赂、知识产权、人权、优

[①] OMB, Historical Tables, "Table 2.3—Receipts by Source as Percentages of GDP: 1934-2018".

先获得原材料等问题上，中国的政策确实与美国不同。在2012年中国国家主席换届前的几个月里，中国领导人和国内媒体加剧了自己与美国的关键盟友日本之间的宿怨。中国大陆对于向韩国、以色列，当然还有中国台湾提供安全保护伞不太感兴趣。

本章并没有假设有一个最佳的军事开支水平，而是粗略地提出了几种预算替代方案。然而，如果美国要恢复有效的"现收现付"预算计划，并将债务限制在其传统用途上，那么支持强大军队的公民应该敦促他们的同胞缴纳相应的税收作为代价。在经济全球化的情况下，美国人的命运从未如此依赖境外的事件。在《美国制造的世界》(*The World America Made*)一书中，罗伯特·卡根(Robert Kagan)很好地总结了将军费开支维持在当前共识水平的理由。然而，卡根断言："即使是最严厉的国防预算削减，每年也只能节省600亿到1 000亿美元，这在美国面临的年度赤字中只是一小部分。"[①]对某些人来说，这个数字可能看起来很小，但在2013年以后许多年的预算估测中却并不包含支付这一数额和履行其他重要联邦义务的收入。像其他许多人一样，卡根认为"失控的赤字"是"权利支出膨胀"的产物。事实上，正如前一章所示，自从2000年预算达到平衡以来，美国的借款主要是为了基本军事预算、战争、减税和医疗保险的高额费用。工薪税已经支付了社会保障养老金的增长，没有人相信公众会支持将这些税收从信托基金转移到军事采购上去。

在税收和军事开支之间寻求适当平衡，对于这一问题，公众的意见一直存在分歧。自乔治·华盛顿政府以来，这种权衡就一直存在争议。公民愿意向自己征税来支付军费，这一行为可以加强平民和士兵之间的联系，向潜在的对手传达国家的决心，并维护战争期间所需的信用。半个多世纪以来，美国稳健的国防预算既保护了美国在国外的价值观，也保护了国内的公民。这些价值观包括对民主的信仰。当政治领导人抵押未来，以便让花在国际安全上的支出超过他们要求公众用税款支付的数额时，民主自治的根本原则就被破坏了。

---

① Kagan, *The World America Made*, 129.

21 承担医疗费用

公共补助医疗保险的兴起

医疗服务费用的增长速度远远超过了联邦财政收入的增长速度,自 2001 年以来联邦政府一直在举债填补缺口。尽管如此,我们还是无法找到一位联邦候选人发表题为"为什么我们应该抵押明天的税收来支付今天的医疗账单"的演讲。人们有时会将债务资助的税收激励措施或者将债务资金用于教育和基础设施支出,以便促进经济增长,但没有人鼓吹借钱支付日常医疗费用有经济效益。

联邦医疗项目的产生,是为了弥合医疗保险费和一些人——特别是退休和残疾的美国人——能够负担得起的保费之间的差距。在 20 世纪后期,公众对保险的需求随着医疗服务的成本和效力而增加。

人们害怕给所爱之人健康定价,而患者往往缺乏专业知识,无法在医疗选项的价格和质量之间进行权衡。医疗保险有助于解决这些问题,因为它将费用决定与诊断治疗过程分开。保险还可以降低意外或非常高的医疗费用的财务风险。然而,保险的这些优点也带来了它的主要缺点:患者和医生如果不太担心账单的支付问题,也就不太可能节约成本。

就其本质而言,保险重新分配了医疗服务的财政负担。医疗需求较低的人所支付的保险费,可以补贴给那些有较高或较迫切需求的患者。因此,平均保险费取决于保险池中人付出的总成本。私人保险公司,包括非营利组织,不会借钱来支付医疗费用,因为债务利息会增加其成本。

医院和医生——而不是政客——开创了美国的医疗保险。1929 年,达拉斯医院创建了一个非营利性的保险计划——蓝十字,以确保更稳定的基金支持。同年,洛杉矶的医生开始让市政雇员加入一个由每月保费资助的计划。

到 20 世纪 40 年代,雇主通过提供医疗保险来争夺技术工人。联邦税法使得医疗福利对雇员更有吸引力,因为他们不需要为雇主替他们支付的保险费支付所得税。此后,医学上的巨大进步提高了这些福利的成本和价值。

医疗保险为美国老年人提供了一种类似于员工团体健康保险的保险形式。[①] 到 2000 年,来自保险费和工薪税的专项收入,支付了该计划约 3/4 的费用。2000 年以后,医疗保险 B 部分和新的 D 部分的费用增长速度,远远超过专项收入。因为现有的其他联邦义务已经耗尽了联邦基金收入的每一分钱,所以联邦政府只能靠债务填补医疗保险的资金缺口。

几十年来,联邦官员一直试图控制医疗费用的增长。他们实施了雄心勃勃的改革,包括预付制度、固定价格表、广泛的审计、管理式医疗、激励缩短住院时间等措施。这些努力在短时间内取得了成功。但最终,增长的医疗服务和选择更复杂的医疗诊断方案与治疗方法所产生的费用抵消了成本节约举措的成果。

每个人都赞成提高效率,尽管这一概念往往难以适用于提供医疗服务。例如,一项诊断试验可能拯救几百名病人中的一位,但目前还没有一种公认的方法能够评估其经济价值。

可能缩短生命长度或降低生命质量的决定,涉及超越政治的基本价值观。意识形态经常被用作一种工具,帮助政客和选民在处理复杂问题时简化备选方案,但它对那些寻求降低医疗费用的人几乎无法提供现实的指导。例如,保守派经常反对那些介入医疗提供者和患者之间关系的方案,尽管它限制了成本,而进步派则抵制限制资格或限制服务的那些方案。

从 2001 年美国财政传统的崩溃到 2008 年大衰退的爆发,国内联邦基金支出在国民收入的占比中,医疗服务几乎占据了增长的全部份额。2010 年,

---

[①] 当联邦医疗保险颁布时,65 岁以上的美国人中只有 1/4 有医疗保险。医疗保险 B 部分的保费水平是为了鼓励更健康的美国老年人广泛参与,以帮助预防风险。

所有医疗服务的总费用消耗了国民收入的 17.9%，即人均 8 400 美元。医疗保险和医疗补助——包括专门用于信托基金的保险费和工薪税——支付了这一数额的 1/3 以上。① 基于雇主缴费的医疗保险支付了另外的 1/3。到 2010 年，联邦基金预算内的医疗保险和医疗补助上升到国民总收入的 3.1% 左右，占联邦基金总支出的 1/5。② 在 2010 年后，婴儿潮一代开始有资格享受医疗保险。

婴儿潮一代的影响

"完美风暴"（perfect storm）一词，指的是不相关、不正常的气象条件的组合带来了气象灾难。这个被过度使用的比喻，其实并不适合用来描述婴儿潮一代的老龄化、新的医疗方法、医疗服务价格上涨、联邦债务等综合在一起的影响。气象事件无法提前数年预测，而这些医疗、人口、财政趋势对预算的影响已经被人预测了几十年。

图 21—1 描述了这一影响带来的挑战。

从 2011—2021 年，有资格享受医疗保险的美国人将增加 1/3。此外，84 岁以上的人口占美国退休人口的比例每年都在增长。医疗补助计划和医疗保险计划相结合，为数百万患有严重老年残疾和其他残疾的美国人支付住院护理费用，这一数字随着人口继续老龄化将会上升。③

美国的财政传统曾经把联邦医疗服务限制在可得到的税收收入范围内。由于没有多余的财政收入，或者无法容忍更高的税收，到 20 世纪 70 年代末，各种扩大医疗保险的计划都要求雇主或雇员承担责任。这些计划旨在扩大参与集团医疗保险的范围。

---

① *Health, United States*, 2012, Tables 111 and 114, http://www.cdc.gov/nchs/data/hus/hus12.pdf#111.

② For Medicare, see *Medicare Trustees Report*, Table V. B1 at 191 and V. B5 at 199（$594 billion times 43.1 percent federal funds revenues），http://downloads.cms.gov/files/TR2013.pdf and OMB, Historical Tables, "Table 10.1"（$16.2 trillion）. For Medicaid（$265 billion），see CBO, *Medicaid Spending*.

③ CMMS, *National Health Expenditure Projections*. 到 2020 年，如果《平价医疗法》扩大范围，预计医疗补助将占联邦医疗支出总额的 1/5。

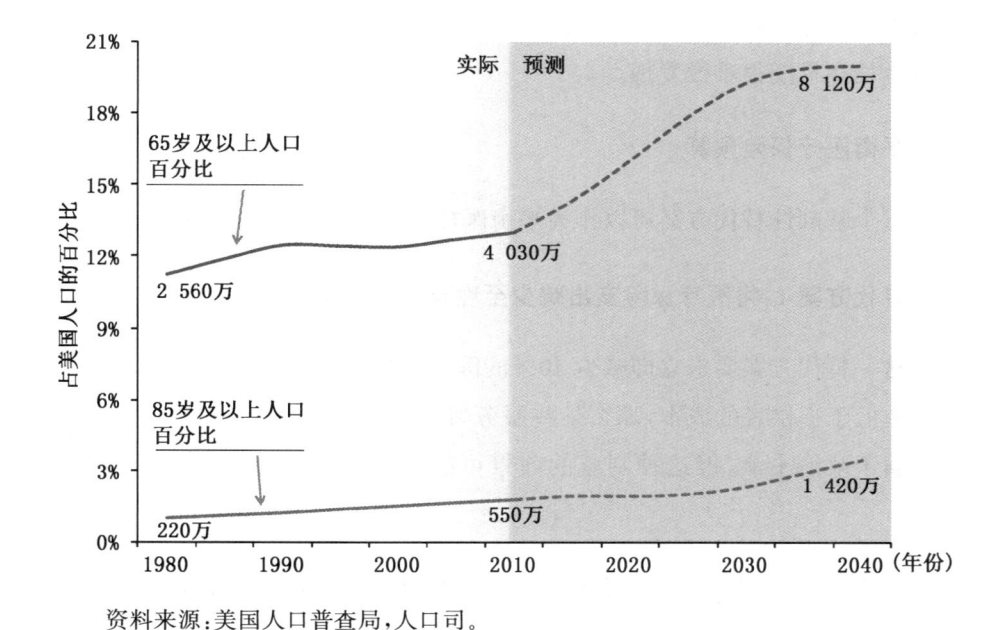

图21—1 1980—2040年美国65岁及以上人口和85岁及以上人口

资料来源：美国人口普查局，人口司。

但这么做却留下了如何为那些无力支付保险费的人补贴部分保险费的难题。此外，在一些竞争激烈、不给员工提供保险的劳动密集型企业中，雇主可以通过不提供团体保险来获得成本优势。

联邦预算的主要专家之一爱丽丝·里夫林（Alice Rivlin）指出："我们从来没有直接面对这样一个问题，即在一个资源有限的世界里，我们个人和集体愿意为医疗保健投入多少，为所有其他商品和服务投入多少。"[1]

用公债筹资的医疗保险违反了社会保险的原始前提。保险是将今天的部分医疗费用转嫁到医疗需求低于平均水平的人群身上。联邦用借款来支付目前的医疗账单，就等于把未支付的医疗账单加上利息转嫁给未来有更大医疗需求的老年人口身上。

寻求更有效的医疗服务，并不能成为利用债务来资助医疗保险的理由。如果有什么区别的话，税收筹资体系应该促使人们更加迫切和现实地追求降

---

[1] Rivlin and Antos, *Restoring Fiscal Sanity 2007*, 70.

低成本。债务本身会增加一层利息支出,从而提高医疗服务的最终成本。复利的生长在早期很难被发现。

平衡医疗保险预算

三个基础性替代方案可以作为平衡医疗保险预算所需的选项。

替代方案 1:将医疗保险支出减少至现有的专项收入

这一替代方案要求立即减少 40% 的医疗保险服务支出。① 如果医疗费用报销率低于提供者的成本,那么某些服务将会限量供应或无法提供。这个方案不属于政治主流,但这种削减的前景可能会引发一场对其他选择的诚实辩论。

替代方案 2:具有严格的成本上限和更高税收收入的医疗保险

总得有人为老龄化的人口医疗费用买单。对大多数纳税人来说,目前比率为 2.9% 的医疗保险工薪税需要增加 1 倍,才能产生足够的收入来支付该计划在 2020 年后的成本。2007 年、2010 年、2012 年通过的立法,增加了医疗保险费和对高收入人群的税收,因此这些纳税人不太可能单独承担弥补资金缺口的额外成本。这一替代方案需要拿出相当于国民收入 2% 的税收。② 如果对报销水平的严格成本控制最终使医疗提供者不愿提供服务,那么为了避免医疗保险方面的税收进一步增加,可能需要提供一些最昂贵的收费服务或者将部分医疗成本转移给受益人。

替代方案 3:用更高的税收收入来支持医疗保险

这一替代方案保留了基于医疗服务成本的现实估计而设计报销率的医疗保险。它将比替代方案 2 更昂贵,并可能需要某种新的税收形式,因为它需要

---

① 如果将医疗补助纳入其中,将减少 50%。见 Meeker,《基本总结》(*Basic Summary*),第 274 页。
② 如果提高个人所得税税率来弥补平衡,就相当于把 2001 年和 2003 年对所有收入水平的美国人的减税措施全部取消。

的财政收入比现有工薪税和个人所得税制度能产生的更多。

"现收现付"的医疗保险

目前,两党领导人都支持的长期预算计划将继续使用债务来为医疗保险的大部分费用提供资金。截至2013年,共和党和民主党领导人都已承诺为相同的受益人保留相同的服务覆盖范围。预计到2020年,每位受益人平均年成本约为15 000美元。①

国会领导人夸大了两党在限制医疗保险成本增长方面所青睐的替代方案的差异和相对利益。大多数共和党国会议员支持一项计划,即向保险管理人员支付每个受益人每年一定数额的费用,而多数国会民主党议员则倾向于通过直接限制支付给保险公司的价格来控制费用。这两种办法的版本都被纳入1997年的《平衡预算法》。这项立法在数年内限制了医疗保险费用的上升,也显示了成本控制和管理医疗计划的薄弱,但没有改变医疗保险服务或资格。任何保险管理机构都无法限制年度费用,除非它对各种服务的支付设置较低的上限,或者将费用转嫁给其他人。同样,对报销率的直接控制也不能迫使服务提供者以低于他们愿意接受的价格提供服务。

尽管如此,政客们仍然声称,他们可以在最终不降低护理质量的情况下降低医疗保险费用的增长。民选官员们习惯于在竞选活动中模糊希望和现实之间的界限,不过并非只有他们才不能区分现实的具体立法和一厢情愿的想法。各种专家平衡预算的计划只是假设,未来每位受益人的医疗保险费用在2020年后不会增加。这一假设承认,在大多数婴儿潮出生的一代人的余生中,医疗保险费用的增长不会继续快于国民收入。然而,前提并不是计划。任何出乎公众意料地削减服务的计划都可能被废除或推迟。那些认为联邦政府应该对每位受益人的医疗保险费用实行严格上限的政客们应该尝试立即这样做,而不是吹捧要到2020年后某个时候才会实施的"计划"。

预算研究者们只说不做,他们抱怨"福利"的成本上升,却没有说明他们将

---

① 2013 *Annual Report*, *Federal Hospital Insurance*, Table V. D1 at 13, www. socialsecurity. gov/oact/tr/2013/tr2013. pdf.

如何立即限制医疗保险的成本。侃侃而谈的轶事，并不能代替诚实的辩论。例如，许多人都听说过病人在生命最后一年发生的医疗费用占总医疗费用的很大一部分，但仅靠这一观察并不能给出减少这些费用的方法。显然，疾病越严重的病人得到的护理就越多。事实上，年轻的医疗保险患者在生命的最后一年接受的医疗服务比老年患者更广泛、更昂贵。任何可接受的制度都不会仅仅因为病人的急性病症更有可能带来死亡而不让他们去治疗。

为了限制公共资金用于最昂贵的治疗，也有许多替代方案，但所有这些方案都需要人力成本。否定用债务来筹资会推迟这种选择。当税收为医疗服务提供资金时，病人和其家人并不是在做极端成本决定时唯一有利害关系的人。

"现收现付"的医保改革，可能会打破两党在该项目成本和筹资上的僵局。共和党人反对为医疗保险而增税，同时否认他们有任何限制服务的意图。民主党人反对限制福利，并否认要求98%左右的现有和未来的受益者支付更多的钱来填补资金缺口。民意调查显示，公众对医疗保险的支持率很高——一直超过70%——但民主党和共和党领导人都没有提出切实可行的方法来用收入代替债务，以支付医疗保险。[1]

2013年5月，美国国会预算办公室预计支持医疗保险的专项工薪税收入将从2013年的900亿美元上升到10年后的1 700亿美元。[2] 即使假设2014年医保报销率会下降（这是不太可能的）以及之后积极实行费用上限，美国国会预算办公室还是预计，同一时期的医保支出（扣减保费）将从5 860亿美元增加到1.064万亿美元。[3] 美国国会预算办公室预计，这些支出将通过债务资金和减少用于所有其他联邦基金的支出（按占国民收入和税收总收入的比例来计算）来支持。

设想有这么一个时刻：两党领导人都提议为医疗保险提供"现收现付"的资金，并根据国会大多数人能够同意的某个水平的保费和税收来建立制度。然后，他们就可以向其他人提出挑战，要么证明用债务资助的医疗保险是合理

---

[1] See, for example, polling on Medicare compiled at http://www.pollingreport.com/health3.htm.
[2] CBO, *Updated Budget Projections*.
[3] 同上。

的,要么提出自己的计划,平衡税收收入和相关医疗服务成本。没有人能够自信地预测到大多数选民喜欢的税收和医疗服务之间的最终权衡结果。有些人会得出结论,维护健康比税收水平更重要。另一些人则会认为,额外税收的负担需要硬性限制病人一生的医疗费用报销情况。《宪法》规定了一种已被证明行之有效的方法来解决这类冲突:选举。可是用债务来融资为压制这种冲突并推迟解决问题带来了高昂的代价。

医疗补助计划的关键选择

自20世纪90年代中期以来,许多共和党国会领导人提议将医疗补助金的年度增长限制为一个固定的年度百分比。如果成本上升得比联邦拨款快,那么每个州将不得不在支付更多的费用或停止服务之间做出选择。为了避免削弱向美国老年人和残疾人以及孕妇及其婴儿提供服务的法定优先权,民主党人赞成将最高限额与受益人的人数挂钩,并将服务费用降至最低。

用借钱来资助比联邦收入增长更快的医疗补助费用,其实并没有很好的理由。出于这个原因,1997年就医疗补助计划拨款增长的硬性年度限制,克林顿政府和国会共和党人几乎达成一致。对医疗补助增长的合理限制需要共和党人和民主党人在他们珍视的政策立场上做出妥协。

正如在2010年之后通过的各种众议院预算决议所反映的那样,共和党人将因此不得不重新考虑他们的长期计划,即通过在医疗补助上花费越来越少的国民收入来平衡未来的预算。很难想象大多数美国人会希望数以百万计有特殊需要的公民被赶出收容机构,或者让孕妇在没有现代医疗设施的情况下分娩。既然允许向长期护理服务的提供者支付最低工资,很少有人期望会有别的什么高明的想法,例如,降低医疗补助对患有阿尔茨海默病的公民的长期护理费用方面的帮助。若指望未来将贫困残疾人或老年公民的服务削减到低于国会(包括现任共和党议员)现在愿意资助的水平,那似乎是不真诚的。

民主党人应该考虑取消《平价医疗法案》中的特色。该法案允许各州在获得联邦提供给低收入工人的医疗补助时,可在3年内不支付相应的配套份额。如果当选的州政府不愿意征税来部分地支持一个惠及自己公民的计划,那么联邦政府为什么要承担额外的债务来资助这个计划呢？如果有人认为这个项目应该完全由联邦政府负责，那么为什么不等到联邦政府有足够的税收收入时再来实施呢？那时联邦可以实施医疗补助项目，同时对州不再要求提供配套资金。

"现收现付"的原则提供了一个框架，可用来基于现实而展开全国性对话，专门讨论联邦医疗服务的筹资问题。患者和家属每天都要就亲人的健康问题进行艰难的对话，医疗服务提供者也在向患者传递不受欢迎但诚实的消息。医生和病人诚实地交流医疗状况时，不会诉诸党派。保险公司不会根据被保险人的意识形态来划分医疗风险。成年公民明白，医疗服务不是免费的。婴儿潮一代的父母为子女的教育和更安全的世界承担了巨大的税收负担，他们不希望以联邦债务的形式给子女留下未支付的账单。

22　增长、税收和美联储

公债筹资增长的幻景

强劲的经济增长,曾经帮助减轻了前五次债务激增后产生的债务负担。在每次使用这些紧急借款后,联邦政府都平衡了预算并通常偿还了债务。

用公债筹资的联邦支出对经济增长并不是必要的。在经济衰退严重导致受到创伤的公民和企业都不愿消费或投资的情况下,它可能会暂时有所帮助。然而,在这种情况下,债务可以货币化,几乎没有通货膨胀的风险。在不太严重的经济衰退期间,只要债务得到偿还,或在复苏后能在不发生通货膨胀的情况下实现货币化,适度的联邦借款应该不会干扰长期增长。在每个经济周期中实现平衡预算的目标,是传统的"现收现付"预算规划的现代变体。这个概念在理论上比在实践中更有效,因为联邦官员不愿意下结论说,当前经济复苏已经彻底到能够证明将现行预算转为盈余状态是合理的。

当然,公共部门可以通过各种方式为经济增长做贡献,而无需依靠抵押未来。州的法律保障持久的合同和产权,州和地方政府提供合理的安全措施来打击犯罪,同时建造大多数基础设施。很少有人会去怀疑知识和技能的广泛提高可以提高生产力,促进长期增长,尽管有许多人认为,州和地方对公共教育的投资可以更有效地进行。

有人可能会说,所有美国人每天醒来就会对经济做出贡献,但仅仅活着并不是增长的处方。同样,联邦政府的各种活动对国家福利也作出了宝贵的贡献，它们存在的合理性可以证明，无需我们去夸大它们对经济增长的贡献。

能有效促进经济增长的联邦项目，如州际公路系统、机场、海洋设施、无线通信频谱的管理、科学研究的资金等，通常都由信托基金资助。这些基金由专门的税收来资助，只占联邦基金总支出的一小部分。支持经济发展的年度联邦支出，如教育和基础设施投资，不应要求用债务来筹资。

强劲的经济增长往往发生在联邦政府能够平衡预算的时候。在建国后的头36年里，美国经济发展迅速，并偿清了全部债务。在1844—1857年、1878—1893年、1900—1915年和1921—1929年，当盈余被用来偿还债务时，经济也经历了高速增长。自第二次世界大战以来，美国经历了3个长期的经济增长时期：1946—1957年、1961—1974年、1984—2000年。在每一个时期，随着经济的增长，用于所有联邦税收，即联邦基金和信托基金的收入，在国民收入中的份额都有小幅上升。相反，在2001—2012年期间，尽管借贷水平较高，联邦税收占国民收入的比例较低，但私营行业的就业却停滞不前。

经济扩张有时伴随着战时债务激增（例如，1917—1918年、1941—1945年、1965—1974年）或从严重衰退中复苏（如1933—1937年、1976—1979年、1984—1989年、2009年之后）。但这些情况并不能证明，像2013年这样在国民收入创下历史新高时却举借常规债款是合理的。

长期的经济增长取决于那些不需要联邦债务的因素，最明显的是劳动力规模和劳动生产率的提高。联邦借款不会改变那些在国际性高薪工作竞争中落后的公民的困境。对国内就业征税来偿还外国债权人的做法，不可能为美国工人创造更多的长期机会。转移了私人投资储蓄的公共借贷，也并不能提高生产率。

尽管历史已经作出了裁决，但许多民主党和共和党领导人现在却宣称，若在不久的将来实现平衡预算则会使经济瘫痪。声称会对经济造成伤害的遮羞布，掩盖了联邦依赖债务的赤裸现实。当然，在某种意义上，任何国家都可以利用债务将消费从未来转移到现在，并制造可持续增长的假象。《新约》寓言中的浪子在花完遗产之前似乎很富足。当债务筹资的消费停止时，可能确实会出现类似于消费者不再在资金不足的账户上开支票这样的调整。但是，量入为出并不等于破坏经济。

美国的历史凸显了近来保守派观念转变的不同寻常之处,即为了促进经济增长,联邦支出应以债务而非税收来筹资。两党的财政保守派成功地争取到对《1946年就业法》的修订,删除了可能被解释为纵容这一想法的措辞。在1995年国会差点通过平衡预算的宪法修正案之前,保守派多年来一直在推动该修正案。相反,在2011年,各种保守派组织向国会施压,要求终止该宪法修正案。这种转变不能归因于"饿死这头野兽"(starving the beast)的计划,即通过压缩税收收入来缩小联邦政府规模。历史和常识清楚地驳斥了靠债务筹资支持支出会缩小政府规模的说法。

在一段时间内,许多民主党人对2001年后债务问题上的态度并不引人注目。他们可以将很大一部分新债务的产生归咎于共和党总统和国会倡议通过的减税政策、对两个外国的长期占领,以及自大萧条以来最严重的经济衰退。民主党人提议通过提高最高收入者的税率和逐步取消伊拉克和阿富汗战争的开支来减少赤字。到2013年,该计划已经实施,但白宫估计2014财年的联邦基金借款仍将超过8 000亿美元,约向每个美国就业者借5 000美元,该借款数额占联邦基金支出的30%。①

所得税的限制

1953年朝鲜战争结束以来,联邦个人所得税产生的收入占国民收入的比重达到了非常稳定的状态。从那时起,美国人缴纳的个人所得税一直在国民收入的6.7%(1965年)至9.5%(2000年)之间。② 2014财年的个人所得税收入预计占国民收入的8.1%,与1953年后的平均水平一致。③ 个人所得税收入占申报的应税总收入的百分比,即纳税申报的顶线,也落在11.6%(1954年)至15.1%(2000年)之间相对稳定的范围内④,平均约为应税总收入的

---

① 要查看最新的估算,请访问 http://www.whitehouse.gov/omb/budget/historicals 上的表1.4。

② 参见附录H。

③ OMB, Historical Tables, "Table 2.3—Receipts by Source as Percentages of GDP: 1934—2018."

④ 由附录H获得。

13%。

当个人所得税接近国民收入的10%时,出现了反映民意的某种政治障碍。富兰克林·罗斯福总统在1944年否决税收法案时,坚持要求个人所得税收入高于这一比例。尽管当时的美国人愿意为支持战争做出巨大牺牲,但国会还是轻易地推翻了这一否决。

联邦个人所得税一直以支付能力为基础。因此,个人所得税占国民收入的10%,占个人应税总收入(扣除前)的15%左右,意味着适用于高收入者的税率要高得多。2010年,应税收入最高的5%的家庭(1.35亿申报家庭中的670万户)的收入,占调整后总收入的1/3,它们缴纳了所有联邦所得税的3/5。[1] 若根据他们2009年的资本收入份额来计算所负担的企业所得税份额,那么最富有的5%的人支付的联邦所得税占它们全部收入的27.9%。[2] 即使不包括联邦工薪税或州、地方税的负担,勤劳收入(earned income)的边际税率也要比这个数字高得多。

2010年《平价医疗法》和《纳税人救济法》(2013年1月1日通过)将最高收入阶层的美国人的所得边际税率提高到40%以上(所得边际税率为39.6%,加上0.9%的额外医疗保险,以及逐步取消各种减免的影响)。[3] 一些人认为,对"最富有的1%"提高税率是阶级战争,而另一些人则认为早就该这么做了。无论从哪个角度看,联邦基金收入将继续覆盖2014财年联邦基金支出的70%。

所得税率远高于30%多,不可避免地会鼓励人们积极行动去推迟纳税或者减少纳税。投资者可以推迟为获利而出售投资的行动,而税收制度对资本出售和再投资若施加特别惩罚的话,会损害资本的有效配置。没有一个国家能够对在另一个国家取得的商业收入和再投资征税,这在资本流动的世界中尤为重要。为了避免这些以及避免其他影响投资决策的非意图效应,美国和其他国家适用于投资收入的税率低于适用于工资和薪金的税率。这种务实的政策反过来又让国家不能以高税率向劳动所得征税,以免人为地激励人们将

---

[1] McBride,"Summary of Latest Federal Income Tax Data",Tables 2,5,and 6.
[2] Tax Policy Center,"Historical Average Federal Tax Rates".
[3] Congressional Research Service,The "*Fiscal Cliff*",7.

报酬或薪金转化为股权收入。若存在着对国内投资收入有效征税的限制,那也意味着对劳动收入征税有某种上限,因为大多数人认为对工资收入用两倍于投资收入的税率征税是不公平的。

财政支出与税收收入之间持续存在的差距,不可能通过提高企业税收来弥补。1953—1983年,企业税收占国民收入的比重稳步下降。自1983年以来,这些税收收入已趋于平稳,也就在平均略高于国民收入2%的基础上增加或减少半个百分点。[①] 据估计,2014年企业税收收入占国民收入的2%。[②] 企业税收的贡献较1983年以前的水平下降,主要是由于受国际投资竞争的影响,以及受企业在其资本结构中以债代股的必要能力的影响。

到2012年,美国企业的税后收入约占国民收入的10%,达到第二次世界大战后的最高水平。[③] 然而,这一数字包括美国企业在海外进行再投资而无需缴纳联邦税的创纪录收入。美国无法阻止其他国家制定旨在吸引生产设施和企业总部迁移的税率,甚至无法阻止本国各州利用税收优惠相互竞争。当联邦政府试图通过对汇回美国的企业利润征税来获取更多的国外收入时,它无意中阻碍了这些利润在国内的再投资行为。如今,吸引更多国内投资的实际愿望,让降低企业税率的压力远远大于提高税率的压力。

如果个人所得税收入仍然低于1953年后占国民收入10%的高水平,企业税收保持在占国民收入2%的30年来的平均水平,那么,即使加上其他现有的税收,联邦基金收入也很难回到或超过2000年达到的占国民收入13.3%的水平。鉴于医疗服务费用和债务利息不断增加,联邦基金收入若不到国民收入的13.3%,就不可能支付维持现有国家安全水平和所有其他联邦服务水平的费用。(不过,这一水平的联邦税收可以覆盖除债务利息外的所有这些成本,而这些债务大部分产生于2000年以后)。

---

① OMB, Historical Tables, "Table 2.3—Receipts by Source as Percentages of GDP: 1934—2018".
② 同上。
③ "FRED: Economic Data".

税收改革？

联邦所得税法经常被修改。由于种种原因，新一轮的税制改革可能是可取的，但它不可能弥补预算缺口。"改革"一词意味着改进——总的来说是更加简单和公平。这些概念很有吸引力。民意调查显示，公众对"税制改革"的喜爱度远胜于"增加税收"。

新的国会议员很快就发现简化和公平往往是冲突的。例如，一些税制改革者试图通过减少税率等级的数量来简化纳税申报。然而，进一步观察可以看出，相邻所得税等级适用的税率差距更大似乎并不公平，而且纳税人仍将需要计算器来填写税收申报表。"单一比例税（flat tax）"制度，或者至少是一个税率等级较少、最高税率较低的税制，似乎更简单，但当适用于较低收入阶层的税率必须上升以弥补最高税率降低带来的税收收入损失时，就不那么公平了。

联邦个人所得税向来以支付能力为基础。标准扣除额取消了对最低收入者的征税，并对高收入者按更高税率征税。大多数公民支持支付能力原则，在收入最高的纳税人比其他美国人过得好的几十年里，选民都不太可能改变对支付能力原则的支持。2009 年，收入最低的 1/5 纳税人的平均应税收入为 23 500 美元，而在 30 年前按经通货膨胀调整的美元计算为 17 400 美元。[①] 年收入 23 500 美元的美国人很难认为，为了降低适用于高收入者的税率而提高自己的所得税率是公平的。同时，由于他们在国民收入中所占的份额是如此之小，以至于从他们身上额外征收的税收收入对弥补预算缺口意义不大。

有些税制改革者认为，假设在某一年按照标准财务会计计算，所有公司的税前收入都相同，此时若让它们缴纳相同的税款，则似乎也是不合理的。企业损益表并不计入以前年度的亏损，也不考虑资本支出巨大且经常发生的产业中股权投资的高成本（这样的产业会持续减少投资者可用的年度现金流）。

通过减少免征额和扣除额来进行税制改革，往往是用来提高税收的旗帜。2010 年，国家财政责任及改革委员会（the National Commission on Fiscal

---

① Tax Policy Center，"Historical Income Distribution"．

Responsibility and Reform)(简称辛普森—鲍尔斯)的大多数成员推荐了这种方法,这是许多非民选专家制定的平衡预算计划的典型做法。简单的数学解释了该计划在不提高税率的情况下增加税收收入所带来的收益:据经济学家估计,只有60%的国民收入符合征收个人所得税的毛收入标准,而经扣除后收入少于可征税额。

然而,由于在《1917年税收法案》延长的十年时间里所得税体系得到完善,税收改革已很少能增加收入。对于什么应该被视为漏洞或"税式支出",人们有着强烈的但合理的分歧意见。大多数纳税人认为,对经济学家定义的某些类别的收入征税是不公平的,因为这些类别的收入不容易交税款。这包括个人所得税中最大的几类免征额,如目的在于鼓励为退休而进行的投资,以及雇主提供的医疗保险。一个储蓄太少的国家,会犹豫是否要对纳税人在退休前无法使用的储蓄征税。一个政府如果为联邦医疗服务借款太多,则不愿意用征税的方式来降低雇主提供医疗保险的动力。

毫无疑问,税法的某些方面很难用经济学理论来证明,能够想到的是在死亡时对资本收益征税基数的加大。这一事实并不意味着大多数免税项目或扣除项目是构思不周的"税式支出"。例如,一个年收入3万美元的人,其雇主自行为员工的医疗费用投保。若她在家中摔伤,其雇主就为她支付1万美元的医疗费。纯粹的税改主义者可能会称这是"税式支出",因为她不需要为雇主支付的这1万美元"非现金补偿"缴纳所得税。然而有充分的理由让大多数选民不这样想。

许多预算专家主张采用新的税收形式。他们的注意力往往转向某种类型的消费税或销售税,因为大多数经济学家都认为,消费税对经济增长的限制比对工作和投资的限制小。其他国家通常比美国更依赖出口退税的消费税来支持政府支出。

权衡新税制的优点或可能性超出了本书的范围。新的税制可以增加新的收入,但美国过去只是在应对战争时因财政紧迫才更换税制。

新的消费税制度能否带来巨大好处,值得怀疑。现行联邦税收制度之所以复杂,部分原因是它已经成为所得税和消费税的混合体系。政府要征收消费税,可以通过在销售点征税,也可以对用于消费的收入征税。现行联邦税制具有后一种消费税的许多特点。房产或投资的收入在出售前不作为收入征税，某些退休储蓄和退休金收入在分配前也不征税。纳税人可以扣除一些不能用于消费的收入，例如，支付给州和地方政府的税收金额或者捐给慈善机构的金额。免于征税的雇主医疗保险价值，除了应对医疗需求外，是不可消费的。不知道为什么那些提倡者会建议用联邦销售税或增值税来取代一部分联邦所得税。以一种税收取代另一种税收的做法，从未增加过联邦收入。

选民们一再向他们选出来的国会成员抱怨联邦所得税制度，国会也因此经常修改税法。所有的税法都是以参众两院的多数票通过，并得到总统的签字。如果有谁相信说客能够胁迫有权势的国会议员放弃大量的联邦收入，那都是不了解国会的实际运作方式。说客们害怕长期任职的现任议员，而不是相反。税务起草委员会的当选成员及其专家工作人员考虑了每一个能想到的税收改革的想法。每一种税收都会阻碍发展，也没有一个人愿意纳税。联邦税法能够而且将会得到改进，但是以为能够轻易地摘取挂得低的"改革"果实来获得更多收入而不用通过"加税"，这样的想法只能是一种幻觉。目前最迫切的税制改革应该是，减少使用债务形式（或者说是延期征收的税收）来为日常开支提供资金。

当联邦领导人明确地告诉选民，国家通过增加的财政收入能够负担和不能负担什么时，联邦政府就能最有效地提高税收来应对开支。

例如，前一章介绍了"现收现付"医疗保险的优点。但是，仅仅将现有的一部分所得税收入用于医疗保险，而不在预算的其他地方挖走同等规模的一块，是无法做到的。鉴于对企业所得税和个人所得税的合理限制，总统和国会需要考虑的是将医疗保险福利调整到完全由较高的工薪税资助的水平。医疗保险工薪税是目前具有最宽税基的联邦税种，涵盖了薪金、工资和投资收入的2.9%，而对于共同申报的夫妇来说，涵盖了超过25万美元收入的3.8%。虽然一些进步派人士批评医疗保险税对高收入者未使用更高的税率，但他们应该认识到，纳税人不能从应纳税所得中扣除工薪税，所以美国人对应征收医疗保险税的收入要交两次税：首先是预扣工薪税，然后再适用累进的个人所得税。

美联储的作用

正如它在过去所做的那样,美联储在未来恢复美国的财政传统方面可以发挥建设性的作用。尽管很多人抱怨美联储的权力过大,但它还是在金融市场上赢得了信誉。美联储的独立性已经演变成国家不成文宪法的一部分。

1977年,国会要求美联储促进经济增长,"以便有效地实现最大限度的就业、稳定的价格水平和适度的长期利率的目标"。[①] 美国财政传统的恢复将使美联储履行这些职责的能力更完美。过多的债务会危及长期的就业增长和适度的利率。如果联邦债务发生挤兑,迫使联邦储备局突然将大量债务货币化,价格稳定就会受到威胁。

外国债权人持有的债务水平上升,有可能削弱联邦储备局公开市场交易的有效性,而公开市场交易是联邦储备局用来完成其授权任务的一个不可或缺的工具。实质上,外国债权人可以通过在市场上出售或购买大量美国国债来实施本国的竞争性货币政策。

国会议员经常抱怨来自美联储要求平衡预算的压力,但他们在为艰难的决定做辩护时,有时也会依靠外部的限制。当美联储以支持财政纪律的行动"干预"预算政治而受到攻击时,关心国家财政未来的公民应该团结起来,捍卫美联储的独立性。美联储将一定数量的债务货币化,可能会在制订现实和持久的预算平衡计划方面发挥作用。货币化债务降低了偿债的净成本。

美元作为国际价值储备和国际交易媒介的地位,有时会使美联储有能力在不破坏消费物价稳定的情况下将一定数量的债务货币化。抵制高税率的保守派,应该仔细考虑他们对"量化宽松"形式的货币化的反对。通过货币化来偿还最近两次战争和严重衰退所带来的部分债务,比起增加相应的税收,或者眼看着其他国家的中央银行将这些债务货币化,可能更有价值。显然,货币化的程度必须通过对通货膨胀风险的仔细分析来调控。然而,在17万亿美元的联邦债务下,可供选择的方案都不是最佳的。

[①] 12 USC § 225a, November 16, 1977, http://www.federalreserve.gov/aboutthefed/section2a.htm.

23 改革政党制度

对政党进行改革

  对于愿意为恢复党派的传统财政纪律而奋斗的民主党和共和党的选民、活动家和候选人来说，当前的政治环境是合适的。恐惧和勇气一样，赋予了几代联邦民选官员平衡预算的意愿。"现收现付"一直很受欢迎，作为原则，它反映了公众为未来保留机会和维护国家独立的愿望。

  那些不能平衡和平时期预算的民选官员，仍然努力地证明他们对美国财政传统的承诺。例如，在富兰克林·罗斯福创纪录的635次否决中，绝大多数都是为了限制债务筹资的支出。公众对债务的厌恶仍然迫使许多国会议员投票反对提高债务上限，即使是为了支付他们之前投票支持的拨款。

  直截了当地解决债务问题的候选人，可以博得全国的注意力。1992年，当债务风险的警钟敲响时，H. 罗斯·佩罗把联邦债务比作"一个疯狂的阿姨"，邻居们都知道她，但"没人愿意谈论她"。[①] 当佩罗谈到债务并发誓要平衡预算时，美国人听取了他的意见。

  两党对平衡预算的支持，并不会减少两党在联邦税收的水平和性质、社会安全网的力度、美国在海外义务的范围等问题上展开竞争。例如，在第二次世界大战之后的几年里，两大党的领导人都支持平衡预算，可是在联邦对劳资关

---

  ① Perot, *United We Stand*, 8.

系的监管问题上,他们赤膊上阵,不断斗争。

美国人仍然相信国家传统财政宪法中的基本价值观。2013年,74%的美国人"非常担心"持有联邦债务的外国人的影响。① 其他民调显示,基于对国家未来的担忧,美国人反对提高债务上限。②

在一到两个选举周期内,就可能发生重大的政治变化。由于复利的计算方法,国家不能等待十年后再由各党派的改革者为恢复财政纪律而斗争。

对于民主党的预算改革者来说,现在正是时候

所有的民主党总统(除了一位是在和平时期经济强劲的情况下卸任的)都设法平衡预算。富兰克林·罗斯福相信社会保险的进步主义理想,但前提是它可以通过宽税基的税收来支付。最后一位自豪地自称为"自由主义者"的总统哈里·杜鲁门,坚持在提交预算时将支出限制在估计的税收收入之内。克林顿政府平衡了预算,并提出了一项计划,将盈余专门用于为婴儿潮一代提供社会保险。巴拉克·奥巴马总统提醒民主党人,"如果我们真正相信社会的进步愿景,就有义务证明我们能够负担得起承诺。"③

然而,自2001年以来,许多民主党人往往满足于保留他们关心的联邦项目,而不是坚持将支出限制在可用的收入之内。因此,未来将不得不削减用于教育等国内重点项目的资金,以便为更高的利息支付留出空间。民主党人允许共和党人减税,却没有强迫他们为国防、医疗保险、执法以及许多其他具有广泛公众支持基础的联邦项目的相应削减付出选举代价。由于没有明确地将减税和削减开支联系起来,民主党领导人强化了他们在某种程度上喜欢税收的刻板印象。

2000年之后,民主党领导人默许使用债务资金为联邦医疗保险融资,这就背离了该党的传统。1965年通过的医疗保险法案的主要资金来源是保险费和专项工薪税的可持续组合。进步派主张通过对最终受益人按收入比例广

---

① Mendes, "Americans Fear Impact".
② Newport, "in Their Own Words".
③ Obama, "Remarks by the President".

泛征税来支持社会保险计划。在医保法案通过的前一年,民主党的全国纲领表达了一个传统的进步主义目标:"在平衡的经济中实现平衡的预算"。①2000年,克林顿总统和总统候选人戈尔试图从现有税收中分配更多的收入给信托基金,以减少未来为维持医疗保险福利而借款的风险。包括奥巴马在内的民主党人多次批评布什政府利用债务资金支付医疗保险D部分的做法。

两场战争的成本以及2008年经济大衰退后收入和就业的下降,使得预算在几年内难以平衡。市场利率和债务利息上升的前景使得"现收现付"的医疗保险筹资在今天变得更加重要。不断增长的医疗服务费用已经开始挤占对其他国内项目的未来投资,如教育拨款、科学研究、公共安全、儿童营养、清洁能源、环境执法。医疗服务安全网的漏洞,不应该靠牺牲其他用来提高美国人生活水平的项目来弥补。民主党人应该主张医疗保险的预算平衡。如果共和党人因反对获得足够的税收而不得不大幅削减医疗保险的话,那么选民很可能在下次选举中就纠正这个问题。

放弃对债务的传统限制,损害了民主党最珍视的理想:在这个国家里,每一代人的机会都比前一代人多。这一愿景指导党的领导人建立了世界上第一个全面的公共和高等教育体系,并消除了种族、性别和其他形式的歧视所带来的障碍。民主党领导人倡导了一个预留资金的计划,使美国老年人能够有尊严地退休,而不会给他们的子孙留下一堆未付的医疗账单或联邦债务。

基层民主党人坚信,负担得起的教育可以提供向上流动的阶梯,但未来偿债的成本却束缚了接受这种教育的人的未来。联邦债券的外国购买者维持了美国的贸易赤字,限制了美国工人在与进口产品竞争的行业中获得机会。当平衡的预算释放出更多的储蓄用于直接投资于经济而不是联邦债务时,工人以及企业主都会受益。

没有一个国家是靠借贷实现长期繁荣的。正如民主党副总统候选人劳埃德·本特森(Lloyd Bentsen)在1988年批评共和党政策时指出的那样,任何人都可以通过每年开出"2 000亿美元的假支票"来"给人以繁荣的假象"。②富兰克林·罗斯福在一次广播讲话中解释说,"任何政府,就像任何家庭一样,

---

① "Democratic Party Platform of 1964."
② Bentsen quoted in Stengel, "Ninety Long Minutes".

可以暂时'花的比挣的多一点'。但你我都知道,继续这一习惯的人会进救济院。"①

民主党人必须接受这样一个事实:大多数选民可能并不赞成用税收资金去支持某些类型的人道主义项目。此外,如果98%的选民不愿意为一项增税的新项目买单,那么收入最高的2%的美国人愿意提供资金的项目就会受到限制。

民主党人在公共政策问题上持有各种各样的观点,但该党的改革者应该坚持与该党历史传统相一致的几项基本原则。在没有战争或经济衰退的情况下,联邦预算应将支出限制在可用收入的范围内。税率应以支付能力为基础。国会在每次投票支持债务筹资的支出法案时,都应该投票决定债务的每一项新用途。

共和党预算改革者的时机已到

从内战到20世纪70年代,除了那些直接归因于战争和经济衰退的开支外,没有一位共和党总统或国会多数派授权借款一分钱来支持联邦开支。共和党的"现收现付"预算将国家储蓄释放出来用于私人投资,促进长期经济增长。当共和党人在1947年和1953年获得众议院控制权时,他们削减了上一年的总开支,以平衡预算。②

面对巨额赤字,里根总统呼吁国会冻结非国防开支,提高社会保障税率,并首次对社会保障收入征税,还要征收相当于国民收入1%的新税。1995年获得国会控制权的共和党人差点就通过了一项要求平衡预算的宪法修正案。

直到最近,保守的共和党人一直在试图限制政府的增长,坚持用更高的税收来支付新的国内支出项目。"现收现付"预算让选民清楚地知道新联邦项目的成本如何。

2000年之后,共和党选民继续相信平衡预算,但许多政党领导人却选择了不同的道路。共和党总统和国会利用债务为减税、扩大医疗保险、支持两场

---

① Roosevelt,"Radio Address."
② "Complete Text of the Iowa Republican Debate."

战争、增加战争以外的基础军事预算、扩大农业援助项目等提供资金。在乔治·W.布什离开白宫后，共和党的财政政策继续偏离其历史路线。2012年，共和党总统候选人米特·罗姆尼承诺，他不会接受每削减10美元开支就增加1美元税收来减少赤字预算。

一些共和党政治顾问可能认为，小政府的保守派没有其他出路。事实上，传统的财政保守派可以赢得共和党初选，并重新获得对该党的控制。相信个人责任的共和党人渴望候选人投票反对由债务提供资金的拨款。用债务来筹资的支出可不算保守。对那些从未投票赞成拨款支出少于预计税收的共和党现任议员，应该强逼着让他们解释，为什么预算应该在10—30年内而不是在2—3年内实现平衡。

里根总统曾经指出，做正确的事情并不复杂，只是不一定容易。常规支出的"现收现付"并不复杂。国会中的共和党改革者应该坚持对债务筹资的拨款进行单独投票，以便让选民知道债务的用途以及哪些国会议员投票赞成举债。

平衡预算的目标可以帮助共和党集中精力解决医疗保险问题。没有一个主流共和党领导人支持废除医疗保险。共和党人支持的计划想限制每个受益人从医疗保险中获益，差额要求个人通过购买私人保险公司提供的保险（国家给予补贴）来弥补，但这一计划进展甚微。如果是基于项目成本不应超过现有税收收入的原则，那么这一计划和其他限制医疗保险费用上涨的提议将更具说服力。与其抱怨两党国会议员每年投票资助"权利"项目，不如让纳税人在降低计划成本的努力中拥有更多的利益。公众长期以来支持根据纳税能力征税，所以指望两党国会议员无视这一点是不现实的。不过，坚持用宽税基的税收来支付医疗保险是合理的。

用债务筹资的军事开支会破坏国家安全。当美国要在国外发动战争时，国家的资产负债表不应该被和平时期的过高债务水平所束缚。共和党初选选民会倾向于接受主张这些简单真理的候选人。

典型的保守派埃德蒙·伯克（Edmund Burke）曾经说过，选民应该可以对每一位民选官员进行评价。保守主义的英雄们常常为了维护传统原则而抵制一时的潮流。保守党可能不会赢得为缩小政府范围而展开的每一场斗争。如果他们的失败是因为大多数选民不愿意降低联邦服务和国防水平，那么共和党人应该坚持要求他们的对手直截了当地向选民说明需要承担的税收代价。即使他们处于少数,但只要保守派捍卫经得起时间考验的信念,他们自然会产生更大的影响。

一个不证自明的真理

美国在历史上曾5次产生高额债务,然后在10年或更长时间内迅速实现预算平衡,通常可以同时保持盈余以减少债务。它可以再次这样做到。对于那些愿意为保护国家未来而努力发动政治变革的选民和候选人来说,本书所描述的历史应该可以给予信心。

今天的美国人和前几代人一样认识到,利用债务为日常支出供应资金损害了年轻公民的前途、国家独立于外国债权人影响的能力、用国民储蓄投资于私营部门就业的潜力。选民能够理解民主治理的一个基本前提是:公民只应该期待那些他们愿意买单的政府服务水平,同时应该明白,最终必须有人为花费的每一分钱买单。

致　谢

　　我的妻子安德里亚是一名作家，也是一位出色的编辑。我的言语还不足以充分表达感激之情，感激她的鼓励、编辑，以及对我们家四处堆满书籍的房间的包容。两年多来，沙伊·埃弗里特（Shay Everitt）每天都和我并肩作战，整理资料，解读我的笔记，纠正我经常犯的错误。另一位同事史菊·托马斯（Shiju Thomas）投入了数百小时进行研究。他的附录值得称赞，其中包括用一致的会计方法计算出的联邦债务历史水平的最佳总结。

　　我的朋友迈克尔·兹尔克哈（Michael Zilkha）帮我找到了两位优秀的经纪人——艾克·威廉姆斯（Ike Williams）和凯瑟琳·弗林（Katherine Flynn），他们把我介绍给一位杰出的出版商珀尔修斯（Perseus）及其优秀的员工。我的《公共事务》（*Public Affairs*）的编辑约翰·马哈尼（John Mahaney）是一位技艺精湛的专业人士。珀尔修斯出版社的约翰和科林·特蕾西（Collin Tracy）以及Trio图书公司（Trio Bookworks）的贝丝·赖特（Beth Wright），都承担了大量的后期编辑工作。

　　南希·史密斯（Nancy Smith）的审阅和编辑使第一份完整的草稿更具可读性，也教会了我过渡的重要性。由于弗吉尼亚·诺辛顿（Virginia Northington）的深思熟虑、严谨的文字编辑和对事实的核查，这本书才能以更好的形式出现。

　　感谢我的朋友斯科特·阿特拉斯（Scott Atlas）、弗兰奇·克兰（Franci Crane）、贝基·弗格森（Becky Ferguson）、埃琳娜·马克斯（Elena Marks）、保罗·霍比（Paul Hobby）、里奇·健达（Rich Kinder）和卡林·帕特曼（Carrin

Patman)对前几章的复查。斯科特花了一年的时间来评阅。当我开始意识到这项事业的重要性时,他的友谊和支持鼓舞了我。

我要感谢我在拉扎德(Lazard)的同事。我们帮助企业的高级管理层、所有者和董事会将他们面临的挑战置于更广泛的背景下。这本书就是在这种文化精神的影响下写成的。

我的父母努力工作,试图教给我书写历史所需的技能和价值观。我的父亲在本书完成之前就去世了,是他给我的童年时代带来伟大的历史书籍。我的母亲,一位长期从事英语教学的老师,教会了我和其他许多人图解句子的失传艺术。他们的生活和我祖父母的生活囊括了美国迄今一半的历史。他们的贡献体现了整整几代人的价值观,他们改变了世界历史,用税收来支付公共账单,以避免给子孙留下堆积如山的债务。

此外,有些资料提供了有助于形成本书论点的见解。理查德·霍夫施塔特(Richard Hofstadter)的《美国政治传统》(*The American Political Tradition*)揭示了贯穿美国历史进程的潮流的深度和连续性。杰斐逊和麦迪逊的书信仍然可以激励那些为做出预算选择寻求原则性基础的公民。

得克萨斯州休斯敦市的许多居民应该得到特别的感谢。数百位来自不同背景、持有不同政治观点的人士聆听了我对这本书的描述,并分享了他们的意见。他们给了我信心,让我相信美国人仍然有意愿通过限制使用联邦债务来捍卫我们国家的未来。

最后还要感谢我的孩子们:威尔、埃琳娜和斯蒂芬。他们接受作为公民的责任,尊重理想主义。这本书是为他们而写的——幸运的话——也是为他们的孙辈而写的。

参考文献

微信扫描二维码参阅参考文献

附 录

微信扫描二维码参阅附录

译丛主编后记

财政活动兼有经济和政治二重属性,因而从现代财政学诞生之日起,"财政学是介于经济学与政治学之间的学科"这样的说法就不绝于耳。正因为如此,财政研究至少有两种范式:一种是经济学研究范式,在这种范式下财政学向公共经济学发展;另一种是政治学研究范式,从政治学视角探讨国家与社会间的财政行为。这两种研究范式各有侧重,互为补充。但是检索国内相关文献可以发现,我国财政学者遵循政治学范式的研究中并不多见,绝大多数财政研究仍自觉或不自觉地将自己界定在经济学学科内,而政治学者大多也不把研究财政现象视为分内行为。究其原因,可能主要源于在当前行政主导下的学科分界中,财政学被分到了应用经济学之下。本丛书主编之所以不揣浅陋地提出"财政政治学"这一名称,并将其作为译丛名,是想尝试着对当前这样的学科体系进行纠偏,将财政学的经济学研究范式和政治学研究范式结合起来,从而以"财政政治学"为名,倡导研究财政活动的政治属性。编者认为,这样做有以下几个方面的积极意义。

1. 寻求当前财政研究的理论基础

在我国学科体系中,财政学被归入应用经济学之下,学术上就自然产生了要以经济理论作为财政研究基础的要求。不过,由于当前经济学越来越把自己固化为形式特征明显的数学,若以经济理论为基础就容易导致财政学忽视那些难以数学化的研究领域,这样就会让目前大量的财政研究失去理论基础。在现实中已经出现并会反复出现的现象是,探讨财政行为的理论、制度与历史的论著,不断被人质疑是否属于经济学研究,一篇研究预算制度及其现实运行的博士论文,经常被答辩委员怀疑是否可授予经济学学位。因此,要解释当前的财政现象、推动财政研究,就不得不去寻找财政的政治理论基础。

2. 培养治国者

财政因国家治理需要而不断地变革,国家因财政治理而得以成长。中共十八届三中全会指出:"财政是国家治理的基础和重要支柱,科学的财税体制是优化资源配置、维护市场统一、促进社会公平、实现国家长治久安的制度保障。"财政在国家治理中的作用,被提到空前的高度。因此,财政专业培养的学生,不仅要学会财政领域中的经济知识,也必须学到相应的政治知识,方能成为合格的治国者。财政活动是一种极其重要的国务活动,涉及治国方略;从事财政活动的人有不少是重要的政治家,应该得到综合的培养。这一理由,也是当前众多财经类大学财政专业不能被合并到经济学院的原因之所在。

3. 促进政治发展

18—19世纪,在普鲁士国家兴起及德国统一过程中,活跃的财政学派与良好的财政当局,曾经发挥了巨大的历史作用。而在当今中国,在大的制度构架稳定的前提下,通过财政改革推动政治发展,也一再为学者们所重视。财政专业的学者,自然也应该参与到这样的理论研究和实践活动中。事实上已有不少学者参与到诸如提高财政透明、促进财税法制改革等活动中,并事实上成为推动中国政治发展进程的力量。

因此,"财政政治学"作为学科提出,可以纠正当前财政研究局限于经济学路径造成的偏颇。包含"财政政治学"在内的财政学,将不仅是一门运用经济学方法理解现实财政活动的学科,也会是一门经邦济世的政策科学,更是推动财政学发展、为财政活动提供指引,并推动中国政治发展的重要学科。

"财政政治学"虽然尚不是我国学术界的正式名称,但在西方国家的教学和研究活动中却有广泛相似的内容。在这些国家中,有不少政治学者研究财政问题,同样有许多财政学者从政治视角分析财政现象,进而形成了内容非常丰富的文献。当然,由于这些国家并没有中国这样行政主导下的严格学科分界,因而不需要有相对独立的"财政政治学"的提法。相关研究,略显随意地分布在以"税收政治学"、"预算政治学""财政社会学"为名称的教材或论著中,当然"财政政治学"(Fiscal Politics)的说法也不少见。

中国近现代学术进步的历程表明,译介图书是广开风气、发展学术的不二法门。因此,要在中国构建财政政治学学科,就要在坚持以"我"为主研究中国财政政治问题的同时，大量地翻译西方学者在此领域的相关论著，以便为国内学者从政治维度研究财政问题提供借鉴。本译丛主编选择了这一领域内的68部英文和日文著作，陆续予以翻译和出版。在文本的选择上，大致分为理论基础、现实制度与历史研究等几个方面。

本译丛的译者，主要为上海财经大学的教师以及该校已毕业并在外校从事教学的财政学博士，另外还邀请了其他院校的部分教师参与。在翻译稿酬低廉、译作科研分值低下的今天，我们这样一批人只是凭借着对学术的热爱和略略纠偏财政研究取向的希望，投身到这一译丛中。希望我们的微薄努力，能够成为促进财政学和政治学学科发展、推动中国政治进步的涓涓细流。

在本译丛的出版过程中，胡怡建老师主持的上海财经大学公共政策与治理研究院、上海财经大学公共经济与管理学院的领导与教师都给予了大力的支持与热情的鼓励。上海财经大学出版社的总编黄磊、编辑刘兵在版权引进、图书编辑过程中也付出了辛勤的劳动。在此一并致谢！

刘守刚　上海财经大学公共经济与管理学院
2023年7月

"财政政治学译丛"书目

1. 《财政理论史上的经典文献》
   理查德·A.马斯格雷夫,艾伦·T.皮考克 编　刘守刚,王晓丹 译
2. 《君主专制政体下的财政极限——17世纪上半叶法国的直接税制》
   詹姆斯·B.柯林斯 著　沈国华 译
3. 《欧洲财政国家的兴起 1200—1815》
   理查德·邦尼 编　沈国华 译
4. 《税收公正与民间正义》
   史蒂文·M.谢福林 著　杨海燕 译
5. 《国家的财政危机》
   詹姆斯·奥康纳 著　沈国华 译
6. 《发展中国家的税收与政治构建》
   黛博拉·布罗蒂加姆,奥德黑格尔·菲耶尔斯塔德,米克·摩尔 编　卢军坪,毛道根 译
7. 《税收哲人——英美税收思想史二百年》(附录:税收国家的危机 熊彼特 著)
   哈罗德·格罗夫斯 著　唐纳德·柯伦 编　刘守刚,刘雪梅 译
8. 《经济系统与国家财政——现代欧洲财政国家的起源:13—18世纪》
   理查德·邦尼 编　沈国华 译
9. 《为自由国家而纳税:19世纪欧洲公共财政的兴起》
   何塞·路易斯·卡多佐,佩德罗·莱恩 编　徐静,黄文鑫,曹璐 译　王瑞民 校译
10. 《预算国家的危机》
    大岛通义 著　徐一睿 译
11. 《信任利维坦:英国的税收政治学(1799—1914)》
    马丁·唐顿 著　魏陆 译
12. 《英国百年财政挤压政治——财政紧缩·施政纲领·官僚政治》
    克里斯托夫·胡德,罗扎那·西玛兹 著　沈国华 译
13. 《财政学的本质》
    山田太门 著　宋健敏 译
14. 《危机、革命与自维持型增长——1130—1830年的欧洲财政史》
    W.M.奥姆罗德,玛格丽特·邦尼,理查德·邦尼 编　沈国华 译
15. 《战争、收入与国家构建——为美国国家发展筹资》
    谢尔登·D.波拉克 著　李婉 译
16. 《控制公共资金——发展中国家的财政机制》
    A.普列姆昌德 著　王晓丹 译
17. 《市场与制度的政治经济学》
    金子胜 著　徐一睿 译
18. 《政治转型与公共财政——欧洲1650—1913年》
    马克·丁塞科 著　汪志杰,倪霓 译
19. 《赤字、债务与民主》
    理查德·E.瓦格纳 著　刘志广 译
20. 《比较历史分析方法的进展》
    詹姆斯·马汉尼,凯瑟琳·瑟伦 编　秦传安 译
21. 《政治对市场》
    戈斯塔·埃斯平—安德森 著　沈国华 译
22. 《荷兰财政金融史》
    马基林·哈特,乔斯特·琼克,扬·卢滕·范赞登 编　郑海洋 译　王文剑 校译
23. 《税收的全球争论》
    霍尔格·内林,佛罗莱恩·舒伊 编　赵海益,任晓辉 译
24. 《福利国家的兴衰》
    阿斯乔恩·瓦尔 著　唐瑶 译　童光辉 校译
25. 《战争、葡萄酒与关税:1689—1900年间英法贸易的政治经济学》
    约翰 V.C.奈 著　邱琳 译
26. 《汉密尔顿悖论》
    乔纳森·A.罗登 著　何华武 译
27. 《公共经济学历史研究》
    吉尔伯特·法卡雷罗,理查德·斯特恩 编　沈国华 译
28. 《新财政社会学——比较与历史视野下的税收》
    艾萨克·威廉·马丁,阿杰·K.梅罗特拉 莫妮卡·普拉萨德 编,刘长喜 等译,刘守刚 校
29. 《公债的世界》
    尼古拉·贝瑞尔,尼古拉·德拉朗德 编　沈国华 译
30. 《西方世界的税收与支出史》
    卡洛琳·韦伯,阿伦·威尔达夫斯基 著　朱积慧,苟燕楠,任晓辉 译
31. 《西方社会中的财政(第三卷)——税收与支出的基础》
    理查德·A.马斯格雷夫 编　王晓丹,王瑞民,刘雪梅 译　刘守刚 统校
32. 《社会科学中的比较历史分析》
    詹姆斯·马汉尼,迪特里希·鲁施迈耶 编　秦传安 译
33. 《来自地狱的债主——菲利普二世的债务、税收和财政赤字》
    莫里西奥·德莱希曼,汉斯—约阿希姆·沃思 著　李虹筱,齐晨阳 译　施诚,刘兵 校译

34.《金钱、政党与竞选财务改革》
　　雷蒙德·J.拉贾 著　李艳鹤 译
35.《牛津福利国家手册》
　　弗兰西斯·G.卡斯尔斯,斯蒂芬·莱伯弗里德,简·刘易斯,赫伯特·奥宾格,克里斯多弗·皮尔森 编
　　杨翠迎 译
36.《美国财政宪法——一部兴衰史》
　　比尔·怀特 著　马忠玲,张华 译
37.《税收、国家与社会》
　　Marc Leroy 著　屈伯文 译
38.《政治、税收和法治》
　　唐纳德·P.雷切特,理查德·E.瓦格纳 著　王逸帅 译
39.《有益品文选》
　　威尔弗莱德·维尔·埃克 编　沈国华 译
40.《西方的税收与立法机构》
　　史科特·格尔巴赫 著　杨海燕 译
41.《财政学手册》
　　于尔根·G.巴克豪斯,理查德·E.瓦格纳 编　何华武,刘志广 译
42.《18世纪西班牙建立财政军事国家》
　　拉斐尔·托雷斯·桑切斯 著　施诚 译
43.《美国现代财政国家的形成和发展——法律、政治和累进税的兴起,1877—1929》
　　阿贾耶·梅罗特 著　倪霓,童光辉 译
44.《另类公共经济学手册》
　　弗朗西斯科·福特,拉姆·穆达姆比,彼得洛·玛丽亚·纳瓦拉 编　解洪涛 译
45.《财政理论发展的民族要素》
　　奥汉·卡亚普 著　杨晓慧 译
46.《联邦税史》
　　埃利奥特·布朗利 著　彭骥鸣,彭浪川 译
47.《旧制度法国绝对主义的限制》
　　理查德·邦尼 著　熊芳芳 译
48.《债务与赤字:历史视角》
　　约翰·马洛尼 编　郭长林 译
49.《布坎南与自由主义政治经济学:理性重构》
　　理查德·E.瓦格纳 著　马珺 译
50.《财政政治学》
　　维特·加斯帕,桑吉·古普塔,卡洛斯·穆拉斯格拉纳多斯 编　程红梅,王雪蕊,叶行昆 译
51.《英国财政革命——公共信用发展研究,1688—1756》
　　P.G.M.迪克森 著　张珉璐 译
52.《财产税与税收争议》
　　亚瑟·奥沙利文,特里 A.塞克斯顿,史蒂文·M.谢福林 著　倪霓 译
53.《税收逃逸的伦理学——理论与实践观点》
　　罗伯特·W.麦基 编　陈国文,陈颖湄 译
54.《税收幻觉——税收、民主与嵌入政治理论》
　　菲利普·汉森 著　倪霓,金赣婷 译
55.《美国财政的起源》
　　唐纳德·斯塔比尔 著　王文剑 译
56.《国家的兴与衰》
　　Martin van Creveld 著　沈国华 译
57.《全球财政国家的兴起(1500—1914)》
　　Bartolomé Yun-Casalilla & Patrick K. O'Brien 编,匡小平 译
58.《加拿大的支出政治学》
　　Donald Savoie 著　匡小平 译
59.《财政理论家》
　　Colin Read 著　王晓丹 译
60.《理解国家福利》
　　Brain Lund 著　沈国华 译
61.《债务与赤字:历史视角》
　　约翰·马洛尼 编　郭长林 译
62.《英国财政的政治经济学》
　　堂目卓生 著　刘守刚 译
63.《日本的财政危机》
　　莫里斯·赖特 著　孙世强 译
64.《财政社会学与财政学理论》
　　理查德·瓦格纳 著　刘志广 译
65.《作为体系的宏观经济学:超越微观—宏观二分法》
　　理查德·瓦格纳 著　刘志广 译
66.《税收遵从与税收风气》
　　Benno Torgler 著　闫锐 译
67.《保护士兵与母亲》
　　斯考切波 著　何华武 译
68.《国家的理念》
　　Peter J. Steinberger 著　秦传安 译